# JURIDICIZAÇÃO DAS ESFERAS SOCIAIS E FRAGMENTAÇÃO DO DIREITO NA SOCIEDADE CONTEMPORÂNEA

J95   Juridicização das esferas sociais e fragmentação do direito na sociedade contemporânea /organizador Germano Schwartz. – Porto Alegre: Livraria do Advogado Editora, 2012.
285 p.; 25 cm.
ISBN 978-85-7348-771-8

1. Sociologia jurídica. 2. Direitos fundamentais. 3. Luhmann, Niklas, 1927-1998. I. Schwartz, Germano.

CDU   34:316
342.7
CDD   340.2

Índice para catálogo sistemático:
1. Sociologia jurídica                      34:316
2. Direitos e liberdades fundamentais       342.7

(Bibliotecária responsável: Sabrina Leal Araujo – CRB 10/1507)

# Germano Schwartz
(Organizador)

# JURIDICIZAÇÃO DAS ESFERAS SOCIAIS E FRAGMENTAÇÃO DO DIREITO NA SOCIEDADE CONTEMPORÂNEA

ALFONS BORA
ARNALDO BASTOS SANTOS NETO
ARTUR STAMFORD DA SILVA
CELSO FERNANDES CAMPILONGO
DALMIR LOPES JR.
DÉLTON WINTER DE CARVALHO
GERMANO SCHWARTZ

GUNTHER TEUBNER
LEONEL SEVERO ROCHA
MARCELO NEVES
PIERRE GUIBENTIF
RAFAEL SIMIONI
RICARDO JACOBSEN GLOECKNER
WILLIS SANTIAGO GUERRA FILHO

livraria
DO ADVOGADO
editora

Porto Alegre, 2012

©
Alfons Bora, Arnaldo Bastos Santos Neto, Artur Stamford da Silva,
Celso Fernandes Campilongo, Dalmir Lopes Jr., Délton Winter de Carvalho,
Germano Schwartz, Gunther Teubner, Leonel Severo Rocha, Marcelo Neves,
Pierre Guibentif, Rafael Simioni, Ricardo Jacobsen Gloeckner,
Willis Santiago Guerra Filho
2012

*Capa, projeto gráfico e diagramação*
Livraria do Advogado Editora

*Foto da capa*
Steffen Beier

*Revisão*
Rosane Marques Borba

*Direitos desta edição reservados por*
**Livraria do Advogado Editora Ltda.**
Rua Riachuelo, 1338
90010-273 Porto Alegre RS
Fone/fax: 0800-51-7522
editora@livrariadoadvogado.com.br
www.doadvogado.com.br

Impresso no Brasil / Printed in Brazil

# Sumário

Apresentação
*Germano Schwartz* (org.) .................................................. 7

1. Autopoiese e teoria do direito
*Leonel Severo Rocha* ..................................................... 9

2. Teoria reflexiva da decisão jurídica: observações a partir da teoria dos sistemas que observam
*Artur Stamford da Silva* ................................................. 29

3. Potência crítica da ideia de direito como um sistema social autopoiético na sociedade mundial contemporânea
*Willis Santiago Guerra Filho* ........................................... 59

4. Derrida, Luhmann e a questão da justiça
*Arnaldo Bastos Santos Neto* ............................................. 71

5. O que a decisão jurídica observa? Contribuições da teoria dos sistemas de Niklas Luhmann às teorias pós-positivistas da decisão jurídica
*Rafael Simioni* .......................................................... 85

6. Autoconstitucionalização de corporações transnacionais? Sobre a conexão entre os códigos de conduta corporativos (*Corporate Codes of Conduct*) privados e estatais
*Gunther Teubner* ....................................................... 109

7. Capacidade de lidar com o futuro e responsabilidade por inovações – para o trato social com a temporalidade complexa
*Alfons Bora* ........................................................... 127

8. O contrato como intertextualidade: o papel do direito privado em face da policontexturalidade
*Dalmir Lopes Jr.* ...................................................... 147

9. Os direitos subjectivos na teoria dos sistemas de Niklas Luhmann
*Pierre Guibentif* ...................................................... 171

10. Aumento de complexidade nas condições de insuficiente diferenciação funcional: o paradoxo do desenvolvimento social da América Latina
*Marcelo Neves* ......................................................... 199

11. O humano e os humanos nos direitos humanos. Animais, Pacha Mama e altas tecnologias
*Germano Schwartz* ...................................................... 209

12. Assessoria jurídica popular: falsa promessa?
*Celso Fernandes Campilongo* ............................................ 229

13. A formação sistêmica do sentido jurídico de meio ambiente
*Délton Winter de Carvalho* ............................................. 239

14. Funcionalismo jurídico-penal e teoria dos sistemas sociais: um diálogo frustrado
*Ricardo Jacobsen Gloeckner* ............................................ 251

# Apresentação

Durante o ano de 2008, mais precisamente nos dias 28 e 29 de outubro, a Unisinos (Universidade do Vale do Rio dos Sinos), por meio de seu programa de Pós-Graduação em Direito (Mestrado e Doutorado), sediou o *workshop* "Luhmann e os Direitos Fundamentais". O evento foi organizado pelo Dr. Leonel Severo Rocha, professor da casa, e por mim, na qualidade de egresso desse respeitável PPGD.

Desde aquele momento, os docentes e os alunos que compareceram aos trabalhos incentivaram a produção de uma obra que fosse, de uma forma ou de outra, a síntese das discussões realizadas naquele espaço temporal diminuto mas extremamente bem aproveitado. A ideia inicial dos organizadores foi tratar, de forma séria – daí o formato de *workshop*, e não o dos esgotados modelos de Congresso –, a evolução da teoria luhmanniana no Direito, em especial, no Brasil. Focado que estava no tema dos direitos fundamentais, o recorte proporcionou uma série de debates que não se esgotou ali.

Também como reflexo dessa necessidade de um maior aprofundamento e de agrupamento dos pesquisadores brasileiros e internacionais sobre Luhmann e o Direito, de 24 a 27 de novembro de 2009, o Dr. Artur Stamford organizou, junto com seu grupo de pesquisa – o Moinho Jurídico –, o Encontro "Sociedade, Direito e Decisão em Niklas Luhmann", na cidade de Recife – Pernambuco. Aí, novas problemáticas foram agregadas. Uma série de possibilidades foi questionada. A reunião impressa do resultado da reflexão atualizada a respeito das pesquisas em andamento sobre o tema foi tomando corpo.

Entremeios, intensificaram-se os contatos e, de marginais, quase que atirados em praça pública por meio de execração acadêmica, os pesquisadores em Luhmann e o Direito, outrora desacreditados, hoje se destacam como um dos mais atuantes e organizados – senão o mais compacto e unido – grupo de investigadores em Sociologia do Direito no Brasil, e, também, no exterior.

O livro que ora é apresentado ao público é, portanto, ao menos para mim, na qualidade de organizador, um prazer acadêmico incomensurável. Primeiro, porque a nomeada dos autores é de uma qualidade que não se pode negar. Todos, sem exceção, em seu artigos, demonstram um refinamento intelectual de primeira grandeza; segundo, por se tratar da materialização de uma memória que não poderia, pela amizade que une a todos, ser perdida ante a fragmentação de esferas sociais, tal como, por exemplo, a academia.

Por fim, um registro se impõe. O título da obra reflete a organicidade do conjunto de ensaios produzidos. Como se verifica, desde o momento em que se organizou o *workshop* sobre Luhmann e os Direitos Fundamentais, o recorte foi ampliado. Chegou-se, portanto, ao tema da juridicização das esferas sociais em função da fragmentação do Direito na sociedade contemporânea. As comunicações incessantes, assim, (re)criaram o sentido original e primário das intenções de seus autores, (re)organizando-os por meio das próprias bases e decisões, produzindo, dessa forma, um novo olhar para a observação de um Direito da Sociedade. Autopoiese.

Porto Alegre – RS, Inverno de 2011.

*Germano Schwartz*
organizador

— 1 —

# Autopoiese e teoria do direito[1]

**LEONEL SEVERO ROCHA**[2]

*Sumário*: 1. Introdução; 2. Sentido e semiótica do direito; 2.1. Semiótica e semiologia: Saussure e Peirce; 2.2. Wittgenstein e nova retórica; 3. Sentido e autopoiese; 3.1 Autopoiese em Maturana; 3.2. Autopoiese em Luhmann ; 3.3. Autopoiese em Gunther Teubner; 3.4. Autopoiese em Jean Clam; 4. Considerações Finais; 5. Referências.

## 1. INTRODUÇÃO

A teoria do Direito, após passada a primeira década do século XXI, precisa se aproximar das novas feições assimiladas pela dogmática jurídica se pretende continuar a ser um espaço de observação e reflexão construtiva. A dogmática foi invadida pela *Web* ao inserir-se no ciberespaço e esta mutação, ainda um tanto híbrida, força os juristas a reverem a sua semântica. Talvez a grande questão seja a criação de uma *Web*-semântica para o Direito. Ao lado desta linguagem que leva a sério os "Tags" jurídicos, observa-se a realização das projeções epistemológicas de Humberto Maturana, e de Niklas Luhmann no Direito, do surgimento com o advento das redes sociais de uma sociedade voltada à autopoiese.

Nesta linha de ideias, este ensaio pretende abordar as diferentes perspectivas existentes sobre a Teoria dos Sistemas Sociais Autopoiéticos e sua relação com a produção do sentido e o paradoxo, à procura de um conceito que possa ser operacionalizado pelo Direito.

Para tanto, abordaremos inicialmente o sentido e a semiótica do Direito (2). Neste item, em um primeiro momento (2.1), relataremos os primeiros passos produzidos pelos linguistas para a elaboração de uma ciência dos signos (Semiótica ou Semiologia), em especial as contribuições de Saussure e Peirce. Por conseguinte, ainda nesse mesmo ponto, comentaremos brevemente as suas principais manifestações e reflexos no âmbito da teoria jurídica. Finalmente, em um derradeiro momento (2.2), situaremos as principais correntes teóricas contemporâneas e nossa proposta de trabalho desde a Semiótica.

Após isso, analisaremos a ideia de autopoiese e a concepção de sentido em diferentes perspectivas (3), quais sejam, os pontos de observação de Humberto Maturana (3.1), de Niklas Luhmann (3.2). Em seguida, abordaremos as suas relei-

---
[1] O texto dá continuidade às pesquisas que estamos desenvolvendo no âmbito do PPG em Direito da UNISINOS, no Projeto de Pesquisa intitulado "Direito Reflexivo e Policontexturalidade", que conta com o apoio do CNPq.
[2] Dr. EHESS-Paris-França e Pós-Dr. UNILECCE-Itália. Professor Titular da UNISINOS-RS e da UCS.

turas feitas na área do Direito por Gunther Teubner (3.3) e Jean Clam[3] (3.4). Partindo dessas perspectivas, poderemos apontar para uma retomada das questões tradicionais da Teoria do Direito, abrindo-as para uma observação policontextural, ainda não alcançada pela dogmática jurídica.

## 2. SENTIDO E SEMIÓTICA DO DIREITO

No século XX, com a institucionalização da linguagem como paradigma dominante, a Semiótica foi adotada como uma das matrizes teóricas privilegiadas para a investigação jurídica e, consequentemente, para a análise da produção do sentido jurídico.

Este projeto, para gerar resultados positivos, encarregou-se da tarefa de elaboração de um novo espaço teórico denominado Semiótica Jurídica. É claro que as tentativas de construção de uma Semiótica Jurídica dependeram, evidentemente, da constituição da própria Semiótica.[4]

### 2.1. Semiótica e semiologia: Saussure e Peirce

Primeiramente: a Semiótica se diferencia da Semiologia. A Semiologia é o estudo empírico dos signos e dos sistemas de signos verbais e não verbais na comunicação humana. A Semiologia teve, historicamente, dois momentos principais: o primeiro ultrapassa a instância pré-científica das reflexões sobre a linguagem; o segundo é caracterizado pela tentativa de adotar-se o padrão estrutural da ciência dos signos como padrão ideal para a produção da unidade epistemológica para as ciências humanas: a semiologia estruturalista deveria tornar-se a metodologia que permitiria a unidade dos saberes.

No entanto, o movimento inicial, que pretendeu construir uma ciência dos signos em sentido estrito, teve suas origens nos estudos dos linguistas sobre a linguagem natural, e também nos estudos dos lógico-matemáticos a respeito das linguagens artificiais formalizadas. Ao mesmo tempo, mas independentemente, na Europa e nos Estados Unidos, o linguista Ferdinand Saussure[5] e o lógico Charles Sanders Peirce[6] sugeriram a construção de uma teoria geral dos signos. O primeiro nomeou-a Semiologia, e o segundo, Semiótica. Esta ciência, conforme Warat,[7] deveria dedicar-

---

[3] Na América Latina, existem perspectivas autopoiéticas próprias desenvolvidas por Marcelo Neves (NEVES, Marcelo. *Transconstitucionalismo*. São Paulo: Martins Fontes, 2009), de um lado, e de outro, por Dario Rodriguez (MANSILLA, Darío Rodriguez e BRETÓN, Maria P. Opazo. *Comunicaciones de la Organización*. Con colaboración de René Rios F. Chile: Ediciones Universidad Católica de Chile, 2007) e Javier Torres Nafarrate (NAFARRATE, Javier T. La Sociología de Luhmann como "sociología primera". In: Ibero Forum. *Notas para debate*. Primavera, núm. I, año I, 2006.). Estas posturas serão analisadas por nós em outro texto.

[4] O projeto de elaboração de uma ciência dos signos e suas influências sobre a teoria jurídica foi por nós analisado juntamente com Luís Alberto Warat. In: WARAT, Luis Alberto e ROCHA, Leonel Severo. *O Direito e sua Linguagem*. 2ª versão. Porto Alegre: SAFE, 1995.

[5] SAUSSURE, Ferdinand. *Cours de Linguistique Générale*. Édition préparée par Tullio de Mauro. Paris: Payot, 1985.

[6] PEIERCE, Charles Sanders. *Semiótica e Filosofia*. São Paulo: Cultrix/Ed. da USP, 1979.

[7] WARAT, Luis Alberto e ROCHA, Leonel Severo. *O Direito e sua Linguagem*. 2ª versão. Porto Alegre: SAFE, 1995. Ver também o livro: WARAT, Luis Alberto. *A Definição Jurídica*. Porto Alegre: Atrium, 1977. Aliás, neste livro, para Warat, é importante considerar dentro da teoria definitória os aspectos das relações dos termos com a realidade. Nessa perspectiva, "quando alguém solicita a definição de um termo de classe, o que está pedindo é que se lhe proporcione o significado do mesmo", conforme WARAT, Luis Alberto. *A Definição Jurídica*. Op. cit., p. 3.

-se ao estudo das leis e conceitos metodológicos gerais que pudessem ser considerados válidos para todos os sistemas sígnicos.

Para Saussure, "le signe linguistique unit non use chose et um nom, mais um concept et une image acoustique".[8] Assim, seria um estudo dirigido para a determinação das categorias e das regras metodológicas necessárias para a formação de tal sistema, sendo o signo a sua unidade mínima de análise. É importante destacar, desde já, que Saussure parte de uma lógica *diádica*, contrapondo, deste modo, língua/fala, sincronia/diacronia, significante/significado. Para Saussure, o signo linguístico é constituído pela combinação de significante e significado. O significante possui conteúdo material perceptível como, por exemplo, a informação sonora ou visual. O significado, por sua vez, é o conteúdo conceitual e abstrato. Simbolicamente, podemos demonstrar o modelo *diádico* de Saussure a partir da seguinte imagem:

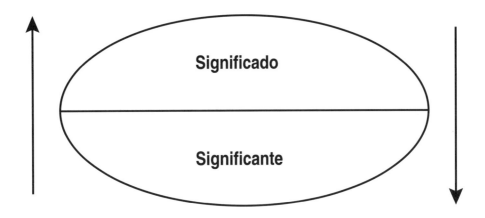

Já para Peirce, "um signo, ou *representamen*, é algo que, sob certo aspecto, ou de algum modo, representa alguma coisa para alguém. Dirige-se a alguém, isto é, cria na mente dessa pessoa um signo equivalente, ou talvez um signo melhor desenvolvido. Ao signo assim criado, denomino *interpretante* do primeiro signo. O signo representa alguma coisa, seu objeto".[9] Para Peirce, o *representamen* está ligado, portanto, a três coisas: o fundamento, o objeto e o interpretante.[10] Conforme Peirce, a relação sígnica (*representatio, signhood, semiosis*) é, enquanto tal, *triádica*. Isto é, dito de outro modo, se compõe de signo, no sentido restrito da palavra, o objeto designado

---

[8] SAUSSURE, Ferdinand. *Cours de Linguistique Générale*. Édition préparée par Tullio de Mauro. Paris: Payot, 1985, p. 98.

[9] PEIRCE, Charles Sanders. *Semiótica e Filosofia*. São Paulo: Cultrix/Ed. da USP, 1979, p. 94.

[10] Em virtude disso, Peirce acredita que a *ciência da semiótica* tem três ramos: "o primeiro é a *gramática pura*, sendo sua tarefa determinar o que deve ser verdadeiro quanto ao *representamen* utilizado por toda inteligência científica a fim de que possam incorporar um significado qualquer. O segundo ramo é o da *lógica* propriamente dita. É a ciência do que é quase necessariamente verdadeiro em relação aos *representamens* de toda inteligência científica a fim de que possam aplicar-se a qualquer objeto, isto é, a fim de que possam ser verdadeiros. O terceiro ramo é a *retórica pura*. (...) Seu objetivo é o de determinar as leis pelas quais, em toda inteligência científica, um signo dá origem a outro signo e, especialmente, um pensamento acarreta outro". PEIRCE, Charles Sanders. *Semiótica*. 3ª edição. São Paulo: Perspectiva, 2003, p. 46.

e o interpretante.[11] O modelo *triádico*,[12] acima referido, pode ser simbolicamente esquematizado a partir da seguinte figura:

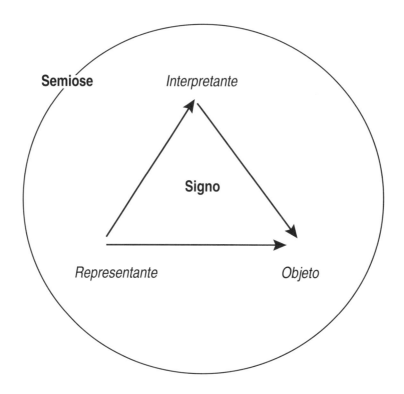

Já falamos anteriormente que com Pierce começa a se delinear um projeto semiótico muito mais preocupado com a correção lógica e sucessivas retificações das sistematizações dos diferentes discursos da ciência, do que com a própria ciência dos signos.[13] Não obstante, na atualidade, usamos indistintamente no estudo do Direito, os signos Semiologia e Semiótica quase como sinônimos. Nós optamos por utilizar, na atualidade, o signo Semiótica. A Semiótica divide-se tradicionalmente, segundo Carnap,[14] em três partes: sintaxe, semântica e pragmática.

O segundo momento, chamado de *estruturalismo*, também se inspiraria em Saussure. No entanto, o estruturalismo, a partir da ideia de que o conhecimento é

---

[11] APEL, Karl-Otto. *El Camino del Pensamiento de Charles S. Peirce*. Madrid: Visor (Colección La Balsa de la Medusa), 1997, p. 184.

[12] Tanto o modelo *diádico* (Saussure) como o *triádico* (Peirce), são, simbolicamente, complementares. Ora, se considerarmos que "a unidade é o primeiro elemento do qual surgem todos os outros números, é nela, portanto, que devem estar juntas todas as qualidades opostas dos números: o ímpar e o par; o dois é o primeiro número par, o três é o primeiro número ímpar e também *perfeito*, porque é no número três que aparece, pela primeira vez, um começo, um meio e um fim". Conforme ZELLER, Eduard. *Die Philosophie der Griechen*. 2ª ed. Tübingen e Leipzig, 1856-68, p. 292, *in*: JUNG, C. G. *Interpretação Psicológica do Dogma da Trindade*. 5ª edição. Petrópolis: Vozes, 1999, p. 7.

[13] WARAT, Luis Alberto e ROCHA, Leonel Severo. *O Direito e sua Linguagem*. 2ª versão. Porto Alegre: SAFE, 1995, p. 14.

[14] CARNAP, Rudolf. *The Logical Syntax of Language*. Chicago: Open Court, 1934 (1ª ed.).

formado por estruturas interdependentes, enfatizaria muito mais o discurso do que os signos, como seu eixo metodológico para a análise das ciências sociais. Neste sentido, a Semiologia seria quase como uma ciência das ciências, uma epistemologia dos diferentes discursos sobre o mundo.

A análise dos signos permitiria para Saussure estudos multidisciplinares, provocando a sua preocupação fundamental em determinar critérios que permitissem a autonomia e pureza de uma ciência dos signos. Neste sentido, Saussure procura reconstruir no plano do conhecimento um sistema teórico que explicasse o funcionamento dos diferentes tipos de signos. Este projeto semiológico, ao orientar-se para as diversas linguagens naturais, colocou em evidência a função social do signo.

Assim, a Semiologia nos daria as leis que regem os signos e a sua natureza. A condição mínima de análise se fundamenta na possibilidade da constituição de unidades significantes diferenciáveis. Em outra oportunidade, falamos que "o maior mérito de Saussure encontra-se, indiscutivelmente, em sua revolucionária postura epistemológica, que determinou a possibilidade de refletir, a partir de um novo lugar teórico, sobre os diferentes sistemas sígnicos".[15]

Na construção dos diferentes sistemas de signos das linguagens naturais, Saussure escolheu, como modelo analítico, a linguística – teoria dos signos verbais. A linguística tem em Saussure duas funções: por um lado, ela é vista como uma parte da Semiologia, ligada a um domínio mais vasto e definido do conjunto dos signos da comunicação humana; por outro lado, ela é o eixo em torno do qual se formam as categorias translinguísticas, que constituem o princípio ordenador para a compreensão dos outros sistemas de signos.

A linguística em Saussure ocupa, então, uma função primordial, pois é graças a suas categorias analíticas que a Constituição da Semiologia torna-se possível: a Semiologia como estudo dos signos na comunicação humana. Para tanto, Saussure parte das linguagens verbais para a descrição dos distintos sistemas sígnicos. O privilégio dado à linguística provém do fato de que todo o conjunto de signos não linguísticos deve buscar as suas possibilidades de sistematização desde a linguagem natural logicamente ordenada.[16]

Em nossa opinião, indo um pouco além de Saussure, juntamente com Warat, poder-se-ia afirmar que, em realidade, existe somente uma linguística dos signos verbais e outra dos signos não verbais, sendo a Semiologia uma linguística geral. A semiologia, já falamos, possui seu "campo temático delimitado a partir dos lugares não teorizados pela linguística, isto é, preocupa-se com os processos de produção e mutação das significações conotativas (ideológicas) da comunicação social".[17]

Pode-se dizer que, como Barthes o assinala, a Semiologia de Saussure se apresenta como uma linguagem das linguagens, como uma metalinguagem que toma as diferentes linguagens como a sua linguagem-objeto. Assim, Saussure vê a Semiologia como um nível linguístico diferente daquele das linguagens analisadas e, nesse sentido, ele se afasta da materialidade social que forma a significação. Isto é, desde uma perspectiva que reivindica também uma análise das condições político-sociais que

---

[15] WARAT, Luis Alberto e ROCHA, Leonel Severo. *O Direito e sua Linguagem.* Op. cit., p. 19.

[16] Ainda conforme WARAT, Luis Alberto e ROCHA, Leonel Severo. *O Direito e sua Linguagem.* Op. cit.

[17] ROCHA, Leonel Severo. *A Problemática Jurídica*: uma introdução transdisciplinar. Porto Alegre: SAFE, 1985, p. 35.

influem na significação, Saussure deixou incompleto o seu projeto no tocante às relações dos signos com a ideologia e a história.[18]

Peirce, por sua parte, sublinha a função lógica do signo para a constituição da Semiótica. Para ele, a lógica, num sentido lato, seria quase sinônimo de Semiótica. A Semiótica seria, por esta razão, uma teoria geral dos signos, reconhecida como disciplina na medida em que o processo de abstração produziria os julgamentos necessários para a caracterização lógica dos signos empregados na prática científica. A Semiótica deveria conter num cálculo lógico o conjunto dos sistemas significantes. Assim, ao contrário de Saussure, preocupado com o tratamento científico das linguagens naturais, Peirce se voltaria para as práxis linguísticas das ciências.

De qualquer maneira, mesmo que Peirce não nos tenha deixado uma obra sistematizada, parece-nos razoável a opinião de Nagel, que encontra coincidências entre as suas ideias e aquelas do Círculo de Viena, contrário a qualquer transcendentalismo. Nesta perspectiva, existe uma ideia fundamental do Círculo com a qual Peirce estaria plenamente de acordo: as condições semânticas de verificação (cuja abrangência Carnap reduziria com o passar do tempo). Para Peirce, uma ideia é sempre a apresentação de certos efeitos sensíveis. Com ele inicia-se um projeto semiótico mais preocupado com a correção lógica e com as retificações sucessivas da sistematização dos diferentes discursos da ciência do que com a própria ciência dos signos. Nós temos então uma outra coincidência entre Peirce e o neopositivismo lógico no tocante à função de dependência atribuída à Semiótica em relação às linguagens da ciência. Uma diferença marcante entre Peirce e o neopositivismo é o fato de que para o americano o signo ocupa um lugar de destaque, enquanto para os austríacos o mais importante são os discursos.

Para os membros do Círculo Viena, ciência e linguística são dois termos correlatos: a problemática científica depende da construção de uma linguagem rigorosa apta a explicar os dados do mundo. Nesta perspectiva, o positivismo lógico assume o rigor discursivo como o paradigma da pesquisa científica. Ele afirma ainda que nenhuma proposição isolada fornece um conhecimentos efetivo sobre o mundo. Toda proposição é significativa na medida em que possa ser integrada num sistema. Em consequência, não se pode desconhecer as regras de funcionamento da linguagem da ciência, sob pena de termos nosso conhecimento obscurecido por certas perplexidades de natureza estritamente linguística. Eis porque o Círculo de Viena erigiu a linguagem como objeto de sua investigação e como instância fundamental da problemática científica. Neste sentido, a Semiótica é o nível de axiomatização dos sistemas de significação, vistos como modelos matemáticos das diferentes linguagens da ciência.

As linguagens não se esgotam nas informações transmitidas, pois elas engendram uma série de ressonâncias significativas que têm a sua origem também nas contradições da materialidade social. Deste ponto de vista, estas concepções epistemológicas, como é o caso do positivismo lógico, ao identificarem, como vimos supra, a ciência com a linguagem, a partir de uma atitude reducionista que pensa a linguagem como uma estrutura textual autossuficiente (autopoiética, na linguagem de hoje), descobrindo a significação no interior do próprio sistema por ela criado, esquecem as outras cenas de produção da significação. Isto é, a influência da sociedade

---

[18] Conforme já mencionamos em ROCHA, Leonel Severo. *Epistemologia Jurídica e Democracia*. 2ª ed. São Leopoldo: Unisinos, 2003.

na produção dos sentidos é ignorada. Esta concepção axiomatizante da Semiótica é ligada assim a uma filosofia cientificista que obedece a uma concepção ontológica da verdade. E nessa lógica todo o enunciado que não possa passar pelo critério semântico de verificação não teria sentido. Nesta ontologia, as funções persuasivas das linguagens não teriam nenhum espaço. O simbólico, os níveis de mediação dos discursos e a especificidade política dos discursos não seriam abordados.

## 2.2. Wittgenstein e nova retórica

Estas concepções baseadas na construção de proposições axiomatizantes das linguagens foram contestadas por várias correntes teóricas contemporâneas. Duas das posturas que as criticaram, procurando acentuar a importância da análise contextual para a explicitação do sentido dos signos, foram a Filosofia da Linguagem Ordinária (inspirada no segundo Wittgenstein[19] – Investigações Filosóficas) e a Nova Retórica.

A Filosofia da Linguagem Ordinária procurou demonstrar, contrariamente ao Círculo de Viena, que o objeto da Semiótica deveria ser a análise das imprecisões significativas originadas nas distintas significações expressas pelas intenções dos emissores e receptores na comunicação. Tal postura deveria então investigar as ambiguidades e vaguezas dos discursos a partir de suas funções pragmáticas (diretivas, emotivas e informativas). Entretanto, pode-se dizer, resumindo-se esta atitude, que ela não chegou a ultrapassar no seu estudo das incertezas significativas, um certo psicologismo, no sentido de que se reduziu exageradamente à relação emissor-receptor.

Os Novos Retóricos, por seu lado, como Perelman[20] e Viehweg,[21] também criticam a redução da Semiótica aos níveis da sintaxe e da semântica, a partir de um retorno a Aristóteles para recuperar-se a noção de "Tópica". Na tópica, Aristóteles explica que existem raciocínios demonstrativos, baseados na ideia de verdade, e raciocínios persuasivos, baseados na verossimilhança. Os raciocínios persuasivos se articulariam desde uma cadeia de argumentação tópica, constituída por pontos de vista geralmente aceitos, os "topoi". Os *topoi* seriam uma espécie de elementos calibradores dos processos argumentativos. No entanto, assim como a Filosofia da Linguagem ordinária, os Novos Retóricos também não ultrapassaram um certo sentido psicologista na análise dos discursos.[22]

Outra vertente contemporânea que igualmente está revisando as contribuições da Semiótica do início do século é a lógica deôntica, que tem procurado elaborar, não sem muitas dificuldades, análises lógicas dos discursos do direito e da moral.

---

[19] O primeiro Wittgenstein, que influenciou o neopositivismo, escreveu o clássico *Tractatus Logico--Philosophicus*. Paris: Gallimard, 1961.

[20] PERELMAN, Chaïm. *Le Champ de L'argumentation*. Bruxelles: Presses Universitaires de Bruxelles, 1970. Hoje em dia a obra de Perelman foi retomada e ampliada por François Ost. Para tanto, ver o livro: OST, François. *Raconter la Loi*. Aux Sources de L'imaginaire juridique. Paris: Odile Jacob, 2004.

[21] VIEHWEG, Theodor. *Topica y jurisprudencia*. Madrid: Taurus, 1986.

[22] Em outra perspectiva, que não nos interessa analisar no momento, a Teoria do Direito americana elaborou uma visão do Direito interpretado a partir da Literatura. Como exemplo, o livro de POSNER, Richard. *Law and Literature*. Cambridge: Harvard University Press, 1998. No Brasil, surgiram correntes hermenêuticas que, a partir de Hans-Georg Gadamer, enfatizam a hermenêutica jurídica. Ver, nesse sentido, STRECK, Lenio Luiz. *Verdade e Consenso*. Constituição, Hermenêutica e Teorias Discursivas. Rio de Janeiro: Lumen Juris, 2006.

Muito importante também é a análise dos "Atos de Fala", proposta por Austin e Searle, que valoriza os "Atos Revolucionários" da comunicação. Austin, como se sabe, distingue entre Ato Locucionário, Ato Ilocucionário e Perlocucionário.[23] Por outro lado, uma tendência relevante (entre tantas outras), que existe hoje nos Estados Unidos, é a de Richard Posner, que recoloca a discussão da interpretação do sentido do Direito como sendo um *"judicial cosmopolitanism"*,[24] que, evidentemente, não trabalharemos aqui. Também não nos interessa, nesse momento, analisar a Teoria da Ação Comunicativa de Habermas. Se quiséssemos discutir questões políticas relacionadas com a democracia na atualidade, levaríamos em consideração a obra sobre a exclusão social e a dignidade de Martha Nussbaum, *"The Frontiers of Justice"*.[25]

Passaremos, agora, ao próximo ponto, onde pretendemos observar até que ponto a autopoiese se apresenta como uma perspectiva diferenciada e atual para se observar a produção de sentido no Direito.

## 3. SENTIDO E AUTOPOIESE

A Autopoiese caracteriza-se pela redefinição da perspectiva de produção do sentido originária da linguagem-signo, para uma ênfase na Comunicação e Autorreprodução com autonomia perante o ambiente a partir da ideia de sistema. Iremos abordar, a seguir, as posturas teóricas exemplares de Maturana, Luhmann, Teubner e Clam.

### 3.1 Autopoiese em Maturana

Humberto Maturana, juntamente com Francisco Varela, foi o primeiro a utilizar contemporaneamente, com sucesso, a ideia de autopoiese. Por isso toda a discussão deve necessariamente levar em consideração este marco inicial. Maturana surpreende os observadores mais tradicionais pela afirmação e confirmação dos obstáculos necessários para o conhecimento do conhecimento. As relações entre a biologia e cognição nunca mais serão as mesmas depois da autopoiese.

Maturana inicia suas reflexões sobre a autopoiese a partir das ideias de *organização e estrutura*, entendendo por *organização* as relações que devem dar-se entre os componentes de algo para que os reconheça como membros de uma classe específica, e por *estrutura* de algo os componentes e relações que concretamente constituem uma unidade particular realizando sua organização.[26] O reconhecer que caracteriza os seres vivos é, portanto, sua organização, que permite relacionar uma grande quantidade de dados empíricos sobre o funcionamento celular e sua bioquímica.

A noção de autopoiese, deste modo, não está em contradição com este corpo de dados, ao contrário: apoia-se neles, e propõe, explicitamente, interpretar tais dados desde um ponto de vista específico que enfatiza o fato de que os seres vivos são entidades autônomas. Estamos utilizando a palavra *autonomia* em seu sentido corrente,

---

[23] Muitos destes temas foram por nós melhor desenvolvidos no texto elaborado para Universidade de Coimbra, durante nossa estada como professor visitante em 2006, intitulado: Da Epistemologia Jurídica Normativista ao Construtivismo Sistêmico. Coimbra: *Boletim da Faculdade de Direito*, Stvdia Ivridica, 90, Ad Honorem – 3, 2007.

[24] POSNER, Richard A. *How Judges Think*. Cambridge: Harvard University Press, 2008.

[25] NUSSBAUM, Martha C. *The Frontiers of Justice*. Cambridge: Harvard University Press, 2006.

[26] MATURANA ROMESÍN, Humberto; VARELA, Francisco. *El Árbol del Conocimiento*. Las bases biológicas del entendimiento humano. Buenos Aires: Lumen, 2003, p. 28.

isto é, um sistema é autônomo se é capaz de especificar sua própria legalidade, o que é próprio dele. Nesse sentido, Maturana ainda entende que, "para comprender la autonomia del ser vivo, debemos comprender la organización que lo define como unidad".[27]

Para Maturana, o *sentido* é produzido por distinções. O ato de assinalar qualquer ente, coisa ou unidade, está ligado à realização de um ato de distinção que separa o assinalado como distinto de um fundo. Cada vez que nos referimos a algo, explícita ou implicitamente, estamos especificando um critério de distinção que assinala aquilo do que falamos, e especifica suas propriedades como ente, unidade ou objeto.[28]

Conforme Maturana, "el modo particular como se realiza la organización de un sistema particular (clase de componentes y las relaciones concretas que se dan entre ellos) es su estructura".[29] Assim, a organização de um sistema é necessariamente invariante, sua estrutura pode mudar. Nessa ótica, a organização que define um sistema como ser vivo é uma *organização autopoiética*.

Sobre a organização autopoiética na obra de Maturana, Darío Rodriguez afirma que "los seres vivos comparten la misma organización autopoiética, aunque cada uno es distinto a los demás porque su estructura es única. La organización autopoiética se caracteriza porque su único producto es ella misma".[30]

A íntima relação existente entre *organização* e *estrutura* fica clara quando Maturana afirma que um ser vivo permanece vivo enquanto sua estrutura, "cualesquiera sean sus cambios, realiza su organización autopoiética, y muere si en sus cambios estructurales no se conserva esta organización".[31]

Destaca-se, ainda, que há uma íntima relação entre *organização* e *estrutura*, que fica clara quando Maturana afirma que um ser vivo permanece vivo enquanto sua estrutura, "cualesquiera sean sus cambios, realiza su organización autopoiética, y muere si en sus cambios estructurales no se conserva esta organización".[32]

Outra ideia igualmente importante na teoria de Maturana, que está intimamente ligada às noções de organização e de estrutura, é a de *cognição*. Como vimos, os sistemas vivos são sistemas determinados pela estrutura. Estes sistemas, quando interagem entre si, não permitem, portanto, interações instrutivas, o que significa afirmar que tudo o que acontece em seu interior ocorre como mudança estrutural.[33] Nesse sentido a importância, para Maturana, de que nós, observadores, entendamos por cognição aquilo que revele "lo que hacemos o cómo operamos en esas coordinaciones de acciones y relaciones cuando generamos nuestras declaraciones cognitivas".[34]

---

[27] MATURANA ROMESÍN, Humberto; VARELA, Francisco. *El Árbol del Conocimiento*. Las bases biológicas del entendimiento humano. Buenos Aires: Lumen, 2003, p. 28.

[28] Idem, ibidem, p. 24.

[29] MATURANA ROMESÍN, Humberto. *Biología del Fenómeno Social*. Disponível em: <http://www.ecovisiones.cl.>. Acesso em: 25 de jul. de 2009.

[30] MANSILLA, Darío Rodriguez e BRETÓN, Maria P. Opazo. *Comunicaciones de la Organización*. Con colaboración de René Rios F. Chile: Ediciones Universidad Católica de Chile, 2007, 104.

[31] Idem, ibidem.

[32] MATURANA ROMESÍN, Humberto. *Biología del Fenómeno Social*. Disponível em: <http://www.ecovisiones.cl.>. Acesso em: 25 de jul. de 2009.

[33] MATURANA ROMESÍN, Humberto. *La Realidad*: ¿Objetiva o construida? Vol. I - Fundamentos biológicos de la realidad. México: Universidad Iberoamericana/Iteso, 1997, p. 65-66.

[34] Idem, ibídem, p. 66.

Para chegar à definição do conceito biológico de autopoiese, Maturana precisa erigir como três pilares básicos os conceitos de *observador*, *organização* e *estrutura*. Quanto à organização e à estrutura já se falou acima. O *observador*, por sua vez, na obra de Maturana, pode ser considerado "un ser humano, una persona; alguien que puede hacer distinciones y especificar lo que distingue como una entidad (un algo) diferente de sí mismo, y puede hacerlo con sus propias acciones y pensamientos recursivamente, siendo capaz siempre de operar como alguien externo (distinto) de las circunstancias en las que se encuentra él mismo".[35] Os observadores são, em última análise, *sistemas vivos*. Sistemas vivos são sistemas autopoiéticos, uma vez que "la organización de un sistema autopoiético es la organización autopoiética. Un sistema autopoiético que existe en el espacio físico es un sistema vivo".[36]

De qualquer maneira, Maturana estabelece claramente a importância do construtivismo[37] para a metalinguagem da cognição da sociedade moderna. Isto lhe permite, como se sabe, propor uma análise pragmática radical da comunicação e da linguagem, vendo a cognição como um acoplamento estrutural adequado dos sistemas vivos a seu aspecto ecológico. Para Maturana, "viver é conhecer". Daí que nós, seres humanos, "nos descubrimos como observadores de la observación cuando comenzamos a observar nuestra observación en nuestro intento de describir y explicar lo que hacemos".[38] Maturana ainda aponta para um paradoxo, retomado por Luhmann de uma forma crítica, denominado "ontologia do observador".

### 3.2. Autopoiese em Luhmann

A metodologia de Niklas Luhmann parte do pressuposto de que é possível comparar em uma teoria da sociedade diversos sistemas voltados para uma determinada função. Esta estratégia foi iniciada por Talcott Parsons.[39] Para Luhmann, no prefácio do livro "Sociedade da Sociedade",[40] a importância da ideia de comparação aumenta na medida "em que se admite que não é possível deduzir a sociedade de um princípio ou de uma norma transcendente – seja na maneira antiga de justiça, da solidariedade ou do consenso racional". Por isso, Luhmann afirma que é possível analisar-se campos heterogêneos como a Ciência, o Direito, a Economia e a Política, colocando-se de manifesto estruturas que podem ser comparadas. Não recorrendo ao conceito de ação e de sua decomposição analítica, como fez Parsons, mas exatamente a *observação* da diversidade desses campos onde podem ser aplicados o mesmo aparato conceitual.

Niklas Luhmann assume, portanto, a proposta de um construtivismo voltado à produção do sentido desde critérios de autorreferência e auto-organização introduzi-

---

[35] MATURANA ROMESÍN, Humberto. *La Realidad*: ¿Objetiva o construida? Vol. I - Fundamentos biológicos de la realidad. México: Universidad Iberoamericana/Iteso, 1997, p. 228-229.

[36] Idem, ibidem, p. 232.

[37] Interessantes reflexões acerca do *construtivismo* por parte de autores como Maturana, Varela, Luhmann, Dupuy, entre outros, podem ser vistas em: WATZLAWICK, Paul e KRIEG, Peter (Comps.). *El Ojo del Observador*: contribuciones al constructivismo. Barcelona: Gedisa, 1996.

[38] MATURANA ROMESÍN, Humberto. La Ciencia y la Vida Cotidiana: la ontología de las explicaciones científicas. In: WATZLAWICK, Paul e KRIEG, Peter (Comps.). *El Ojo del Observador*: contribuciones al constructivismo. Op. cit., p. 158.

[39] PARSONS, Talcott and SHILS, Edward A. *Toward a General Theory of Action*. Theoretical Foundations for the Social Sciences. New Brunswick: Transaction Publishers, 2007.

[40] LUHMANN, Niklas. *La Sociedad de la Sociedad*. Tradução de Javier Torres Nafarrate. México: Ed. Herder/Universidad Iberoamericana, 2007.

dos pela autopoiese. Porém, a formação luhmanniana inspira-se na metodologia sistêmica. A autopoiese aparece, assim, como uma diferença importante entre Luhmann e Parsons. Para Luhmann, a grande questão que relaciona o Direito e a Sociedade é caracterizada pela oposição entre autorreferência e heterorreferência, ou entre sistemas fechados e sistemas abertos. Luhmann aponta para a questão colocada por Tarski de que a identidade é sempre o desdobramento de uma tautologia. No caso do Direito, o Direito enfrenta o problema da ruptura de sua identidade do Direito com o próprio Direito, ou seja, a unidade da própria distinção.

Luhmann, no livro *Direito da Sociedade*, afirma que "o sistema jurídico deve então observar aquilo que tem que ser manejado no sistema como comunicação especificamente jurídica".[41] Niklas Luhmann indica, nesse momento, o tema que é objeto de toda nossa reflexão, dizendo que com a ajuda da Teoria dos Sistemas operativamente fechados se pode superar o debate entre "a semiótica e a análise linguística que por certo também se aplica no Direito. No que se refere aos signos ou a linguagem, a tradição francesa surgida a partir de Saussure tem salientado, sobretudo, os aspectos estruturais; a tradição americana está baseada em Peirce, onde ao contrário, tem se acentuado os aspectos pragmáticos".[42]

De todo modo, para Luhmann, tanto em um caso como em outro, acentua-se a intenção do falante nos "speech acts" no sentido de Austin e Searle. Luhmann salienta, nesse sentido, que nem a análise estruturalista, nem a dos atos de fala, aplicados ao Direito, tiveram resultados interessantes. Por isso a iniciativa deste autor de avançar além de Saussure e Pierce em direção de uma teoria da comunicação, que permitiria à Teoria do Direito acesso a novos problemas.

Para Luhmann, na comunicação não se pode prescindir nem de operações comunicativas nem das estruturas. Não obstante, a própria comunicação não é possível de ser reduzida à ação comunicativa, pois ela abarca também a informação e o ato de comunicar. "Entre estrutura e operação existe uma relação circular, de tal sorte que as estruturas só podem ser criadas e mudadas por meio destas operações que, a sua vez, se especificam mediante as estruturas. Nestes dois aspectos a Teoria da Sociedade considerada como sistema operativamente fechado é a mais omni-compreensiva e, se entendermos o sistema do Direito como um sistema parcial da sociedade, então ficam excluídas tanto as pretensões pragmáticas de domínio como as estruturalistas".[43]

Em meio a essas reflexões, já podemos situar o conceito de autopoiesis em Luhmann. Conforme este autor, "el concepto de producción (o más bien de *poiesis*) siempre designa sólo una parte de las causas que un observador puede identificar como necesarias; a saber, aquella parte que puede obtenerse mediante el entrelazamiento interno de operaciones del sistema, aquella parte con la cual el sistema determina su proprio estado. Luego, reproducción significa – en el antiguo sentido de este concepto – producción a partir de productos, determinación de estados del sistema como punto de partida de toda determinación posterior de estados del sistema. Y dado que esta producción/reproducción exige distinguir entre condiciones internas y externas, con ello el sistema también efectúa la permanente reproducción de sus lími-

---

[41] LUHMANN, Niklas, *El Derecho de la Sociedad*. Trad. Javier Torres Nafarrate. México: Universidad Iberoamericana/Colección Teoría Social, 2002, p. 90.
[42] Idem, ibidem, p. 90.
[43] Idem, ibidem, p. 91.

tes, es decir, la reproducción de su unidad. En este sentido, autopoiesis significa: producción del sistema por sí mismo".[44] Quando Luhmann fala em produção do sistema por si mesmo, significa que o sistema opera recursivamente mediante um fechamento operativo. Nafarrate e Rodrigues afirmam que "la clausura operativa de la autopoiesis hace relación directa al nivel de estabilidad que alcanza una operación, bajo condiciones determinadas, y en la que necesariamente esta operación tiende a formar un cálculo recursivo que siempre debe volver sobre sí mismo (autorreferente)".[45]

Como a proposta deste ensaio é observar a produção do sentido e a autopoiese do Direito, é importante situar que, em Luhmann, "el sentido se produce exclusivamente como sentido de las operaciones que lo utilizan; se produce por tanto sólo en el momento en que las operaciones lo determinan, ni antes, ni después".[46] Diferentemente do que se poderia pensar, a problemática do sentido não cai em uma ontologia, uma vez que "el sentido es entonces un *producto* de las operaciones que lo usan y no una cualidad del mundo debida a una creación, fundación u origen", o que nos leva a afirmar que com a tese do sentido se restringe tudo o que é possível resolver através da sociedade, pois a sociedade é um sistema que estabelece sentido.[47] Por isso insistimos na teoria da sociedade vista como autopoiese, pois "a autopoiese tem a proposta de pensar essas questões de uma forma completamente diferentes, de um ponto de vista que, perante os critérios de verdade da dogmática jurídica, são paradoxais. Toda produção de sentido depende da observação".[48]

Finalmente, é importante destacar, conjuntamente com Stamford, que, "ainda que a teoria dos sistemas tenha sido objeto de fortes críticas e rejeições, para servir como leitura da vida em sociedade, Luhmann insiste que partir dela é uma forte candidata para se construir uma teoria social da sociedade, uma teoria dos sistemas de sentido socialmente produzido, reproduzido, produzido novamente".[49]

### 3.3. Autopoiese em Gunther Teubner

Gunther Teubner, embora se insira em seus primeiros trabalhos na vertente luhmanniana, tem elaborado recentemente pesquisas bastante originais, onde tem apontado para a importância de uma reflexão autopoiética na globalização. Nesse sentido, ele retoma uma questão apontada rapidamente por Luhmann no final do livro *Direito da Sociedade*, que é a *policontexturalidade*. Esta se torna, em um mundo onde o Direito é fragmentado em um pluralismo em que o Estado é apenas mais uma de suas organizações, um referente decisivo para a configuração do sentido. Para Neves, policontexturalidade implica, em um primeiro momento, "que a diferença entre sistema e ambiente desenvolve-se em diversos âmbitos de comunicação, de tal maneira que

---

[44] LUHMANN, Niklas. *La Sociedad de la Sociedad.* Tradução de Javier Torres Nafarrate. México: Ed. Herder/ Universidad Iberoamericana, 2007, p. 69-70.

[45] MANSILLA, Dario R. e NAFARRATE, Javier T. Autopoiesis, la unidad de una diferencia: Luhmann y Maturana. In: *Sociologias* (Dôssie). Porto Alegre, ano 5, número 9, jan/jun 2003, p. 114.

[46] Idem, ibidem, p. 27.

[47] Idem, ibidem, p. 27-32.

[48] ROCHA, Leonel Severo. Observações sobre a observação luhmanniana. In: ROCHA, Leonel Severo; KING, Michael; SCHWARTZ, Germano. *A Verdade sobre a Autopoiese no Direito.* Porto Alegre: Livraria do Advogado, 2009, p 34-35.

[49] SILVA, Artur Stamford da. Gödelização da racionalidade jurídica. Semântica social como teoria confortável para um programa de pesquisa em direito. Uma leitura de Niklas Luhmann. *Inédito*, p. 9.

se afirmam distintas pretensões contrapostas de autonomia sistêmica. Em segundo lugar, na medida em que toda diferença se torna 'centro do mundo', a policontexturalidade implica uma pluralidade de autodescrições da sociedade, levanto à formação de diversas racionalidades parciais conflitantes".[50]

Teubner, por conta dessa (re)visita sistêmica à Teoria do Direito, pode ser considerado o autor do "Direito Híbrido". De um Direito da periferia mundial que às vezes poderia até possuir, segundo nosso autor, uma espécie de Constituição Civil, como por exemplo, a Lex Esportiva e a Constituição Digital.[51]

Teubner, no que nos interessa enfocar neste ensaio, possui um conceito de sentido ligado à pluralidade. Isto pode ser observado em sua relação entre a noção de paradoxo e produção de sentido, em seu texto "As Múltiplas Alienações do Direito",[52] onde afirma: "Oásis no deserto ou miragem? Lá onde na luz ofuscante do sol do deserto Jacques Derrida discerne o poder mítico da auto-(justificação)-fundação do direito, lá onde Hans Kelsen viu a norma fundamental e Herbert Hart 'a ultimate rule of recognition', Niklas Luhmann vê o camelo do cadi que pasta em plena natureza. Todo o tratamento da questão da justificação última do direito parte do fato de que, para Luhmann, esta significa descobrir os paradoxos internos do direito, a relação problemática de um direito que encara a si mesmo".[53] Nesse sentido, é importante destacar que Watzlawick, Beavin e Jackson, da Escola de Palo Alto, Califórnia, entendem que há três tipos de paradoxos: 1) os paradoxos lógico-matemáticos (antinomias), 2) definições paradoxais (antinomias semânticas) e 3) paradoxos pragmáticos (injunções paradoxais e predições paradoxais).[54] Podemos afirmar que à teoria sistêmica do Direito, tanto em Teubner como em Luhmann, interessa esta última categoria de paradoxos, qual seja, os paradoxos pragmáticos.

A parábola dos camelos em Luhmann é bastante conhecida. Nela três irmãos receberam de herança do pai onze camelos e não conseguem realizar a operação matemática da divisão devido ao fato de que o primeiro irmão tem direito a metade; o segundo, a um quarto, e o terceiro, a um sexto. Um terceiro observador propõe a solução do paradox a partir do empréstimo de um décimo segundo camelo. Para Luhmann, este décimo segundo camelo é resultante da produção de sentido e abertura para a autopoiese dos paradoxos do Direito. Teubner aproveita para ampliar a perspectiva ao introduzir uma noção própria de autopoiese.

Para Teubner, já em seus primeiros textos, o Direito "determina-se a ele mesmo por autorreferência, baseando-se na sua própria positividade".[55] Isto implica a aceitação da ideia de circularidade: "a realidade social do Direito é feita de um grande número de relações circulares. Os elementos componentes do sistema jurídico – ac-

---

[50] NEVES, Marcelo. *Transconstitucionalismo*. São Paulo: Martins Fontes, 2009, p. 23-24.

[51] Sobre isso, ver ROCHA, Leonel Severo e LUZ, Cícero K. Lex Mercatoria and Governance. The polycontexturality between Law and State. In: *Revista da Faculdade de Direito do Sul de Minas*. Ano XXV. N. 28. jan./jun. 2009, Pouso Alegre/MG: FDSM, 2009, como também, ROCHA, Leonel; ATZ, Ana Paula; MENNA BARRETO, Ricardo. Publicidade no Ciberespaço: Aspectos Jurídico-Sistêmicos da Contratação Eletrônica. In: *Novos Estudos Jurídicos*. Vol. 13, n. 2. jul.-dez., 2008 (2009).

[52] TEUBNER, Gunther. As Múltiplas Alienações do Direito: sobre a mais-valia social do décimo segundo camelo. In: ARNAUD, André-Jean; LOPES JR. Dalmir (Org.). *Niklas Luhmann: Do Sistema Social à Sociologia Jurídica*. Rio de Janeiro: Lúmen Júris, 2004, p. 109.

[53] Idem, ibidem.

[54] WATZLAWICK, Paul; BEAVIN, Janet H.; JACKSON, Don D. *Pragmática da Comunicação Humana*: um estudo dos padrões, patologias e paradoxos da interação. São Paulo: Cultrix, 2000, p. 168-171.

[55] TEUBNER, Gunther. *O Direito como Sistema Autopoiético*. Lisboa: Calouste Gulbenkian, 1993, p. 2.

ções, normas, processos, identidade, realidade jurídica – constituem-se a si mesmos de forma circular (...)".[56] Tudo isso leva Teubner a propor uma ideia de autopoiese em evolução permanente, onde o Direito teria vários estágios, gerando um hiperciclo: "se aplicarmos tentativamente a ideia de hiperciclo ao direito, vemos que autonomia jurídica se desenvolve em três fases. Numa fase inicial – 'dita de direito socialmente difuso' –, elementos, estruturas, processos e limites do discurso jurídico são idênticos aos da comunicação social geral ou, pelo menos, determinados heteronomamente por esta última. Uma segunda fase de um 'direito parcialmente autônomo' tem lugar quando um discurso jurídico começa a definir os seus próprios componentes e a usá-los operativamente. O direito apenas entra numa terceira e última fase, tornando-se 'autopoiético', quando os componentes do sistema são articulados entre si num hiperciclo".[57] O conceito de autopoiese desde a ideia de hiperciclo é representado por Teubner a partir do gráfico a seguir:

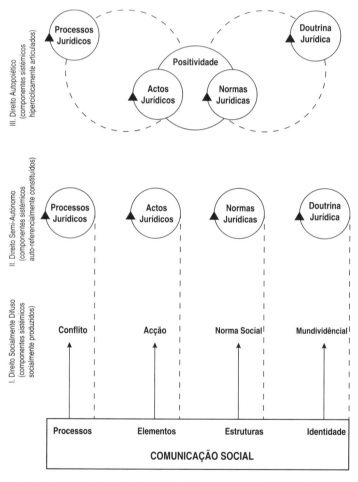

Fig. I – Graus da Autonomia Jurídica. In: TEUBNER, G. *O Direito como Sistema Autopoiético*. Lisboa: Calouste Gulbenkian, 1993, p. 78.

---

[56] TEUBNER, Gunther. *O Direito como Sistema Autopoiético*. Lisboa: Calouste Gulbenkian, 1993, p. 19.
[57] Idem, ibidem, p. 77.

Nessa perspectiva, para Teubner os subsistemas sociais "constituem unidades que vivem em clausura operacional, mas também em abertura informacional-cognitiva em relação ao respectivo meio envolvente".[58] O sentido, em Teubner, termina se configurando como uma construção evolutiva da comunicação social que, gradativamente, se transforma em comunicação jurídica. Assim: "se reconstruirmos as operações do sistema jurídico na base do modelo construtivista, teremos então a seguinte imagem. As comunicações jurídicas constroem a 'realidade jurídica' no chamado tipo ou hipótese legal de uma norma jurídica".[59] Em suma, para Teubner, o sentido é possível graças à policontexturalidade do Direito.

### 3.4. Autopoiese em Jean Clam

Jean Clam, por sua vez, tematiza a autopoiese de Niklas Luhmann como sendo preponderantemente epistemológica, possuindo uma grande contribuição para a elaboração de novos sentidos teóricos para o Sistema do Direito. Nesse sentido, Jean Clam aponta para a reflexão luhmanniana como sendo muito além de uma mera análise refinada da dogmática jurídica, indicando uma perspectiva teórica profundamente inovadora. Jean Clam assinala, com toda a razão, que Niklas Luhmann é um dos maiores pensadores do século XX. Para demonstrar isso, Clam, num primeiro momento de sua obra, no livro "*Droit et Socièté chez Niklas Luhmann*",[60] coloca que: "a idéia de autopoiese dos sistemas sociais renova fundamentalmente a figura, elaborada até então, de uma autonomia sistêmica fundada sobre a diferenciação de sistemas de ação e crescimento simultâneo de dependência e de independência de sistemas inversos às suas sociedades. Ele (Luhmann) tratará de nos explicitar, a princípio, seu exame da transformação da teoria, para preparar o acesso à 'segunda' sociologia jurídica luhmanniana tal como ela é exposta nos artigos da sociologia jurídica desde a metade dos anos oitenta e no *Direito da sociedade (Das Recht der Gesellschaft)*".[61]

Entendemos que essa perspectiva de Jean Clam pode ser comparada com a tentativa do corte epistemológico de Bachelard. A autopoiese permite a redefinição da ideia de diferenciação como forma de se enfrentar os paradoxos, que nesta linha passam a ser a condição para a construção, como diria Gaston Bachelard, de uma *dialectique de la durée*.[62] Ou seja, Bachelard, indo além de Paul Valéry, que afirmou "*Oh! qui me dira comment au travers de l'existence ma personnne tout entière s'est conservée, et quelle chose m'a porté, inerte, plein de vie et chargé d'esprit, d'un bord à l'autre du néant?*", afirma que existe uma forma entre *la détente et néant*, que será a *intuição do instante*. Jean Clam, não obstante, prefere relacionar o tema do paradoxo com outros autores. Ele retoma então com outros temas, como a nossa parábola do décimo segundo camelo.[63] Nessa parábola, Clam relembra a fenomenologia da aritmética de Husserl. Para Clam, o paradoxo é um processo de expansão medial.[64]

---

[58] TEUBNER, Gunther. *O Direito como Sistema Autopoiético*. Op. cit, p. 140.

[59] Idem, ibidem, p. 157.

[60] CLAM, Jean. *Droit et Socièté chez Niklas Luhmann*. La contingence des normes. Paris: PUF, 1997.

[61] Idem, ibidem, p. 201.

[62] BACHELARD, Gaston. *La dialectique de la durée*. Paris: Quadrige/Puff, 2006.

[63] LUHMANN, Niklas. A Restituição do Décimo Segundo Camelo.

[64] CLAM, Jean. *Questões fundamentais de uma teoria da sociedade*: contingência, paradoxo, só-efetuação. São Leopoldo: UNISINOS, 2006, p. 106.

Clam redefine a noção de sentido como um paradoxo, mas "contra a dialética hegeliana de uma assimilação circular formal da contradição, gerando um mecanismo conceitual" e também "contra a lógica de Russel, que tenta 'desparadoxalizar' a teoria pela introdução de uma hierarquia de anúncios e de suas referências". Pois para ele ambas "inscrevem-se em falso as teorias que *aceitam a inconsistência* não ultrapassável da lógica e colocam precisamente em evidência as *circularidades 'paradoxais'* e as estratégias de invisibilidade pelas quais a teorização científica pensa se precaver. Elas mostram a necessidade, mas também a fertilidade desse fechamento circular, da reinjeção do paradoxo, ou da distinção arbitrária da partida (a qual ele mesmo abriu espaço lógico), na teoria em si. Elas fazem, em suma, aparecer a *estrutura* essencialmente *autorreferencialista* e fundamentalmente não desparadoxalizável (da lógica) de toda teorização".[65]

Nesse sentido, para Jean Clam, a paradoxalidade passa a ser a gênese do sistema. Isto será retomado pelo autor no livro "*Sciences du sens. Perspectives Théoriques*", de 2006,[66] quando ele explica que normalmente existe um contraste entre objetos ou estruturas que determinam uma oposição entre explicação e causalidade, de um lado, e compreensão de outro. Isto poderia ser observado sob outra perspectiva relendo-se Simmel e Saussure, que permitiriam a inserção de uma terceira figura midiática, que seria a de Freud. Com isso, poder-se-ia analisar a pluralização da observação e se rever a perspectiva semiológica de Saussure e seus esquematismos de articulação onde se poderia compreender a produção de sentido como um processo de dois lados. "De um lado, como relações diferenciais que tornam impossível uma identificação unívoca do sentido, e o descrevem como sendo já disseminados; de outro lado, como a realização de um mundo atual que se articula nas complementações dele mesmo".[67] Ou seja, a abertura dos horizontes de compreensão do sentido. A partir desta perspectiva, podemos apontar para uma retomada das questões tradicionais da Teoria do Direito como abertas para pontos de vista jamais antes alcançados na dogmática jurídica.

## 4. CONSIDERAÇÕES FINAIS

A policontexturalidade, como salientamos em nosso texto "Observações sobre a observação luhmanniana",[68] é a forma contemporânea de se encaminhar a problemática do sentido do Direito. Por isso a importância do recurso ao conceito de autopoiese e seu elemento principal, a *comunicação*, como maneira de aprofundar os estudos sobre o sentido historicamente elaborados por Saussure e Peirce.

De todo modo, vimos que a Semiologia teve, historicamente, dois momentos principais: o primeiro ultrapassa a instância pré-científica das reflexões sobre a linguagem; o segundo, caracterizado pela tentativa de adotar-se o padrão estrutural da ciência dos signos como padrão ideal para a produção da unidade epistemológica para as ciências humanas. Ferdinand Saussure e Charles Sanders Peirce foram os responsáveis pela estruturação da teoria geral dos signos. Saussure nomeou-a Semiologia,

---

[65] CLAM, Jean. A Autopoiese do Direito. In: ROCHA, Leonel; SCHWARTZ, Germano e CLAM, Jeam. *Introdução à Teoria do Sistema Autopoiético do Direito.* Porto Alegre: Livraria do Advogado, 2005, p. 89-155.
[66] CLAM, Jean. *Sciences du sens.* Perspectives théoriques. Strasbourg: Presses Universitaires de Strasbourg, 2006.
[67] Idem, ibidem, p. 12.
[68] ROCHA, Leonel Severo. Observações sobre a observação luhmanniana. In: ROCHA, Leonel Severo; KING, Michael; SCHWARTZ, Germano. *A Verdade sobre a Autopoiese no Direito.* Porto Alegre: Livraria do Advogado, 2009, pp. 11-40.

e Peirce, Semiótica. Não obstante, estas concepções foram contestadas por várias correntes teóricas contemporâneas, entre elas a Filosofia da Linguagem Ordinária (Wittgenstein) e a Nova Retórica (Perelman e Viehweg).

Maturana, como analisamos, cristalizou o ponto de partida de toda observação desde a autopoiese dos seres vivos, centrada na organização e na estrutura. Ora, para Maturana o *sentido* é produzido por distinções. O ato de assinalar qualquer ente, coisa ou unidade, está ligado à realização de um ato de distinção que separa o assinalado como distinto de um fundo. Cada vez que nos referimos a algo, explícita ou implicitamente, estamos especificando um critério de distinção que assinala aquilo do que falamos, e especifica suas propriedades como ente, unidade ou objeto.[69] Esse é o caminho necessário para chegar à definição do conceito de autopoiese. Para tanto, Maturana erigiu três pilares básicos, quais sejam: os conceitos de *observador, organização* e *estrutura*.

Estas reflexões de Maturana contribuem significativamente para a observação do Direito, pois nos levam diretamente a refletir sobre como as operações produzem a diferença entre sistema e ambiente (Luhmann), demonstrando como esta diferença requer necessariamente de *recursividade* para que as operações reconheçam os tipos de operações que lhes pertencem, excluindo as que não. Aliás, *recursividade* em Maturana é um conceito igualmente importante, que inspirou não só Luhmann, mas igualmente Gregory Bateson em sua epistemologia. Este último autor, inclusive afirmou que há duas classes de recursividade que o guiaram em suas reflexões: a primeira de Norbert Wiener,[70] e a segunda de Maturana e Varela. Para Bateson, "estos teóricos consideraran el caso en que alguna propiedad de un todo es retroalimentada al sistema, con lo cual se produce un tipo de recursividad algún tanto diferente, cuyos formalismos ha elaborado Varela. Vivimos en un universo en el que las cadenas causales perduran, sobreviven a través del tiempo, sólo si son recursivas. 'Sobreviven' – literalmente, viven sobre sí mismas – y algunas sobreviven más tiempo que otras".[71]

Conforme Nafarrate, chegamos a uma "orden de civilización de mucho más complejidad que el que conceptualmente tenían nuestros antecesores. Para poder aprehender este orden complejo se necesitan herramientas teóricas de constitución radicalmente distinta a las que solemos utilizar".[72] É isso que Niklas Luhmann procurou estruturar com sua teoria. Luhmann dotou seu instrumental teórico com o conceito de autopoiese elaborado por Maturana para biologia, na análise da sociedade, a partir do conceito de equivalência sistêmica. Luhmann, para realizar tal passagem, substitui a unidade autorreferencial principal do sistema de Maturana, que é a vida, para a noção de comunicação. Deste modo, Luhmann permite que se aplique a autopoiese à problemática da produção de sentido no Direito e na sociedade. Assim sendo, em relação ao tema que é objeto de toda nossa reflexão, Luhmann entende que com a ajuda da Teoria dos Sistemas operativamente fechados, pode-se superar o debate entre "a semiótica e a análise linguística que por certo também se aplica no Direito. No que se refere aos signos ou a linguagem, a tradição francesa surgida a partir de Saussure

---

[69] MATURANA ROMESÍN, Humberto; VARELA, Francisco. *El Árbol del Conocimiento*. Las bases biológicas del entendimiento humano. Buenos Aires: Lumen, 2003, p. 24.

[70] WIENER, Norbert. *Cibernética e Sociedade*. O Uso Humano de Seres Humanos. São Paulo: Cultrix, 1978.

[71] BATESON, Gregory. *Una Unidad Sagrada*. Pasos ulteriores hacia una Ecología de la Mente. Edición de Rodney E. Donaldson. Barcelona: Gedisa, 1993, p. 290.

[72] NAFARRATE, Javier T. La Sociología de Luhmann como "sociología primera". In: *Ibero Forum*. Notas para debate. Primavera, núm. I, año I, 2006, *p.* 5.

tem salientado, sobretudo, os aspectos estruturais; a tradição americana está baseada em Peirce, onde ao contrário, tem se acentuado os aspectos pragmáticos".[73] De todo modo, Luhmann, com a autopoiese, pretende, além de Saussure e Pierce, dirigir-se a uma teoria da comunicação, que permitiria à Teoria do Direito acesso a novas questões de sentido. É claro que esta perspectiva luhmanniana, que prefere a autopoiese à filosofia, não se aproxima, de modo algum, das tendências denominadas de *Contre-histoire de la philosophie*, de Michel Onfray.[74]

Em última análise, para Luhmann, o sentido é produzido pela autopoiese, e a comunicação passa a ser o elemento principal do Direito da sociedade, sendo esta uma síntese de três momentos: informação, ato de comunicação e compreensão.[75] A propósito, as palavras de Michael King, buscando explicar o sentido e a autopoiese, são bem pertinentes: "sistemas sociais, como redes de comunicação, produzem seu próprio sentido". Daí o fato de que "sistemas sociais diferentes se distinguem um dos outros pelo sentido que cada um dá às relações e eventos no mundo social".[76]

Nessa linha de raciocínio, Teubner adiciona à reflexão luhmanniana o conceito de policontexturalidade e de Direito Hipercíclico como possibilidade de se examinar a evolução da autonomia do sistema do Direito. Percebe-se, dessa maneira, que de fato existe uma crise dos poderes, como bem salienta Mireille Delmas-Marty.[77] Já Jean Clam radicaliza a autopoiese, insistindo que a produção do sentido possui margens, como salienta Derrida,[78] que serão sempre relacionadas às noções de tempo e espaço contingentes e paradoxais.

O sentido do Direito, atualmente, tem como possível ponto de partida os pressupostos acima expostos, ainda que fosse possível, para se elucidar o sentido metafórico mais profundo do Direito nas sociedades complexas, a elaboração de um "Tratado da Magia", como fez Giordano Bruno.[79] De todo modo, temos insistido na existência de três matrizes teóricas principais na Teoria do Direito.[80] Denominamos de *pragmático-sistêmica* aquela matriz que, contemporaneamente, fornece (em nossa opinião) o mais sofisticado instrumental teórico para a superação dos obstáculos epistemológicos presentes nas reflexões sociojurídicas do século XXI.

## 5. REFERÊNCIAS

APEL, Karl-Otto. *El Camino del Pensamiento de Charles S. Peirce*. Madrid: Visor (Colección La Balsa de la Medusa), 1997.

ARNAUD, André-Jean; LOPES JR. Dalmir (Org.). *Niklas Luhmann:* do Sistema Social à Sociologia Jurídica. Rio de Janeiro: Lúmen Júris, 2004.

BACHELARD, Gaston. *La dialectique de la durée*. Paris: Quadrige/Puff, 2006.

---

[73] LUHMANN, Niklas, *El Derecho de la Sociedad*. Trad. Javier Torres Nafarrate. México: Universidad Iberoamericana/Colección Teoría Social, 2002, p. 90.

[74] ONFRAY, Michel. *L'eudémonisme social*. Contre-histoire de la philosophie. Vol. 5. Paris: Grasset, 2008.

[75] LUHMANN, Niklas. *A Improbabilidade da Comunicação*. Trad.: Anabela Carvalho. Lisboa: Vega, limitada, 3. ed., 2001, p. 50-54.

[76] KING, Michael. A Verdade sobre a Autopoiese no Direito. *In*: ROCHA, Leonel Severo; KING, Michael; SCHWARTZ, Germano. *A Verdade sobre a Autopoiese no Direito*. Porto Alegre: Livraria do Advogado, 2009, p. 79.

[77] DELMAS-MARTY, Mireille. Les Forces Imaginantes du Droit (III). *La Refondation des Pouvoirs*. Paris: Seuil, 2007.

[78] DERRIDA, Jacques. *Marges de la Philosophie*. Paris: Les Editions de Minuit, 1972.

[79] BRUNO, Giordano. *Tratado da Magia*. São Paulo: Martins Fontes, 2008.

[80] ROCHA, Leonel Severo. Três Matrizes da Teoria Jurídica. *In*: *Epistemologia Jurídica e Democracia*. São Leopoldo: Ed. Unisinos, 2004.

BATESON, Gregory. *Una Unidad Sagrada*. Pasos ulteriores hacia una Ecología de la Mente. Edición de Rodney E. Donaldson. Barcelona: Gedisa, 1993.

BRUNO, Giordano. *Tratado da Magia*. São Paulo: Martins Fontes, 2008.

CARNAP, Rudolf. *The Logical Syntax of Language*. Chicago: Open Court, 1934 (1 ed.).

CLAM, Jean. A Autopoiese do Direito. In: ROCHA, Leonel; SCHWARTZ, Germano e CLAM, Jean. *Introdução à Teoria do Sistema Autopoiético do Direito*. Porto Alegre: Livraria do Advogado, 2005.

——. *Droit et Sociètè chez Niklas Luhmann*. La contingence des normes. Paris: PUF, 1997.

——. *Questões fundamentais de uma teoria da sociedade:* contingência, paradoxo, só-efetuação. São Leopoldo: UNISINOS, 2006.

——. *Sciences du sens*. Perspectives théoriques. Strasbourg: Presses Universitaires de Strasbourg, 2006.

DELMAS-MARTY, Mireille. Les Forces Imaginantes du Droit (III). *La Refondation des Pouvoirs*. Paris: Seuil, 2007.

DERRIDA, Jacques. *Marges de la Philosophie*. Paris: Les Editions de Minuit, 1972.

JUNG, C. G. *Interpretação Psicológica do Dogma da Trindade*. 5ª edição. Petrópolis: Vozes, 1999.

LUHMANN, Niklas. *A Improbabilidade da Comunicação*. Trad.: Anabela Carvalho. Lisboa: Vega, limitada, 3. ed., 2001.

——. *El Derecho de la Sociedad*. Trad. Javier Torres Nafarrate. México: Universidad Iberoamericana/Colección Teoría Social, 2002.

——. *La Sociedad de la Sociedad*. Tradução de Javier Torres Nafarrate. México: Ed. Herder/Universidad Iberoamericana, 2007.

MANSILLA, Dario R.; NAFARRATE, Javier T. Autopoiesis, la unidad de una diferencia: Luhmann y Maturana. In: *Sociologias* (Dôssie). Porto Alegre, ano 5, número 9, jan/jun 2003.

——; BRETÓN, Maria P. Opazo. *Comunicaciones de la Organización*. Con colaboración de René Rios F. Chile: Ediciones Universidad Católica de Chile, 2007.

MATURANA ROMESÍN, Humberto. *Biología del Fenómeno Social*. Disponível em: <http://www.ecovisiones.cl.>. Acesso em: 25 de jul. de 2009.

——. La Ciencia y la Vida Cotidiana: la ontología de las explicaciones científicas. In: WATZLAWICK, Paul e KRIEG, Peter (Comps.). *El Ojo del Observador*: contribuciones al constructivismo. Barcelona: Gedisa, 1996.

——. *La Realidad*: ¿Objetiva o construida? Vol. I - Fundamentos biológicos de la realidad. México: Universidad Iberoamericana/Iteso, 1997.

——. *La Realidad*: ¿Objetiva o construida? Vol. II - Fundamentos biológicos del conocimiento. México: Universidad Iberoamericana/Iteso, 1997.

——; VARELA, Francisco. *El Árbol del Conocimiento*. Las bases biológicas del entendimiento humano. Buenos Aires: Lumen, 2003.

NAFARRATE, Javier T. La Sociología de Luhmann como "sociología primera". In: *Ibero Forum*. Notas para debate. Primavera, núm. I, año I, 2006.

NEVES, Marcelo. *Transconstitucionalismo*. São Paulo: Martins Fontes, 2009.

NUSSBAUM, Martha C. *The Frontiers of Justice*. Cambridge: Harvard University Press, 2006.

ONFRAY, Michel. *L'eudémonisme social*. Contre-histoire de la philosophie. Vol. 5. Paris: Grasset, 2008.

OST, François. *Raconter la Loi*. Aux Sources de L'imaginaire juridique. Paris: Odile Jacob, 2004.

PARSONS, Talcott *and* SHILS, Edward A. *Toward a General Theory of Action*. Theoretical Foundations for the Social Sciences. New Brunswick: Transaction Publishers, 2007.

PEIRCE, Charles Sanders. *Semiótica e Filosofia*. São Paulo: Cultrix/Ed. da USP, 1979.

——. *Semiótica*. 3ª Edição. São Paulo: Perspectiva, 2003.

PERELMAN, Chaïm. *Le Champ de L'argumentation*. Bruxelles: Presses Universitaires de Bruxelles, 1970.

POSNER, Richard A. *How Judges Think*. Cambridge: Harvard University Press, 2008.

——. *Law and Literature*. Cambridge: Harvard University Press, 1998.

ROCHA, Leonel Severo. *A Problemática Jurídica*: uma introdução transdisciplinar. Porto Alegre: SAFE, 1985.

——. *Da Epistemologia Jurídica Normativista ao Construtivismo Sistêmico*. Coimbra: Boletim da Faculdade de Direito, Stvdia Ivridica, 90, Ad Honorem – 3, 2007.

——. *Epistemologia Jurídica e Democracia*. 2ª ed. São Leopoldo: Unisinos, 2003.

——. Observações sobre a observação luhmanniana. In: ROCHA, Leonel Severo; KING, Michael; SCHWARTZ, Germano. *A Verdade sobre a Autopoiese no Direito*. Porto Alegre: Livraria do Advogado, 2009, p. 11-40.

——; LUZ, Cícero K. Lex Mercatoria and Governance. The polycontexturality between Law and State. In: *Revista da Faculdade de Direito do Sul de Minas*. Ano XXV. N. 28. jan./jun. 2009, Pouso Alegre/MG: FDSM, 2009.

——; ATZ, Ana Paula; MENNA BARRETO, Ricardo. Publicidade no Ciberespaço: Aspectos Jurídico-Sistêmicos da Contratação Eletrônica. In: *Novos Estudos Jurídicos*. Vol. 13, n. 2. Jul. - Dez., 2008 (2009).

SAUSSURE, Ferdinand. *Cours de Linguistique Générale*. Édition préparée par Tullio de Mauro. Paris: Payot, 1985.

SILVA, Artur Stamford da. Gödelização da racionalidade jurídica. Semântica social como teoria confortável para um programa de pesquisa em direito. Uma leitura de Niklas Luhmann. *Inédito*.

STRECK, Lenio L. *Verdade e Consenso*. Constituição, Hermêutica e Teorias Discursivas. Rio de Janeiro: Lumen Juris, 2006.

TEUBNER, Gunther. As Múltiplas Alienações do Direito: sobre a mais-valia social do décimo segundo camelo. In: ARNAUD, André-Jean; LOPES JR. Dalmir (Org.). *Niklas Luhmann:* Do Sistema Social à Sociologia Jurídica. Rio de Janeiro: Lúmen Júris, 2004, p. 109.

——. *O Direito como Sistema Autopoiético*. Lisboa: Calouste Gulbekian, 1993.

VIEHWEG, Theodor. *Topica y jurisprudencia*. 1. ed. Madrid: Taurus, 1986.

WARAT, Luis Alberto e ROCHA, Leonel Severo. *O Direito e sua Linguagem*. 2ª versão. Porto Alegre: SAFE, 1995.

——. *A Definição Jurídica*. Porto Alegre: Síntese, 1977.

WATZLAWICK, Paul e KRIEG, Peter (Comps.). *El Ojo del Observador*: contribuciones al constructivismo. Barcelona: Gedisa, 1996.

——; BEAVIN, Janet H.; JACKSON, Don D. *Pragmática da Comunicação Humana*: um estudo dos padrões, patologias e paradoxos da interação. São Paulo: Cultrix, 2000.

WIENER, Norbert. *Cibernética e Sociedade*. O Uso Humano de Seres Humanos. São Paulo: Cultrix, 1978.

WITTGENSTEIN, L. *Tractatus Logico-Philosophicus*. Paris: Gallimard, 1961.

— 2 —

# Teoria reflexiva da decisão jurídica: observações a partir da teoria dos sistemas que observam[1]

## ARTUR STAMFORD DA SILVA[2]

*A realidade é a aceitação de soluções para problemas de inconsistências (...) não um atributo adicional ao que se vê, mas apenas um sinal de soluções bem sucedidas.*[3]

*Sumário*: 1. Introdução; 2. Do "o que" para o "como é possível": teoria do conhecimento de corte construtivista; 3. Unidade e diferença do direito: a construção de sentido do direito da sociedade; 4. Observação, interpretação e argumentação jurídica. decisão jurídica, judicial e judiciária; 5. A literalidade como reflexividade decisória; 6. Decisão jurídica como produção de sentido do direito da sociedade, não como interpretação e/ou argumentação.

## 1. INTRODUÇÃO

Uma teoria capaz de explicar a decisão jurídica como observação[4] do sistema do direito da sociedade sobre si mesmo, e não, como interpretação ou argumentação – observação de como o sistema do direito da sociedade observa a si mesmo[5] – re-

---

[1] O presente trabalho foi realizado com apoio do CNPq, Conselho Nacional de Desenvolvimento Científico e Tecnológico – Brasil. Agradeço a Henrique Carvalho, André Barreto, Marcelle Penha e Camila Lopes por vivenciarem os debates que deram lugar a este artigo, além de darem vida às pesquisas do Moinho Jurídico.

[2] Professor Adjunto da Faculdade de Direito do Recife – UFPE. Coordenador do Moinho Jurídico, Mostruário de observação social do direito voltado à pesquisa sociológica do direito. Bolsista de Produtividade 2, do CNPq. Vice-Presidente da ABraSD (Associação Brasileira de Pesquisadores em Sociologia do Direito). artur@stamford.pro.br

[3] LUHMANN, N., HAYLES, K., RASCH, W. KNODT, E. and WOLFE, Cary. Theory of a Different Order: A Conversation with Katherine Hayles and Niklas Luhmann. In: *Cultural Critique*, No. 31, The Politics of Systems and Environments, Part II (Autumn, 1995), p. 7-36.

[4] Luhmann diferencia operação de observação. Enquanto operação é a produção de diferenciação resultante de um acontecimento prático, a observação é também uma operação do sistema; todavia, operação que produz um novo estado no sistema, de maneira que aporta algo à *autopoiesis* do sistema e, com isso, ao processo de diferenciação do sistema (LUHMANN, Niklas. El derecho de la sociedad. Trad. Javier Torres Nafarrate, México: Universidad Iberoamericana, 2005, p. 106-107).

[5] Ao aplicar a teoria dos sistemas que observam à teoria da sociedade, Luhmann toma por sistema aquelas comunicações sociais condensadas por observação de primeira ordem realizada pelo próprio sistema, da qual resulta a *autopoiesis* do sistema. Observar sistemas é, portanto, observar o que o sistema já observou, por isso, observação de segunda ordem. Um observador, então, não realiza observação de algo (objeto, coisa, ideia, informação, pessoa, mente, consciência, imaginário, razão, símbolo, fenômeno), ele observa como o sistema observou. Nas palavras de Luhmann: "o observador é definido pelo esquema que dá lugar às suas observações, isto é, pelas distinções que utiliza. No conceito de observador estão contidas as noções tradicionais de sujeito e ideias – ou conceitos. E a autologia que está na base da metodologia do observador de segunda ordem – a saber, o reconhecimento de que se trata tão só de observação – garante o fechamento cognitivo deste manejo de complexidade: não há nem é necessário recorrer a garantias externas" (LUHMANN, Niklas. *La sociedad de la sociedad*. México: Herder/Universidad IberoAmericana, 2007, p. 107). Ainda sobre o tema: "no modo da auto-observação de segunda ordem – ou seja,

quer dois afastamentos e duas aproximações: afastar-se da epistemologia causal em razão da circularidade criativa, cuja recursividade tem base construtivista (*looping* de retroalimentação que viabiliza a desparadoxização da forma pela forma), portanto distinta da circularidade viciosa da antiguidade, o que não se confunde com negar a causalidade da decisão, pois o plano teórico não se confunde com o plano decisório; o segundo, afastar-se do normativismo teórico regulativo – dedicado ao estabelecimento de modelos, métodos e técnicas controladoras da produção do direito da sociedade – e se aproximar de uma teoria reflexiva, a qual "produz, no expectador, a impressão, simultânea, de racionalidade e caos.[6]

Nosso propósito é simplesmente trazer ao debate a viabilidade de uma alternativa teórica à decisão jurídica, o que auxiliará observações científicas do direito da sociedade. Com isso, arvoramo-nos à pretensão de explorar o que, do marco de investigação sobre o sistema do direito, como escreve o próprio Luhmann, não está contemplado: "uma teoria elaborada da decisão jurídica".[7]

Se o direito é texto, como explicar a pluralidade de decisões? Uma alternativa é a divergência de interpretações produto da ambiguidade e vagueza da linguagem, outra é por causa da criatividade de fundamentação da decisão, como na teoria da argumentação. Ocorre que ambiguidade e vagueza não evitam que nos comuniquemos, portanto não são causas suficientes à pluralidade de decisão, tampouco o é a razão da decisão tomada. Antes de seguir esse debate, vejamos os seguintes excertos decisórios:

> "De acordo com a orientação firmada neste Tribunal, é inviável o recurso extraordinário em que não houve demonstração da preliminar de repercussão geral. Cabe à parte recorrente apontar de forma expressa e clara as circunstâncias que poderiam configurar a relevância – do ponto de vista econômico, político, social ou jurídico – das questões constitucionais invocadas no recurso extraordinário (CPC, art. 543-A, §§ 1º e 2º)". Decisão do Supremo Tribunal Federal, prolatada no Agravo de Instrumento AI 772.830, aos 03 de março de 2010. Obtida no site do STF.
>
> "DECIDO: Trata-se de auto de prisão em flagrante de Saul Rodrigues Rocha e Hagamenon Rodrigues Rocha, que foram detidos em virtude do suposto furto de duas(2)melancias. Instado a se manifestar, o Sr. Promotor de Justiça opinou pela manutenção dos indiciados na prisão. Para conceder a liberdade aos indiciados, eu poderia invocar inúmeros fundamentos: os ensinamentos de Jesus Cristo, Buda e Ghandi, o Direito Natural, o princípio da insignificância ou bagatela, o princípio da intervenção mínima, os princípios do chamado Direito alternativo, o furto famélico, a injustiça da prisão de um lavrador e de um auxiliar de serviços gerais em contraposição à liberdade dos engravatados e dos políticos do mensalão deste governo, que sonegam milhões dos cofres públicos, o risco de se colocar os indiciados na Universidade do Crime (o sistema penitenciário nacional)... Tantas são as possibilidades que ousarei agir em total desprezo às normas técnicas: não vou apontar nenhum desses fundamentos como razão de decidir. Simplesmente mandarei soltar os indiciados. Quem quiser que escolha o motivo". Decisão tomada pelo juiz de direito Rafael Gonçalves de Paula, da 3ª Vara Criminal da Comarca de Palmas/TO, aos 05 de setembro de 2003. Como se pode localizar em diversos sites disponíveis na internet, lançando os termos "decisão de juiz + melancia", o resultado são apenas 92.500 resultados.

---

no modo de uma teoria do conhecimento de corte construtivista -, todas as características prescritas se dissolvem e em sua investigação ressalta tanto sua necessidade quanto sua contingência" (LUHMANN, Niklas. *La sociedad de la sociedad*. México: Herder/Universidad IberoAmericana, 2007, p. 19). No sistema do direito da sociedade, a decisão dos tribunais (interpretação por argumentação) é uma observação de segunda ordem, ou seja, é observação da auto-observação do sistema jurídico (LUHMANN, Niklas. El derecho de la sociedad. Trad. Javier Torres Nafarrate, México: Universidad Iberoamericana, 2005, p. 389; 403-415).

[6] LUHMANN, Niklas. El derecho de la sociedad. Trad. Javier Torres Nafarrate, México: Universidad Iberoamericana, 2005, p. 71.

[7] Idem, ibidem, p. 369.

Como essas decisões foram possíveis? A primeira, por causa da identificação de uma "orientação firmada nesse tribunal"? Firmada porque outra não admitida, porque fixada definitivamente? Na segunda, pode-se dizer que a fundamentação está "negada" dentro das expectativas normativas do direito atual? Ambas foram possíveis porque proferidas por autoridades competentes, ou porque no Brasil há uma cultura criativa, irreverente?

Antes que se pense que o debate se limita às decisões do Poder Judiciário, o que dizer de leis municipais, decisões de delegados, prefeitos e juízes que proibiram o uso de capacete por motoqueiros, revogando o Código de Trânsito Nacional brasileiro, com o objetivo de reduzir a quantidade de homicídios em diversas regiões do Brasil? E as decisões que consideraram inconstitucionais tais leis municipais?

As petições e alegações orais em audiências e perante tribunal de júri de advogados, promotores, procuradores? Os depoimentos das partes? São decisões que envolvem o direito? São decisões jurídicas? Como é possível, no Brasil, ter se construído o crime de bagatela, a licitude da prova ilícita, a teoria da aparência (para absorver estupradores presumidos) etc.? Como é possível, nos EE.UU., sexo oral não ser sexo? Como na Itália teve lugar a operação *mani polite*? Como na Europa foi possível a legalização do aborto? Como, no mundo, o direito valora a pesquisa com células-tronco? Como o direito da sociedade valora o caso Wikileaks e seu criador Julian Assange?

Essas questões norteiam as reflexões presentes neste texto. Reflexões provocadas por observações realizadas a partir de pesquisas com decisões jurídicas, pautadas pela teoria da sociedade de Niklas Luhmann. Não há aqui qualquer pretensão de verdade, muito menos de dogmatização da teoria luhmanniana, por mais que usamos elementos da concepção luhmanniana de teoria da sociedade para viabilizar uma teoria reflexiva da decisão jurídica, incluindo-se aí a decisão judicial e a decisão judiciária. Acatamos portanto que teorias normativas – aquelas que justificam o sucesso da comunicação pela competência ou poder do emissor (subjetivismo, individualismo), ou pelo contexto cultural (particularismo, localismo), ou por outra causa (ontologismo metafísico causal) – não explicam a comunicação nem a decisão jurídica. O que dá lugar a uma teoria "radicalmente antihumanista, radicalmente antirregionalista e radicalmente construtivista",[8] nos moldes da teoria da sociedade de Niklas Luhmann, para a qual conhecimento (informação) não se transmite, constrói-se, o que já era defendido, desde 1970, por Paulo Freire ao criticar a educação bancária.[9]

Uma teoria capaz de explicar a decisão jurídica como construção de sentido do direito da sociedade,[10] e não como resultado de interpretação e/ou argumentação,[11]

---

[8] LUHMANN, Niklas. El derecho de la sociedad. Trad. Javier Torres Nafarrate, México: Universidad Iberoamericana, 2005, p. 20.

[9] "a educação libertadora, problematizadora, já não pode ser o ato de depositar, ou de narrar, ou de transferir, ou de transmitir 'conhecimentos' e valores aos educandos, meros pacientes, à maneira da educação 'bancária'" FREIRE, Paulo. *Pedagogia do oprimido*. Saberes necessários à prática educativa. Rio de Janeiro: Paz e Terra, 1970, p. 39.

[10] Na teoria dos sistemas que observam, dá-se a auto-observação – o sistema observa seu comunicar como ação – e autodescrição – o sistema observa seu descrever como texto. Ver: LUHMANN, Niklas. *La sociedad de la sociedad*. México: Herder/Universidad IberoAmericana, 2007, p. 697-701.

[11] Para a diferenciação entre observação, interpretação e argumentação, ver: LUHMANN, Niklas. *La sociedad de la sociedad*. México: Herder/Universidad IberoAmericana, 2007; LUHMANN, Niklas. *El derecho de la sociedad*. Trad. Javier Torres Nafarrate, México: Universidad Iberoamericana, 2005. Esse tema será detalhado na quarta seção deste texto.

requer dois afastamentos e duas aproximações: afastar-se da epistemologia causal em razão da circularidade criativa, na qual recursividade tem base construtivista (*looping* de retroalimentação que viabiliza a desparadoxização da forma pela forma), portanto distinta da circularidade viciosa da antiguidade, o que não se confunde com negar a causalidade da decisão, pois o plano teórico não se confunde com o plano decisório; o segundo, afastar-se do normativismo, da busca por uma teoria reguladora – dedicada a estabelecer modelos, métodos e técnicas controladoras da produção do direito da sociedade – e se aproximar de uma teoria reflexiva, a qual "produz, no expectador, a impressão, simultânea, de racionalidade e caos".[12]

Com isso, arvoramo-nos a lançar propostas a uma teoria da decisão jurídica. Tema, assumidamente, deixado por Luhmann: "excederia o marco de uma investigação sobre o sistema do direito se introduzisse aqui uma teoria elaborada da decisão jurídica".[13]

Visando a evitar equívocos de expetativas cognitivas do leitor, acrescemos aos afastamentos propostos acima, que manter a ótica em pessoas (decisão jurídica é resultante do poder de decisão do juiz, da força argumentativa do advogado, promotor ou procurador) ou organizações (decisão jurídica é resultante de debates coletivos vivenciados nos tribunais) é insistir em identificar causas do direito da sociedade (...) é chegar aos paradoxos do sentido (...) é se manter sem alternativa científica à decisão jurídica. Ainda que isso anime opiniões pessoais, algumas interessantes, outras, nem tanto, uma teoria capaz de explicar a decisão jurídica requer mais que elaboração de hipóteses causais e critérios classificadores de decisões (desejo normativo de doutrinadores), mais que fórmulas ao como os outros devem tomar decisões (desejo catequista).

Não que seja inútil criticar decisões de juízes e/ou tribunais. Apenas se trata de reconhecer que este caminho não conduz a uma teoria da decisão jurídica. Por mais que classificar uma decisão como correta, justa, arbitrária, discricionária, democrática auxilia na exploração de temas como certeza jurídica, segurança do direito, poder de decisão, lógica e técnicas de decisão, analogia, regras e princípios, caso simples e complexo, direito e moral, argumentação, racionalidade, derrotabilidade de normas e princípios, razoabilidade, justificacionismo, ativismo judicial, judicialização da política, reserva do possível, democracia (tripartição dos Poderes) etc..

É que metodologicamente nos afastamos da pergunta "o que é" e nos aproximamos do "como é possível". Como trabalhado na primeira seção deste texto.

A complexidade do tema aumenta quando se reconhece a inviabilidade da distinção direito e sociedade,[14] a qual implicaria uma hierarquia entre direito e sociedade para tratar da decisão jurídica, bem como trabalhar a função da legislação, da jurisprudência, dos fatos nos casos jurídicos. Uma teoria da decisão jurídica deve explicar a decisão como "comunicação plena de sentido",[15] como forma de operação

---

[12] Teoria de reflexão sobre a sociedade é a que viabiliza que "os sistemas funcionais da sociedade moderna se descrevam a si mesmos" LUHMANN, Niklas. *La sociedad de la sociedad*. México: Herder/Universidad IberoAmericana, 2007, p. 706; no caso do direito, teorias de reflexão sobre o sistema jurídico são as que representam o valor próprio da produção do direito e o sentido de sua autonomia. Ver: LUHMANN, Niklas. *El derecho de la sociedad*. Trad. Javier Torres Nafarrate, México: Universidad Iberoamericana, 2005, p. 71.

[13] Idem, ibidem, p. 369.

[14] LUHMANN, Niklas. *El derecho de la sociedad*. Trad. Javier Torres Nafarrate, México: Universidad Iberoamericana, 2005, p. 89.

[15] LUHMANN, Niklas. *La sociedad de la sociedad*. México: Herder/Universidad IberoAmericana, 2007, p. 89.

que produz e reproduz o direito da sociedade, e não exclusivamente a interpretação e a argumentação no direito.

Uma vez compreendido que a decisão jurídica é uma forma de operação que produz e reproduz a unidade do sistema jurídico, decisão como "rede de recursividade da *autopoiesis* do sistema",[16] viabilizamos uma compreensão do direito como sistema funcionalmente diferenciado cuja função é proporcionar expectativas normativas:

> Desde a perspectiva da função, o conhecimento não significa copiar ou representar dentro do sistema o que está dado no ambiente; mas sim, o que o conhecimento procura é produzir redundâncias que poupe ao sistema reelaborar informação. As redundâncias se marcam como saber: se assinalam de modo que sejam reconhecíveis e logo se operem "economicamente" para concentrar e acelerar o possível exame de novas informações. Assim, o conhecimento pode ajudar o sistema a se situar provisoriamente frente a algumas situações – o que, num mundo em constante mudança, é uma vantagem. Porém, precisamente esta especialização exclui a possibilidade de que o conhecimento possa garantir a adaptação estrutural dos sistemas ao mundo.[17]

Caso, ao final da leitura deste texto, o leitor compreenda que decisão jurídica não é uma resultante de ato de escolha, nem de poder (arbitrariedade) quer individual (ditador ou mesmo de um juiz) quer de grupos sociais (empresários, governantes, movimentos sociais, tribunais), nem de comunidades de intérpretes (só de juristas), nem uma questão exclusivamente política ou econômica, nem um consenso (consciência coletiva ou acordo intersubjetivo) sobre algo, meu objetivo aqui foi alcançado. Assim é, porque:

> Nenhum argumento (lei, contrato, testamento, decisão judicial) tem capacidade de mudar o direito vigente, como se pudesse fazer isso, por exemplo, uma lei, um contrato, um testamento, uma decisão judicial tomada por um tribunal; nenhum argumento é capaz de dar validez a novos direitos e obrigações e com isso criar condições que, por sua vez, podem ser mudadas. (...) A dependência da validade é, ao mesmo tempo, condição para que a argumentação jurídica se restrinja ao direito filtrado pelo sistema jurídico e que não resvale com os prejuízos morais ou outros prejuízos.[18]

Iniciamos explorando deslocamentos de pontos de vista para uma teoria reflexiva da decisão jurídica, paralelamente ao que abordamos as consequências de uma teoria do conhecimento não pautada pela distinção sujeito/objeto nem sujeito/sujeito, o que nos remonta à teoria do conhecimento de corte construtivista, a qual se distingue das leituras de visão metafísica e pautada pelo recurso ao transcendental, bem como pela filosofia da consciência e a fenomenologia naturalista.

Esses deslocamentos nos permitem fazer pesquisa, ao invés de propor um modelo classificador de decisões como correta, justa ou válida. É que não nos dedicamos a promover análise de texto, análise de argumentação, nem análise retórica,[19] ainda que elementos da análise de discurso integrem nossas reflexões, uma vez que "cabe à análise de discurso justificar a produção de enunciados e explicar como eles puderam mobilizar forças e investir em organizações sociais".[20]

---

[16] LUHMANN, Niklas. *El derecho de la sociedad*. Trad. Javier Torres Nafarrate, México: Universidad Iberoamericana, 2005, p. 110; 136-137.

[17] LUHMANN, Niklas. *La sociedad de la sociedad*. México: Herder/Universidad IberoAmericana, 2007, p. 91-92.

[18] LUHMANN, Niklas. *El derecho de la sociedad*. Trad. Javier Torres Nafarrate, México: Universidad Iberoamericana, 2005, p. 401.

[19] Sobre a diferença metodológica dentre tais análises, ver: BAUER, Martin W. e GASKELL, George. *Pesquisa qualitativa com texto, imagem e som*. Petrópolis: Vozes, 2004.

[20] MAINGUENEAU, Dominique. *Novas tendências em análise do discurso*. São Paulo: UNICAMP/Pontes, 1997, p. 44.

Ao final, esperamos fazer compreensível que decisão jurídica é uma observação de primeira ordem do sistema do direito da sociedade, portanto não se confunde com decisão judicial ou judiciária, as quais são observações de segunda ordem, ou seja, interpretações e argumentações de decisões jurídicas. É que "só se pode interpretar e argumentar depois de encontrados os textos pertinentes".[21]

## 2. DO "O QUE" PARA O "COMO É POSSÍVEL": TEORIA DO CONHECIMENTO DE CORTE CONSTRUTIVISTA

Reconhecer que a legislação não é causa suficiente para a decisão jurídica não justifica considerar arbitrária tal decisão. Mais (...) é suficiente haver justificação para considerar que a decisão não foi arbitrária? Como explicar o convívio dentre decisões opostas? Que dados justificam a afirmação de que o juiz recorre à legislação para legitimar a decisão, e não para fundamentá-la? Quem decide, decide sem limites? Que é uma decisão absurda?

Não poucas vezes ouvimos e lemos que a decisão não resulta de raciocínio silogístico lógico formal aristotélico, todavia, isso não se confunde com a decisão ser irracional, subjetiva, uma questão de poder, arbitrária. Da causalidade de uma decisão para se afirmar que ela teve motivação exclusiva em legislação e/ou jurisprudência, há uma grande distância. Podem-se classificar decisões jurídicas como irracionais, absurdas, justas, corretas, legalistas, desonestas, políticas, econômicas, religiosas, lobistas, artísticas e tantos quantos adjetivos o observador resolva usar, mas fazer isso não conduz a uma teoria da decisão jurídica. Tão inútil para uma explicação científica[22] da decisão jurídica quanto se dedicar a classificá-las é buscar sua causalidade.

Defender que a decisão só é justa porque baseada na legislação ou no contexto social é uma interpretação sobre um julgamento, mas não uma proposta teórica para a decisão jurídica,[23] ainda que essa opinião sirva para debates em eventos e conversas cotidianas. Justamente para sair da tendência de confundir pesquisa com religião, explicação com catequização, sugerimos que uma teoria capaz de explicar como é possível serem tomadas decisões jurídicas não se paute por classificar ou buscar causas, motivações da decisão. Essa sugestão parte da identificação de que a visão causal desenvolve dicotomias e disfarça catequistas sob o manto de doutrinadores de como os outros deveriam julgar se fossem ele (o doutrinador). A questão é: se o pensar juridicamente suporta uma explicação não causal do direito e, portanto, da decisão jurídica, para onde levam debates sobre racionalidade/irracionalidade, objetividade/subjetividade, *legem/contra-legem*, sujeito/objeto?

Antes, leiamos os excertos das decisões abaixo.

---

[21] LUHMANN, Niklas. *El derecho de la sociedad*. Trad. Javier Torres Nafarrate, México: Universidad Iberoamericana, 2005, p. 403.

[22] Para noções básicas sobre epistemologia e suas dicotomias (especificamente indução/dedução e objetividade/subjetividade), ler: KAPLAN, Abraham. *A conduta na pesquisa*. São Paulo: Herder, 1972; DANCY, Jonathan. *Epistemologia contemporânea*. Lisboa: Edições 70, 1985; HEMPEL, Carl G.. *La explicación científica*. Estudios sobre la filosofia de la ciencia. Barcelona/Buenos Aires/Mexico: Paidós, 2005; HUEMER, Michel. Epistemology. Contemporary readings. London / New York: Routledge, 2002.

[23] Sobre a insuficiência do pensar por causalidade, ver: STAMFORD DA SILVA, Artur. Gödelização da racionalidade e o limite da decisão jurídica: desparadoxizando a dicotomias da hermenêutica desde a teoria dos sistemas de sentido com Niklas Luhmann. *Revista Acadêmica* (Faculdade de Direito do Recife), Recife, Nossa Livraria, no. LXXXI, 2009, p. 151-152.

STF – HC 92.432-2-SP, aos 25/03/2008: "1. A revisão criminal relata o compromisso do nosso Direito Processual Penal com a verdade material das decisões judiciais e permite ao Poder Judiciário reparar erros ou insuficiência cognitiva de seus julgados".

STF – AI 815398 AgR / CE – CEARÁ, aos 26/10/2010: "De acordo com a orientação firmada neste Tribunal, é inviável o recurso extraordinário em que não houve demonstração da preliminar de repercussão geral. Cabe à parte recorrente apontar de forma expressa e clara as circunstâncias que poderiam configurar a relevância – do ponto de vista econômico, político, social ou jurídico – das questões constitucionais invocadas no recurso extraordinário (CPC, art. 543-A, §§ 1º e 2º). Agravo regimental a que se nega provimento".

STF – AI-QO 559.904-1-RS, aos 26/08/2005: "para a incidência do Princípio da insignificância só se consideram aspectos objetivos, referentes à infração praticada, assim a mínima ofensividade da conduta do agente; a ausência de periculosidade social da ação/ o reduzido grau de reprovabilidade do comportamento; a inexpressividade da lesão jurídica causada (HC 84.412, 2ª T, Celso de Mello, DH 19.11.04). A Caracterização da infração penal como insignificante não abarca considerações de ordem subjetiva: ou o ato apontado com delituoso é insignificante, ou não é. E sendo, torna-se atípico, impondo-se o trancamento da ação penal por falta de justa causa (HC 77.003, 2ª T, Marco Aurélio, RTJ 178/310)".

STF – HC 96757-RS, aos 03/11/2009: "a jurisprudência deste Supremo Tribunal Federal assentou algumas circunstâncias que devem orientar a aferição do relevo material da tipicidade penal, tais com: (a) a mínima ofensiva da conduta do agente, (b) nenhuma periculosidade social da ação, (c) reduzidíssimo grau de reprovabilidade do comportamento e (d) inexpressividade da lesão jurídica provocada. 2. Ainda que o valor dos bens subtraídos seja de pequena monta, não há como se aplicar o princípio da insignificância ao caso concreto, tendo em vista a relevância da quantia subtraída à situação econômica da vítima. Por esse motivo, não há como concluir pela inexpressividade da lesão ao bem juridicamente protegido". 3. *Habeas Corpus* denegado".

Da leitura dos excertos das decisões acima observamos a "busca" por "assentar" um entendimento no Tribunal. Há reconhecimento de erros, o que não retira a busca por estabelecer critérios, como na última decisão, de julgamento sobre algo. Isso nos leva a observar que a decisão judiciária envolve mais que reflexões dogmáticas, filosóficas, lógicas, retóricas, linguísticas e sociológicas, inclusive, ela contém mais elementos que os visíveis com a distinção interpretação e compreensão. Com isso objetivamos alertar o quanto raciocinamos por causalidade, julgamos por causalidade, o que não inviabiliza uma teoria não causal para a decisão jurídica, por mais que ainda haja tantos catequizadores do como os outros devem julgar. Curioso como esse processo cognitivo predomina, mesmo raramente servindo para algo.

Como alternativa à metafísica da idade média, tende-se a recorrer à linguística. Na área jurídica, o chamado giro linguístico[24] – mesmo quando identificado como abertura a novos olhares com a inclusão da linguística, inclusive com a perspectiva linguístico-pragmática – trouxe a ambiguidade e a vagueza como causalidades à pluralidade e liberdade decisória, bem como à discricionariedade.[25] A impossibilidade

---

[24] Giro linguístico é expressão criada por Gustavo Bergman, em seu texto "logic and reality" publicado em 1964, quando propõe o método linguístico para a filosofia; trata-se do programa da Filosofia da Linguagem Ideal. A proposta produz o debate entre a Filosofia da Linguagem Ideal, para a qual compete aos filósofos estabelecer o sentido literal dos conceitos, como no positivismo lógico com Ayer e Carnap, e a Filosofia da Linguagem Ordinária, para a qual a linguagem ordinária é a ideal. RORTY, Richard. *El giro lingüístico*. Barcelona/Buenos Ayres/México: Paidós, 1998, passin.

[25] Sobre o tema, Marcelo Neves, ao explorar o problema do limite da interpretação de textos constitucionais, considera evidente "a possibilidade de mais de uma decisão justificável à luz de princípios e regras constitucionais", pois tais limites não se explicam pela extração arbitrária dentre as infinidades de sentidos dos textos normativos nem pela decisão correta de um juiz hipotético racionalmente justo (NEVES, Marcelo. *Entre Têmis e Leviatã*: uma relação difícil. São Paulo: Martins Fontes, 2006, p. 207), mas sim pela autovalidação e heterovalidação de enunciados interpretativos da Constituição. Dessa distinção o autor conclui que há tensões entre a autovalidação e a heterovalidação (NEVES, Marcelo. *Entre Têmis e Leviatã*: uma relação difícil. São Paulo: Martins Fontes, 2006, p. 213).

de se prever, através de textos legislativos, todas as condicionantes sociais possíveis explica a liberdade limitada do julgador. A textura aberta da linguagem do direito (Herbert Hart) e a indeterminação não intencional (Hans Kelsen) terminam por atribuir à comunidade jurídica a causa dos limites à decisão jurídica, justamente por causa da ambiguidade e da vagueza. Leitura não resulta da identificação da intenção do autor, inclusive porque não é possível ter acesso a mentes. Como isso apenas alertamos que subjetividade, visão de mundo, ideologia, consciência, contexto, comunidade jurídica não causam decisões jurídicas.

Identificar ou propor causalidades – como se houvesse uma essência (Platão e Aristóteles), uma razão suficiente (Leibniz), uma coisa em si (Kant), a origem, fonte do conhecimento verdadeiro, correto, justo – não conduz a uma explicação da decisão jurídica. Não faltam textos e bibliotecas dedicados ao debate das mais diversas dicotomias produzidas pelo pensar por causalidade. Debates estes voltados à escolha por um dos lados da dicotomia. Ao observador resta sair em defesa do abstrato ou do concreto, da razão ou da experiência, da dedução ou da indução, do objetivo ou do subjetivo, da teoria ou da prática (...) Ocorre que pensar por dicotomias não é suficiente para explicar vivências sociais. Quando se tematiza a internet, a sociedade mundial e suas consequências para o direito, para a decisão jurídica, essa insuficiência se mostra evidente.[26]

Curioso que, desde 1865, Charles Sanders Pierce propõe substituir o pensar por dicotomias pelo pensar por tríade, e em 1878, no texto *"How to Make Our Ideas Clear"*, ao acrescer à dedução e indução, o método da abdução, o autor demonstra sua proposta de 1865.[27] Em 2011, raras perspectivas não caem na produção de novas dicotomias.

Nosso desafio é, pois, aplicar a epistemologia circular recursiva à decisão jurídica, conseguindo, assim, não ficar no círculo vicioso de dicotomias nem propor novas dicotomias.

No encalço de Niklas Luhmann, temos as mudanças de paradigmas[28] cognitivos e epistemológicos para verificar que dicotomias levam os debates a paradoxos da identidade, os quais geram "obstáculos que bloqueiam o conhecimento",[29] como os obstáculos epistemológicos que "impedem uma análise científica adequada e promovem expectativas impossíveis de serem satisfeitas".[30] Essas mudanças promovem gerenciamento de paradoxos[31] através de mecanismos como saltos a outro paradoxo,

---

[26] Sobre a insuficiência do pensar por causalidade, ver: STAMFORD DA SILVA, Artur. Gödelização da racionalidade e o limite da decisão jurídica: desparadoxizando a dicotomias da hermenêutica desde a teoria dos sistemas de sentido com Niklas Luhmann. *Revista Acadêmica* (Faculdade de Direito do Recife), Recife, Nossa Livraria, no. LXXXI, 2009, p. 151-152.

[27] PIERCE, Charles Sander. *Semiótica*. São Paulo: Perspectiva, 1999, p. 32.

[28] LUHMANN, Niklas. *Sistemas sociales*. Lineamientos para una teoría general. Anthropos/Universidad Ibero Americana, 1998, p. 27.

[29] LUHMANN, Niklas. *La sociedad de la sociedad*. México: Herder/Universidad Ibero-Americana, 2007, p. 11.

[30] Idem, ibidem, p. 11.

[31] Luhmann distingue duas formas de paradoxo: o lógico e o retórico. O primeiro, resultado do debate iniciado há mais de dois mil anos sobre o ser e o não ser, está voltado à busca por oferecer a superação do paradoxo. No caso do interminável debate sobre existência do não ser, os autores se ocupam em oferecer uma solução à autocontradição entre ser e não ser, situação que leva Luhmann a afirmar que a ontologia cai na metafísica que só considera conhecimento o verdadeiro, o correto, aquele livre de paradoxo. No Séc. XVI, tem lugar o uso retórico do paradoxo. Agora como exercício de raciocínios voltados a uma decisão, o uso retórico do paradoxo serviu para enriquecer o senso comum. Ocorre que, tornada autológica a questão do conhecimento, mantém-se a lógica da busca

desparadoxização, desdobramento, invisibilidade, civilização ou assimetrização.[32] Devido a estas mudanças se viabilizam caminhos à continuidade de uma teoria da sociedade. Em nosso caso, de uma teoria da decisão jurídica.

À semelhança do que Michel Pêcheux identificou na linguagem – ela "vive uma divisão discursiva entre dois espaços: o da manipulação de significações estabelecidas, normatizadas por uma higiene pedagógica do pensamento, e o de transformações do sentido, escapando a qualquer norma estabelecida *a priori*, de um trabalho de sentido sobre o sentido, tomados no relançar indefinido das interpretações"[33] – identificamos no direito quanto à decisão jurídica: a teoria da decisão jurídica está entre a perspectiva causal – manipulada por desejos de previsibilidade *a priori*, de garantia do impossível – e a perspectiva reflexiva, pautada pela recursividade, pela circularidade construtiva.

Com a epistemologia da circularidade criativa, dicotomias resultantes de temas como certeza, segurança, verdade, validade, justiça, justificacionismo, bem como relativas a debates sobre sujeito/objeto, subjetividade/objetividade, arbitrariedade/discricionariedade não são ignoradas, eliminadas ou "destruídas" porque paradoxais, elas são, recursivamente, gerenciadas pelos sistemas que observam.

Justamente para sair de qualquer pretensa higiene pedagógica causal, seguimos a proposta de não nos ocupar com "o que é?", mas com o "como é possível",[34] o que viabiliza lidar com os paradoxos da identidade[35] – aqueles produzidos pela causalidade – sem se ocupar em defender um dos lados da dicotomia, como propõe a circularidade construtiva. O desenvolvimento dessa questão conduz ao tema do observador.

Afastar-se da causalidade e aproximar-se da circularidade construtiva viabiliza uma explicação reflexiva da decisão jurídica, ou seja, uma teoria não normativista da decisão jurídica. A teoria reflexiva contém a teoria do conhecimento de corte construtivista,[36] como é a teoria dos sistemas que observam, na qual a busca pela

---

por eliminar o paradoxo, agora concebidos como enganos, falsas verdades. É no Séc. XX, com a lógica matemática, especificamente nos debates sobre a teoria dos conjuntos, quando se discute a viabilidade de uma teoria geral para a matemática, com Cantor, Frege e Russell, que o paradoxo ganha importância e se deixa de buscar sua eliminação, em lugar de uma explicação. Os paradoxos, então, são tomados como partícipes, reconhecida sua inevitável presença em toda e qualquer comunicação humana, como diagnosticam os terapeutas Ruesch e Gregory Bateson, ao concluírem suas pesquisas afirmando que as comunicações cotidianas são normalmente esquizofrênicas, anormais, paradoxais e, justo por isso, é que é possível a comunicação. É com Kurt Gödel e seu teorema da incompletude que fica matematicamente provado que o paradoxo é uma questão comunicativa, não matemática, física e ontológica. Sobre o tema, ler: LUHMANN, Niklas. The paradox of observing systems. *Theories if distinction*, redescribing the descriptions of modernity. Stanford-California: Stanford University Press, 2002, p. 80-82; LUHMANN, Niklas. Tautology and paradox in tehe self-description of modern society. *Sociological theory*, vol. 6, 1988, p. 21-37 ; LUHMANN, Niklas. O paradoxo dos direitos humanos e três formas de seu desdobramento. *Themis*, Fortaleza, v. Ainda sobre o tema, ver: FRESÁN, Javier (2008). *Gödel*: la lógica de los escépticos. Madrid: Nivola. GÖDEL, Kurt (2006[1968]). *Obras completas*. Madrid: Alianza. SRIVASTAVA, S.M. (2007). Gödel proof. Na Introduction to mathematica logic. In: *Resonance*, fev., p. 59-70.. Sobre o tema do paradoxo da unidade da diferença no direito, ver: LUHMANN, Niklas. *El derecho de la sociedad*. México: Herder/Universidad Ibero-Americana, 2005, p. 12.

[32] LUHMANN, Niklas. *La sociedad de la sociedad*. México: Herder/Universidad Ibero-Americana, 2007, p. 38; LUHMANN, Niklas. *El derecho de la sociedad*. México: Herder/Universidad IberoAmericana, 2005, p. 13.

[33] PÊCHEUX, Michel. *O discurso*. Estrutura ao acontecimento. Campinas: Pontes, 2008, p. 51

[34] LUHMANN, Niklas. The paradox of observing systems. *Theories if distinction*, redescribing the descriptions of modernity. Stanford-California: Stanford University press, 2002, p. 114; LUHMANN, Niklas. *La sociedad de la sociedad*. México: Herder/Universidad Ibero-Americana, 2007, p. 37.

[35] Idem, ibidem, p. 80.

[36] LUHMANN, Niklas. *La sociedad de la sociedad*. México: Herder/Universidad Ibero-Americana, 2007, p. 19.

origem (racionalismo ou empirismo) e/ou possibilidade (dogmatismo, ceticismo e niilismo) do conhecimento (que resultam em causalidades) são afastadas.

Assim, por exemplo, "verdade é verdade independente de quem a afirma, do momento em que se dá a afirmação, ou da situação concreta em que ocorre a afirmação".[37] Com isso, a relação sujeito cognoscente/objeto cognoscível perde lugar.

Nas palavras de Luhmann:

> A verdade – como todos os meios de comunicação simbolicamente generalizados – é um meio de construção do mundo e não apenas um instrumento apropriado para determinados fins. Se fala de verdade unicamente quando a seleção de informação não se atribui a nenhum dos participantes. A verdade pressupõe seleção externa (vem ao caso lembrar aqui que isto é válido apesar do fato, de que todos os sistemas autopoiéticos que tomam parte operativamente na comunicação funcionam como sistemas operacionalmente fechados). A redução à seleção externa documenta que o meio da verdade não tolera opiniões distintas. O conteúdo de verdade de um enunciado não pode se reduzir à vontade ou interesse de um dos participantes, isto significaria que ela não seria vinculante aos demais. Ainda o recurso à observação de segunda ordem está condicionado pela renúncia de uma deformação dos fatos na medida da ação – o qual naturalmente não exclui nem a tematização das ações como objeto da vivência, nem o atuar especializado da pesquisa. O imenso aparato de generalizações teóricas e prescrições metodológicas têm por sentido neutralizar o influxo das ações sobre o resultado das pesquisas; só assim podem os resultados apresentar-se com verdade. Ou ainda, em outras palavras, se se deixar introduzir através da ação um saber surpreendente (insólito, impressionante) e se obriga a aceitá-lo, abrir-se-iam portas à arbitrariedade. Em tal caso se teria que renunciar ao condicionamento específico dos meios. Reduzir-se à vivência geraria – por mais surpreendente que pareça – uma considerável delimitação das possibilidades que podem se admitidas e com isso se prover o ponto de apoio para condicionamentos do tipo mais diverso.[38]

Na teoria dos sistemas que observam, o conhecimento se dá por observação (operação de distinção), tal como explicam George Spencer Brown, Heinz von Foerster, Humberto Maturana e Francisco Varela, bem como Gotthard Günther e Jacques Derrida, bem como outros autores que aplicam as ideias divulgadas pela Escola de Palo Alto e da *Macy Conference*, tais como: recursividade, duplo vínculo, circularidade autorreferencial, cibernética (como teoria da comunicação).

Sobre o tema, para os críticos sem leitura de Luhmann que costumam afirmar ser a proposta do autor meramente descritiva, transcrevemos a frase: "é necessário uma descrição da sociedade teoricamente fundamentada".[39] Essa frase está escrita após Luhmann afirmar que a sociologia deve aprender com a sociedade, e não pensar que lhe ensina algo, bem como após o autor questionar "por que a sociedade se causa tantos problemas a si mesma, independentemente das intenções de melhorá-la considerando as ideias de maior solidariedade, emancipação, comunicação racional, integração social etc.?".[40] Nossa leitura é que a dicotomia teoria/prática, descritivo/prescritivo geram paradoxos gödelizáveis, inclusive pela teoria da distinção. Descrever e prescrever integram uma forma de dois lados (sim/não; positivo/negativo; interno/externo), portanto a distinção se dá por seleção, não implicando exclusão, eliminação, afastamento incondicional, ainda que distinção temporalmente realizada.

No caso da decisão jurídica, a teoria reflexiva tem por desafio explicar a convivência entre decisões opostas, bem como o processo de fixação e mudança de sentido

---

[37] RODRIGUEZ, Darío. II. La sociología y la teoría de la sociedad. In: LUHMANN, Niklas. *La sociedad de la sociedad*. México: Herder/Universidad Ibero-Americana, 2007, p. XVI.
[38] LUHMANN, Niklas. *La sociedad de la sociedad*. México: Herder/Universidad Ibero-Americana, 2007, p. 264.
[39] Idem, ibidem, p. 10.
[40] Idem, ibidem.

do direito. A tendência é de adivinhação: adivinhar a mentalidade do julgador, como ao afirmar que este primeiro decide, após o que, usa a legislação para legitimar a sua decisão anteriormente já, arbitrariamente, portanto, tomada.

A conclusão semelhante chega Lenio Streck,[41] ainda que sua base teórica não tenha qualquer proximidade ou semelhança com a aqui usada, pois sequer questionamos "o que é uma decisão jurídica", como faz este autor. Com isso nos afastamos de causalidades, pré-compreensões, "posse de contexto de significados" ou qualquer outro ontologismo, inclusive os trazidos pela aplicação da diferença sujeito/objeto ou mesmo sujeito/sujeito. Outro ponto com que concordamos com Lenio Streck é a indispensável e necessária visita crítica e a necessária reformulação da teoria das fontes do direito, todavia discordamos sobre "ausência de uma teoria da interpretação que dê conta da superação do paradigma objetivista aristotélico tomista e da filosofia da linguagem".[42] Basta lembrar autores que há muito superaram este paradigma, a exemplo da teoria sociocognitiva da compreensão como inferência, de Luiz Antônio Marcuschi, e da análise de discurso de Dominique Maingueneau, as quais serão exploradas a seguir. Há ainda a "lógica do sentido" de Gilles Deleuze, do desconstrutivismo de Jacques Derrida, da pragmática da comunicação de Richard Rorty, da etnometodologia de Harold Garfinkel e tantos outros.

Sobre uma revisão da teoria das fontes do direito, a teoria da interpretação de base construtivista viabiliza uma teoria reflexiva das fontes do direito. Para demonstrar a viabilidade de tal teoria, exploraremos um caso "histórico". Trata-se de Habeas Corpus 73.662-9-MG (estupro presumido), que tramitou no Supremo Tribunal Federal, julgado aos 16 de abril de 1996. À época, essa decisão foi considerada "revolucionária" porque *contra legem*, portanto, responsável por mudanças de paradigma no direito da sociedade.

No Código Penal Brasileiro, o estupro está tipificado no artigo 213. O artigo 224 contém a presunção de violência, o que na doutrina ganhou o nome de estupro presumido, caso haja conjunção carnal com pessoa do sexo feminino com menos de 14 anos de idade. O caso do HC citado envolve a ocorrência de relação carnal entre uma pessoa do sexo feminino com doze anos e outra do sexo masculino com 18 anos.

Com o objetivo de demonstrar a "infinitude" de fontes de informação usadas num caso jurídico, reproduzo excertos desse HC. Para identificar distintas espécies de informação, lancei letras entre parênteses.

O texto abaixo integra as páginas 316, do referido HC:

> Não se verificou o tipo do artigo 213 do Código Penal (a), no que preceitua como estupro o ato de "constranger mulher à conjunção carnal, mediante violência ou grave ameaça". A pouca idade da vítima não é de molde a afastar o que confessou em Juízo, ou seja, haver mantido relações com o Paciente por livre e espontânea vontade (b). O quadro revela-se realmente estarrecedor, porquanto se constata que menor, contando apenas com doze anos levava vida promíscua (c), tudo conduzindo à procedência do que articulado pela defesa sobre a aparência de idade superior aos citados doze anos. A presunção de violência prevista no artigo 244 do Código Penal cede à realidade (d). Até porque não há como deixar de reconhecer a modificação de costumes havida, de maneira assustadoramente vertiginosa, nas últimas décadas, mor-

---

[41] STRECK, Lenio. *Hermenêutica (em)crise*. Porto Alegre: Livraria do Advogado, 2008; STRECK, Lenio. O problema da decisão jurídica em tempos pós-positivistas. *Novos estudos jurídicos*, Itajaí(SC), UNIVALI, Vol. 14, no. 2, p. 3-26, out.-dez., 2009.

[42] STRECK, Lenio. O problema da decisão jurídica em tempos pós-positivistas. *Novos estudos jurídicos*, Itajaí(SC), UNIVALI, Vol. 14, no. 2, p. 21, out.-dez., 2009.

mente na atual quadra. Os meios de comunicação de um modo geral e, particularmente, a televisão, são responsáveis pela divulgação maciça de informações (e) (...)

Classificando as informações, temos: a) legislação; b) fática apurada em depoimento da menor ao afirmar que foi ela quem procurou o rapaz; c) fática da vida pessoal da menor, "a menor levava vida promíscua"; d) fática social, o direito não pode ignorar a realidade; e) fática social, modificação dos costumes sociais, a televisão tem divulgado e estimulado o sexo precoce.

Nessa mesma decisão, lê-se:

O que me leva, embora muito consternado (f), a acompanhar o voto do Ministro Relator, concedendo a ordem de *habeas corpus* é a convicção de que não concedê-la significa proferir, no Supremo Tribunal Federal, uma tese jurídica de extremo risco: a de que a máquina judiciária está dispensada de raciocinar quando a pura e simples consideração da idade das partes transforma o sexo consentido em estrupo (g)(...)

Falta em nossa lei penal uma figura mais flexível (h) e abrangente, que enquadrasse condutas reprováveis como o assédio sexual (...) e condutas como o envolvimento consentido com menor de 14 anos; condutas que não têm, contudo, a gravidade de estupro, nem se ajustam ao molde legal da sedução e da corrupção de menor.

Penso que a condenação por estupro, à vista dos artigos 213 e 224 do Código Penal, não faz justiça ao caso concreto.

Nesse excerto, temos as seguintes fontes de informação: f) psíquica, consternação do julgador com sua decisão; g) lógica, ao fazer referência ao risco e à não limitação do raciocínio jurídico à letra da lei; h) lógica, identificação de lacuna no ordenamento jurídico;

Mais:

É Preciso levar em conta também a condição humana do paciente, examinar os aspectos em que o fato se verificou, a sua participação completa no evento, a ambiência (i) (...) para se aferir se naquele instante deveria ou não julgar ou estimar se estava com menor de 14 anos o não – moça já formada e que aparentava ser maior de idade (j)!!.

Nessa passagem, temos: i) pragmática, verificar o contexto social; j) teórico, produção da teoria da aparência pelo STF.

Opinião oposta, lemos, em relação às declarações, aos depoimentos da menor:

Quem presta tais declarações não é capaz de decidir, é uma imatura. Na verdade, uma jovem de 12 anos não é ainda uma mulher, não sabe discernir (k) a respeito dos seus instintos sexuais. Essa imaturidade, que impede a compreensão do exato sentido do ato, revela-se, justamente, nas declarações que foram prestadas.

Nessa passagem, temos argumento pautado em (k) fator psicológico, desenvolvimento da maturidade de uma pessoa.

Textos de legislação, jurisprudência, doutrina, depoimentos e documentos probatórios não integram a decisão como se fontes de informações a serem decodificadas, ou seja, como se fossem portadores predeterminantes de sentido.

Assim é inviável um "modelo linear" para uma teoria das fontes do direito. Recorrer a uma teoria reflexiva viabiliza a diferenciação (verificação da unidade pela diferença) possibilita, ao observador, desparadoxizar[43] dicotomias de maneira a viabilizar a continuidade de desenvolvimento teórico.

---

[43] Luhmann cita Deleuze para tratar da ideia de que o sentido não tem origem, pois é produto. Como o livro "lógica do sentido" de Deleuze foi publicado pela primeira vez em 1969, imaginamos que M. Bakhtin tenha tratado do assunto

Voltando à decisão jurídica, a reflexividade torna possível equacionar uma explicação considerando sua complexidade. Como demonstraremos ao abordar o tema da unidade do direito, do processamento de suas operações de produção e reprodução do direito da sociedade.

## 3. UNIDADE E DIFERENÇA DO DIREITO: A CONSTRUÇÃO DE SENTIDO DO DIREITO DA SOCIEDADE

Vistas as mudanças epistemológicas presentes na teoria dos sistemas que observam, principalmente sua reflexividade construtivista, vejamos como elas influem uma teoria da decisão. Para isso, iniciemos com alguns conceitos da teoria dos sistemas que observam, tal como explorada por Niklas Luhmann.

Pressuposto que existem sistemas, que existem sistemas *autopoiéticos*,[44] autoprodutores, como são os sistemas que se observam, reconhecemos que – assim como os sistemas vivos (orgânicos) criam um ambiente que protege e permite a produção e reprodução de seus organismos – os sistemas psíquicos e sociais (aqueles que se desenvolvem no *meio* do sentido e na *forma* de comunicação) desenvolvem suas operações em forma de operações-de-observação que permitem distinguir o sistema mesmo do seu ambiente – apesar de que (e há que agregar: *porque*) a operação unicamente pode se levar a cabo dentro do sistema. Assim, distingue-se autorreferência e heterorreferência,[45] pois

> Toda construção de forma no meio do sentido se efetua com relação ao sistema – sem importar se o acento, em dado momento, dá-se na autorreferência ou na heterorreferência. É essa distinção que faz possível aqueles processos que normalmente chamamos "aprender", "desenvolver sistemas", "construção evolutiva de complexidade". E unicamente graças a essa distinção se pode partir de dois sistemas (cuja reprodução se baseia na consciência e na comunicação) e que, operando de maneiras muito diferentes, formam sentido.[46]

Nessa perspectiva, a vida social é possível porque nos comunicamos. Sendo a sociedade sistema de comunicação,[47] ela se constitui a "si mesma mediante a distinção médium/forma".[48] Não se trata, saliente-se, de propor uma nova ontologia, a ontologia da comunicação. A perspectiva é circular construtivista: comunicação só é possível por comunicação (*autopoiesis* da comunicação).[49]

---

antes de Deleuze, pois em "Marxismo e filosofia da linguagem", publicado em 1929, já tratava do tema. Sobre o termo gödelização ou desparadoxização: STAMFORD DA SILVA, Artur. Gödelização da racionalidade e o limite da decisão jurídica: desparadoxizando a dicotomias da hermenêutica desde a teoria dos sistemas de sentido com Niklas Luhmann. *Revista Acadêmica* (Faculdade de Direito do Recife), Recife, Nossa Livraria, no. LXXXI, 2009, p. 151-152.

[44] "os sistemas autopoiéticos são aqueles que por si mesmos produzem não só suas estruturas, mas também os elementos dos quais são constituídos – no emaranhado destes mesmos elementos". LUHMANN, Niklas. *La sociedad de la sociedad*. México: Herder/Universidad IberoAmericana, 2007, p. 44-45.

[45] Autorreferência é operação de observação interna do sistema em si mesmo; por autorreferência o sistema se observa operando produção e reprodução interna de seus elementos. Heterorreferência é operação de observação do sistema em relação ao seu ambiente; por heterorreferência, o sistema observa (se deixa irritar) por informações do ambiente, as quais são processadas no interior do sistema, atribuindo a forma de informações positivas ou negativas à continuidade do sistema, quando simultaneamente ocorre fixação e mudança de sua estrutura, de sentido (LUHMANN, Niklas. *La sociedad de la sociedad*. México: Herder/Universidad IberoAmericana, 2007, p. 33; 39; 54; 597). Assim é porque "para que a *autopoiesis* continue, basta a simples distinção entre autorreferência e heterorreferência. Assim como a consciência não se confunde a si mesma com os objetos, o direito não pode operar como sistema autopoiético relocando continuamente os deveres jurídicos em simples desejos ou em condições de apreço ou menosprezo moral" (Idem, p. 601).

[46] Idem, ibidem, p. 33.

[47] Idem, ibidem, p. 147.

[48] Idem, ibidem, p. 149.

[49] Idem, p. 145.

Para esclarecer a visão de comunicação, Luhmann distingue, na unidade da comunicação, três elementos: informação (*Information*), expressão (*Mitteilung*), compreensão (*Verstehen*).[50] Distinção realizada pelo observador ao observar a comunicação, não pela comunicação mesma.

Como anunciado na introdução, o sucesso de uma comunicação é improvável. Todavia, aplicando a distinção *médium*/forma, essa improbabilidade se torna provável, pois, como os sistemas de comunicação operam no *médium* de sentido, "as informações são sempre diferentes no tempo (internas ao sistema)".[51] Com isso, "o sistema opera ligando o *médium* mesmo a formas próprias, assim que com ele o consome".[52] Assim é por estarmos na sociedade funcionalmente diferenciada, por termos produzido os meios de comunicação genericamente simbolizados, ou seja, "meios autônomos em relação direta com o problema da improbabilidade da comunicação, ainda que pressuponham o código sim/não da linguagem e fazem cargo da função de tornar esperáveis a aceitação de uma comunicação nos casos em que o rejeição é provável (...) estes meios respondem ao problema de que mais informação significa normalmente menos aceitação".[53]

Ao expressar uma informação, então, não há qualquer garantia de que ela venha a ser compreendida, ou mesmo reconhecida como informação, ou seja, de que não provoque irritação, mudança no estado anterior do sistema de comunicação. É que tanto a expressão (*Mitteilung*) quanto a compreensão (*Verstehen*) de uma informação (*Information*) são contingentes.[54] Fala-se, pois, em dupla contingência da comunicação:

> Mediante atribuições se pode apreender o processo de comunicação e se pode tornar assimétrico (e assim destautologizar) o problema da dupla contingência. A comunicação vai de alter a ego. Primeiro alter deve dar-a-conhecer algo, só então ego pode entender e aceitar ou rechaçar. Esta unidade básica se alcança por abstração, apesar de que a dupla contingência se construa sempre com circular e de que a comunicação se produz como unidade de informação, expressão e compreensão em entrelace recursivo com outras comunicações.[55]

A dupla contingência relaciona o conceito de estrutura ao de expectativa de maneira que, ao experimentar uma situação contingente, dá-se a seleção do que se atribui forma de sentido, o que forma estrutura, forma signos. Signos são distinções marcadas (o lado positivo, marcado da forma), são "estruturas de operações repetíveis que não requerem contato algum com o mundo externo"[56]; trata-se do fechamento operacional dos sistemas de comunicação.

---

[50] Assim como a tradução de Recht/Unrecht, que levou Darío Rodriguez Mansilla e Javier Torres Nafarrate a dedicar uma nota de rodapé de duas páginas ao assunto nas páginas 81 e 82 do livro "El derecho de la sociedad", a tradução de *Mitteilung* segue semelhante dificuldade. Mansilla e Nafarrate usam a expressão dar-a-conhecer, sem a qual não teríamos entendido que se trata de um meio, de um momento em que alter e ego estão presentes. Uma vez isso compreendido, optamos por usar a terminologia aplicada na tradução feita por Pierre Guibentif para os termos alemães: *Information* (informação); *Mitteilung* (expressão); *Verstehen* (compreensão). GUIBENTIF, Pierre. *Foucault, Luhmann, Habermas, Bourdieu. Une génération repense le droit*. Paris: Fondation Maison des Sciences de L'Homme, 2010, p. 101).

[51] Idem, ibidem, p. 149.

[52] Idem, ibidem, 151.

[53] Idem, ibidem, p. 245.

[54] Contingente é "aquilo que não é nem necessário nem impossível; ou seja, aquilo que pode ser como é (foi ou será), porém que também pode ser de outro modo" (LUHMANN, Niklas. *Sistemas sociales*. México: Antropos/Universidad IberoAmericana/CEJA, 1998, p. 115), do que resulta na dupla contingência ser uma questão de interpenetração, de enlace, de acoplamento estrutural (LUHMANN, Niklas. *Sistemas sociales*. México: Antropos/Universidad Ibero-Americana/CEJA, 1998, p. 208-209) entre alter e ego, entre o sistema psíquico e o sistema social.

[55] LUHMANN, Niklas. *La sociedad de la sociedad*. México: Herder/Universidad Ibero-Americana, 2007, p. 261.

[56] Idem, ibidem, p. 159-160.

Com esse fechamento, o sistema opera comunicação em si mesmo, o que não implica isolamento do sistema em relação ao seu ambiente; pelo contrário, o sistema vive acoplado ao seu ambiente. Com isso, no caso da linguagem, "a linguagem precisamente faz possível prever (e ainda restringir) o que posteriormente poderá ser dito";[57] no caso da sociedade, sistema de comunicação que é, "a sociedade é um sistema comunicativamente fechado: produz comunicação mediante comunicação. Sua dinâmica consiste em que a comunicação atua sobre a comunicação e, neste sentido: transforma permanentemente as distinções e indicações atuais, porém não configura nunca o ambiente exterior".[58] Ainda, "a sociedade pode se comunicar *em* si mesma *sobre* se mesma e *sobre* seu ambiente, porém nunca *consigo* mesma nem *com* seu ambiente".[59]

Devido à dupla contingência, o sistema transforma a improbabilidade da comunicação em probabilidade uma vez que "usos reiterados 'condensam' de tal forma o sentido das palavras que a capacidade de combinação (maneira e amplitude das possibilidades de serem aplicadas) sofre variações no curso do processamento da diferença entre o substrato medial e a forma – no curso, pois, da história da língua".[60]

Sendo autopoiética, a comunicação se produz e reproduz autonomamente, independente de *alter* e *ego*. A linguagem é o *médium* fundamental da comunicação, portanto "sem linguagem não é possível a *autopoiesis* de um sistema de comunicação porque esta pressupõe sempre uma perspectiva regular de comunicações anteriores – ainda que uma vez possibilitada pela linguagem, permite-se que haja comunicação sem linguagem".[61] Com isso, a escolha pelo sentido a ser comunicado é uma seleção dentre a infinitude de alternativas socialmente possíveis, o que impõe a seleção dentre informação, portanto, a distinção entre o que será tomado por informação e o que, momentaneamente, ficará afastado. Seleção é "um procedimento carente de sujeito, é uma operação que resulta do estabelecimento de uma diferença (...) a diferença não determina o que deve ser escolhido, mas apenas a necessidade de escolher".[62] A infinitude do socialmente possível (do mundal ou simplesmente mundo)[63] é reduzida pela própria operação sistêmica, o que requer tempo.[64] Trata-se da redução de complexidade, pelo sistema mesmo, da infinitude mundial.

---

[57] LUHMANN, Niklas. *La sociedad de la sociedad*. México: Herder/Universidad IberoAmericana, 2007, p. 165.

[58] Idem, ibidem, p. 68.

[59] Idem, ibidem, p. 69.

[60] Idem, ibidem, p. 153-154.

[61] Idem, ibidem, p. 157-158.

[62] LUHMANN, Niklas. *Sistemas sociales*. México: Antropos/Universidad IberoAmericana/CEJA, 1998, p. 54.

[63] Em oposição às ideias causais de mundo como totalidade ou como interlocutor do sujeito, Luhmann tem por mundo "unidade de sentido da diferença entre sistema e entorno", o que implica o mundo ser "uma unidade só atual para os sistemas de sentido capazes de se distinguir de seu entorno e que, por consequência, reflete a unidade dessa diferença como unidade que abarca duas infinitudes, a interior e a exterior". LUHMANN, Niklas. *Sistemas sociales*. México: Antropos/Universidad IberoAmericana/CEJA, 1998, p. 197-198.

[64] Quanto à temporalidade da produção de sentido: "o sentido emerge e se reproduz com comportamento próprio (*Eigenbehaviour*) de certos sistemas; isto resulta do fato de que os sistemas de consciência e os sistemas sociais produzem seus elementos últimos como acontecimentos referidos a um ponto no tempo e que ao se desafazer de imediato não podem ter duração: ocorrem uma primeira e última vez. Se trata de sistemas temporalizados que unicamente obtêm a estabilidade em forma dinâmica reestabelecendo continuamente os elementos que se anulam por outros novos. Suas estruturas devem estar preparadas para isso. O presente atual é curto e está de tal maneira desenhado que todo o que nele acontece, acontece simultaneamente. Este presente não é, todavia, propriamente tempo. Se tornará tempo quando concebido como separação de um 'antes' e um 'depois', de um passado e de um futuro. O sentido, então, aparece no tempo e pode a todo momento inverter as distinções temporais; ou seja, pode

No caso de uma decisão jurídica, a escolha do que interpretar, do que argumentar não é uma escolha subjetiva do decididor, nem uma questão cultural, nem uma obrigatoriedade de fundamentar a argumentação, é uma operação do próprio sistema do direito da sociedade.

Assim como a linguagem mesmo delimita o que dizer, o como dizer e o momento de comunicação delimita o que comunicar e como comunicar, o direito delimita o que interpretar, como argumentar. É que a seleção dos elementos do direito a serem explorados na interpretação ou argumentação são dados pelo sistema mesmo, não é, portanto, mera escolha do intérprete, do leitor, do observador, do julgador. É que observar – operação de distinção e indicação de um dos lados da distinção – é uma autorreprodução autopoiética resultante da operação de *re-entry*; observar é oscilar entre o espaço ou lado marcado (*market state*) e o espaço ou lado não marcado (*unmarket state*), o lado interno e lado externo da forma.[65]

Aceitar que o sistema do direito da sociedade "opera na forma de comunicação protegendo os limites que a sociedade mesma estabelece"[66] é admitir que o "direito mesmo determina o que pertence e o que não pertence ao direito".[67] Isso pode levar o leitor a precipitar a conclusão que se trata de um naturalismo, uma espécie de mão invisível. Lembremos que o sistema é sistema de comunicação, portanto confundir *autopoiesis* com naturalismo ou mão invisível não tem lugar. Essa questão pode ficar esclarecida com a distinção entre observação, interpretação e argumentação.

## 4. OBSERVAÇÃO, INTERPRETAÇÃO E ARGUMENTAÇÃO JURÍDICA. DECISÃO JURÍDICA, JUDICIAL E JUDICIÁRIA

As reflexões aqui expostas – sobre a convivência dentre decisões judiciais opostas e sobre o constante movimento de fixação e mudança de sentido do direito da sociedade – estão limitadas à época da positividade do direito ("competência de decidir segundo sua própria valoração"[68]), portanto, da intertextualidade, entendida como recursividade de textos sobre textos, de comunicação sobre comunicação, de sentido sobre sentido.

---

utilizar o tempo para reduzir complexidade: tratar o passado como se já fosse atual e o futuro como se não fosse atual. Quando (e só quando!) se utiliza esta distinção, podem ser geradas redundâncias sobre o passado e variedade sobre o futuro; gerar aqui significa: no presente se fazer presente. Temporalizar o presente é, não obstante, só uma possibilidade, entre várias, de estabelecer contato pleno de sentido com a variedade; ou seja, estabelecer contato mediante distinções específicas. Se lhe concede a preferência ao presente, àquele lado da forma do sentido que se distingue daquele outro lado que acima havíamos definido com atualidade. O outro lado é tudo aquilo que a partir dali se faz acessível: o indefectivelmente real, o só possível, a realização de perspectiva, o só mental ou imaginário. Apoiando-se levemente em Spencer Brown, poderia se distinguir o lado interior da forma – na qualidade de atrator da operação – de seu lado exterior. Operar no modo de sentido significa, pois, que todas as operações têm atualmente lugar no lado interior da forma (ou não têm lugar); porém, pra isso, é necessário o outro lado da forma, o lado precisamente exterior com espaço de outras possibilidades que se ampliam até o infinito, se é que estamos falando de sentido". LUHMANN, Niklas. *La sociedad de la sociedad*. México: Herder/Universidad IberoAmericana, 2007, p. 34.

[65] Sobre *Market state* e *Unmarket state*, como o visível e o não ivísvel pelo observador, ler: LUHMANN, Niklas. *La sociedad de la sociedad*. México: Herder/Universidad IberoAmericana, 2007, p. 879 e ss.. Sobre forma de dois lados (interno e externo), ver Idem, LUHMANN, Niklas. *La sociedad de la sociedad*. México: Herder/Universidad Ibero-Americana, 2007, p. 99; 116.

[66] LUHMANN, Niklas. *El derecho de la sociedad*. Trad. Javier Torres Nafarrate, México: Universidad Ibero-Americana, 2005, p. 90.

[67] Idem, ibidem, p. 68.

[68] Idem, ibidem, p. 71.

Refiro-me às evoluções (não como distinção de épocas, mas como variação, seleção e reestabilização[69]) trazidas pela escritura e imprensa,[70] quando – após as sociedades segmentárias e as sociedades estratificadas – vivemos a sociedade funcionalmente diferenciada,[71] aquelas em que uma unidade de codificação – desenvolvida nos *meios* de comunicação simbolicamente generalizados[72] – dá *forma* de sistema às comunicações sobre determinados códigos de elevado grau de complexidade. Simplificando, alguns assuntos se tornaram tão complexos que formam sistemas de comunicação (ativações de observação e descrição de comunicações).

Comunicativamente, um debate sobre a juridicidade de algo se pauta por qualificá-lo (valorá-lo) como lícito ou ilícito. Observar o direito como sistema de comunicação implica aceitar que lícito e ilícito formam a unidade (o código unitário) do sistema jurídico. A unidade dos sistemas funcionalmente diferenciados tem a forma de dois lados (sim/não), no caso do direito lícito/ilícito. "Os códigos concorrem em cada operação do sistema",[73] quer dizer, a cada comunicação se reatualiza o debate, a valoração,

---

[69] LUHMANN, Niklas. *La sociedad de la sociedad*. México: Herder/Universidad IberoAmericana, 2007, p. 335. Ainda, os componentes da evolução dos sistemas autopoiéticos operacionalmente fechados são: 1º) variação de seus elementos, o que depende de haver uma semântica pré-determinada; 2º) seleção das estruturas, o que se dá no plano da observação de segunda ordem, pois os critérios de seleção estão relacionados aos programas do próprio sistema; 3º) reestabilização da unidade, que é um princípio dinâmico animador de variação no sistema, a reestabilização é responsável por viabilizar a realização da sequência de incorporação de mudanças estruturais no sistema. Sobre o tema, ver: LUHMANN, Niklas. *La sociedad de la sociedad*. México: Herder/Universidad Ibero-Americana, 2007, p. 358; 371; 382-390.

[70] Sobre a escritura, na sociedade funcionalmente diferenciada, ela assume a responsabilidade por reforçar o processo de diferenciação do sistema da sociedade, por modificar a forma de memória social aumentando o risco de auto e hetero (aumento de uma informação vir a ser rejeitada), pois, ao usar signos, a escritura possibilita pleitear signos por signos e, com isso, ela é uma "forma especial de duplo fechamento (operativo e reflexivo) da comunicação", o que implica simbolizar o ausente, tornando-o aceitável como presente, ver: LUHMANN, Niklas. *La sociedad de la sociedad*. México: Herder/Universidad Ibero-Americana, 2007, p. 193-234. Sobre a teoria da evolução aplicada à sociedade como sistema funcionalmente diferenciado, portanto como meio de comunicação simbolicamente generalizado, ver: LUHMANN, Niklas. *La sociedad de la sociedad*. México: Herder/Universidad Ibero-Americana, 2007, p. 325-469.

[71] Sobre a evolução das sociedades segmentárias para as sociedades estratificadas e para a sociedade funcionalmente diferenciada, ver: LUHMANN, Niklas. *La sociedad de la sociedad*. México: Herder/Universidad Ibero-Americana, 2007, p. 502-614.

[72] Os meios de comunicação simbolicamente generalizados viabilizam a unidade sistêmica, ou seja, possibilitam sistemas autopoiéticos, aqueles que têm as seguintes propriedades estruturais: (a) código binário de referência, o qual consiste em valores opostos (sim/não) sem admitir terceiros valores (LUHMANN, Niklas. *La sociedad de la sociedad*. México: Herder/Universidad Ibero-Americana, 2007, p. 245); (b) autocolocação desse código no valor positivo (idem, p. 280), (c) da reflexividade processual, pois os meios são manejáveis reflexivamente como autorreferência e conjunto de operações fechadas (idem, p. 287), (d) observação de segunda ordem, quando os meios reivindicam sua competência universal (idem, p. 290-291); (e) comunicação, quando os códigos estão abertos a toda informação e a toda expressão próprias de suas esferas, garantindo que ambos os valores do meio sejam utilizáveis no sistema (Idem, p. 293-294); (f) interpenetração, que consiste em que os meios de comunicação simbolicamente generalizados operam em acoplamento estrutural com a consciência (sistemas psíquicos) que participam da comunicação, o que implica a inclusão da percepção na comunicação (aqui cabe lembrar a distinção entre sistemas sociais de interação, organização e sociedade; (g) confiança, êxito da motivação, é uma propriedade dos MCSG voltada ao condicionamento de seleções, de maneira que as comunicações sejam aceitas ainda quando o que se pretende informar seja improvável (idem, p. 299-301); (h) universalização e fechamento que são pré-condições semântica e comunicativa para que os sistemas funcionais operativamente fechados se diferenciem em razão de seus meios de sentido, o que viabiliza a "organização recursiva conectando antecipações e retrocessos, ou seja, sem um acontecer isolado. Os meios devem poder concatenar comunicações" ... o que envolve a "tecnicidade do código, ou seja, o cruzar (do valor positivo ao negativo) é independente das numerosas constelações concretas de sentido (...) sem perder a clareza da opção entre valor positivo e valor negativo" (idem, p. 303-304).

[73] LUHMANN, Niklas. *La sociedad de la sociedad*. México: Herder/Universidad Ibero-Americana, 2007, p. 282;. Inda sobre o tema: "toda comunicação ocorre concretamente como operação sobre o preceito de certas intenções (...). Não obstante as comunicações particulares desse tipo nunca são automotivantes; remetem à rede recursiva de reutilizabilidade do mesmo médium. Por isso, aqui deve se efetuar, em cada caso particular, o duplo efeito

pois o sistema opera recursivamente, quer dizer, o sistema "opera de forma única e deve construir as repetições artificialmente dentro de seu próprio modo de operar".[74] Ocorre que "a preferência por uma determinada informação para logo expressá-la é algo improvável",[75] pois não há como prever as reações ao que se comunica (como explorado na terceira seção deste texto), todavia o sistema forma recursivamente seus limites, sua estrutura e seus programas.[76] Estrutura é, na teoria dos sistemas de comunicação (sistemas funcionalmente diferenciados), a preferência-de-orientação à valoração por um dos lados do código; já programas são condicionamentos semânticos resultantes do transcurso evolutivo dos códigos, determinam em que condições a valoração (lícito ou ilícito) deve ser considerada corretamente. No plano dos programas, pode-se esquecer ou lembrar, conforme a frequência com que eles (os programas) são convocados.[77]

Como críticos sem leitura costumam afirmar que Luhmann é exclusivamente forma (procedimento), e não conteúdo (substância), aproveitamos para lembrar que justiça é o programa de todos os programas[78] do sistema do direito da sociedade. O debate sobre a valoração de algo é justamente o objeto deste texto, é o que chamamos de decisão jurídica.

No estágio evolutivo da sociedade moderna ("sociedade em que os meios de comunicação simbolicamente generalizados se desenvolveram plenamente"[79]), o direito, na forma de texto, "ganha a possibilidade de se coordenar mediante suas próprias estruturas, sem que com isso se veja na necessidade de fixar antecipadamente o número (e a designação) das operações que são necessárias para reutilizar determinadas estruturas, para citar determinados textos, para lhes encontrar uma solução, para mudá-los".[80] É que, com a escritura, o escrito se desacopla de si mesmo (do seu próprio acontecimento comunicativo). Nas palavras de Luhmann:

> A comunicação é (e segue sendo) um acontecimento ligado ao instante – nisso é imutável. Um sistema de comunicação pode alcançar só estabilidade dinâmica, ou seja, estabilidade graças a que sempre prossigam outras comunicações (...) O efeito da escritura consiste no desacoplamento espacial e temporal entre expressão (*Mitteilung*) e compreensão (*Verstehen*), e na imensa explosão de possibilidades de enlaces que veem dados com isso.[81]

Assim como a comunicação, também a decisão jurídica é improvável. Todavia nos comunicamos e decidimos. Como é possível que nos comuniquemos e que decisões jurídicas sejam tomadas?

---

de condensação e confirmação do médium – a operação paradoxal de generalização mediante especificação. Os símbolos dos meios produzem, por assim dizer, os 'valores próprios' de sua própria recursividade. Tais valores próprios se formam quando reutilizados" (idem, 308).

[74] LUHMANN, Niklas. *La sociedad de la sociedad*. México: Herder/Universidad Ibero-Americana, 2007, p. 104.

[75] Idem, ibidem, p. 145.

[76] Idem, ibidem, p. 104; 280-307.

[77] Idem, ibidem, p. 280.

[78] LUHMANN, Niklas. *El derecho de la sociedad*. Trad. Javier Torres Nafarrate, México: Universidad Iberoamericana, 2005, p. 278. Sobre o assunto, ver Idem, p. 275 e ss. Cabe lembrar que para Luhmann: afirmar que lícito e ilícito constituem unidade do sistema jurídico, não implica desistir da justiça; inclusive porque "o sistema jurídico se pretende a si mesmo, não importam os dados, como justo" (Idem, p. 279), ainda que a "justiça, como integrante da consistência da decisão, se configura segundo a observação de segunda ordem" (Idem, p. 299). Como veremos adiante, interpretação e argumentação são observações de segunda ordem.

[79] LUHMANN, Niklas. *La sociedad de la sociedad*. México: Herder/Universidad IberoAmericana, 2007, p. 280.

[80] LUHMANN, Niklas. *El derecho de la sociedad*. Trad. Javier Torres Nafarrate. México: Universidad Ibero--Americana, 2005, p. 402.

[81] LUHMANN, Niklas. *La sociedad de la sociedad*. México: Herder/Universidad Ibero-Americana, 2007, p. 206.

Em tempos da positividade do direito, sua validez é "um símbolo que circula no sistema e que enlaça operações para uma reutilização recorrente",[82] ou ainda, validez é a *autopoiesis* das comunicações do sistema jurídico.[83] Essa concepção de validez nos leva a questionar a viabilidade de se atribuir à ambiguidade e à vagueza da linguagem a pluralidade e a divergência de decisões, pois uma decisão "absurda" não necessariamente resulta da ambiguidade e da vagueza. A decisão absurda, nessa perspectiva, significa mudança estrutural da sociedade ou exclusivamente do direito da sociedade, pois, ser a decisão absurda, é uma questão de divergência política e/ou econômica e/ou religiosa e/ou científica. Ocorre que, e não podemos esquecer, o sistema mesmo comporta, suporta e cria sua indeterminação, ou seja, para viver desenvolve competência para suportar boa dose de decisões erradas, até mesmo absurdas.[84] A questão é se estamos ocupados em elaborar uma teoria para um caso concreto, ou uma teoria abrangente das decisões jurídicas, ou seja, uma teoria capaz de auxiliar observações sobre decisões jurídicas, e não voltadas a discursos personalíssimos. Afinal, "pode ser que o direito se torne mais robusto frente aos erros e, neste sentido, mais 'generoso'. (...) A 'razão' do sistema não se encontra na bondade assegurada dos princípios, mas sim na pergunta que se faz em cada situação: se o direito vigente deve ser modificado diante do que se tornou um problema para ele".[85]

Esse debate se refere à relação do sistema com seu ambiente, ou seja, como o sistema opera quando um caso (uma informação) o irrita. Iniciemos distinguindo operação de observação. Operação é a produção de diferenciação resultante de um acontecimento prático, isso permite considerar que as operações do sistema jurídico se dedicam ao processamento de informações, ou seja, a "transformar permanentemente umas informações em outras para que sirvam a outras operações. A reprodução de redundância acompanha como uma sombra este processo".[86] Já a observação é também uma operação do sistema, todavia, operação que produz um novo estado no sistema, de maneira que aporta algo à *autopoiesis* do sistema. Assim, ter por decisão jurídica uma observação do sistema jurídico sobre si mesmo é considerar que a decisão jurídica é improvável, porquanto estrutura (forma de sentido) do direito da sociedade. Como acima já escrito.

Sendo autopoiético, o sistema jurídico produz e reproduz sua unidade (estruturas e limites), seu código binário lícito/ilícito. Se é assim, a decisão jurídica não é uma questão de legislação (política) nem de interpretação de texto legislativo (motivação, interesse ou poder um juiz ou tribunal), nem mesmo uma questão de cultura jurídica (comunidade jurídica), mas sim uma operação de observação de primeira ordem do sistema jurídico. É que a "unidade do sistema não se pode representar no sistema como meta que deve ser alcançada, como estado final. Orientações so-

---

[82] LUHMANN, Niklas. *La sociedad de la sociedad*. México: Herder/Universidad IberoAmericana, 2007, p. 277.

[83] Idem, ibidem, p. 155.

[84] Refiro-me às fórmulas de contingência dos sistemas de comunicação. "Um sistema que processa suas operações internas mediante informações, sempre tem em vista outras possibilidades. No caso do sistema jurídico, esta orientação por contingência se reforça na medida em que o sistema se encontra já imerso numa maior positivação do direito. Porque, com ela, fica concebido que todas as normas jurídicas e todas as decisões, todas as causas e argumentos poderiam tomar – também, outra forma – sem com isso negar que o que acontece, acontece como aconteceu" (Idem, p. 158).

[85] LUHMANN, Niklas. *El derecho de la sociedad*. Trad. Javier Torres Nafarrate, México: Universidad Iberoamericana, 2005, p. 342.

[86] LUHMANN, Niklas. *La sociedad de la sociedad*. México: Herder/Universidad IberoAmericana, 2007, p. 418.

bre uma meta determinada podem existir no sistema, porém só como episódios: por exemplo, processos individuais que culminam em uma lei ou em uma decisão de um tribunal".[87] Com isso, legislação e jurisprudência são informações a serem processadas no sistema jurídico, e não já decisão jurídica.

Ainda que imprevisível, a decisão jurídica é tornada provável pelo próprio sistema do direito, não por competência interpretativa ou argumentativa. É o que explicam a "teoria do fechamento operacional e a tese de que os sistemas autopoiéticos têm que estar previamente adaptados para poder utilizar seu potencial evolutivo".[88] Cabe, no entanto, distinguir informação de redundância. "Informação é um valor surpresa de notícias, dado um reduzido (o ilimitado) número de outras possibilidades. A redundância resulta (circularmente) de que a informação precedente se deve tomar em conta na operação dos sistemas autopoiéticos".[89] Redundância é a consistência comunicativa do sistema, sua capacidade de tratar detalhadamente informações,[90] é, pois, recursões autoconstruídas. Uma teoria normativa não suportaria essa alternativa explicativa.

Com isso, acatamos a visão de que "o problema está em que a comunicação não pode controlar o que simultaneamente acontece no instante do ato de compreendê-la, por isso, ela está sentenciada a sacar sempre conclusões a partir de seu próprio passado, de suas redundâncias, de suas recursões autoconstituídas".[91]

Acontece que a ativação do processo comunicativo é uma questão de autovalidação dos meios de sentido, pois "os meios de comunicação simbolicamente generalizados – como toda comunicação – só podem utilizar o presente para franquear a diferença entre generalização e especificação (condensação e confirmação). Isto só pode acontecer mediante a guia de expectativas que o mesmo médium produz e reproduz".[92]

Aqui tem lugar um dos maiores problemas a ser trabalhado numa teoria da sociedade, numa teoria da decisão jurídica: o abandono da lógica pela causa do que produz violência na sociedade, o que produz decisões absurdas. Essa lógica é alterada pela concepção de que as seleções "são respostas às perturbações e reestabelecimento de um estado de tranquilidade sistêmico",[93] o que implica, com a ideia de redundância, a superação da busca por identificar os "inimigos" da sociedade (da paz social) e do direito (das decisões justas).

Não se trata de naturalismo, nem de a redundância ser uma espécie de mão invisível, pois redundância envolve uma teoria do observador, ainda que não de autor, criador, produtor, inventor do direito da sociedade. A redundância não dispensa a observação, pois ela se mostra invisível, como terceiro excluído. Nas palavras de Luhmann: "desde o ponto de vista da coordenação, a redundância seria a 'mão invisível' do sistema (...) Em todas as operações tem que se distinguir a seleção propositiva

---

[87] LUHMANN, Niklas. *La sociedad de la sociedad*. México: Herder/Universidad Ibero-Americana, 2007, p. 237.
[88] Idem, ibidem, p. 91.
[89] LUHMANN, Niklas. *El derecho de la sociedad*. Trad. Javier Torres Nafarrate, México: Universidad Iberoamericana, 2005, p. 416.
[90] Idem, ibidem, p. 43.
[91] Idem, ibidem, p. 51.
[92] Idem, ibidem, p. 310.
[93] Idem, ibidem, p. 394.

(*intendierte*) do sistema e a reprodução não propositiva da redundância do sistema. Uma operação que assinale este duplo aspecto, não seria reconhecida como operação que pertence ao sistema e que reproduz a rede recursiva de enlace de operações no sistema".[94]

Ocorre que o sistema observa e é observado. Observar sistemas é observar o que o sistema já observou, por isso, observação de segunda ordem. Interpretar ou argumentar não é realizar observação de algo (objeto, coisa, ideia, informação, pessoa, mente, consciência, imaginário, razão, símbolo, fenômeno), mas como esse algo já foi observado pelo sistema mesmo. Nas palavras de Luhmann:

> O observador é definido pelo esquema que dá lugar às suas observações, isto é, pelas distinções que utiliza. No conceito de observador estão contidas as noções tradicionais de sujeito e ideias – ou conceitos. E a autologia que está na base da metodologia do observador de segunda ordem – a saber, o reconhecimento de que se trata tão só de observação – garante o fechamento cognitivo deste manejo de complexidade: não há nem é necessário recorrer a garantias externas.[95]

Observar é, então, uma operação altamente seletiva do acoplamento estrutural e da reprodução da trama recursiva autopoiética (como ocorre quando a redundância produz informação ao especificar a sensibilidade do sistema).[96] Assim é porque a unidade do distinguido não pode ser observada, ela antecede a própria produção de sentido,[97] ao qual se chega por recursividade – a reentrada (*re-entry*) do sistema no sistema mesmo, o que faz o sistema se tornar incalculável e, portanto, "alcançar um estado de indeterminação não atribuível ao imprevisto dos efeitos externos (variável independente), mas ao sistema mesmo".[98]

Ainda sobre o tema: "no modo da auto-observação de segunda ordem – ou seja, no modo de uma teoria do conhecimento de corte construtivista –, todas as características prescritas se dissolvem e em sua investigação ressalta tanto sua necessidade quanto sua contingência".[99]

Com isso temos que interpretar e argumentar[100] só são possíveis enquanto observação de segunda ordem, pois antes mesmo de interpretar e argumentar procedemos a seleção do que integrará a interpretação e a argumentação. Esta questão está abordada na próxima seção deste texto quando trabalhamos a visão de texto presente na teoria sociocognitiva da inferência, proposta por Luiz Antônio Marcuschi.

Por enquanto, a decisão dos tribunais (interpretação por argumentação) é uma observação da auto-observação que o sistema jurídico já fez de si mesmo. Se é assim,

---

[94] LUHMANN, Niklas. *El derecho de la sociedad*. Trad. Javier Torres Nafarrate, México: Universidad Ibero-Americana, 2005, p. 419.

[95] LUHMANN, Niklas. *La sociedad de la sociedad*. México: Herder/Universidad IberoAmericana, 2007, p. 107.

[96] LUHMANN, Niklas. *El derecho de la sociedad*. Trad. Javier Torres Nafarrate, México: Universidad Ibero-Americana, 2005, p. 417.

[97] LUHMANN, Niklas. *La sociedad de la sociedad*. Trad. Javier Torres Nafarrate, México: Universidad Ibero-Americana, 2007, p. 36.

[98] Idem, ibidem, p. 28.

[99] Idem, ibidem, p. 19.

[100] Luhmann distingue argumentação de interpretação por considerar que só se chega a uma argumentação "depois que surge a pergunta de como se deve manejar o texto na comunicação" LUHMANN, Niklas. *El derecho de la sociedad*. Trad. Javier Torres Nafarrate, México: Universidad Ibero-Americana, 2005, p. 403), já interpretação é "racionalização posterior do texto" (Idem, p. 402), sendo texto acoplamentos estruturais que enlaçam o movimento de validez à argumentação jurídica (Idem, p. 402). A validez é um valor específicamente próprio do sistema jurídico que surge da realização recursiva das operações próprias do sistema e que não pode ser utilizado em nenhuma outra parte (Idem, p. 170)

distingue-se a observação, da interpretação e da argumentação.[101] Essa distinção é fundamental para uma compreensão da decisão jurídica como observação de primeira ordem, portanto como operação do sistema do direito da sociedade.

A decisão – vista como processo que implica obter tantas informações quanto possível sobre o tema[102] – é uma questão de observação, ainda que a escolha do escopo (o que será considerado relevante) não seja consequência de opinião pessoal, vontade e/ou interesse(s) arbitrário(s) do decididor.

Certo que Luhmann afirma não haver um termo capaz de dar unidade às várias espécies de decisões de direito como sistema da sociedade,[103] todavia, arvoro-me a propor a seguinte diferenciação: decisão jurídica; decisão judicial; decisão judiciária.

Partindo da proposta já lançada no parágrafo anterior, a decisão jurídica estabelece enlace para operações subsequentes, para as operações que podem se referir recursivamente a outras operações de forma a produzir estrutura de direito da sociedade. Propomos que o uso da expressão *decisão jurídica* se limite à redundância, à observação de primeira ordem do sistema jurídico, ou ainda, aquela que viabiliza o reconhecimento de se uma comunicação pertence ou não ao sistema jurídico, para o que basta comprovar se a referida comunicação se ordena no domínio do código do direito.[104] Com isso, exclusivamente o sistema do direito observa a decisão jurídica, pois apenas o sistema do direito realiza a operação de observação de primeira ordem sobre a comunicação do direito da sociedade: a produção de sentido de lícito e ilícito.

Distintas da decisão jurídica, a decisão judicial e a decisão judiciária são observações de segunda ordem, pois observações das observações já processadas autopoieticamente pelo sistema jurídico. Como, pois, observações de segunda ordem, a decisão judicial e a judiciária são argumentações legislativas, doutrinárias (dogmática, filosófica, sociológica), contratuais, jurisprudenciais (Poder Judiciário), peticionárias (decisões tomadas por advogados, promotores, delegados, procuradores), e ainda argumentos de não juristas. Ou seja, são informações a serem processadas pelo sistema jurídico de forma a poderem vir a constituir ou não o sentido de lícito e ilícito, conforme o sistema jurídico venha a observar tais informações. Para suprir a confusão que ocorre com o uso dos termos *interpretação* e *argumentação* como observação de primeira ordem,[105] propomos os seguintes usos terminológicos: decisão

---

[101] LUHMANN, Niklas. *El derecho de la sociedad*. Trad. Javier Torres Nafarrate, México: Universidad Iberoamericana, 2005, p. 308; 403-415.

[102] SOUZA, Fernando Campello. *Decisões racionais em situações de incerteza*. Recife: UFPE, 2002, p.7.

[103] "Como condição de validez da observação da observação do código – universal e plenamente confiável – lícito/ilícito, no sistema jurídico se produz um âmbito mais estreito da decisão juridicamente obrigatória: seja para afirmar, seja para mudar o direito. Aqui se trata de um sistema parcial um subsistema que se diferencia recorrendo ao recurso de distinção entre membros e não membros do sistema. Esta distinção compromete aos membros que têm a qualidade de "funcionários" a produzir decisões que se regem pelos programas do sistema (variáveis no interior da organização), isto é, pelas normas jurídicas. Para esta organização sistêmica de decisões no sistema jurídico, só temos termos para os aspectos diferenciados: varas judiciais, tribunais e parlamentos no caso de separação dos poderes judicial e legislativo. Porém não temos nenhum termo para enunciar a unidade do sistema. Por essa razão, falamos do sistema de organização das decisões do sistema jurídico" (LUHMANN, Niklas. *El derecho de la sociedad*. Trad. Javier Torres Nafarrate, México: Universidad Iberoamericana, 2005, p. 202).

[104] LUHMANN, Niklas. *El derecho de la sociedad*. Trad. Javier Torres Nafarrate, México: Universidad Iberoamericana, 2005, p. 115-116. A unidade de cada sistema social é o código binário de referência, no caso do direito este código é lícito/ilícito, que distingue cada sistema social de seu entorno e dos demais sistemas (que também são tratados como entorno). Uma alternativa é considerar que entorno é o ambiente (mundo físico e biológico), mais os sistemas psíquicos e demais subsistemas sociais.

[105] Refiro-me às dificuldades de compreensão presentes nas seguintes passagens: "as interpretações são produtos da auto-observação do sistema jurídico, porém não por isso são teorias de reflexão da unidade do sistema (do

jurídica como distinção produzida pelo sistema mesmo, incontrolável por qualquer indivíduo ou coletividade, fruto da *autopoiesis* do sistema, da redundância de comunicação sobre o sentido de lícito e ilícito; decisão judicial como distinção produzida por juristas ou demais sistemas sociais, de forma que, por acoplamento estrutural, influenciem (ou não) a construção de sentido do direito da sociedade; decisão judiciária como distinções (interpretações e argumentações) produzidas exclusivamente pelos tribunais superiores.[106]

Antes que se negue essa hipótese, proponho a seguinte reflexão. Usamos uma língua para nos comunicar; com isso, não criamos regras gramaticais, muito menos criamos o idioma, nem a linguagem e, não por isso, somos vítimas do idioma. Justo por usarmos um idioma, damos vida a ele e, paradoxalmente, não termos qualquer responsabilidade por sua estrutura, suas regras e, sequer, a semântica. Todavia, sem a língua não haveria comunicação na forma como nos comunicamos hoje, com a complexidade comunicativa atual. Se é assim, podemos aceitar que só nos comunicamos por comunicação (*autopoiesis* da comunicação) e que sociedade é um sistema de sentido que tem a comunicação como célula. Cada uma das palavras aqui empregadas poderiam ser outra, bem como serão lidas de maneira diversa daquela aqui expressa (*Mitteilung*). Radicalizando a hipótese, eu mesmo posso reler e ter uma compreensão (*Verstehen*) diversa da agora pensada enquanto escrevia. Ocorre que se não se realiza uma seleção de palavras, não se viabiliza qualquer comunicação. Ainda que seja improvável a comunicação, dado sua dupla contingência, ela é possível.[107] Esse debate leva à questão da literalidade.

---

sentido de direito, de sua função etc.), como para que daí se extraiam consequências que façam surgir expectativas jurídicas" (LUHMANN, Niklas. *El derecho de la sociedad*. Trad. Javier Torres Nafarrate, México: Universidad Iberoamericana, 2005, p. 52). Bem como, quando Luhmann escreve que: "o conceito de argumentação, então, se formula, independentemente da pergunta do quão boas são as razões, com ajuda de três distinções: 1) operação/ observação; 2) autoobservação/heteroobservação; 3) controvertido/incontrovertido. A argumentação jurídica é, segundo isso, uma combinação de cada uma destas três distinções; i.e., é a auto-observação do sistema do direito que, em seu contexto recursivo autopoiético, reage (ou antecipa) às diferenças de opinião – passadas ou vindouras -, com relação ao que deve ficar atribuído ao código lícito/ilícito. Trata-se, portanto, de observação já que tem que ver com discriminar casos (ou grupos de casos) se servindo de distinções. Se trata também de uma autoobservação, devido a que a operação da observação se desenvolve dentro do sistema mesmo do direito. E se trata de comunicação propensa à controvérsia enquanto que a disposição sobre o símbolo de validez, como a pura leitura da lei, devem estar excluídas do conceito da argumentação. Apesar de todas estas restrições, neste conceito pude incluir argumentos que não lhe fariam justiça à função da argumentação. Por exemplo; argumentos do tipo: o dono do terreno, o partido, o militar sempre têm razão. Por isso, devemos perguntar pelas condições que permitem o cumprimento da função da argumentação judicial" (LUHMANN, Niklas. *El derecho de la sociedad*. Trad. Javier Torres Nafarrate, México: Universidad Iberoamericana, 2005, p. 415).

[106] Nas palavras de Luhmann: "só os tribunais têm a tarefa de supervisionar a consistência das decisões judiciárias. Isto ocorre no modo da observação de segunda ordem: observação de decisões judiciais (leis, contratos, decisões judiciárias) que, por sua vez, tenham observado o direito (decisões jurídicas). O termo técnico se chama: interpretação. Por certo também nas reflexões sobre a criação da lei e dos contratos, a interpretação do direito vigente joga um papel, porém só para circunscrever os limites do espaço criativo. Os tribunais interpretam em sentido diferente, a saber, de maneira argumentativa: para demonstrar a racionalidade de sua decisão. Aqui a observação de segunda ordem se utiliza para examinar até onde a consistência da observação do direito obtida até a data deixa integrar novas informações ou mudanças nas preferências. E se a doutrina e a investigação acadêmica se interessam pelas ciências do direito, o fazem no sentido de reconstrução das decisões judiciárias corretas que foram tomadas pelos tribunais" (LUHMANN, Niklas. *El derecho de la sociedad*. Trad. Javier Torres Nafarrate, México: Universidad Iberoamericana, 2005, p. 389).

[107] Dupla contingência é o reconhecimento da improbabilidade da comunicação tendo em vista a diferenciação das posições ego/alter como complementares numa comunicação. Justamente por causa da dupla contingência, o sistema transforma essa improbabilidade em probabilidade, pois só por comunicação se pode comunicar, sendo autopoiética, a comunicação se reproduz autonomamente, independente de ego e alter. Nas palavras de Luhmann: "mediante atribuições se pode apreender o processo de comunicação e se pode tornar assimétrico (e assim destautologizar)

## 5. A LITERALIDADE COMO REFLEXIVIDADE DECISÓRIA

Vimos que direito é o sistema que tem por unidade o código lícito/ilícito, ele, autorreferencialmente, processa comunicação que constrói o sentido de lítico e ilícito na sociedade. Então, como é possível a decisão jurídica? Como operação interna desde sistema, é decisão jurídica apenas a decisão de tribunais? Uma resposta é viável aplicando a reflexividade, pois a circularidade não determina, contudo operacionaliza a forma (estrutura) do sistema (diferenciação meio/forma).

Quando expressamos uma informação, lançamos mão de comunicações anteriores, sem as quais o que fosse expresso seria ininteligível. Da mesma forma, toda decisão judiciária requer uma decisão jurídica anterior. Então a linguagem e o direito não mudam? Essa impressão é uma ilusão comum dos sistemas de sentido, pois se pensa que o sentido tem alguma relação com o que é expresso (objeto material ou ideal) ou com a mentalidade de quem expressa ou recepciona o que é expresso. Isso se responde com o termo *redundância*. O qual já foi acima explorado.

Aqui, lembremos que o sentido tem três dimensões: temporal, objetual e social, bem como que sentido é um contexto de remissão ao infinito, é, portanto, indeterminável, todavia tenha identidade (função de ordenar recursões) resultante de condensação seletiva, porquanto observação, realização de uma distinção. O sentido é, ao mesmo tempo, meio e forma, ele se fixa e muda a cada operação do sistema, cada vez que é utilizado. Quanto à dimensão temporal do sentido, ela "impede petrificação objetualmente *coisificada* da dimensão social. No momento seguinte outros podem observar de outra maneira porque, na dimensão objetual do sentido, os sentidos são temporalmente mutáveis".[108] Ainda, "na medida em que as recursões remetem a algo passado (ao sentido já conhecido, já provado), remetem unicamente a operações contingentes cujos resultados estão disponíveis na atualidade; não remetem, por conseguinte, a origens fundantes. E na medida em que as recursões remetem ao futuro, enviam possibilidades de observação infinitamente numerosas, isto é, ao mundo

---

o problema da dupla contingência. A comunicação vai de alter a ego. Primeiro alter deve dar-a-conhecer algo, só então ego pode entender e aceitar ou rechaçar. Esta unidade básica se alcança por abstração, apesar de que a dupla contingência se construa sempre com circular e de que a comunicação se produz como unidade de informação, expressão e compreensão em entrelace recursivo com outras comunicações" (LUHMANN, Niklas. *La sociedad de la sociedad*. México: Herder/Universidad IberoAmericana, 2007, p. 261. Usamos a terminologia proposta de Pierre Guibentif para os termos alemães: Information; Mitteilung; Verstehen, para idiomas latinos. GUIBENTIF, Pierre. Foucault, Luhmann, Habermas, Bourdieu. Une génération repense le droit. Paris: Fondation Maison des Sciences de L'Homme, 2010, p. 101). A dupla contingência relaciona o conceito de estrutura ao de expectativa de maneira que ao experimentar uma situação contingente promovemos seleções, do que resulta a formação de estruturas. Contingente é "aquilo que não é nem necessário nem impossível; ou seja, aquilo que pode ser como é (foi ou será), porém que também pode ser de outro modo" (LUHMANN, Niklas. *Sistemas sociales*. México: Antropos/Universidad IberoAmericana/CEJA, 1998, p. 115), do que resulta na dupla contingência ser uma questão de interpenetração, de enlace, de acoplamento (LUHMANN, Niklas. *Sistemas sociales*. México: Antropos/Universidad IberoAmericana/CEJA, 1998, p. 208-209) entre alter e ego, entre psíquico e social (comunicativo), entre sistemas; a comunicação é, portanto, a única forma de interpenetração humana. Segundo Luhmann: "os sistemas interpenetrantes nunca podem aproveitar por completo as possibilidades de variação da complexidade de um sistema que cada vez está diferente, ou seja, nunca podem trasladar estas possibilidades ao seu próprio sistema. Neste sentido, não se deve perder de vista que a célula nervosa não é parte do sistema nervoso, que o ser humano não é parte do sistema da sociedade, ou seja, como a interpenetração possibilita a relação entre *autopoiesis* autónoma e acoplamento estrutural", o "sistema social é um sistema precisamente porque não existe nenhuma certeza básica de seu estado, nem prognósticos acerca de seu comportamento baseados nele. Só se controlam incertezas que resultam dele com respeito à sua própria conduta dos participantes (LUHMANN, Niklas. *Sistemas sociales*. México: Antropos/Universidad IberoAmericana/CEJA, 1998, p. 119).

[108] LUHMANN, Niklas. *El derecho de la sociedad*. Trad. Javier Torres Nafarrate, México: Universidad Iberoamericana, 2005, p. 35.

como realidade virtual – da qual não pode se saber se serão alimentadas por sistemas através de operações de observação".[109]

Com isso esclarecemos que assim como a linguagem, a decisão jurídica não é uma consequência de acontecimentos passados. Em relação às novidades, à mudança, qualquer caso "extremamente" novidoso é processado sob os limites das condições atuais. Nos anos oitenta, por exemplo, ante os casos de HIV, o sistema do direito precisou decidir se a demissão de trabalhadores com HIV era justa causa ou não, bem como se a transmissão do vírus de forma dolosa ou culposa é tentativa de homicídio ou transmissão de doença infectocontagiosa. O processamento das informações dependeram da *memory function* (memória que "permite dispor dos resultados das seleções passadas como estado presente"[110]) do sistema jurídico, não de casos anteriores. Atualmente, vivemos diversas situações novidosas, inclusive o emblemático caso Wikileaks.

Esse debate nos reporta à questão da decisão judiciária como leitura de texto. Ao questionar que visão de texto, é condizente com uma perspectiva construtivista, numa aplicação da teoria dos sistemas que observam, concluímos que texto se refere a elementos como legislação, doutrina, jurisprudência, petições, provas judiciais (documentos e testemunhos), mas também às leituras do social, de contextos, de gestos, olhares, vestimentas, tom de voz, cabelo, cor, sexo, maneira de andar, maneira de falar, limitações biológicas etc.). Enfim, texto não se reduz a algo à espera de ser codificado por um emissor e decodificado pelo receptor, o texto está em constante produção e reprodução, não é algo já dado e predeterminado.[111]

Insisto que para explicar a convivência dentre decisões contrárias e mesmo contraditórias, bem como a construção (simultânea fixação e mudança) de sentido do direito não é suficiente recorrer à vagueza e ambiguidade da linguagem nem à autoridade do julgador, nem à ausência de limites à interpretação e à argumentação jurídica. Salvo se o objetivo é propor mais uma fórmula de controle do direito da sociedade. Como os escritos de Luhmann muito pouco exploram uma concepção de texto[112] pautada pela sociolinguística, recorremos à teoria sociocognitiva da inferência, proposta por Luiz Antônio Marcuschi.

Não porque o texto está em constante processamento de formação, deixa de haver leitura, em nosso caso decisão. Os mesmos problemas e temáticas presentes num debate sobre o processo de leitura, encontramos no processo decisório, como se pode observar com a ideia de conclusibilidade de Mikhail Bakhtin.

A alternância entre os sujeitos em diálogo emoldura o enunciado e produz conclusibilidade,[113] portanto não há esgotamento do debate, não há "inteireza acaba-

---

[109] LUHMANN, Niklas. *El derecho de la sociedad*. Trad. Javier Torres Nafarrate, México: Universidad Iberoamericana, 2005, p. 30.

[110] Idem, ibidem, p. 28-29.

[111] Sobre o tema ver: DUCROT, Oswald. *El decir y lo dicho*. Barcelona: Paidós, 1986; FAIRCLOUGH, Norman. *Discurso e mudança social*. Brasília: Universidade de Brasília, 2001; FARACO, Carlos Alberto. 2003. *Linguagem e diálogo*: as idéias lingüísticas do Círculo de Bakhtin. Curitiba: Criar Edições, 2003, p. 60; KOCH, Ingedore G. Villaça. 2005. A construção dos sentidos no discurso: uma abordagem sociocognitiva. In: *Investigações*, Recife, EdUFPE, v. 18, n. 2, jul., p. 9-38; SINHÁ, Chris. 2000. Culture, Language and the Emergence of Subjectivity. In: *Culture & Psychology*, London/ Thousand Oaks/ CA and New Delhi, SAGE, Vol. 6, no. 2, p. 197–207.

[112] Ao tratar da argumentação jurídica, Luhmann não explora o termo texto. Ainda que escreva que "na forma de texto o sistema ganha a possibilidade de se coordenar mediante suas próprias estruturas" (...) "argumentação é o estabelecimento de regras sobre como manejar os textos numa comunicação". LUHMANN, Niklas. *El derecho de la sociedad*. Trad. Javier Torres Nafarrate, México: Universidad Iberoamericana, 2005, p. 30.

[113] BAKHTIN, Mikhail [1979]. *Estética da criação verbal*. São Paulo: Martins Fontes, 2003, p. 274.

da do enunciado", mas sim responsividade, continuidade dialógica na construção de sentido. A questão é que conclusibilidade não é acabamento (fim, término, extinção) do que se enuncia, mas manutenção do dialogismo, pois é justamente devido à conclusibilidade que se dá a continuidade recursiva dentre enunciados. Assim não fosse, não haveria diálogo, mas monólogo. O que ocorre é que "oração como unidade da língua, à semelhança da palavra, não tem autor. Ela é de ninguém",[114] não há, portanto, texto adâmico,[115] aquele do qual se originou a linguagem.

A visão interacionista ganha vários aportes com Marcuschi e sua teoria sociocognitiva da compreensão como inferência, pois ele parte do sociointerativismo da cognição, tal como explorada por Vygotsky,[116] do que escreve: "compreender é uma atividade colaborativa que se dá na interação entre autor-texto-leitor ou falante-texto-ouvinte";[117] "o sentido não está no leitor, nem no texto, nem no autor, mas se dá como um efeito das relações entre eles e das atividades desenvolvidas".[118] Luiz Antônio Marcuschi também escreve: "compreender bem um texto não é uma atividade natural nem uma herança genética; nem uma ação individual isolada do meio e da sociedade em que se vive. Compreender exige habilidade, interação e trabalho"[119] e, ao desenvolver essa concepção, faz as seguintes afirmações: 1ª) "nunca exercemos total controle sobre o que o entendimento que nosso enunciado possa vir a ter"; 2º) "compreender é também um exercício de convivência sociocultural"; 3º) "o leitor não é um sujeito consciente e dono do texto, ele se acha inserido na realidade social e tem que operar sobre conteúdos e contextos socioculturais".[120] Sobre o lugar do sujeito no debate, Luhmann afirma que "sujeito é a autorreferência mesma como fundamento do conhecer e do atuar".[121]

Cabe, todavia, debater sobre o lugar do texto, portanto da literalidade. Sobre o tema, partindo da perspectiva interacional de sentido literal (SL), de Ariel, e da literalidade como saliência gradual (HSG), de Giora, Marcuschi conclui que o debate sobre sentido literal traz de volta a questão do "*status* da inferência nos processos linguísticos.[122] Concordamos que o sujeito não é "dono" da leitura, bem como que não o é, não por causa da ambiguidade e da vagueza da linguagem, nem por causa cultural. Qual, então o limite da interpretação? O texto, a comunidade de intérpretes?

Citando Tomasello, Marcuschi escreve que o ser humano se distingue dos outros animais por entender os outros seres humanos como seres intencionais.[123] Citando Brandom, ele afirma que "todas as práticas que envolvem algum tipo de raciocínio

---

[114] BAKHTIN, Mikhail [1979]. *Estética da criação verbal*. São Paulo: Martins Fontes, 2003, p. 288-289.

[115] Idem, ibidem, p. 300.

[116] MARCUSCHI, Luiz Antônio. *Fenômenos da linguagem*. Reflexões semânticas e discursivas. Rio de Janeiro: Lucerna, 2007a, p. 52-75; MARCUSCHI, Luiz Antônio. *Produção textual, análise de gêneros e compreensão*. São Paulo: Parábola, 2008, p. 228.

[117] MARCUSCHI, Luiz Antônio. *Produção textual, análise de gêneros e compreensão*. São Paulo: Parábola, 2008, p. 231.

[118] Idem, ibidem, p. 242.

[119] Idem, ibidem, p. 231.

[120] Idem, ibidem, p. 231.

[121] LUHMANN, Niklas. *La sociedad de la sociedad*. México: Herder/Universidad IberoAmericana, 2007, p. 689.

[122] MARCUSCHI, Luiz Antônio. *Fenômenos da linguagem*. Reflexões semânticas e discursivas. Rio de Janeiro: Lucerna, 2007a, p. 96.

[123] MARCUSCHI, Luiz Antônio. *Cognição, linguagem e práticas interacionais*. Rio de Janeiro: Lucerna, 2007b, p. 83-84.

são práticas discursivas e inferenciais".[124] Citando Kleiman, Marcuschi defende que compreender é inferir, contudo, sendo a língua uma atividade sempre interativa, "o processo de compreensão se dá como uma construção coletiva. Ainda veremos que isso será matizado e diversificado nas várias teorias inferenciais. Pois cabe perguntar de onde vêm esses conhecimentos que interagem no processo de compreensão e como são usados na suposição de partilhamento".[125] Então conclui o autor: "sendo uma atividade de produção de sentidos colaborativa, a compreensão não é um simples ato de identificação de informações, mas uma construção de sentidos com base em atividades inferenciais".[126] Assim, inferência na perspectiva interacionista não se confunde com inferência como operação lógica.

Cabe, todavia, a distinguir sentido literal (SL) e sentido não literal (SNL). Sobre esse tema, Marcuschi explora a ideia de literalidade como saliência, de Giora, para quem o contexto influencia a compreensão, a produção de sentido segundo a saliência da literalidade. Ao equacionar o "modelo pragmático estandar", a "perspectiva do acesso direto" e a "hipótese da saliência gradual (HSG)", Giora afirma que quanto mais familiar uma expressão, tanto mais rápido se dá a sua compreensão.[127] Sobre o debate, escreve Marcuschi: "no caso das teorias do paradigma da inferência temos uma crença generalizada na possibilidade da comunicação intersubjetiva e no partilhamento de conhecimentos como um dado. Acredita-se que a capacidade inferencial é mais ou menos natural e intuitiva. Seguramente, nem tudo é assim e mais do que isto, a compreensão, mesmo sendo em boa medida uma atividade inferencial em que os conhecimentos partilhados vão exercer uma boa dose de influência, seria ingênuo acreditar que isso se dá de maneira não problemática, pois o mal entendido é um fato. Um desafio no paradigma inferencial é explicar a suposição de expectativa de partilhamento de conhecimentos".[128]

Enfrentando a questão, Marcuschi explica que a compreensão de um sentido depende de fatores que, quando previsíveis, são incontroláveis. É, portanto, a compreensão, contingente. Isso levou Ariel a considerar o idioma como atividade, e não como um sistema de códigos (sentido instrumental de sistema),[129] portanto:

1º) ler e compreender são equivalentes;

2º) a compreensão de texto é um processo cognitivo complexo;

3º) compreender envolve atividades inferenciais que consideram tanto conhecimentos presentes no texto, quanto a subjetividade do sujeito cognoscente (o que lembra o acomplamento dos sistemas psíquicos com os sistemas sociais) e do contexto (o que lembra o acomplamento dos sistemas sociais com seu ambiente);

4º) conhecimentos prévios exercem influências na compreensão de um texto (o que lembra a ideia de *memory function*, quando os sistemas têm memória própria;

5º) compreender não equivale a decodificar mensagens.[130]

---

[124] MARCUSCHI, Luiz Antônio. *Cognição, linguagem e práticas interacionais*. Rio de Janeiro: Lucerna, 2007b, p. 88.

[125] MARCUSCHI, Luiz Antônio. *Produção textual, análise de gêneros e compreensão*. São Paulo: Parábola, 2008, p. 238.

[126] MARCUSCHI, Luiz Antônio. *Produção textual, análise de gêneros e compreensão*. São Paulo: Parábola, 2008, p. 233.

[127] MARCUSCHI, Luiz Antônio. *Fenômenos da linguagem*. Reflexões semânticas e discursivas. Rio de Janeiro: Lucerna, 2007a, p. 94.

[128] MARCUSCHI, Luiz Antônio. *Produção textual, análise de gêneros e compreensão*. São Paulo: Parábola, 2008, p. 238.

[129] MARCUSCHI, Luiz Antônio. *Fenômenos da linguagem*. Reflexões semânticas e discursivas. Rio de Janeiro: Lucerna, 2007a, p. 79-86; MARCUSCHI, Luiz Antônio. *Produção textual, análise de gêneros e compreensão*. São Paulo: Parábola, 2008, p. 234-237.

[130] MARCUSCHI, Luiz Antônio. *Produção textual, análise de gêneros e compreensão*. São Paulo: Parábola, 2008, p. 239.

Dessas conclusões, o autor trata das implicações de se tomar o texto como evento comunicativo e escreve: "texto é uma proposta de sentido e se acha aberto a várias alternativas de compreensão", porém "texto não é uma caixinha de surpresas".[131] Essas ideias nos levam ao paradoxo do sentido,[132] no qual: o texto ao mesmo tempo em que fixa, muda o sentido fixado. Com isso, a comunicação cria para si o médium de sentido que possibilita sua continuidade, de maneira que possibilita a circularidade entre informação, expressão e compreensão, pois a comunicação seguinte só tem lugar se encontra num desses elementos da comunicação anterior sua problematização. Sistemas de comunicação, por tanto, produzem sua própria indeterminação[133] ao mesmo tempo em que se estabilizam na variação de seus elementos, pois sistemas autopoiéticos operacionalmente fechados que são, esses sistemas praticam uma relação circular, autorreferencial, entre suas estruturas e suas operações, de maneira que nunca há início e nunca há fim na construção de sentido.[134]

A textualidade, voltando a Marcuschi, "se dá como um sistema equilibrado de relações entre forma e conteúdo"; assim é porque "a língua é uma atividade interativa" e "o texto é um evento comunicativo" que não tem a função de transmitir informações, mas sim de construir sentido, o qual "apresenta um alto grau de instabilidade e indeterminação por ser um sistema complexo e com muitas relações que se completam na atividade enunciativa".[135]

Cabe, ainda, apresentar a concepção de contexto de Marcuschi, a qual é construída a partir do modelo de Marcelo Dascal e E. Weizman, para os quais o contexto no processo de comunicação funciona como ordenador interpretativo (pistas contextuais empregadas para a interpretação de enunciados), o que permite reconhecer que os textos, por serem opacos, dependem do contexto para serem compreendidos. Acontece que contexto tampouco é causa suficiente para a realização da compreensão, da inferência no sentido interacional.

Sentido literal, portanto, não é uma questão de inferência no sentido lógico, mas de inferência no sentido interacional. Assim, uma leitura, portanto uma decisão, é possível sob a "forma de conclusão circular", o que implica reconhecer que leitura, bem como decisão, é uma operação sistêmica, porquanto observação de primeira ordem, vez que "quando operações de acoplamento (sistema/ambiente) se normalizam e se consolidam recursivamente, forma-se um sistema próprio de comunicações linguísticas que opera por autodeterminação e é, ao mesmo tempo, compatível permanentemente com a participação reflexiva dos indivíduos",[136] inclusive porque o sistema se protege das interferências de seu ambiente – pelo sistema mesmo construído – , através de recursividade própria.

Vejamos, para exemplificar o quanto a literalidade é uma questão de inferência interacional e não lógica, ou mesmo literalidade como recursividade sistêmica, o seguinte excerto retirado do Recurso Ordinário em Habeas Corpus nº 95.689-1-SP, que

---

[131] MARCUSCHI, Luiz Antônio. *Produção textual, análise de gêneros e compreensão*. São Paulo: Parábola, 2008, p. 242.

[132] LUHMANN, Niklas. *La sociedad de la sociedad*. México: Herder/Universidad Ibero-Americana, 2007, p. 39.

[133] Idem, p. 101.

[134] Idem, p. 346-347.

[135] MARCUSCHI, Luiz Antônio. *Produção textual, análise de gêneros e compreensão*. São Paulo: Parábola, 2008, p. 242-243

[136] LUHMANN, Niklas. *La sociedad de la sociedad*. México: Herder/Universidad Ibero-Americana, 2007, p. 162.

tramitou no STF. Trata-se de processo contra juiz federal que inutilizou documentos. A discussão se pautou pelo sentido do termo *documento*:

> (...) o verbete "documento", por certo, não está restrito à ideia de escrito, como em tempos passados. Fitas cassetes, que continham gravações oriundas de monitoramento telefônico em investigação criminal, se enquadram na concepção de "documento" para fins de tipificação do crime do art. 314 do Código Penal.

Chama atenção a inclusão de elementos ao termo *documento*, bem como que, para isso, recorre-se à atualização social, sem qualquer dificuldade de atualizar o direito, a tipificação penal da literalidade normativa.

## 6. DECISÃO JURÍDICA COMO PRODUÇÃO DE SENTIDO DO DIREITO DA SOCIEDADE, NÃO COMO INTERPRETAÇÃO E/OU ARGUMENTAÇÃO

Tomando a decisão jurídica como produção de sentido do direito da sociedade, ela se dá exclusivamente no interior do sistema jurídico, não como produto da interação de vozes presentes no caso jurídico.

Não cabe, então, insistir em explicar a decisão jurídica desde a concepção linguística da representatividade, não só porque o texto não contém em si um código a ser decifrado, como porque a liberdade do livre convencimento do juiz não é livre, pois o sistema mesmo do direito da sociedade estabelece limites à interpretação e à argumentação jurídica, o que nos leva a distinguir decisão jurídica (observação de primeira ordem do direito), de decisão judicial e decisão judiciária.

Por fim, vejamos excertos de decisões sobre reconhecimento da união homoafetiva como entidade familiar, trata-se da Ação Direta de Inconstitucionalidade ADI/3300 (Supremo Tribunal Federal, 2006) e do Recurso Especial no 820.475 – RJ, que tramitou no Superior Tribunal de Justiça. Escolhemos essa decisão por ela evidenciar as irritações e os acoplamentos entre os sistemas sociais, uma vez que há referências à doutrina jurídica (sistema da ciência), a informações de ordem moral (sistema moral), a concepções religiosa (sistema da religião) e econômicas (sistema da economia – herança).

Na ADI 3300-STF, lemos:

> Não obstante as razões de ordem estritamente formal, que tornam insuscetível de conhecimento a presente ação direta, mas considerando a extrema importância jurídico-social da matéria.
> cumpre registrar, quanto à tese sustentada pelas entidades autoras, que o magistério da doutrina, apoiando-se em valiosa hermenêutica construtiva, utilizando-se da analogia e invocando princípios fundamentais (como os da dignidade da pessoa humana, da liberdade, da autodeterminação, da igualdade, do pluralismo, da intimidade, da não-discriminação e da busca da felicidade), tem revelado admirável percepção do alto significado de que se revestem tanto o reconhecimento do direito personalíssimo à orientação sexual, de um lado, quanto à proclamação da legitimidade ético-jurídica da união homoafetiva como entidade familiar, de outro, em ordem a permitir que se extraiam, em favor de parceiros homossexuais, relevantes consequências no plano do Direito e na esfera das relações sociais.

Essa passagem revela o quanto o direito não está isolado, mas conectado com as mais diversas espécies e fontes de informação (acoplamento estrutural entre o sistema do direito da sociedade e seu ambiente, que são os sistemas orgânicos, sistemas mecânicos, sistemas psíquicos e demais subsistemas sociais), do que se pode afirmar que a produção de sentido do direito da sociedade não se esgota em interpretações de textos legislativos nem repetição de decisões anteriores, nem na argumentação, como exigência de fundamentação.

Da decisão do STJ no RE *820.475 – RJ*, reproduzimos as seguintes passagens:

(...) o pedido é juridicamente possível quando o ordenamento não o proíbe expressamente (a). Deve-se entender o termo "pedido" não em seu sentido estrito (b) de mérito, pretensão, mas conjugado com a causa de pedir". Em seguida: "Note-se que há um mau hábito (c), de alguns juízes, de indeferir requerimentos feitos pelas partes dizendo que o fazem "por falta de amparo legal" (d). A se interpretar tal expressão como querendo significar que o indeferimento se deu por não haver previsão legal daquilo que se requereu, a decisão obviamente estará a contrariar o disposto no art. 126 do CPC (e), pois, em tal caso, o juiz deixará de decidir por haver lacuna na lei. A lacuna da lei (f) não pode jamais ser usada como escusa para que o juiz deixe de decidir, cabendo-lhe supri-la através dos meios de integração da lei (g).

Chama atenção o debate sobre o significado do termo "pedido", bem como a pluralidade de fontes de informação: a) teórica, trata-se de aplicação da teoria da completude do ordenamento jurídico; b) linguística, sentido estrito; c) social, hábito de juízes; d) teórica, e) legalista, uso de legislação; f) lógica, lacuna; g) lógica, integração da lei. Observamos que a literalidade é construída, não data, pré-constituída.

Para finalizar, vejamos as seguintes passagens:

8. As noções de casamento e amor vêm mudando ao longo da história ocidental, assumindo contornos e formas de manifestação e institucionalização plurívocos e multifacetados, que formação permanente colocam homens e mulheres em face de distintas possibilidades de materialização das trocas afetivas e sexuais.

9. Com o alargamento da compreensão do conceito de família dentro das regras já existentes ou mediante modificação do ordenamento jurídico, as uniões homossexuais passam a abarcar legalmente a união afetiva entre pessoas do mesmo sexo.

10. O Poder Judiciário não pode se fechar às transformações sociais, que, pela sua própria dinâmica, muitas vezes se antecipam às modificações legislativas.

Nessas passagens, observamos como o direito opera informações provenientes de seu ambiente (informações sentimentais, histórica, afetivas, linguísticas, sociais, políticas, econômicas), ou seja, como o direito atribui sua "roupagem" às informações (irritações) de seu ambiente.

A literalidade, por fim, não está lá a ser descoberta, revelada, seja como intenção do autor ou conteúdo estabelecido pelo texto. Literalidade é construída, constituída.

Espero ter conseguido cumprir o "prometido" na introdução, bem como conseguir irritar o sistema científico do direito da sociedade ao ponto de auxiliar a uma desparadoxização dos paradoxos da sociedade funcionalmente diferenciada.

— 3 —

# Potência crítica da ideia de direito como um sistema social autopoiético na sociedade mundial contemporânea[1]

### WILLIS SANTIAGO GUERRA FILHO[2]

I

O presente artigo visa a abordar a adequação da concepção sistêmica de Luhmann (e outros, como Teubner), para descrever a ordem jurídica dos chamados estados (democráticos) "periféricos" sob as presentes condições históricas, pós-modernas, que conduzem à globalização da sociedade (pós-industrial). Trata-se de uma reelaboração da apresentações feitas em 1994 no Instituto Internacional Oñati e no mesmo ano no Congresso Mundial de ISA, em Bielefeld, as quais traduzi e publiquei em 1997, juntamente com algumas entrevistas com Niklas Luhmann, como livro, no Brasil. Como pano de fundo, nós vamos encontrar a questão central colocada pelo encontro onde o presente trabalho foi apresentado, qual seja, que tipo de relação há em tal concepção nos estudos críticos sociojurídicos, especialmente no chamado pós--estruturalismo, como em Derrida. Mas antes de tratar estes problemas (no item IV) e questões (item V), é a descrição desta sociedade (item I) e as características da sua ordem jurídica (item 2), bem com um esboço de minha compreensão daquela teoria (item III) o que queremos primeiramente abordar.

Uma "sociedade pós-industrial" não a entendemos, por exemplo, no sentido original proposto por *Daniel Bell*, de uma sociedade que se encontra em estágio de desenvolvimento onde a economia do setor de serviços é predominante. A perspectiva aqui é a da emergência de sociedades onde um novo, "quarto" setor é desenvolvido, uma vez que essas sociedades se baseiam, fundamentalmente, na circulação e na troca de informação – e de uma forma cada vez mais intensa e sofisticada. (Nesse sentido, cf. v.g. *Baudrillard*).

Estas são sociedades onde os processos cibernéticos de informação se tornam absolutamente necessários para a produção tanto de bens quanto do conhecimento tecnológico (ou das tecnologias do conhecimento). Eles representam o principal fator de aceleração e circulação do capital, causando a "flexibilização" da acumulação que é típica da fase presente do capitalismo "pós-fordista" (cf. *David Harvey*). A grande

---

[1] Trabalho apresentado na "Conferência de Crítica Jurídica", no painel organizado por *Andreas Philippopoulos-Mihalopoulos* sobre Autopoiese Crítica, em 11 de setembro de 2010, na Universidade de Utrecht. Agradecimentos a *Belmiro Patto* pela primeira tradução do original em inglês para português.

[2] Professor Titular da Escola de Ciências Jurídicas da Universidade Federal do Rio de Janeiro. Professor do Programa de Estudos Pós-Graduados em Direito da PUCSP. Doutor pela Universidade de Bielefeld, Alemanha.

quantidade de informação disponível – e a velocidade de sua circulação –, com sua substituição cada vez mais rápida por novas informações, devido à maneira com que elas são transmitidas pelas mídias, além da natureza mesma de tais informações, fazem-nas incompatíveis com a preservação da memória e dos valores individuais e coletivos. É por isso também que é impossível ocorrer qualquer coordenação ideológica da ação num "sentido histórico" determinado. Assim, nós vivemos na "condição pós-moderna" (*J.-F. Lyotard*), quer dizer, num mundo altamente complexo e diferente daquele de um passado recente, onde não há mais lugar para "Grandes Teorias" ou "grandes narrativas" (*grand récits*), fórmulas simples para resolver qualquer problema social baseadas numa pretensa verdade científica (ou crença religiosa). Hoje, a falta de confiança nas falsas pretensões dos que afirmam ter acesso privilegiado à realidade e a uma (única) solução certa para as questões complexas com as quais estamos lidando, é o que requer a assunção de uma perspectiva epistemológica "democrática". Isto significa que temos de promover um amplo debate para incluir o maior número de posições, sem excluir vertentes ideológicas, pois assim nós podemos reunir os aspectos coerentes de cada uma, de molde a construir as respostas apropriadas às nossas questões.

## II

Como bem observou *Habermas*, uma mudança na consciência moral moderna superou a rígida separação entre os campos da lei, da moral, da política etc., que agora se rearticulam em outro nível, sem perder suas autonomias. Esta nova consciência diferencia normas, princípios justificadores e procedimentos para (auto) regular e (auto)controlar suas correlativas adequações. Assim, a legitimidade do direito passa a depender sobretudo dos procedimentos que institui (e, correlativamente, o instituem), tanto quanto seus resultados precisam coincidir com um dos possíveis conteúdos dos seus princípios e demais normas, para estar de acordo com valores básicos tais como racionalidade, participação democrática, pluralismo ou eficiência econômica, que são já perseguidos no momento mesmo em que são instituídos os procedimentos.

Nesse passo, há de se mencionar enfaticamente o filósofo do direito frankfurtiano *R. Wiethölter*, a quem Habermas segue, de acordo com quem nas sociedades pós-industriais encontramos como característica mais distintiva do direito, justamente, sua "procedimentalização" (*Prozeduralisierung*). Isto significa que a tese de *M. Weber* sobre o direito na sociedade moderna ser essencialmente formal, com a prevalência de normas abstratas gerais – em contraste com o tipo de direito mais substantivo das sociedades pré-modernas –, não é mais adequada à descrição do direito na atual sociedade, que por simetria temos de classificar como pós-moderna, desde que seu maior problema não é a proteção da liberdade individual em face da ação arbitrária do Estado, mas a efetivação de interesses coletivos pelo Estado e a sociedade civil organizada. Na persecução desses interesses coletivos, há também que se respeitar interesses públicos e individuais, o que é bastante difícil – senão impossível – de ser totalmente atingido pelas normas jurídicas, gerais e abstratas, objetivamente positivadas.

Neste contexto, evidencia-se que a magistratura se torna de importância central para a eficiência da ordem legal nas presentes sociedades com organização política democrática. A legislação não mais se adequa às linhas mestras a um tratamento judicial satisfatório das questões, como estas que vimos referindo, da sociedade pós-moderna, hipercomplexa, trazidas à luz após as determinações do ordenamento jurídico. E isto também indica uma ênfase na importância das leis processuais, por regularem o exercício do Poder Judiciário. Tal conceito de "procedimentalização" é congenial à tese de *Luhmann* da "legitimidade pelo procedimento" e pode muito bem ser entendida como um "chamado à responsabilidade judicial" (*Drucilla Cornell*).

Deve-se, então, passar a uma consideração contextualizada, caso a caso, pois como diria *Rawls*, o melhor que podemos fazer, pelo direito, é assegurar um procedimento isento, de modo a alcançar decisões aptas a equalizar todos os interesses e/ou valores em conflito. Isto ocorre principalmente pela "ponderação" (*Abwägung*) destes interesses e/ou valores de acordo com o "princípio da proporcionalidade" (*Grundsatz der Verhältnismäßigkeit*), tal como apontado por *Ladeur*, em sua concepção teórica do direito por ele mesmo qualificada de pós-moderna.

Nós podemos considerar este um bom exemplo do "loop hierárquico" de *Hofstadter*, enquanto tal princípio, que tem assento constitucional, é localizado no mais alto nível da hierarquia legal, mas pode ser aplicado para decidir conflitos concretos e problemas legais, trazendo harmonia para as múltiplas possibilidades de solucioná-los, inclusive de modo que não esteja previamente regulado. Isto significa que este princípio é válido, não somente devido ao seu *status* constitucional, mas também porque valida a solução que é oferecida à regência do caso específico, da situação concreta, por meio de um concerto entre as diversas possibilidades, muitas vezes dissonantes, por conflitantes os princípios que nela incidem.

Pode-se dizer que assim, em termos de teoria de sistemas sociais autopoiéticos, o princípio da proporcionalidade vai realizar a função de um oscilador (*Spencer-Brown*), necessária para alterar em ambas as direções, de heterorreferência para autorreferência, algo que é vital para o sistema autopoiético. Aqui a distinção relevante, ao invés daquela epistêmica, de verdadeiro/falso, ou ética, entre justo/injusto, melhor seria algo como a alternância entre "para cima/para baixo" (*flip/flop*), como certa vez foi apontado por *Luhmann* (2000). Assim, parece ser através desse princípio que, ao levá-lo "para cima", tem-se o mais próximo que pode chegar o sistema legal da fórmula contingente da justiça, enquanto um código de hierarquia alta, quer dizer, a unidade da diferença no "metacódigo" justo/injusto e também um "sobreconceito" (*Überbegriff*) – mas não um protoprograma que é o direito interno (como parece ser para *Derrida* em seu livro sobre Marx) –, sem chegar a propriamente pertencer a ele. Mas o princípio da proporcionalidade, ao mesmo tempo, também é responsável pela introdução de uma exceção no sistema, no que o puxa perigosamente "para baixo", levando-o próximo à negação do direito, pela violência e arbitrariedade.

Estas circunstâncias tornam tentadora a concepção da proporcionalidade como a melhor candidata a ocupar o lugar da legendária *Grundnorm* kelseniana, especialmente se se levar em consideração sua última versão, enquanto norma ficcional ("eine fingierte Norm") no sentido vaihingeriano, através da qual a ilusão de (conhecer) a justiça e satisfação dos direitos fundamentais como ilusão necessária para o fechamento operacional para/com o ambiente ser facilmente evocada enquanto a abertura cognitiva para o futuro é mantida.

## III

Na verdade existe, de acordo com *Luhmann*, uma dependência entre Judiciário e Legislativo, que é claramente perceptível como na regra do art. 97 da Constituição Federal da Alemanha: "O juízes são independentes e se sujeitam somente às normas do direito". Isto significa que são livres da tarefa política de fornecer as regras de conduta em geral de uma sociedade dada e não podem ser politicamente responsabilizados pelas suas decisões, que apenas impõem tais regras. De outro lado, são livres para operar com o direito, na medida em que usem apenas argumentos jurídicos para resolver problemas sociais que são trazidos à sua consideração. Somos aqui confrontados com o que *Luhmann* (1990) chamou "o paradoxo da coerção que se torna liberdade", uma vez que os juízes são submetidos à legislação, mas não aos legisladores, tanto quanto cada lei aprovada pelo legisladores é submetida à interpretação dos juízes – mesmo as regras como aquela mencionada acima, do art. 97 da Constituição Alemã, onde "norma de direito" (*Gesetz*) é entendida como sendo de "direito" no sentido mais amplo (*Recht*), para incluir assim, por exemplo, regras e princípios constitucionais.

Estas circunstâncias fazem do Judiciário a unidade do sistema legal que por definição opera recursivamente (*i.e.*, por retroalimentação e relação autorreferenciada), somente com elementos desse sistema, criando um sistema "funcional diferenciado". Embora nele apareçam elementos que são encontrados no ambiente e que também pertencem a outros sistemas – de moral, econômicos, políticos etc. –, na medida em que eles são usados pelo Judiciário para justificar decisões, quando por uma espécie de "toque de Midas" eles são convertidos em elementos do sistema legal: o sistema é fechado com, não para o ambiente. É por isso que se postula que a magistratura ocupa o centro de um sistema jurídico que seja autônomo ou "autoproduzid" (= autopoiético – *Maturana/Varela*), enquanto o Legislativo, juntamente com outras unidades, é periférico.

## IV

A teoria dos sistemas sociais autopoiéticos desenvolve uma moldura conceitual para ser aplicada nos estudos das sociedades que alcançam uma condição histórica particular, a qual pertencem de antemão, a característica democrática das instituições políticas e o domínio dos valores econômicos capitalísticos nessas sociedades. O processo de globalização nos leva a perceber o mundo todo como uma sociedade, a "sociedade mundial" (*Weltgesellschaft* – cf. *Luhmann*, 1971).

Considerando esta sociedade como um sistema, nós também teremos nesse sistema um "núcleo" (ou "centro") e uma "periferia". "Central" deve ser a (participativa) parte avançada da sociedade mundial democrática e capitalista, enquanto as outras permanecem "periféricas", até que atinjam sua integração na "sociedade econômica mundial" (*wirtschaftliche Weltgesellschaft*). Não se deve pensar aqui em termos de países, desde que o centro e a periferia podem ser fisicamente qualquer lugar, na medida em que suas características são percebidas. Mas se seguirmos as indicações de *Luhmann* em seu grande trabalho final de 1997, quando ele afirma que os protestos sempre advém da periferia contra o centro, pela pretensão de estarem fora da sociedade, então nós chegamos à conclusão que enquanto a "sociedade de sociedade" autopoieticamente se dobra sobre si mesma, então a distância entre os desejos e as satisfações tendem a desaparecer, algo que as conferências de Kojève sobre a "Fenomenologia do espírito" de Hegel poderia apoiar, onde encontramos a ideia (Herderiana) de "geistige Tierreich", ou seja, "reino animal do espírito" (cf. *Forster*).

Como se vê, na sociedade mundial na qual vivemos, com sua hipercomplexidade e multicentralidade, como descrito pela teoria social dos sistemas autopoiéticos, há a necessidade de investigar a presente diferenciação do sistema nessa sociedade. Um desses sistemas é o legal, no qual é ao mesmo tempo separado e articulado com os outros, de modo que as irritações mútuas são absorvidas através do chamado "acoplamento estrutural" entre o centro e a periferia recíproca, de modo a manter sua estabilidade e simultaneamente favorecer o seu crescimento no ambiente, autonomamente.

Sistemas legais e políticos são conectados através de um meio particular de operatividade fechada chamado constituição do Estado. As Supremas Cortes Constitucionais emergem do núcleo do sistema legal e dessa forma pertencem ao centro desse sistema, mas nós podemos muito bem postular que elas estão atravessando por algo como uma migração para a periferia, pela forte tendência a se deslocarem para o centro do sistema da política, ocasionando uma espécie de entrelaçamento (*Verkettung*) brunniano de dois elementos, portanto, uma dobra desses sistemas sobre si mesmos – numa espécie de fita de Möebus, a transformar o dentro e o fora de dois em um, no sentido explorado por Lacan, e também naquele que Deleuze toma de Leibniz, por possibilitar outros mundos, novos planos, imanentes. Estas cortes se tornam corresponsáveis pela operação do código binário de ambos os sistemas, ou seja, o código da licitude ou ilicitude no caso do sistema legal, e o de sobreposição – dos detentores de poder (*machtueberlegen*) – ou submissão (*machtunterlegen*), a partir da diferença entre governo e oposição, no caso do sistema político. Isto se dá graças à centralidade das definições acerca da constitucionalidade nas normas jurídicas tanto no sistema legal quanto no político. Portanto, agora devemos nos confrontar com a questão do risco que tais desenvolvimentos apresentam, como *Luhmann* (1997) advertiu, referindo-se ao livro de Dieter Grimm sobre o futuro das Constituições. Está em causa a manutenção da autopoiese no sistema global, se nós considerarmos o sistema legal como proposto por *Luhmann* (1993), ou seja, como um tipo de sistema imunológico da sociedade, com a tarefa de vaciná-la contra as doenças dos conflitos através da representação desses conflitos como prescrições a serem seguidas pelas cortes, concebidas como imunes contra a política. E o principal risco aqui parece ser o da autoimunidade, no sentido trabalhado por *Derrida* – primeiro em uma entrevista sobre as drogas e então mais amplamente em trabalhos como "Traços" – e, com base nele, por autores como Andrew Johnson, *Protevi* e *Nass*.

V

Tal concepção obriga à mudança da proposição lógica, dentro *versus* fora, para um lógica diferencial das potencialidades que promove a sobreposição e oposição de "sistemas". Protevi explica a importância de tal mudança:

> A tarefa do sistema imunológico é a de ler, espionar e contraespionar. O jogo final das doenças auto--imunes – especialmente quando o alvo é o sistema imunológico em si – é aquele de realizar a tarefa impossível de desfazer os erros cometidos pela polícia interna, que confunde a própria polícia interna dos

agentes externos mascarados de polícia interna dedicados a eliminar os agentes externos mascarados de polícia interna (...). Para a imunologia, nunca se trata do problema do interno e externo, mas da distribuição econômica entre a ingestão, assimilação ou rejeição e excreção. A unidade do organismo, o corpo autopresente é explodido nos intercâmbios sistêmicos, um ponto de troca de forças, em outras palavras, a imunologia estuda a instituição de corpos políticos. O fora é também o dentro, em relação com o dentro, a regulação desse intercâmbio é o trabalho do sistema imunológico (p. 102).

A autoimunidade é uma aporia: aquilo que tem por objetivo nos proteger é o que nos destrói. O paradoxo da autopoiese do direito terminando em autoimunidade revela a inevitável circularidade do Direito e suas raízes políticas nas constituições. Uma constituição é um estatuto legal de definições. Uma constituição enquanto conjunto de leis cria um vocabulário estrutural e portanto co(-i)nstitui seu próprio jogo de linguagem lógico. O que é contra a constituição é, por definição, ilegal. O uso da lógica, enquanto a mobilização de estratégias-imunes divergentes, é um mecanismo de poder com o intento de se proteger *a priori*. A política não passa de uma estrutura específica da linguagem. Eis como se mostra ser a política que fornece a estrutura da lógica binária do sistema legal, da licitude/ilicitude.

*Derrida* acredita que o conceito de autoimunidade, ao perturbar este mau uso tradicional e prevalente das definições, pode abrir possibilidade para novos tipos de pensamento político. É apenas se abrindo ao outro, com a ameaça da autodestruição, que o organismo tem a chance de receber o outro e se tornar outrem, de modo a permanecer o mesmo, *i.e.*, vivo. Isto explica a solução que ele propõe sob o nome de hospitalidade, a qualidade hóspede, que é "gramatologicamente" ao mesmo tempo similar e antitético a refém e hostilidade, uma circunstância também referida por *Lyotard* em seus "escritos políticos", quando ele apresenta uma hospedagem secreta como aquela "para a qual cada singularidade é refém". Isto se deve à problemática analogia na sua origem comum: *hostis*. A hospitalidade carrega dentro de si o perigo da hostilidade, mas igualmente toda hostilidade retém uma chance de hospitalidade. Se a hospitalidade carrega internamente sua própria contradição, a hostilidade, ela não é capaz de se proteger de si mesma e é atingida por uma propensão autoimune à autodestruição.

Somos aqui confrontados com a verdade exposta por *Walter Benjamim* no ensaio de 1922, "*Kritik der Gewalt*", onde *Kritik* significa tanto crítica como fundamentação, quanto *Gewalt* significa tanto a violência quanto o poder oficial do estado. Lá, ele argumenta, assim como *Nietzsche* antes dele em seu polêmico tratado "Sobre a genealogia da moral" (Segunda dissertação, secção 17), que a lei não pode se estabelecer sem um ato original de violência, assim como não pode ser mantida e preservar a ordem social sem uma violência contínua. A intenção da lei é proteger os cidadãos da violência, mas sua estrutura inerente implica que sua autoridade seja tanto fundada pela quanto mantida com a violência. A violência seria como um câncer ou uma doença autoimune, como a AIDS, secretamente implicada no próprio conceito de Direito.

Nos termos de Luhmann, a distinção original entre lei e violência resulta na negação, mas se o negado não é cancelado, ela se mostra uma denegação, mantendo o que não é indicado como atualizável para a próxima seleção, sendo o operador da potencialização na seleção mesma dos sistemas sociais. Como resultado fica claro que a relação da violência com a lei é autoimune. A lei não pode se definir em oposição à violência, porque é inteiramente dependente dela. A fundação do direito e do estado são exibidas nesta reversão autoimune. O entendimento mais próprio do que seja para Luhmann a denegação é aquilo que abre à co-origem da atualidade e possibilidade, assim como aquela do direito e da violência: direito atual é violência potencial, afastada com ela pelo direito.

*Carl Schmitt* iria então num tom Hobbesiano advogar, em um livro bastante elogiado por Benjamin, que proteger e preservar a lei requer soberania, a qual preserva o privilégio de quebrá-la (supostamente) se necessário. Se nós lembrarmos que a etimologia da palavra imunidade vem do latim *immunis*, que literalmente significa isento, então para imunizar adequadamente a lei não deve haver barreiras, limites, isenções, as quais a lei não pode, por definição, ultrapassar. Assim a violência é o parasita da lei, quer dizer, se a comunicação pode ser vista como o esforço mútuo de exclusão do terceiro indesejado, existe um ruído ou paradoxo que deve ser ultrapassado de modo a produzir significado, como *Luhmann* colocou em sua *opus magnum* de 1997 citando "A lógica dos sentidos" de Deleuze, e se este é o parasita, então é lícito vê-lo como o operador que reabre a comunicação pela interrupção na contracorrente dos fluxos de informação descarregando-as na correnteza de uma maneira distorcida e menos definida (na proposta de *Michel Serres*).

Tornar-se imune a este parasita mostra-se letal para os sistemas sociais, uma vez que são definidos por Luhmann precisamente como sistemas comunicacionais. A morte do parasita possibilita uma espécie de segunda morte depois da ressurreição de Deus e do homem, desde que em sua fala polêmica proferida na conferência em Frankfurt para discutir a herança crítica da Escola local ("Eu vejo algo que vocês não veem"), *Luhmann* nomina o parasita de *Serres* para substituto do sujeito da observação do observador. Como nós podemos concluir com *Badiou* (e Kojève, como *Pluth* convincentemente demonstrou), o homem com seu acesso a ideias como as de justiça e verdade é o parasita da eternidade que foi inoculada nos animais mortais que vivem no humano, e este é um ato antropogênico de autocriação do homem sobre o suporte material do animal *homo sapiens*, como sugerido por *Kojève* em seu livro sobre fenomenologia do direito (v. o § 34). Deve ser nesse sentido que Kojève escreveu que o "homem é uma doença fatal do animal" (cf. *Agamben*, 2003). Assim, na sua leitura de Hegel ele claramente sugere que a autoconsciência é uma espécie de desordem ou doença.

E, na verdade, o sistema legal e sua contraparte mais próxima, a política, estão longe de ficarem fortes na "sociedade da sociedade", como *Luhmann* acaba se referindo à presente sociedade mundial. Nós encontramos aqui tanto os limites quanto o potencial crítico da ideia de direito como um sistema social autopoiético na contemporânea sociedade mundial: a divisão ambígua que separa a ameaça política da promessa política, quando todo poder executivo usa da exceção para definir sua autoridade, excedendo e ultrapassando o direito, que assim se torna fraco enquanto meio que falha incrivelmente em alcançar seus fins e atualizar sua potência, na medida em que, literalmente, se torna sem significado – e significar, para Luhmann, lembremos, é a unidade da distinção atualidade/potencialidade, como ele elegantemente definiu em simpósio ocorrido em Montpellier, França, em 9 a 11 de maio de 1984 (ou, *expressis verbis*, "Significado é o elo entre o atual e o possível: não é um ou outro").

Não é de admirar que os eventos do 11 de setembro no início desta década, que agora chega ao fim, ilustrem tão bem as contribuições precedentes de *Giorgio*

*Agamben* à filosofia política, seguindo os passos de Foucault, Hannah Arendt e acima de tudo, o mencionado entrelaçamento das ideias nos trabalhos de Carl Schmitt e Benjamin sobre a prioridade da exceção sobre a normalidade. Esperemos que as predições deste último, em sua décima primeira tese sobre a filosofia da história, seja plenamente alcançada, e então nós veremos como "o 'estado de emergência' no qual nós vivemos não é a exceção mas a regra (sendo nossa tarefa) fazer surgir um real estado de emergência, e isto melhorará nossa posição na luta contra o Fascismo". Infelizmente, o que é mais visível agora é a generalização desta última ideia, de partidarismo, a qual borra a linha que divide inimigo/amigo, dominante/submisso, lícito/ilícito, e assim o inimigo pode ser qualquer um.

A desconstrução do estado, feita por *Derrida* à luz da crítica de Benjamin (cf. *Força do direito*) provê a crítica necessária às muletas do estado enquanto segurança contra a violência. Não tivéssemos nós atingido o ponto onde todos são, *de facto*, um inimigo de estado, ao menos à luz daquelas regras da Diretiva Presidencial de Segurança Nacional dos Estados Unidos – é de se destacar a coincidência do acróstico, em inglês, com a sigla do Partido Nazista, nos termos originais, ou seja, NSDAP). Não somos agora todos policiados? Desde que podemos ser atacados por inimigos internos, todos são potencial e eminentemente um inimigo atual. *Schmitt* assevera que isto é propriamente uma despolitização, enquanto para ele a essência da política reside na distinção dos amigos e dos inimigos. Ao contrário, para Derrida, na política partidária, o inimigo interno é realmente nossa corrente saturação na superpolitização. O conflito partidário é a real essência do sintoma da autoimunidade de uma guerra civil mundial em andamento. Derrida, na verdade, quer, reconhece e postula a despolitização (outro nome para a desconstrução como é para a pós-modernidade de Lyotard, ou um sinal do abandono democrático como sugerido por *S. Žižek*?), especialmente nesta época de superpolitização. Ademais, ele patrocina um novo conceito de política, um conceito apolítico de política, em suma, ele demanda um novo conceito de democracia. Esta é, com certeza, a "democracia por vir", dentro de uma "política por vir", através de uma "amizade por vir". É possível? A resposta de *Derrida*: talvez. Na sua conhecida fórmula, somente é possível enquanto impossível. Esta impossibilidade é a condição da possibilidade. Luhmann não negaria esta compossibilidade no mundo humano, que ele concebe sob as condições da dupla contingência. Do meu ponto de vista, poderíamos dizer com Leibniz e Kant que, se é necessário, deve ser (feito) possível.

Por ora, nós só podemos afirmar que a Política não é mais apta a manter pela imposição de uma ordem legal a irredutível oposição entre o que é interno e o que é externo a ela enquanto sistema, o qual sob tais condições tende a se "dediferenciar", desintegrando no ambiente. O aumento do desrespeito aos direitos humanos nos estados de direito tradicionais é muito sintomático. E eles são negados sem qualquer compensação tangível, nem mesmo uma ilusão da (segurança do) contato com o ambiente. Poderá a sociedade mundial resistir a tal colapso de ambos os sistemas, legal e político, um no outro? E se for, poderá um dia se tornar um lugar melhor para se viver ou ainda pior do que já é? Estamos diante da dissolução dos estados nacionais pela sua absorção num império mundial? É o "*katechon* de Schmitt" (*J. Hell*), o mais poderoso inimigo, o adversário *par excellence*, o Anticristo, retendo a paz perpétua do Estado universal impossível de surgir (ao menos, para *Schmitt*, em "*O conceito do político*")? O aumento da violência ultrapassará o estado, o direito e a moral humana que ela mesma forjou (nos termos de *Nietzsche*)? E novamente, pode tal desenvolvimento fazer surgir o ultrapassamento da espécie humana ou o retorno ao desumano? Nós definitivamente devemos aprender a pensar em termos da distinção de "cima/baixo" (*flip/flop*). E autores como *Drucilla Cornell, Peter Sloterdijk* e *Areas Philippopoulos-Mihalopoulos* estão definitivamente certas, quando estabelecem conexões entre Luhmann e Derrida, contra a vontade do pós-luhmanniano *Teubner*, pois o próprio *Luhmann* fez a desconstrução equivalente à sua observação de segunda ordem, finalmente considerando-a "a mais pertinente descrição da autodescrição da sociedade moderna" – enquanto pós-moderna ou, para respeitar sua opção, "pós-catastrófica" (catástrofe aqui entendida no sentido entendido por *René Thom*). Então, temos que enfrentar uma mudança não somente dentro do paradigma, mas na forma mesma que se estabilizam os estado de coisas e imputamos significado aos eventos, após sua explosão fragmentária, que resulta na perda do único-e-o-mesmo mundo ao qual devotamos o que *Husserl* chamou na seção 104 das suas *Ideias* a "crença primária" (*Urglaube*) ou "Protodoxa" (*Urdoxa*) em sua tentativa de expressar "o pano de fundo intencional de todas as modalidades de crença". Isto nos faz lembrar o que *Luhmann* em seu livro anterior sobre sociologia do direito se refere como a 'dimensão material' das expectativas sociais, as quais *Andreas Philippopoulos-Mihalopoulos* dispõe como o reconhecimento da necessária comunidade do mundo de modo a dar ensejo às expectativas, que aparecem na forma da necessidade de um *consenso fictício* no qual a confirmação e limitação recíproca das expectativas é exercido". Compreende-se então o alerta dado por *Luhmann* a todos aqueles que pensam o universal como os frankfutianos ainda fazem, ao dizer a eles algo que eles não veem, ou seja, que eles não percebem, na medida em que assumem "que vivem em um e mesmo mundo e que isto é uma questão de se referir coerentemente a este mundo".

Voltamos a pensar que na instantânea e catastrófica destruição do World Trade Center, quando desabaram não apenas uma mas as duas torres, ou seja, a real e seu clone simulacro, pode ter causado um impacto duradouro devido à materialização feita na perda de nossa confiança em uma realidade crível, uma vez que é tão mutável quanto um vírus. Então, temos que realizar o luto pelo parasita consensual de modo a parar de esperar pela alergia das alergias (como diria Lévinas, de acordo com *Bojanic*) e saudar a "disjunção" (*Entzweiung*) virótica do mutualismo rizomático (*Deleuze & Guattari* – aqui é útil lembrar, com *M. Zahani*, quando em uma entrevista com Didier Eribon, Deleuze, se referindo a *Mil platôs*, assinalou que o que ele e Guattari "chamam de rizoma é também um exemplo de sistema aberto"), produzindo o "diferendo" (*Lyotard*), a unidade que é múltipla em si mesma, uma vez que (autopoieticamente) criada no meio de polos antagônicos. Como nós aprendemos de uma recente contribuição para o pensamento social de um estudioso de Luhmann e Baudrillard, "A persistência da forma-binária somente pode ser assegurada pela produção dosada de algum 'outro'-simulado, não mais disponível em sua forma 'natural'" (*René Capovin*). Se é assim, tenhamos esperança na vinda no sistema societal mundial de vírus como o da AIDS, um vírus que realmente ajude a dar fim à sociedade desumana e ao nosso vínculo ambíguo (*double bind*) de amor/ódio com a natureza (*Carla Pinheiro*), operando uma autoimune apocatástase.

# REFERÊNCIAS

AGAMBEN, G. *Homo Sacer: Sovereign Power and Bare Life*. Hellen-Roazen, Daniel (tr.). 1998.
———. *The Open: Man and Animal*. 2003.
———. State of Exception. Attell, Kevin (tr.). 2004.
BADIOU, Alain. *Logiques des mondes*. 2006.
BAUDRILLARD, Jean. A *l'ombre des majorités silencieuses ou la fin du social*. 1978.
BELL, Daniel. The Coming of Post-Industrial Society, 1973.
BENJAMIN, W. "Critique of Violence". In: *Selected Writings, Volume 1*: 1913-1926.
BULLOCK, M.; JENNINGS, M. W. (eds.). 2004.
CAPOVIN, René. "Baudrillard As A Smooth Iconoclast: The Parasite And The Reader", in: International Journal of Baudrillard Studies, vol. 5, # 1, 2008.
CORNELL, Drucilla. *Philosophy of the limit*. 1992.
DELEUZE, G./Guattari, F. *A Thousand Plateaus*. Massumi, Brian (tr.). 2004.
DERRIDA, Jacques. *Specters of Marx: The State of the Debt, the Work of Mourning, and the New International*. Peggy Kamuf, (tr.), 1994.
———. "The Rhetoric of Drugs". In: *Points... Interviews*, 1974-1994, Weber. Elizabeth (ed.)/ Kamuf, Peggy (tr.), 1995.
———. *Politics of Friendship*. Collins, George (tr.). 1997.
———. "Force of Law: the Mystical Foundations of Authority". In: *Acts of Religion*, Anidjar, Gil (ed.). 2002.
———. *Rogues: Two Essays on Reason*. Brault. Pascale-Anne /Naas, Michael (tr.). 2005.
GUERRA Filho, W. S. *Autopoiese do direito na sociedade pós-moderna: introdução a uma teoria social sistémica*. Porto Alegre: Livraria do Advogado,1997.
HABERMAS, J. "Wie ist Legitimität durch Legalität möglich?", in: *Kritische Justiz*, # 20, 1987.
HARVEY, David. *The Condition of Postmodernity: an enquiry into the origins of cultural change*. 1990.
HEGEL, G. W. F. *Phänomenologie des Geistes*, Moldenhauer. E./Michel, K. M. (eds.),1970.
HELL, Julia."Katechon: Carl Schmitt's Imperial Theology and the Ruins of the Future". in: *Germanic Review*, vol. 84, # 2, 2009.
HOFSTADTER, D. *I am a strange loop*. 2007.
HUSSERL, E. Ideas. *General Introduction to Pure Phenomenology*. Boyce Gibson, W. R. (tr.), 1931.
KELSEN, Hans. *General Theory of Norms*. Ney, Michael Hart (tr.), 1991.
KOJÈVE, Alexandre. *Introduction à la lecture de Hegel*. 1976.
———. *Outline of phenomenology of right*. Frost, Bryan-Paul/Howse, Robert (tr.), Howse, Robert (ed.). 2000.
LADEUR, Karl-Heinz. "'Abwägung' – ein neues Rechtsparadigma? Von der Einheit der Rechtsordnung zur Pluralität der Rechtsdiskurse", in: *Archiv für Rechts und Sozialphilosophie*, # 69, 1983.
———. "Perspektiven einer post-modernen Rechtstheorie: Zur Auseinandersetzung mit Niklas Luhmanns Konzept der `Einheit des Rechtssystems'", in: *Rechtstheorie*, # 16, 1985.
Luhmann, Niklas. *Legitimation durch Verfahren*. 1969.
———. "Die Weltgesellschaft". in: *Archiv für Rechts- und Sozialphilosophie*, # 57, 1971.
———. "Complexity and meaning". in: *The science and praxis of complexity*. Prigogine, I. /Zeleny, M./Morin, E. (eds.), 1985.
———. *A Sociological Theory of Law*. E. King/M. Albrow (trs.), 1985.
———. "Die Stellung der Gerichte im Rechtssystem", in: *Rechtstheorie*, # 21, 1990.
———. *Das Recht der Gesellschaft*. 1993.
———. *Die Gesellschaft der Gesellschaft* (2 vols.). 1997.
———. "Why Does Society Describes Itself as Postmodern?" in: *Observing Complexity*. Rasch, W. /Wolfe, C. (eds.), 2000.
———. "Deconstruction as second order observing", in: *Theories of Distinction*. Rasch, W. (ed.), 2002.
———. "I See Something You Dont´t See", in: *Theories of Distinction*. O´Neil, J./Schreiber, E. (trs.), Rasch, W. (ed.), 2002.
LYOTARD, Jean-François. *La condition post-moderne*. 1979.
———. *The differend*, Van Den Abbeel. G. (tr.). 1988.
———. *Political Writings*. Reading, B./Geiman, K. (trs.). 1993.
———. *Die Politik der Gesselschaft*. Kieserling, A. (Hg.), 2002.
MATURANA, H.; VARELA, F. *De maquinas y seres vivos*. 1973.
NASS, Michael. "'One Nation...Indivisible': Jacques Derrida on the Autoimmunity of Democracy and the Soverignty of God." in: *Research in Phenomenology*, vol. 36, 2006.
NIETZSCHE, F. *On the Genealogy of Morality*. Diethe, Carol (tr.). Ansell-Pearson, Keith (ed.). 1994.
PHILIPPOPOULOS-MIHALOPOULOS, Andreas. *Niklas Luhmann: Law, Justice, Society*. 2009.
PINHEIRO, Carla. *Responsabilidade Ambiental em decorrência de Ato Lícito*. Tese. PUCSP, 2006.

PLUTH, E. "Alain Badiou, Kojève, and the Return of the Human Exception", in: *Filozofski vestnik*, vol. XXX, n. 2, 2009.
PROTEVI, John. *Political Physics: Deleuze, Derrida, and the Body Politic*. 2001.
RAWLS, John. *A Theory of Justice*. 1972.
SCHMITT, Carl. *The Concept of the Political*. Schwab, G. (tr.). 1996.
——. *Political Theology: Four Chapters on the Concept of Sovereignty*. Schwab, G. (tr.). 2006.
——. The *Theory of the Partisan: Intermediate Commentary on the Concept of the Political*. Ulmen, G.L. (tr.). 2007.
SERRES, M. *The Parasite*. Schehr, Lawrence R. (tr.). 1982.
SLOTERDIJK, Peter. *Derrida, an Egyptian: On the Problem of the Jewish Pyramid*. Hoban, Wieland (tr.). 2009.
SPENCER BROWN, G. "Selfreference, Distinctions and Time", in: *Teoria Sociologica,* vol. 1, # 2, 1993.
TEUBNER, G. "Substantive and reflexive elements in modern Law", in: *Law & Society Review*, vol. 17, # 2, 1983.
——. "Economics of Gift – Positivity of Justice: The Mutual Paranoia of Jacques Derrida and Niklas Luhmann", in: *Theory, Culture & Society*, vol. 18, # 1, 2001.
THOM, René. *Structural Stability and Morphogenesis: An Outline of a General Theory of Models*. Fowler, D. H. (tr.).1975.
VAIHINGER, Hans. *The philosophy of 'as if'; a system of the theoretical, practical and religious fictions of mankind Ogden*. 2nd ed. C. K. (tr.). 1935.
WEBER, Max. *Economy and Society*. G. Roth/C. Wittich (eds.). 1978.
WIETHÖLTER, R. "Proceduralization of the Category of Law", in: *Critical Legal Thought: An American-German Debate*. Ch. Joerges/ D. M. Trubek (eds.). 1989.
ZAHANI, Mohamed. "Gilles Deleuze, Félix Guattari and the total system", in: *Philosophy & Social Criticism*, vol. 26, # 1. 2000.
ŽIŽEK, Slavoj. *The Puppet and the Dwarf*. 2003.

— 4 —

# Derrida, Luhmann e a questão da justiça

### ARNALDO BASTOS SANTOS NETO[1]

*Sumário*: Introdução; A desconstrução; Derrida, o direito e a justiça; O fantasma da indecibilidade; Desconstrução e análise sistêmica; Conclusões; Bibliografia.

## INTRODUÇÃO

Num curto capítulo dedicado a "Luhmann e Derrida", Peter Sloterdijk aventura-se a dizer que ambos possuíam uma dimensão tal que poderiam ser considerados como "os Hegel" do século XX, querendo dizer com isto que ambos representaram pontos culminantes de um desenvolvimento filosófico iniciado nos séculos precedentes. Os dois autores teriam em comum com Hegel o fato de esgotarem as possibilidades de uma gramática, dando aos seus sucessores a sensação de que iniciavam uma jornada já partindo de um ponto culminante. No caso de Derrida, o que chegava a término era o giro linguístico ou semiológico que marcou o século XX e sua filosofia da linguagem. No caso de Luhmann, chega a um ponto culminante o adeus à filosofia proclamado por Wittgenstein, na medida em que o pensamento se retira resolutamente da tradição das "filosofias del espíritu e del lenguaje, para resituarse en el campo de la metabiología, es decir, de la lógica general de las diferencias entre sistema y medioambiente".[2]

Sloterdijk adverte, todavia, que Luhmann e Derrida, estes "mestres do ceticismo",[3] ao mesmo tempo em que compartilham com Hegel as semelhanças acima, são autores que guardam uma enorme diferença entre si. Derrida, do mesmo modo que Heidegger, trabalhava nos extremos da tradição, conservando-a ao seu lado. Luhmann, ao contrário, colocou-se resolutamente contra a tradição, pois para o sociólogo alemão, a biblioteca filosófica da velha Europa (que ele chamava de *veteroeuropeia*) já não tinha outra significação que a de um "reservatorio de figuras verbales con las cuales los sacerdotes e intelectuales de antaño procuraban apoderarse del todo".[4] Do ponto de vista da teoria dos sistemas proposta por Luhmann, a filosofia em seu conjunto revela-se como um jogo de linguagem totalizador cujos limites já tinham sido testados. Com base na história da diferenciação social, Luhmann irá

---

[1] Doutor em Direito pela Unisinos – RS. Professor da Faculdade de Direito da Universidade Federal de Goiás.
[2] SLOTERDIJK, Peter. *Derrida, um egípcio*. El problema de la pirámide judía. Buenos Aires - Madrid: Amorrortu Editores, 2007, p. 19.
[3] Idem, ibidem, p. 22.
[4] Idem, ibidem, p. 20.

vaticinar o esgotamento dos instrumentos da tradição, pertencentes a um horizonte semântico incapaz de dar-se conta da própria diferenciação dos sistemas sociais.[5]

Enquanto Luhmann seguiu atentamente a obra de Derrida, a recíproca não é verdadeira, ou, pelo menos, não é possível encontrar referências ao sociólogo alemão na obra do teórico da desconstrução. Luhmann enxergava na desconstrução um empreendimento similar ao seu, na medida em que a via animada pelas mesmas energias calibradas pela superação das ontologias. Conforme informa Sloterdijk, a visão luhmaniana da desconstrução pressupõe a "catástrofe da modernidade": "que debe pensarse como el velco de la forma de estabilidad de la sociedad tradicional, centralizada y jerárquica, hacia la forma de estabilidad de la sociedad moderna, diferenciada y multifocal".[6] Uma vez que estas distintas formas de enfoque se reconhecem como ponto de partida, toda teoria é elevada ao nível de uma observação de segunda ordem: "ya no se intenta tener una descripción directa del mundo, sino que vuelven a describirse las descripciones existentes de este, a la vez que se las deconstruye".[7]

Neste artigo, vamos apresentar os vínculos entre Derrida e Luhmann, tendo como enfoque principal o trato com a questão da justiça, na forma como este tema é abordado no pensamento destes dois gigantes teóricos do século XX.

## A DESCONSTRUÇÃO

De fato, Derrida atua nos limites da tradição, estabelecendo previamente seus conceitos para em seguida operar transformações e deslocamentos no seu sentido, fazendo com que o leitor tenha que realizar um novo sentido, contrapondo-se ao conceito anterior e constituindo novos significados – mas ainda assim vinculados à tradição. Seu "método"[8] ou processo de trabalho consistia numa análise filosófica e crítica da metafísica ocidental, o que se traduz na desestabilização de certos conceitos (significado e significante; sensível e o inteligível; o ser; o *logos* etc.). O objetivo

---

[5] Sobre as relações entre Derrida e Luhmann, são oportunas as considerações de Josefina Granja Castro: "no es casual ni meramente azaroso la proximidad entre deconstrucción y observación de segundo orden. Si lo vemos así, Derrida forma parte de un grupo de pensadores profundos y radicales que han puesto en jaque al pensamientode la unidad y sus pretensiones de aferrar la realidad a partir de encontrar su esencia y fundamento. El pensamento de la diferencia viene, cuando menos desde Nietzsche, a través de las nociones de 'desfundamentación' y 'hundimiento'. Hegel utiliza el concepto como tal y cumple un papel central en la dialéctica, pero la diferencia implicada en la dialéctica de Hegel desemboca en la unidad, ya sea como la síntesis de los opuestos, o en outro nivel, como el Espíritu Absoluto. Heidegger formula la diferencia ontológica entre ser y ente que después fue recogida y explorada por algunos exponentes del pensamiento posmoderno. La deconstrucción derrideana y la observación de segundo orden luhmanniana son herederas de los más agudos desafios de esta tradición de pensamiento: diferencia como posibilidad misma del sentido, de la significación con Derrida, diferencia como operación de observación que hace posible el conocimiento con Luhmann. A la deconstrucción solo le faltó deconstruirse a si misma, es decir, aplicarse las premisas de la autoreferencialidad en las que tanto insistió Luhmann como medio para que una teoría se desontologizara haciéndose cargo de sus propias elaboraciones y mostrando las distinciones directrices mediante las cuales observa". Ver CASTRO, Josefina Granja. Depoimento sobre Derrida. In: ESCALERA, Ana María Martinez de la (editora). *Adiós a Derrida*. México: Unam, 2005, p. 56-57.

[6] SLOTERDIJK, Peter. *Derrida, um egípcio*, p. 23.

[7] Idem, ibidem. p. 23-24.

[8] Derrida reluta em aceitar a desconstrução como "método". Luhmann comenta: "debería observar-se que los norte-americanos, con su sentido dirigido a lo práctico, consideran la 'desconstrucción' como un método e intentan aplicarlo ante todo en la ciência literária, pero también en algunas escuelas jurídicas. Sin embargo, esto contradice el sentido original del concepto, que Derrida conscientemente há dejado impreciso y que con posteriores autocomentatios lo desconstruye continuamente". In: LUHMANN, Niklas. *El derecho de la sociedad*. Tradução de Javier Torres Nafarrate, com a colaboração de Brunhilde Erker, Silvia Pappe e Luis Felipe Segura. México: Herder; Universidad Iberoamericana, 2005, p. 434.

consistia em efetuar uma leitura cerrada de um texto de modo a revelar suas aporias e contradições retóricas. Desconstruir um texto é fazer com que a abordagem de algumas de suas palavras e expressões ponha em xeque as leituras postas do próprio texto, desconjuntando valores estabelecidos, significados unívocos e presença, reconstruindo seu significado por meio dos movimentos paradoxais da própria linguagem. "A desconstrução" – lembra Nigro – "é simplesmente uma postura diante da leitura de textos. Uma postura cuidadosa, atenciosa, amorosa, mas também desconfiada".[9] Para Derrida, toda vez que linguagem expressa uma ideia, ela a muda. Todo texto, a partir de uma dada leitura, poderá dizer até mesmo o oposto daquilo que parece estar dizendo, gerando uma miríade de significados possíveis (uma vez que as estruturas do significado devem incluir as pessoas que procuram e criam o significado).

No seu comentário ao pensamento do filósofo francês, Johnston ressalta que Derrida parte de uma critica ao que chamava de "logocentrismo". Haveria no pensamento ocidental um viés distorcido, que se colocava sempre a favor da fala e contra a escrita. Pois falar seria um sinal de presença enquanto que a escrita seria apenas um sinal de ausência. Quando falamos estamos a um grau de distância da ideia (a fala é um signo); quando escrevemos, estaríamos a dois graus de distância (a escrita é um signo de um signo). A fala passava, então, a ser priorizada em detrimento da escrita, pois na fala estamos mais próximos da essência do significado. Seguindo esta linha de raciocínio, o logocentrismo deseja controlar a linguagem, pois podemos chegar à verdadeira essência do significado somente quando formos bem sucedidos na escolha da palavra correta para a representação de uma ideia. Derrida propõe uma outra abordagem, atacando este viés logocêntrico, que a seu ver facilitava a criação de ideias absolutas. Para o pensador francês, ambas as formas de linguagem (a fala e a escrita) são signos e exibem uma ausência parcial e uma presença parcial. Assim, a linguagem é uma presença parcial e uma ausência parcial.[10]

Na abordagem proposta por Derrida, a busca desconstrutiva não é por um novo sentido canônico e absoluto, mas sim o desvelamento de uma pluralidade de sentidos presentes no texto, desmontando sua engrenagem retórica. Como assinala Dreisholtkamp, o método de trabalho de Derrida consistirá no desenvolvimento de reflexões em parte "em confrontação minuciosa com outros textos, cuja estrutura ele revela por uma nova maneira de leitura e cuja arquitetura em parte imponente ou também intimidadora ele *questiona*".[11] A tradição estaria baseada numa leitura implicada num movimento hierarquizante envolvendo sinais, escrita e texto e subordinando-os àquilo que se expressa neles. Tal leitura dependeria, entretanto, de instâncias exteriores como a presença de uma instituição vivificante, do querer-dizer do autor, da presença de algo ou de um estado de coisas (o que Derrida chama de logocentrismo, como vimos anteriormente). Dreisholtkamp anota que a desconstrução dessas suposições tradicionais pode ocorrer quando é possível mostrar que as aparentes autonomias e originalidades "dependem das dependências aparentemente não autônomas e dependências não originais para poderem ser e, desse modo, poderem ser o que é

---

[9] NIGRO, Rachel. O Direito da Desconstrução. In: DUQUE-ESTRADA, Paulo Cesar. *Desconstrução e Ética*. Ecos de Jacques Derrida. Rio de Janeiro: Ed. PUC-Rio; São Paulo: Loyola, 2004, p. 94.

[10] JOHNSTON, Derek. *História concisa da Filosofia*: de Sócrates a Derrida. Tradução de Rogério Bettoni. São Paulo: Rosari, 2006, p. 168 e 169.

[11] DREISHOLTKAMP, Uwe. Jacques Derrida. In: HENNIGFELD, Jochem e JANSOHN, Heinz (orgs.). *Filósofos da atualidade*. Uma introdução. São Leopoldo: Unisinos, 2006, p. 294.

capaz de funcionar como fundamento instituidor de significação dos elementos pós-ordenados, aqui, portanto, de sinais, escrito e texto".[12]

## DERRIDA, O DIREITO E A JUSTIÇA

O que a desconstrução tem para dizer sobre o direito e a justiça? Derrida irá utilizar a desconstrução para refletir sobre temas ligados à filosofia política, entre eles o tema da justiça. Em sua obra "Força de Lei", Derrida irá se questionar: "será que a desconstrução assegura, permite, autoriza a possibilidade da justiça? Será que ela torna possível a justiça ou um discurso consequente sobre a justiça e sobre as condições de possibilidade da justiça?"[13]

Tal reflexão pode ser buscada no direito, como uma busca pela justiça do direito. Como no direito penal, onde a pena começou por ser vista como adequação do castigo ao crime. Mas o que pode ser entendido como adequado? Derrida afirma que é o que se considera mais justo, próprio, melhor. Perante a sentença de um Tribunal, diz-se: "Foi feita justiça". O que quer dizer que a pena foi considerada adequada ao crime. A adequação é o sentido primeiro da justiça penal: a adequação entre a pena e o crime.

Derrida tenta trabalhar filosoficamente tais temas, percebendo a tensão constitutiva que existe entre a justiça e o direito. Trata-se de um tema cheio de sombras e dificuldades, um tema de forte opacidade: *não é porque se fala em justiça que necessariamente se tem interesse ou preocupação por ela.*[14] Ninguém sabe ao certo o que se entende por justiça, quais os seus fundamentos, qual a sua condição de possibilidade. Será possível uma justiça para além do direito, de uma justiça que não se esgota na lei e nos seus modos de aplicação? Nigro comenta:

> Afirmar que o direito não é justiça pode parecer, à primeira vista, algo precipitado, ou mesmo uma grande irresponsabilidade. Certamente, o direito, tal como constituído na modernidade, estritamente vinculado à máquina estatal, não corresponde nem de longe aos ideais envolvidos na noção de justiça. No entanto, ainda hoje e apesar de tudo, a justiça é o princípio regulativo do direito. Continua a ser o seu fim último, o substrato que lhe confere legitimidade e aceitação social.[15]

O que está em jogo, na busca por uma definição da justiça é a possibilidade de ultrapassarmos os limites do legalismo que confunde o direito com a observância estrita de uma norma lida na sua literalidade, servindo como aparato de dominação, como na crítica marxista ou foucaultiana. Sendo assim, ainda de acordo com Nigro, para que o direito possa apresentar algo que não seja simplesmente uma face de dominação, será necessária uma noção de justiça, desde que seja entendida "como o código doador de sentido para o direito, seja como seu princípio regulador, seu fim último ou sua medida", pois não é possível pensarmos uma ordem legal sem "nenhuma relação com critérios de justiça".[16]

Derrida, trazendo a tona a contribuição de Kant, pergunta-se sobre o que significa aceitar a força da lei, a força sem a qual "não há direito"? De modo contrário, é

---

[12] DREISHOLTKAMP, Uwe. *Jacques Derrida*, p. 299.

[13] DERRIDA, Jacques. *Força de Lei*. Tradução de Leila Perrone-Moisés. São Paulo: Martins Fontes, 2007, p. 04.

[14] SOUZA, Ricardo Timm de. *Razões Plurais*. Itinerários da Racionalidade Ética no século XX: Adorno, Bérgson, Derrida, Levinas, Rosenzweig. Porto Alegre: EDIPUCRS, 2004, p. 137.

[15] NIGRO, Rachel. *O Direito da Desconstrução*, p. 79.

[16] Idem, ibidem, p. 80.

possível perguntar: estar contra a lei é estar contra a justiça? Para Kant não há direito sem força.[17] Na justiça do direito, a força parece inerente à própria lei. Nas palavras de Derrida, a "aplicabilidade, a '*enforceability*', não é uma possibilidade exterior ou secundária que viria ou não juntar-se, de modo suplementar, ao direito". A conclusão é a de que se trata da "força essencialmente implicada no próprio conceito da justiça enquanto direito, da justiça na medida em que ela se torna lei, da lei enquanto direito".[18]

Derrida toma a força da lei como propriedade que se impõe por si só, como "*enforceability*", to "*enforce the law*", na expressão inglesa. A expressão inglesa "*to enforce the law*" daria conta, segundo Derrida, da força inerente à lei e que permite que a justiça do direito se justifique por si própria, fundamentando-a na força da lei. A força justificada, autorizada pela lei, é a força elevada a justiça (como supõe o termo justificação). Como distinguir a força como "*enforcement*", "*to enforce the law*", da violência (que julgamos sempre injusta)?[19] Será a força da lei análoga à violência? Podemos cogitar da existência de uma "força justa"? Tal força justa pode ser entendida como não violenta? Não será uma força não violenta uma contradição em termos?

Derrida avança na exploração do tema através da desconstrução da noção de fundação mística da lei, presente no ensaio de Walter Benjamin sobre a *Crítica à Violência*. Ainda no campo da linguagem, Derrida começa por explorar o duplo sentido do termo alemão *gewalt*, que tanto significa violência como poder legítimo, autoridade, força pública.[20] Há, todavia, uma outra dificuldade que se coloca nas questões da força e da lei. A dificuldade que surge do problema da legitimação da autoridade que a lei supõe. Onde se fundamenta a autoridade da lei, uma autoridade tão forte que pode mandar prender um indivíduo ou mesmo matá-lo, nos sistemas jurídicos onde a pena de morte é legal?

No texto, Derrida cita Montaigne, que dizia que "as leis se mantém em crédito, não porque elas são justas, mas porque são leis. É o fundamento místico de sua autoridade, elas não têm outro (...). Quem a elas obedece porque são justas não lhes obedece justamente pelo que deve".[21] Para Derrida, Montaigne distingue as leis, isto é, o direito, da justiça: "A justiça do direito, a justiça como direito não é justiça. As leis não são justas como leis. Não obedecemos a elas porque são justas, mas porque têm autoridade".[22] Através da expressão "fundamento místico da autoridade", Montaigne legitima a autoridade da lei advinda tão somente da própria lei, tornando a obediência à lei obediência à autoridade. Não se obedece à lei por ser justa, mas por ser expressão da autoridade.

---

[17] Ver a respeito o tópico "O direito está ligado à faculdade de coagir" *in* KANT, Immanuel. *Metafísica dos Costumes*. Princípios Metafísicos da Doutrina do Direito. Parte I. Tradução de Artur Morão. Lisboa: Edições 70, 2004, p. 38, onde Kant escreve: "Portanto, se um determinado uso da própria liberdade é um obstáculo à liberdade segundo leis universais (isto é, contrário ao direito), então a coacção que se lhe opõe, enquanto obstáculo perante quem estorva a liberdade, concorda com a liberdade segundo leis universais; a saber, é conforme com o direito: por conseguinte, ao direito está ao mesmo tempo associada a faculdade de coagir quem o viola, de harmonia com o princípio da contradição".

[18] DERRIDA, Jacques. *Força de Lei*, p. 8.

[19] Idem, ibidem, p. 9.

[20] Idem, ibidem.

[21] Idem, ibidem, p. 21.

[22] Idem, ibidem.

Pascal, por seu turno, ao mesmo tempo em que lembra que "É justo que aquilo que é justo seja seguido, é necessário que aquilo que é mais forte seja seguido", ressalta que: "a força sem a justiça é tirânica" e sendo assim é "preciso, pois, colocar juntas a justiça e a força; e para fazê-lo, que aquilo que é justo seja forte, ou aquilo que é forte seja justo".[23] Apesar da influência, Pascal distancia-se de Montaigne num ponto. Onde Montaigne vê o convencionalismo como fundamento da autoridade da lei, Pascal antevê uma força inerente à lei e sem a qual a lei e o direito não teriam qualquer valor nem autoridade.

Tanto em Montaigne quanto em Pascal, Derrida enxerga as premissas de uma filosofia crítica moderna, ou uma crítica da ideologia jurídica, "uma dessedimentação das superestruturas do direito que ocultam e refletem, ao mesmo tempo, os interesses econômicos e políticos das forças dominantes da sociedade".[24] Com isso passamos a lidar com a questão da própria legitimidade do uso da violência para a manutenção dos comandos jurídicos.

Se, de acordo com Pascal, existe uma força fundadora e justificadora do direito, podemos concluir que a justiça fundar-se-ia nesse "momento fundador" em que a lei é feita, produzida como um "ato violento", instaurada como discurso justificador, como escreve Derrida:

> O próprio surgimento da justiça e do direito, o momento instituidor, fundador e justificante do direito, implica uma força performativa, isto é, sempre uma força interpretadora e um apelo à crença: desta vez, não no sentido de que o direito estaria a serviço da força, instrumento dócil, servil e portanto exterior do poder dominante, mas no sentido de que ele manteria, com aquilo que chamamos de força, poder ou violência, uma relação mais interna e mais complexa.[25]

A argumentação de Derrida o leva à conclusão de que a origem da autoridade, a fundação e o fundamento, a posição da lei só possa, por definição, apoiarem-se neles mesmos, pois constituem em si mesmos uma violência sem fundamento. A desconstrução "significa revelar a violência imanente no coração do Direito em si".[26] Não que dizer que a violência fundadora do direito seja ilegítima, ou ilegal, tão só injustificada. Em sua conclusão, Derrida vê a justiça como aporia, como impossibilidade. Timm de Souza comenta que a justiça aparece aqui como paradoxo, como "uma paradoxal realidade do real em si mesma, que não se oferece à ideia clara e distinta de seu reflexo intelectual, que com ela não mantém nenhum parentesco".[27] A teoria da justiça, se assim podemos dizer, de Derrida, surge de tal paradoxo:

> Que o direito seja desconstruível, não é uma infelicidade. Pode-se mesmo encontrar nisso a chance política de todo progresso histórico. Mas o paradoxo que eu gostaria de submeter à discussão é o seguinte: é essa estrutura desconstruível do direito ou, se preferirem, da justiça como direito, que assegura também a possibilidade da desconstrução. A justiça nela mesma, se algo como tal existe, fora ou para além do direito, não é desconstruível. Assim como a desconstrução ela mesma, fora ou para além do direito, não é desconstruível. Assim como a desconstrução ela mesma, se algo como tal existe. A desconstrução é a justiça.[28] (...) E a desconstrução é louca por essa justiça. Louca por esse desejo de justiça. Essa justiça,

---

[23] DERRIDA, Jacques. *Força de Lei*, p. 18 e 19.
[24] Idem, ibidem, p. 23.
[25] Idem, ibidem, p. 24.
[26] TEUBNER, Gunther. Tratando com paradoxos do Direito: Derrida, Luhmann, Wiethölter. In: TEIXEIRA, Anderson Vichinkeski e OLIVEIRA, Elton Somensi (org.). *Correntes contemporâneas do pensamento jurídico*. Barueri: Manole, 2010, p. 173.
[27] SOUZA, Ricardo Timm de. *Razões Plurais*, p. 143.
[28] DERRIDA, Jacques. *Força de Lei*, p. 26-27.

que não é o direito, é o próprio movimento da desconstrução agindo no direito e na história do direito, na história política e na história tout court, antes mesmo de se apresentar como discurso que se intitula, na academia ou na cultura do nosso tempo – o "desconstrucionismo".[29]

"A justiça é a experiência do impossível", escreve Derrida. O que é que esta afirmação significa? De que justiça falamos como impossibilidade? Derrida afirma: "O direito não é justiça. O direito é o elemento de cálculo, é justo que haja um direito, mas a justiça é incalculável".[30] A decisão entre o justo e o injusto não está garantida por "uma regra", um cálculo prévio, nem é redutível a um esquema, a uma norma ou fórmula, mesmo jurídica. O que me coloca diante da observação de Nigro sobre a possibilidade e a impossibilidade da identificação entre direito e justiça:

> A infra-estrutura totalizante do discurso jurídico não deixa espaço para o incalculável que é a justiça. O binômio descoberta/criação da interpretação e decisão jurídicas revela a dualidade que constitui a prática social do direito, e, ao mesmo tempo, destrói sua pretensão de não-arbitrariedade, seu ideal de integridade. Essa dualidade problemática entre o determinismo do texto escrito, ou seja, o direito entendido como um texto auto-idêntico, cujo sentido está lá esperando para ser revelado, e a liberdade presente na possibilidade da autocriação do juiz da identidade do texto jurídico nos leva à conclusão de que não há sentido único, mas apenas interpretações possíveis, o que conduz o direito a um beco sem saída. (...) Ao determinar um sentido, que será arbitrário por constituição, estará sendo violento, estará calculando, e a justiça é incalculável.[31]

Trata-se da justiça como "experiência da aporia", ou como bem anotou Timm de Souza: "imprevisibilidade total, da qual nenhuma regra dá conta, que de nenhuma regra deriva, nem ao menos das complexas regras do pensamento bem-ordenado".[32] Como "experiência da aporia", a "justiça é incalculável porque os múltiplos são demais, em número excessivo para o cálculo, já que habitam a origem da racionalidade".[33]

A justiça como aporia implica na impossibilidade da sua realização no presente. A justiça, para a desconstrução, desafia o direito como uma possibilidade de ser, que remete ao futuro. Kozicki lembra que qualquer fechamento final ou definitivo de sentido é autoritário, pois a "desconstrução exige que toda leitura de um texto possa ser submetida a uma nova leitura, em um movimento que une presente e passado, futuro e presente".[34] O sentido deve permanecer aberto, permitindo a própria desestabilização do direito e consequentemente a possibilidade da sua transformação, como condição de justiça. Sendo assim, qualquer decisão, para ser justa, "deve traduzir um novo julgamento, algo que surge com nova força e que atende ao fato de que, se o direito é geral, a justiça deve sempre atender à singularidade".[35]

O direito e a justiça guardam uma relação íntima de tal modo que a justiça não pode ser compreendida fora do direito. Este, uma vez que é construído, pode ser desconstruído. A desconstrução opera no intervalo entre o direito e a justiça. Somente através da desestabilização do direito podemos abrir uma janela para a realização da

---

[29] DERRIDA, Jacques. *Força de Lei*, p. 49.

[30] Idem, ibidem, p. 30.

[31] NIGRO, Rachel. O Direito da Desconstrução, p. 92-93.

[32] SOUZA, Ricardo Timm de. *Razões Plurais*, p. 147.

[33] Idem, ibidem, p. 149.

[34] KOZICKI, Katya. *Conflito e estabilização*: comprometendo radicalmente a aplicação do direito com a democracia nas sociedades contemporâneas. Tese de Doutorado em Direito aprovada pelo Curso de Pós-graduação em Direito da Universidade Federal de Santa Catarina. Florianópolis: UFSC, 2000, p. 211.

[35] Idem, ibidem, p. 219.

justiça. Sendo assim, a justiça, separada do direito, não pode ser desconstruída. Como explica Kozicki:

> A justiça, se considerada como algo imanente ao direito, instala um modo circular de justificação, em que algo se apresenta como justo porque conteúdo de um ordenamento jurídico que em si mesmo é justo. Nesta situação, descrição vira prescrição. Ou seja, o direito é considerado como algo inerentemente justo e, assim, a sua descrição implica, ao mesmo tempo, a prescrição de que o seu conteúdo seja significado da justiça. Na perspectiva da desconstrução, a recusa em transformar descrição em prescrição justifica a insistência na separação entre direito e justiça, e esta transcende aos limites do ordenamento jurídico tal como ele é construído.[36]

Mas como sublinha Alvim, a desconstrução da justiça implica também a possibilidade de um "movimento de abertura em relação ao Outro. É, pois, uma possibilidade de justiça. Para Derrida, a justiça significa deixar o Outro ser outro, é um dom que não exige nada em troca, um amor incondicional".[37] Nas palavras de Teubner:

> A desconstrução não se reduz a uma simples crítica política do direito, isto é, a revelar as antinomias, as aporias e os paradoxos fundamentais do direito positivo, para tornar tanto mais prementes as exigências infinitas de uma justiça jurídica como extrajurídica. Quando Derrida exprime o problema da justiça numa linguagem da filosofia da alteridade, não se trata apenas, como diz Balkin, de compreender o outro com empatia falando a sua linguagem, mas de fazer direito às exigências infinitas provenientes da sua singularidade. Uma justiça compreendida neste sentido é impossível em sentido próprio, sem ser todavia separável do direito positivo: para Derrida, trata-se de uma "prova" para o direito positivo, não se traduzindo na aproximação mas na provocação. A submissão do direito à alteridade parece hoje o caminho libertador dos sintomas de paralisia do movimento desconstrutor que recorrem a uma série de teóricos pós-modernos munidos das diretivas de Jacques Derrida e de Emmanuel Lévinas. A experiência imediata das exigências do "outro", das percepções não ditas e não comunicadas da sua existência, a experiência da particularidade infinita da alteridade, dão ao mesmo tempo a sua partida à desconstrução do direito positivo incapaz de responder a estas exigências e à insistência sobre a justiça, cujas exigências não cessam de provocar o direito positivo.[38]

E aqui vemos ecos do pensamento de Emmanuel Levinas em Derrida.[39]

---

[36] KOZICKI, Katya. *Conflito e estabilização*, p. 212.

[37] ALVIM, Luiza Beatriz Amorim Mello. Derrida: uma reflexão sobre a herança européia e a desconstrução do eurocentrismo. In: NASCIMENTO, Evando e GLENADEL, Paula (organizadores). *Em torno de Jacques Derrida*. Rio de Janeiro: 7Letras, 2000, p. 143.

[38] TEUBNER, Gunther. Os múltiplos corpos do Rei: a autodestruição da hierarquia do direito. Vários autores. *Filosofia do Direito e Direito Econômico*. Que diálogo? Lisboa: Piaget, 2001, p. 348 e 349.

[39] Os ecos de Lévinas são frequentes no pensamento de Derrida. Na questão da justiça as referências aparecem de imediato. Para Lévinas, a justiça é a própria relação com o Outro, é a experiência do Outro como Outro, o que na visão de Derrida pressupõe uma dádiva sem restituição, sem re-apropriação e sem jurisdição. Para Lévinas, o começo da inteligibilidade surge com o sentido que nos é dado pela experiência do contato ou da inter-relação humana através do Rosto: "É à medida que tenho que responder não só pelo Rosto do outro homem, mas que, ao lado dele, abordo o terceiro, que surge a necessidade mesma da atitude teórica. O encontro com Outrem é imediatamente minha responsabilidade por ele. A responsabilidade pelo próximo é, sem dúvida, o nome grave do que se chama amor ao próximo, amor sem Eros, caridade, amor em que o momento ético domina o momento passional, amor sem concupiscência. Não gosto muito da palavra amor, que está gasta e adulterada. Falemos duma assunção do destino de outrem. É isto a "visão" do Rosto, e se aplica ao primeiro que aparece. Se ele fosse meu único interlocutor, eu só teria tido obrigações! Mas não vivo num mundo onde só há um "primeiro a chegar"; Sempre há no mundo um terceiro: ele também é meu outro, meu próximo. (...) Neste caso a justiça é, pois, anterior à assunção do destino do outro. Devo emitir juízo ali onde devia antes de tudo assumir responsabilidades. Ali está a origem do teórico, ali nasce a preocupação com a justiça que é fundamento do teórico. Mas é sempre a partir do Rosto, a partir da responsabilidade por outrem, que aparece a justiça, que comporta julgamento e comparação, comparação daquilo que, em princípio, é incomparável, pois cada ser é único; todo outrem é único. Nesta necessidade de se ocupar com a justiça aparece esta ideia de equidade, sobre a qual está fundada a ideia de subjetividade". In: LÉVINAS, Emmanuel. *Entre Nós*. Ensaios sobre a alteridade. Tradução de Pergentino Stefano Pivatto (coord.). 2 ed., Petrópolis: Vozes, 2005, p. 143-144. Teubner escreveu a respeito que "Trata-se, por certo, de uma referencialidade que, distanciando-se do estilo científico atual, move-se rumo à transcendência, à força mística, que encontra o outro como na filosofia da

## O FANTASMA DA INDECIBILIDADE

Na sua dimensão incalculável e aporética, a justiça apresenta-se como uma experiência impossível, o que remete ao tema da indecibilidade. Para entender o que isto significa, devemos recordar que para os linguistas, o significado acontece porque existe uma diferença entre os signos. Como explica Johnston: "Se algum amigo me diz que seu braço está doendo, compreendo o significado porque reconheço a diferença (dentre outras) entre 'braço' e 'baço'". Ou seja, não chego diretamente a um significado, "mas faço a distinção entre um conjunto de relações possíveis. Derrida afirmava que o significado nunca é imediato; é sempre diferido".[40] Mas, e quando não nos deparamos com signos que não nos conduzem a uma operação binária e subvertem a ordem estabelecida? Johnston lembra os filmes de terror, que muitas vezes tentam chegar a seu objetivo subvertendo a ordem estabelecida e causando caos: "eles utilizam uma situação que não se encaixa em nossa lógica binária. Frankenstein é um exemplo: nem homem nem máquina, humano ou animal".[41] Diante de tais situações a indecibilidade passa a ser a norma, pois existem ambiguidades nas palavras usadas na tradição ocidental que permitem que as mesmas possam ser interpretadas num sentido negativo ou positivo. Para Derrida, "existe uma indecibilidade básica sobre a linguagem, que faz parte de sua urdidura e trama. Nós nunca podemos chegar a um significado basilar".[42]

Desta forma, o exercício da justiça é assombrado pelo fantasma do indecidível. Trata-se do que "se faz presente na decisão, sem que alguma articulação com os demais elementos da decisão possa esgotar seu sentido ou resolvê-lo em um todo completo".[43] Nas palavras do próprio Derrida:

> O indecidível não é somente a oscilação ou a tensão entre duas decisões. Indecidível é a experiência daquilo que, estranho, heterogêneo à ordem do calculável e da regra, deve entretanto – é de dever que é preciso falar – entregar-se à decisão impossível, levando em conta o direito e a regra. Uma decisão que não enfrentasse a prova do indecidível não seria uma decisão livre, seria apenas a aplicação programável ou o desenvolvimento contínuo de um processo calculável. Ela seria legal, talvez, mas não seria justa.[44]

E mais adiante:

> O indecidível permanece preso, alojado, ao menos como um fantasma, mas um fantasma essencial em qualquer decisão. Sua fantasmaticidade desconstrói do interior toda garantia de presença, toda certeza ou toda pretensa criteriologia que nos garanta a justiça de uma decisão. (...) Os efeitos dessa limitação não afetam apenas todo decisionismo (ingênuo ou elaborado); eles são concretos e suficientemente numerosos para que possamos dispensar exemplos.[45]

O indecidível se caracteriza por sua novidade, pois no momento do exercício do ato justo surge como dimensão nova, como algo ainda não escrito, como um aparecimento. Como observa Timm de Souza: "*Novo* é outro nome para o indecidível: o fulcro mais solene da decisão, aquilo que a caracteriza como tal, escapa à sua temati-

---

alteridade de Levinas, a qual desafia a racionalidade moderna com a justiça pura, o dom, a amizade, o perdão". In: TEUBNER, Gunther. *Tratando com paradoxos do Direito*, p. 171.

[40] JOHNSTON, Derek. *História concisa da Filosofia*, p. 169.

[41] Idem, ibidem, p. 169.

[42] Idem, ibidem, p. 170.

[43] SOUZA, Ricardo Timm de. *Razões Plurais*, p. 159.

[44] DERRIDA, Jacques. *Força de Lei*, p. 46.

[45] Idem, ibidem, p. 48.

zação intelectual pela incapacidade de organizar, em um todo sintético, todos os seus elementos". O que faz com que alguns destes elementos inorganizados "permaneçam fora do alcance de sua justificação",[46] fazendo com que a justiça permaneça incontrolável: a responsabilidade de uma decisão "sem a possibilidade de constituição de um código de regras para tal decisão".[47]

Tal tema remete à dimensão política do direito, pois, nas palavras de Kozicki, a "ideia de justiça como experiência daquilo que não pode ser decidido (*undecidable*) é o que leva o sujeito à política (e pode-se dizer que ao direito, também), dada a necessidade da decisão". O momento do julgamento, que conduz "do indecidível para a decisão", representa "a passagem de uma experiência ética da justiça para a ação política".[48] Mas ao contrário do que poderia parecer, a indecibilidade não leva a uma postura relativista por conta da indeterminação do sentido. Significa simplesmente que a justiça não pode ser tratada como um programa qualquer, uma vez que, como observa Nigro, "em cada decisão, sempre nos encontramos face a face com uma singularidade, porque cada pessoa ou situação ou caso jurídico comporta uma 'idiossincrática irrepetibilidade'".[49]

## DESCONSTRUÇÃO E ANÁLISE SISTÊMICA

Teubner chama a atenção para o fato de que tanto Luhmann quanto Derrida tenham chegado ao mesmo diagnóstico, qual seja, o da *loucura da decisão*: "a rotina das decisões jurídicas e econômicas contém um componente de loucura, de irracionalidade, de misterioso, de sacro", como um componente indissolúvel do próprio processo decisório, "que não deve ser visto simplesmente como uma sobra desprezível num processo crescente de racionalização, mas como a verdadeira dinâmica condutora da própria decisão".[50] Sendo assim, a desconstrução e a análise sistêmica concordam que "arbítrio, contradições, antinomias, paradoxos, irracionalidade e mesmo violência são os verdadeiros fundamentos até das construções mais refinadas da moderna racionalidade jurídica e econômica".[51] Todavia, a descoberta do irracional da decisão não significa, para Luhmann e Derrida, suspender as "questões de justiça, e sim, ao contrário, aumentar as exigências de justiça".[52]

Para Teubner, tanto Luhmann quanto Derrida pensam o direito não a partir de esquemas gnosiológicos como a norma fundamental ou a regra de reconhecimento, ou de princípios de validade material ou procedimental ou ainda de sua legitimação sociopolítica, e "sim de casos extremos de pura autoreferencialidade de operações jurídicas, dispostas, pela sua autoaplicação, em total confusão".[53]

Devemos ter em mente a distinção feita por Derrida entre o direito como instância do cálculo e a justiça como algo que remete ao terreno do incalculável. Mas

---

[46] SOUZA, Ricardo Timm de. *Razões Plurais*, p. 159.
[47] NIGRO, Rachel. *O Direito da Desconstrução*, p. 79.
[48] KOZICKI, Katya. *Conflito e estabilização*, p. 217.
[49] NIGRO, Rachel. O Direito da Desconstrução, p. 97.
[50] TEUBNER, Gunther. *Direito, sistema e policontexturalidade*. Piracicaba: Ed. UNIMEP, 2005, p. 57.
[51] Idem, ibidem, p. 57.
[52] Idem, ibidem, p. 58.
[53] Idem, ibidem, p. 59.

apesar de incalculável, a justiça desafia o direito a calcular e tal cálculo somente pode acontecer a partir da relação entre o direito e a justiça, permitindo uma negociação entre o calculável e o incalculável, pondo um em direção ao outro. Tal cálculo não é somente uma questão de programação, e Luhmann claramente tem este tema em mente quando se refere à justiça como um "programa para todos los programas",[54] ou como um supraprograma. A justiça, para ambos, é algo inatingível, mas, todavia, necessário, e sua busca confere sentido para as decisões do direito. Diante da contingência da decisão legal, pensar na justiça oferece um sentido, desafiando o sistema legal com o fantasma da indecibilidade. A justiça é colocada no horizonte de probabilidades do direito em termos de possibilidade / impossibilidade, com significados que estão além do direito, mas operando dentro do direito. A justiça, tanto para Derrida quanto para Teubner, seria mais que uma fórmula de coerência e ainda mais que uma fórmula de contingência, seria uma fórmula de transcendência do direito.[55] Derrida, desta forma, intensifica o sentido da autotranscendência do direito.[56] Transcendência aqui deve ser entendida também no sentido de transcendência da positividade, de uma "justiça que se opõe a um direito altamente tecnicizado".[57]

A principal diferença entre os dois pensadores reside no fato de que para Luhmann, a justiça não é uma indicação de uma direção para o sistema legal no sentido da busca de uma maior justiça, uma vez que para o teórico sistêmico, a questão da justiça guarda uma relação com a diferenciação funcional da sociedade, como consistência adequada das decisões. Para Derrida, a justiça significa algo como um horizonte utópico para o direito, inatingível, porém inadiável, instaurando uma tensão capaz de permitir a transformação, o que termina por promover o encontro de suas formulações com o pensamento da alteridade de Lévinas: a justiça nos empurra na direção do Outro. Como sintetiza Teubner: "A justiça, segundo Derrida, não é um objetivo, não é uma fórmula coerente, nem contingente, mas é invocação, abismo, ruína, experiência da contradição, caos dentro do Direito".[58]

## CONCLUSÕES

Luhmann demonstra em sua obra um enorme interesse pelo pensamento de Derrida. Não são raras as citações feitas pelo teórico dos sistemas resgatando aspectos da obra do teórico da desconstrução. Mesmo sabendo da enorme distância que separa o pensamento de cada um destes autores, cada um com suas idiossincrasias teóricas e temáticas próprias, vale investigar se as concepções de Derrida sobre o direito e a justiça podem contribuir para levar adiante um entendimento autopoiético acerca da

---

[54] LUHMANN, Niklas. *El derecho de la sociedad*, p. 278-279.

[55] Teubner argumenta que enquanto Luhmann "se interroga quanto à justiça do Direito em relação a seu ambiente, não se interroga quanto a sua justiça em relação ao mundo. Segundo seu sistema jurídico, o Direito possui uma fórmula de contingência no conceito de justiça, mas não uma fórmula de transcendência". TEUBNER, Gunther. Tratando com paradoxos do Direito, p. 169.

[56] Teubner esclarece: "Allora, la giustizia sarebbe più di una formula di consistenza, ma anche più di una formula di contingenza, sarebbe formula di trancendenza (...). Mentre Luhmann alla giustizia del diritto chiede un'autotrancendenza rispetto all'ambiente prodotto, ma qui questo confine e pretende dal discorso della giustizia dipensare la trancendenza al di là ogni significato – 'il camminare attraverso il deserto'". In: TEUBNER, Günther. *Giustizia autosovversiva*: formula di contingenza o di trascendenza del diritto? Nápoles: Edizioni Città del Sole, 2008, p. 50.

[57] TEUBNER, Gunther. *Tratando com paradoxos do Direito*, p. 170.

[58] Idem, ibidem, p. 171.

justiça. À respeito, a pergunta que coloquei no presente texto foi: o que a desconstrução tem para dizer sobre o direito e a justiça? A resposta parte da afirmação de uma diferença: direito e justiça são coisas diferentes, apesar de sua relação umbilical, de tal modo que não conseguimos pensar numa ordem legal sem nenhuma relação com critérios de justiça. E mais: existe uma tensão constitutiva entre estas duas noções.

Refletindo a partir de Montaigne e Pascal, Derrida apresenta uma crítica da ideologia jurídica, questionando a própria questão da legitimidade contida no uso da violência para a obtenção da obediência ao direito. A origem da autoridade e portanto do direito repousa num momento inaugural que não pode ser justificado, por constituir uma violência sem fundamento. A justiça aparece como um paradoxo: assim como não é possível desconstruir a desconstrução, a justiça não é desconstruível, pois a desconstrução é a justiça. A justiça é apresentada como uma aporia, como uma impossibilidade, como uma experiência do impossível. Derrida afirma claramente que o direito não é justiça. O direito remete ao âmbito do calculável, enquanto a justiça pertence ao campo do incalculável. Não são as regras do direito que garantem a justiça, pois este, como experiência, é totalmente imprevisível, uma imprevisibilidade na qual nenhuma regra dá conta. No plano interpretativo a desconstrução nos alerta contra qualquer fechamento final do sentido, pois toda leitura pode ser submetida a uma nova leitura. O direito permanece desestabilizado e seu ideal de integridade e de não arbitrariedade permanece ilusório. A desconstrução opera no intervalo (na diferença) entre o direito e a justiça. A desestabilização do direito pode abrir uma janela pra a realização da justiça, como uma possibilidade de abertura em relação ao Outro.

Mas quando nos apresentamos diante de situações que fogem a uma simplicidade binária? Neste caso, diante do incalculável, a justiça nos remete ao tema da indecidibilidade. Somos conduzidos ao paradoxo que ameaça paralisar o próprio direito, a própria aplicação da lei. O paradoxo, como lembrou Teubner, pode nos conduzir à contradição, à incoerência, ao caos, ao horror e à paralisia. Tais momentos se multiplicam diante das ambiguidades contidas nas palavras usadas pelo direito, que oferecem variações interpretativas. Nestas situações, a justiça é assombrada pelo fantasma do indecidível. Como decorrência, a justiça permanece como incontrolável.

O ponto em comum entre a desconstrução e a abordagem sistêmica da justiça consiste em reconhecer que o arbítrio, as contradições, os paradoxos e as antinomias estão presentes dentro da operação jurídica. Para Luhmann, a maneira do subsistema jurídico lidar com a contingência reside justamente na sua fórmula de justiça. A contingência com o qual o direito lida revela inúmeras situações de puro arbítrio. Diante de tais paradoxos, todavia, não cabe suspender, mas sim aumentar as exigências de justiça. Tanto Luhmann quanto Derrida situam a justiça na dimensão do incalculável. Porém, cabe ressaltar, a justiça desafia o direito a calcular e tal cálculo somente pode acontecer a partir da relação entre o direito e a justiça, permitindo uma negociação entre o calculável e o incalculável. A justiça não pode ser tida somente como uma fórmula de contingência do direito, mas sim como uma fórmula de transcendência do direito. A justiça é inatingível, mas mesmo assim, necessária.

## BIBLIOGRAFIA

ALVIM, Luiza Beatriz Amorim Mello. Derrida: uma reflexão sobre a herança européia e a desconstrução do eurocentrismo. In: NASCIMENTO, Evando e GLENADEL, Paula (organizadores). *Em torno de Jacques Derrida*. Rio de Janeiro: 7Letras, 2000.

CASTRO, Josefina Granja. Depoimento sobre Derrida. In: ESCALERA, Ana María Martinez de la (editora). *Adiós a Derrida*. México: Unam, 2005.

DERRIDA, Jacques. *Força de Lei*. Tradução de Leila Perrone-Moisés. São Paulo: Martins Fontes, 2007.

DREISHOLTKAMP, Uwe. Jacques Derrida. In: HENNIGFELD, Jochem e JANSOHN, Heinz (orgs.). *Filósofos da atualidade*. Uma introdução. São Leopoldo: Unisinos, 2006.

DUQUE-ESTRADA, Paulo Cesar. *Desconstrução e Ética*. Ecos de Jacques Derrida. Rio de Janeiro: Ed. PUC-Rio; São Paulo: Loyola, 2004.

ESCALERA, Ana María Martinez de la (editora). *Adiós a Derrida*. México: Unam, 2005.

HENNIGFELD, Jochem e JANSOHN, Heinz (orgs.). *Filósofos da atualidade*. Uma introdução. São Leopoldo: Unisinos, 2006.

JOHNSTON, Derek. *História concisa da Filosofia*: de Sócrates a Derrida. Tradução de Rogério Bettoni. São Paulo: Rosari, 2006.

KANT, Immanuel. *Metafísica dos Costumes*. Princípios Metafísicos da Doutrina do Direito. Parte I. Tradução de Artur Morão. Lisboa: Edições 70, 2004.

KOZICKI, Katya. *Conflito e estabilização*: comprometendo radicalmente a aplicação do direito com a democracia nas sociedades contemporâneas. Tese de Doutorado em Direito aprovada pelo Curso de Pós-graduação em Direito da Universidade Federal de Santa Catarina. Florianópolis: UFSC, 2000.

LÉVINAS, Emmanuel. *Entre Nós*. Ensaios sobre a alteridade. Tradução de Pergentino Stefano Pivatto (coord.). 2 ed., Petrópolis: Vozes, 2005.

LUHMANN, Niklas. *El derecho de la sociedad*. Tradução de Javier Torres Nafarrate, com a colaboração de Brunhilde Erker, Silvia Pappe e Luis Felipe Segura. México: Herder; Universidad Iberoamericana, 2005.

NASCIMENTO, Evando e GLENADEL, Paula (organizadores). *Em torno de Jacques Derrida*. Rio de Janeiro: 7Letras, 2000.

NIGRO, Rachel. O Direito da Desconstrução. In: DUQUE-ESTRADA, Paulo Cesar. *Desconstrução e Ética*. Ecos de Jacques Derrida. Rio de Janeiro: Ed. PUC-Rio; São Paulo: Loyola, 2004.

SLOTERDIJK, Peter. *Derrida, um egípcio*. El problema de la pirámide judía. Buenos Aires - Madrid: Amorrortu Editores, 2007.

SOUZA, Ricardo Timm de. *Razões Plurais*. Itinerários da Racionalidade Ética no século XX: Adorno, Bérgson, Derrida, Levinas, Rosenzweig. Porto Alegre: EDIPUCRS, 2004.

TEIXEIRA, Anderson Vichinkeski e OLIVEIRA, Elton Somensi (org.). *Correntes contemporâneas do pensamento jurídico*. Barueri: Manole, 2010.

TEUBNER, Gunther. *Giustizia autosovversiva*: formula di contingenza o di trascendenza del diritto? Nápoles: Edizioni Città del Sole, 2008.

———. *Direito, sistema e policontexturalidade*. Piracicaba: Ed. UNIMEP, 2005.

———. Os múltiplos corpos do Rei: a autodestruição da hierarquia do direito. In: Vários autores. *Filosofia do Direito e Direito Econômico*. Que diálogo? Lisboa: Piaget, 2001.

———. Tratando com paradoxos do Direito: Derrida, Luhmann, Wiethölter. In: TEIXEIRA, Anderson Vichinkeski e OLIVEIRA, Elton Somensi (org.). *Correntes contemporâneas do pensamento jurídico*. Barueri: Manole, 2010.

VÁRIOS AUTORES. *Filosofia do Direito e Direito Econômico*. Que diálogo? Lisboa: Piaget, 2001.

— 5 —

# O que a decisão jurídica observa? Contribuições da teoria dos sistemas de Niklas Luhmann às teorias pós-positivistas da decisão jurídica

**RAFAEL SIMIONI**[1]

*Sumário*: Introdução; Ação, escolha e decisão; O paradoxo da decisão jurídica; O suplemento; Os suplementos nas teorias da decisão jurídica: do positivismo clássico ao neopositivismo lógico de Kelsen; Pós-positivismo e os suplementos contemporâneos; Os suplementos na prática das decisões jurídicas brasileiras e as colisões de segunda ordem; Considerações Finais; Referências.

## INTRODUÇÃO

As exigências de legitimação social das decisões jurídicas sofreram profundas transformações desde o positivismo clássico Século XIX até as atuais concepções pós-positivistas de direito. Se antes a legitimidade da decisão jurídica estava na sua correção formal em relação ao direito positivo, hoje nós podemos observar uma certa tensão entre essa correção formal e a legitimidade material da decisão em relação aos mais diversos tipos de exigências sociais.

As teorias pós-positivistas, com a intenção de superar os positivismos evitando um retorno ao jusnaturalismo, estabeleceram uma mediação dessa tensão entre correção formal e legitimidade social da decisão jurídica na forma da argumentação. Isso porque a argumentação jurídica possibilita um certo equilíbrio entre a correção na aplicação do direito e a legitimidade social da decisão.

A argumentação abre a decisão jurídica para outros valores transpositivos da sociedade. Ela permite introduzir na decisão valores de justificação que estão além dos textos legais. Oportuniza uma sensibilidade da decisão a outros valores sociais importantes. A argumentação possibilita inclusive ultrapassar a referência aos textos legais do passado – a lei deve ser sempre anterior ao fato – para encontrar justificativas também no futuro das prováveis consequências da decisão.

Mas que valores sociais são esses? Princípios morais ou valores éticos? Opinião pública ou eficiência econômica? O conteúdo substancial dos princípios do constitucionalismo ou os objetivos políticos do governo definidos democraticamente?

A situação atual é de disputa entre pelo menos três grandes concepções pós-positivistas de decisão jurídica – procedimentalismo, substancialismo e pragmatismo.

---

[1] Doutor em Direito, Professor do Programa de Mestrado em Direito da Faculdade de Direito do Sul de Minas, pesquisador líder do Grupo de Pesquisa Tertium Datur (PPGD/FDSM). Esta pesquisa foi realizada no âmbito do projeto "Decisão Jurídica e Democracia", com o apoio do CNPq.

Cada concepção procura recomendar um valor de orientação predominante para além do direito positivo. E dentro de cada uma dessas três concepções também há divergências a respeito dos valores que devem preponderar para a mediação argumentativa da tensão entre correção e legitimidade da decisão jurídica.

Todas essas questões colocam em cena um problema fundamental da decisão jurídica, que nós queremos chamar de problema do suplemento. Quer dizer, o problema da definição do valor exterior ao direito positivo que deve ser argumentativamente introduzido na decisão jurídica para construir a sua própria legitimidade em face das complexas e muitas vezes contraditórias exigências sociais. O suplemento é um valor exterior ao sistema de referência – no nosso caso, o sistema jurídico – que suplementa a ausência de um fundamento no sistema de referência da decisão, que presentifica o fundamento ausente da decisão. O suplemento é um "décimo segundo camelo" (Luhmann, 2004), um terceiro paradoxalmente incluído, um *tertium datur* da decisão jurídica.

Esse tipo de problema pode ser adequadamente observado com os aportes da teoria dos sistemas de Niklas Luhmann (1998; 2003; 2007). Primeiro porque a teoria dos sistemas não é uma teoria normativa, que procura recomendar um novo suplemento que "deve" ser observado e entrar, assim, na disputa com as demais concepções pós-positivistas de direito. Segundo porque essa teoria substitui o conceito de ação pelo conceito de comunicação, oportunizando um entendimento mais sensível à historicidade das estruturas e ideologias da sociedade moderna. E terceiro porque, com esses aportes teóricos, nós podemos desenvolver um tipo de conhecimento diferente, que procura ultrapassar o estilo ontológico de perguntas pela essência da decisão – "o que é uma decisão" -, para perguntar pelo como uma decisão constitui a diferença que lhe permite distinguir-se de todas as demais operações comunicativas da sociedade, quer dizer: como uma decisão se define a si mesma como decisão, a partir do estabelecimento de uma diferença, que ela mesma realiza, em relação a outras possibilidades de significação.

A decisão jurídica pode deixar de ser entendida somente como uma ação que faz algo – que aplica a lei ou que realiza o direito – ou como uma escolha entre alternativas ou possibilidades de decisão – que planeja ou que constitui o direito para os casos concretos. Mais do que uma ação ou uma escolha, a decisão jurídica é uma forma de observação. Uma forma de distinção que constitui dois mundos: o mundo universal do referido – o marked space de Spencer Brown (1979) – e um mundo poliversal daquilo que não é referido mas que, exatamente por isso, fica como um suposto implícito da legitimidade da decisão – o *unmarked space*.

Observar a decisão jurídica como uma forma de observação significa observar as distinções que ela supõe presentes na situação concreta. Significa observar observações, significa entender que todas as recomendações das teorias pós-positivistas da decisão jurídica são suplementos introduzidos criativamente no campo de observação da decisão e que as atuais disputas entre procedimentalistas, substancialistas e pragmatistas também exigem, paradoxalmente, uma decisão.

No que segue, procuraremos a) entender a decisão jurídica no contexto geral das teorias da decisão, substituindo a concepção tradicional de decisão como ação, pela concepção sistêmica de decisão como forma de observação/comunicação. Desse modo, tornar-se-á possível observar b) o paradoxo e c) as estratégias criativas de desdobramento por meio do recurso a suplementos de sentido. Em um segundo momento, pretendemos d) explicitar os principais suplementos recomendados pelas teorias da decisão jurídica desde a Escola da Exegese do Século XIX até os contemporâneos pós-positivismos jurídicos, bem como e) os suplementos mais utilizados na prática das decisões judiciais brasileiras. Por fim, esta investigação indicará f) um possível suplemento dos suplementos – um suplemento de segunda ordem – que se encontra implícito nas disputas pós-positivistas e que pode apresentar um adequado encaminhamento para as atuais disputas no campo das teorias da decisão jurídica: os ideais do Estado Democrático de Direito, em especial a mediação da tensão entre constitucionalismo e democracia.

Para tanto – e seguindo a perspectiva da teoria dos sistemas de Niklas Luhmann –, precisamos entender a decisão jurídica como uma operação de observação, realizada sob um âmbito especial de comunicação da sociedade – o sistema do direito – e sob o paradoxo de estar sempre referida, simultaneamente, à rede de decisões jurídicas anteriormente realizadas e ao ambiente do sistema do direito. Precisamente essa mediação do paradoxo entre auto e heterorreferência é realizada por uma consolidação histórica de sentidos que constitui a semântica do sistema jurídico. Nossa pesquisa vai caminhar, portanto, sobre essa semântica da decisão jurídica. E posto que a semântica do sistema – autodescrições – constitui, em relação às operações mais elementares do sistema, uma observação de terceira ordem, a nossa observação acontecerá no nível da quarta ordem.

## AÇÃO, ESCOLHA E DECISÃO

As teorias da decisão em geral entendem que a decisão é uma escolha entre alternativas de ação. A ação é definida como um ato de vontade. Logo, a decisão é definida como uma escolha voluntária entre alternativas de ação.

Uma primeira dificuldade de se entender a decisão jurídica no contexto das teorias da decisão em geral é que, no campo do direito, o ideal de segurança jurídica sempre exigiu um esforço no sentido de se evitar, precisamente, a existência de alternativas. Uma decisão jurídica concebida como uma escolha voluntária entre alternativas de ação já traz consigo o problema da arbitrariedade: o direito precisa ser aplicado, e não decidido. A sociedade moderna espera que o juiz apenas aplique o direito e não invente outras alternativas de ação. O juiz, responsável pela escolha entre alternativas de ação, não pode ter muita margem de escolha. E por isso a decisão jurídica, diferentemente das decisões econômicas, empresariais, políticas, científicas etc., teve que ser concebida como aplicação correta do direito e não como escolha voluntária de alternativas.

Desde a Escola da Exegese até a Jurisprudência dos Interesses, a decisão jurídica foi entendida como metodologia de aplicação do direito, e não como decisão. E até mesmo no neopositivismo lógico de Kelsen (2003), que foi o primeiro a relevar aquela inafastável margem de discricionariedade – a moldura do direito – na escolha da resposta correta do direito, a decisão jurídica foi entendida como um ato de vontade, um ato de poder na escolha de uma entre várias possibilidades de interpretação, em conformidade com uma competência previamente definida pelo direito positivo.

No pós-positivismo essas dificuldades se intensificam. A decisão jurídica precisa aplicar o direito previamente existente, mas precisa também levar em consideração todas as demais exigências sociais de moralidade, de eficiência econômica e de democracia – para sinalizar apenas as exigências mais evidentes. Então parece que agora a decisão jurídica não pode mais ser concebida apenas como aplicação correta do direito, tampouco pode ser concebida somente como uma metodologia de aplicação ou realização do direito. E também não pode mais ser concebida apenas como uma questão de interpretação ou de escolha entre alternativas de interpretação. A decisão jurídica, agora, precisa assumir que, tal como as decisões empresariais, econômicas, políticas, científicas etc., ela também está submetida a condições sociais de incerteza a respeito da escolha da alternativa jurídica correta.

As teorias da interpretação e da argumentação jurídica podem continuar a constituir e aprimorar seus métodos e seu procedimentos. Podem continuar a procurar um sempre mais alto grau de objetividade e racionalidade na decisão jurídica. Podem tanto isolar a vontade subjetiva e arbitrária do sujeito da decisão mediante métodos objetivos, quanto compartilhar procedimentalmente essa vontade subjetiva e arbitrária com a intersubjetividade de todos os possíveis afetados pela decisão. Mas o fato é que a decisão continua sendo entendida como uma escolha entre alternativas de ação. A escolha pode ser mais ou menos previsível – e portanto segura – ou pode ser mais ou menos aceita pela sociedade – e portanto legítima. O ideal é que ela seja ao mesmo tempo segura e legítima. E então a decisão jurídica fica entendida, em última análise, como uma escolha da alternativa jurídica que melhor realiza o equilíbrio entre, de um lado, a segurança da aplicação correta do direito previamente existente e, do outro, a legitimidade social dos fundamentos e das consequências da escolha.

Equilibrar a segurança da aplicação correta do direito positivo com a legitimidade social dos seus fundamentos e resultados práticos passou a constituir a escolha correta que as decisões jurídicas devem realizar. A divergência está nos métodos e procedimentos recomendados para se estabelecer essa escolha. Está nos valores que devem ser priorizados quando a correção formal da decisão colide com as exigências sociais de legitimidade. Em Alexy (1993, p. 193; 2008, p. 69; 2009, p. 85), por exemplo, estabelece-se uma graduação de valores preponderantes. Em Dworkin (1978, p. 72; 1986, p. 143; 2000, p. 173; 2002, p. 204), o peso de argumentos de princípio já são apresentados como mais importantes do que o peso dos argumentos de política – o peso dos objetivos políticos do governo. Em Habermas (1989; 2003), o consenso entre todos os possíveis afetados pela decisão desempenha um papel fundamental para esse equilíbrio entre correção e legitimidade. Posner (1983; 2003; 2008) sinaliza a preponderância da eficiência econômica e dos efeitos colaterais da decisão. Castanheira Neves, Lênio Streck, MacCormick, Müller e outros pós-positivistas apresentam outras concepções igualmente interessantes e importantes. No fundo de todas podemos observar, entre outras coisas, uma disputa entre os valores que devem preponderar na escolha da alternativa que melhor realiza o equilíbrio entre correção formal e legitimidade material da decisão jurídica.

Mas não queremos recomendar um outro valor preponderante para esse equilíbrio, para, assim, entrar na discussão. Tampouco vamos nos filiar a uma dessas concepções pós-positivistas. Na teoria dos sistemas de Niklas Luhmann nós encontramos um outro estilo de intelecção. A questão, para nós, não é como deve ser realizada uma decisão jurídica para melhor equilibrar a tensão entre correção formal e legitimidade material, mas sim entender como essas diversas concepções entendem a decisão jurídica indicando valores que "devem" prevalecer e excluindo outros que não devem prevalecer.

A hipótese geral da teoria dos sistemas é que no fundo dessa distinção entre indicação e distinção sempre há um paradoxo exigindo um desdobramento. Esses valores de desdobramento são por nós chamados de suplementos. Vamos agora revelar esse paradoxo da decisão jurídica e as estratégias de desdobramento por meio de suplementos para, depois, sinalizar os suplementos mais recorrentes nas teorias da decisão jurídica da sociedade moderna.

## O PARADOXO DA DECISÃO JURÍDICA

Se nós insistirmos nessa concepção de decisão jurídica como uma escolha entre alternativas, só poderíamos avançar indicando um novo valor preponderante de orientação – entrando assim na disputa pós-positivista – ou indicando um novo método ou procedimento de mediação entre os valores já indicados – assumindo assim a clássica e sempre convincente postura eclética. Mas nós podemos também entender a decisão jurídica como uma forma de distinção. Uma forma de distinção que indica algo excluindo todo o restante do mundo.

A pergunta que fazemos então é: o que uma decisão jurídica observa quando decide algo? Sim, a decisão jurídica observa os fatos e o direito. Mas observa também as exigências morais, éticas, a opinião pública, os objetivos políticos do governo, as exigências de eficiência econômica, as exigências da verdade científica, a experiência jurisprudencial dos tribunais, o direito comparado e mais um número infinito de possibilidades de variáveis objetivas e subjetivas que, sem dúvida, influenciam na própria percepção da alternativa que vai melhor realizar a mediação entre correção formal e legitimidade material da decisão. Então nós podemos insistir um pouco mais profundamente na pergunta: o que uma decisão jurídica observa para ser indicada como decisão jurídica? – diferenciando-se, assim, de todas as demais ações, escolhas e decisões da sociedade?

Em primeiro lugar, uma decisão só existe diante da necessidade de uma escolha entre alternativas igualmente possíveis (Luhmann, 2005b, 103; 2005c, p. 9). A aplicação pura e simples da lei naqueles casos fáceis, por exemplo, não seria propriamente uma decisão. A decisão, para ser decisão, precisa criar uma variação, precisa criar uma diferença na rede histórica de precedentes jurídicos. Por isso, a aplicação mecânica e subsuntiva da lei ao caso concreto não seria, a princípio, uma decisão jurídica.

Um olhar mais atento, contudo, permite observar que mesmo a decisão que apenas confirma um histórico de precedentes jurisprudenciais também é uma decisão, já que ela poderia ter criado uma diferença, poderia ter estabelecido uma divergência em relação ao histórico de precedentes, mas decidiu não fazê-lo. Manter-se dentro da linha de precedentes jurisprudenciais já é uma decisão. E também a decisão que pura e simplesmente aplica o direito também tem um conteúdo decisório, porque – como já demonstrado por Kelsen – tanto a definição do fato a ser subsumido, quanto a interpretação do direito a ser aplicado, sempre têm a possibilidade de ser realizada de modos diferentes. Até mesmo na pura subsunção, portanto, há a necessidade de pelo menos duas decisões: uma decisão sobre a interpretação correta do fato e outra sobre a interpretação correta da lei.

Em segundo lugar, uma decisão jurídica só é jurídica na medida em que ela decide entre possibilidades jurídicas de decisão. A decisão jurídica precisa, para manter a sua identidade jurídica, estar referida ao sistema do direito da sociedade. Uma decisão jurídica orientada a valores econômicos, políticos ou religiosos, por exemplo, já é uma decisão econômica, política ou religiosa, ainda que decidida por membros dos tribunais na função jurisdicional. Se uma decisão jurisdicional usa o código "governo/oposição" do sistema político, por exemplo, nós dizemos que essa decisão foi corrupta (Simioni e Miranda, 2005).

A corrupção das decisões aparece exatamente quando uma instância dessas decide com base em outros códigos. Quando por exemplo uma decisão do governo decide não com base na diferença entre governo e oposição, mas com base na diferença entre amigo e inimigo, parente e desconhecido, lucro e prejuízo etc. E isso pode ser observado em qualquer sistema de organização central vinculado a cada sistema/função da sociedade (Simioni e Miranda, 2005). E essa corrupção de códigos também pode ser observada como um problema de falta de diferenciação funcional ou "alopoiese" (Neves, 1994, p. 256), como também, sob uma hipótese colocada por Luhmann (2005a, p. 58), como uma questão de acoplamento estrutural entre uma forma funcionalmente diferenciada de sociedade – típica da Modernidade – e outra forma de sociedade estratificada – típica da Idade Média –, convivendo simultaneamente em países de modernidade periférica como o Brasil, que convive com formas modernas de organização social e ao mesmo tempo convive com sistemas feudais e favorecimentos pessoais em muitos âmbitos de decisão jurídica, política e econômica.

A decisão jurídica só é jurídica se ela faz referência ao código do sistema do direito. Independentemente do lugar ou da organização na qual ela é realizada, toda decisão que decide entre o direito e o não direito de uma situação é uma decisão jurídica. Naturalmente, os tribunais são organizações de decisões que têm a responsabilidade e o dever de decidir juridicamente. Mas a decisão jurídica não é uma exclusividade das sentenças e acórdãos jurisdicionais. A decisão jurídica pode acontecer em qualquer decisão da sociedade que decida orientada ao código do sistema jurídico, e não a outro sistema de referência.

Todos os sistemas sociais autopoiéticos como o Direito disponibilizam um código que garante a identidade do sistema (fechamento operacional) e um conjunto de programas decisórios que garantem a abertura do sistema aos eventos do ambiente. O código do direito é a diferença entre direito e não direito, e os seus programas decisórios são as normas jurídicas, que cristalizam expectativas sociais normativas (leis, precedentes, doutrinas, princípios, convenções etc.). A decisão jurídica mantém a sua identidade na medida em que ela faz referência ao código/programa do sistema do direito.

Podemos entender a decisão jurídica, portanto, como uma decisão que decide entre o direito e o não direito de uma situação social, segundo os programas do sistema jurídico, em condições de incerteza. E trata-se de uma incerteza referida não apenas ao futuro das consequências da decisão na sociedade – os efeitos colaterais –, mas também referida ao passado dos fatos e do direito – incerteza a respeito da verdade dos fatos, da sinceridade dos interlocutores, da definição e prova completa da situação acontecida, da interpretação correta das normas aplicáveis, da seleção da norma jurídica mais adequada ao caso e da própria consideração de todas as possíveis normas válidas aplicáveis ao caso.

Por mais seguro e previsível que seja o direito, sempre há uma inevitável margem de incerteza na operação de decisão jurídica. Sempre há uma incerteza na escolha da melhor ou mais adequada alternativa decisória. O que a decisão jurídica faz é tornar certa uma situação incerta. É dar uma resposta segura a uma situação insegura. Sempre é possível, portanto, encontrar a única resposta correta do direito. Mas essa resposta correta do direito só pode ser avaliada posteriormente à decisão. Antes da decisão jurídica, a situação sempre é de incerteza e de insegurança.

Por isso se torna necessário decidir. Já que o futuro sempre ainda é um horizonte incerto de possibilidades para a decisão, ela pode decidir chamando para si a responsabilidade pela construção da certeza. O fundamento da certeza da decisão, portanto, não está em outro lugar que na própria incerteza do futuro. Este é o fundamento paradoxal da decisão: transformar a incerteza em certeza (Luhmann, 2005b, p. 108).

Claro que, para esconder esse fundamento paradoxal, a decisão jurídica afirma seu fundamento com base nas normas jurídicas válidas. Mas a incerteza permanece também na referência às normas jurídicas válidas. Pois a própria validade da norma é uma questão de decisão: podem existir normas válidas e normas inválidas. Uma norma jurídica pode ser inválida por ser inconstitucional, derrogada, não aplicável etc. Então a decisão precisa validar a validade das normas que ela mesma afirma serem válidas para validar a si mesma (Luhmann, 2004, p. 36). Em outros termos, a decisão jurídica valida as normas que fundamentam a sua validade. E isso é um evidente paradoxo: a decisão jurídica justifica a sua validade com base em normas que ela mesma decidiu serem normas válidas e que, até então, possuíam uma validade incerta. A validade das normas possivelmente aplicáveis ao caso concreto sempre é uma questão incerta, sempre é uma questão de decisão. Por isso, mesmo quando uma decisão afirma a sua validade com base em normas jurídicas válidas, essa decisão também está decidindo sob condições de incerteza: a incerteza sobre a validade das normas escolhidas que, somente depois da decisão, torna-se uma validade certa.

Assim também acontece quando se trabalha sob a distinção entre regras e princípios. Veja-se que apesar de todos os esforços de Dworkin (1978) e Alexy (1993), a identificação do que é regra e do que é princípio é uma questão de argumentação e decisão. Os princípios são apresentados como os fundamentos das regras, enquanto as regras são apresentadas como expressão de princípios. E isso nada mais é do que uma tautologia que afirma um paradoxo autoconstitutivo: regras criam princípios, que criam regras, sem um fundamento exterior à própria circularidade da distinção entre regras e princípios (Magalhães, 1997, p. 246). Claro que para evitar esse paradoxo, Dworkin traça uma segunda distinção entre princípios de moralidade política e princípios de políticas públicas, como também Alexy traça uma segunda distinção entre princípios fundamentais positivados nos textos constitucionais e princípios implícitos. Mas a incerteza na identificação do que é princípio e o do que é regra permanece até o momento da decisão. A decisão decide também sobre o que é princípio e o que é regra. E isso significa que a identificação dos princípios e regras sempre é uma situação de incerteza que exige uma decisão.

A decisão existe, portanto, diante das situações de incerteza: incerteza sobre a descrição dos fatos, sobre a seleção e validade das normas aplicáveis, sobre o que é regra e o que é princípio. Uma decisão jurídica é uma decisão que decide sob condições de incerteza, sob a condição de existirem outras possibilidades de decisão. A decisão jurídica indica a si mesma como certa a partir da incerteza do ambiente. Ela usa, comunica e reproduz essa distinção entre certeza e incerteza. Indica a certeza para se distinguir da incerteza. Ela comunica a certeza não indicando a incerteza das condições sociais. A decisão jurídica traça uma distinção entre certeza – indicando a si mesma como certa – e incerteza – atribuindo a incerteza ao ambiente. Assim a decisão constitui a si mesma como uma certeza diante da incerteza do ambiente societal.

A incerteza do ambiente da decisão é comunicada na forma das alternativas de decisão. A incerteza é transformada pela decisão em alternativas de decisão indecidíveis a princípio. Em outras palavras, a decisão jurídica transforma a incerteza do ambiente em alternativas de decisão que são, a princípio, igualmente possíveis, igualmente justificáveis e igualmente escolhíveis. Desse modo, a decisão jurídica reduz a complexidade bruta do seu ambiente na forma de algumas alternativas de decisão, das quais uma deverá ser escolhida – a correta. Veja-se que a incerteza é mantida nessa primeira operação de escolha das alternativas decisórias. Há uma incerteza muito complexa no ambiente da decisão, a qual é reduzida e estruturada na forma de alternativas de decisão igualmente possíveis e igualmente justificáveis. A incerteza bruta do ambiente se transforma, assim, em incerteza estruturada.

A incerteza estruturada na forma de alternativas de decisão então pode ser transformada em certeza. Mas só pode de modo criativo. Pois aqui reside o paradoxo da decisão jurídica: a decisão jurídica precisa decidir o indecidível. Precisa decidir-se por uma alternativa decisória que ela mesma decidiu tratar-se de apenas uma alternativa entre outras igualmente possíveis. A decisão precisa escolher apenas uma alternativa em detrimento de todas as demais alternativas que, precisamente por serem alternativas, seriam igualmente possíveis de serem decididas. Em outras palavras, o paradoxo está no fato de que a decisão jurídica é necessária diante da impossibilidade de decisão. Exatamente pelo fato de não ser possível escolher uma alternativa em detrimento das outras igualmente possíveis é que se deve tomar uma decisão – e justificá-la como a correta (Luhmann, 1995).

A decisão jurídica transforma a incerteza bruta do ambiente em uma incerteza estruturada na forma de alternativas que ela mesma decide serem alternativas igualmente possíveis. Mas a própria seleção das alternativas de decisão já é uma decisão. A decisão então decide sobre o seu próprio decidir. Decide sobre o que ela mesma já havia decidido. Ela escolhe uma alternativa dentre as alternativas que ela mesma decidiu tratar-se de alternativas. Este é o paradoxo da decisão: decidir o indecidível, decidir sobre a sua própria impossibilidade de decisão, decidir pela escolha de apenas uma alternativa em detrimento das demais alternativas que a própria decisão decidiu tratar-se de alternativas possíveis.

Toda decisão, portanto, contém seu próprio contrário. Toda decisão repousa sob esse fundamento paradoxal. Toda decisão pressupõe que, até o momento da escolha de uma e não outra alternativa, não era possível uma decisão. A decisão então escolhe uma das alternativas e comunica a alternativa escolhida na forma da certeza. É como se ela esquecesse – ou fizesse esquecer – que a alternativa escolhida na forma da certeza veio de uma lista, por ela mesma decidida, de alternativas incertas até o momento da escolha. Ou, utilizando a linguagem de Spencer Brown (1979), a decisão indica as alternativas decisórias como certas diante da incerteza do ambiente, para depois indicar a alternativa escolhida como certa diante da incerteza das alternativas. A decisão traça essa diferença entre certeza e incerteza para escolher as alternativas certas – e não escolher as incertas -, para depois escolher apenas uma, a certa – e não escolher as incertas, que até então eram certas. A reentrada da distinção naquilo que ela mesma distinguiu fica evidente nessa operação de indicação e distinção: a indicação da alternativa escolhida no lado da certeza opera simultaneamente a distinção dessa alternativa escolhida em relação às demais, que depois disso só podem ser incertas. A decisão estabelece ela mesma a distinção entre certeza e incerteza para poder escolher a alternativa certa em detrimento das demais incertas que, paradoxalmente, eram alternativas certas diante da incerteza do ambiente. E isso nada mais é que um outro modo de se dizer que, até o momento da escolha – da decisão –, a decisão era impossível de ser decidida.

Em síntese, a decisão transforma a incerteza altamente complexa do ambiente em alternativas estruturadas de decisão, diante das quais apenas uma será escolhida para ser comunicada na forma da certeza. E isso significa que, diante da impossibilidade de se ter certeza sobre qual é a alternativa certa, a decisão precisa decidir. Precisa traçar aquela diferença entre certeza e incerteza. Precisa indicar a certeza da alternativa escolhida, distinguindo-a da incerteza das demais alternativas preteridas.

Mas ela não indica a distinção mesma entre certeza e incerteza. Ela não pode observar a distinção mesma entre certeza e incerteza. Do mesmo modo que um observador não observa a sua própria observação, também a decisão que distingue a certeza da incerteza não pode observar essa distinção. Para observá-la, seria necessária outra distinção. Seria necessário desdobrar o paradoxo da auto-observação. Seria necessário, portanto, o uso de uma distinção suplementar, um suplemento. Somente nesse nível do suplemento nós encontramos os motivos que levam uma decisão a observar a si mesma como certa. Nesse nível, que é o nível da auto-observação, nós encontramos as operações que permitem desdobrar o paradoxo da impossibilidade de se decidir sobre a diferença entre a certeza e a incerteza utilizada na decisão.

## O SUPLEMENTO

Uma decisão não tem condições de certeza para decidir sobre sobre a diferença entre certeza e incerteza. Ou – o que é o mesmo – uma decisão sempre está submetida a condições de incerteza para decidir sobre a diferença entre a certeza e a incerteza. O paradoxo da decisão se revela então na simples – e ingênua – pergunta pela certeza da incerteza. A única certeza que a decisão pode ter é que ela está decidindo sob condições de incerteza. Está decidindo sob condições arriscadas – se diz hoje. No entanto, as decisões seguem decidindo. Porque não decidir também já é uma decisão. Não decidir também já constitui uma escolha entre as alternativa incertas de se decidir agora, diferir a decisão ou deixar que outra pessoa decida em seu lugar.

A decisão sempre repousa sob esse paradoxo da sua própria impossibilidade de decisão. Exatamente por ser impossível, a decisão precisa decidir. Exatamente por não ser possível escolher com certeza qual é a alternativa certa, a decisão precisa criar essa certeza para atribuir todo o restante ao outro lado da forma da certeza: a incerteza. Exatamente por faltar a certeza na escolha das alternativas certas, a decisão escolhe a certa dizendo que as outras são incertas. E somente depois, em uma próxima operação, será possível decidir-se que a alternativa escolhida foi realmente a certa ou a incerta. Pois o cruzamento da forma da diferença entre certeza e incerteza pressupõe tempo (Spencer Brown, 1979, p. 59), pressupõe uma nova operação de decisão. Mas uma nova operação de decisão continua repousando sob o mesmo paradoxo de não possuir condições de certeza para decidir sobre a certeza ou incerteza. Novas decisões podem substituir as velhas decisões. Novas decisões podem inovar ou confirmar as pretéritas. Mas também as novas decisões continuam decidindo sob a sua própria impossibilidade de decidir.

O paradoxo torna necessário um algo a mais. Ele exige um fundamento, uma justificação para além do campo de referência, uma justificação para além da diferença entre certeza e incerteza. O paradoxo exige uma transcendentalização do sistema de referência. Exige um salto para fora, um salto para o além. Exige a introdução de um valor externo ao sistema de referência, capaz de assimetrizar a forma simétrica da possibilidade impossível ou da certeza incerta. O paradoxo exige a referência a um suplemento, a um valor provisório, criativo, que não faz parte dos elementos do sistema até a decisão usá-lo como um trunfo, uma carta na manga, um elemento tomado de empréstimo do ambiente para suplementar a incompletude do sistema de referência. Luhmann (2004) utiliza a metáfora do décimo segundo camelo para se referir a esse suplemento. Dupuy (2001, p. 303) fala em autotranscendência. Hofstadter (1999, p. 688) utiliza o conceito de *strange loops* ou *tangled hierarchies*. Na Física, fala-se em valores-Eigen ou autovalores (Foerster, 1996, p. 157). Derrida usa o termo suplemento e é dele que tomamos essa conceituação.[2] Mas o alcance intelectivo desse conceito aparece mesmo na teoria dos sistemas de Luhmann.

Um suplemento é uma construção imaginária, sempre provisória, que um observador realiza para observar a sua própria observação.[3] As decisões em geral precisam de suplementos para poderem observar a distinção entre certeza e incerteza que elas mesmas empregaram. Como se trata de uma distinção de segundo grau, o suplemento é uma forma de cruzamento da distinção entre certeza e incerteza da decisão, que produz tempo (Spencer-Brown, 1979, p. 59).

Uma decisão política, por exemplo, que decide sobre programas políticos, sempre seleciona uma política pública como a alternativa certa para não selecionar outras políticas públicas incertas. Mas como essa decisão pode observar a si mesma como

---

[2] Para Derrida (2004, p. 178), "acrescentando-se ou substituindo-se, o suplemento é exterior, fora da positividade à qual se ajunta, estranho ao que, para ser por ele substituído, deve ser distinto dele. Diferentemente do complemento, afirmam os dicionários, o suplemento é uma 'adição exterior'". Observa-se também esta passagem de Derrida (2007, p. 109-110): "sem estar aí imediatamente presente, ela [a violência] aí está substituída (vertreten), representada pelo suplemento de um substituto. O esquecimento da violência originária se produz, se abriga e se estende nessa *différance*, no movimento que substitui a presença (a presença imediata da violência identificável como tal, em seus traços e em seu espírito), nessa representatividade *différantielle*".

[3] Em outra ocasião explicamos: "Em termos lógicos, o suplemento é um terceiro paradoxalmente incluído. E em termos ontológicos, o suplemento é um valor transcendente presentificado na decisão: é um ser que está e não está ao mesmo tempo na decisão. É um valor transcendente que presentifica o ausente, operando aquilo que Derrida (2002, p. 233) chama de cumplicidade metafísica. Poder-se-ia dizer também que o suplemento é uma simbolização do fundamento ausente no sistema de referência. É um símbolo que torna presente, na decisão, o fundamento que só pode ser encontrado mais além de si mesmo" (Simioni e Pereira, 2009).

certa? A resposta está no suplemento, no valor de reflexão do sistema de referência: por suposto, a opinião pública. Veja-se que uma decisão política que decide pela preferência de uma e não outras políticas públicas sempre vai estar atribuída ao código da diferença entre governo e oposição – salvo se a decisão for corrupta. Uma decisão política do governo pode procurar as finalidades políticas do seu programa para justificar a certeza da decisão. Mas a própria oposição pode apresentar bons motivos para demonstrar a incerteza da decisão do governo a respeito das finalidades políticas da comunidade. A saída desse paradoxo da decisão política, hoje, é a referência à opinião pública. Estar em consonância com a opinião pública suplementa a impossibilidade de se decidir sobre a certeza ou incerteza da decisão política.

Também no campo das decisões econômicas tornam-se necessários suplementos. Uma decisão que decide sobre pagar ou não pagar por um bem só pode ser considerada certa se houver uma construção imaginária de elementos exteriores a si mesma. Referências simbióticas como a fome, sede ou outra necessidade vital funcionam bem aqui. Mas as referências simbólicas como o lucro, o desenvolvimento, a eficiência, a otimização, a sustentabilidade, são os suplementos mais recorrentes.

No sistema da ciência da sociedade também se tomam decisões. Desde a decisão entre desenvolver pesquisas sobre nanotecnologia ou células tronco, até a decisão entre estudar filosofia antiga ou moderna, há uma iniludível incerteza que exige suplementos – observa-se o paradoxo nessa afirmação: há uma certeza evidente de que há incerteza. Naturalmente, esses exemplos são grosseiros. Pensamos neste texto que agora se apresenta na forma da comunicação científica. Poderíamos justamente pensar se a decisão que nos levou a escolher a teoria dos sistemas como referencial teórico de base para esta pesquisa sobre a decisão jurídica foi uma decisão certa. E para responder a essa questão, só podemos afirmar, com um suplemento externo à própria ciência, que o alcance intelectivo dessa teoria é superior às demais teorias pós-positivistas da decisão jurídica. Mas afinal, o que é um alcance intelectivo senão um suplemento ao problema da decisão entre a verdade e a falsidade?

Com esses três exemplos nós demonstramos que a questão do suplemento não é uma exclusividade das decisões jurídicas. Os suplementos são necessários para o desdobramento do paradoxo de todas as decisões da sociedade. Vamos ver agora os principais suplementos recomendados pelas teorias da decisão jurídica da sociedade moderna.

## OS SUPLEMENTOS NAS TEORIAS DA DECISÃO JURÍDICA: DO POSITIVISMO CLÁSSICO AO NEOPOSITIVISMO LÓGICO DE KELSEN

Queremos nos concentrar nas teorias da decisão jurídica da sociedade moderna, da sociedade ocidental pós-revolução francesa. Pois é no início da modernidade que se celebra a decadência das concepções jusnaturalistas e o início da supremacia dos positivismos jurídicos.

O jusnaturalismo acreditava na existência metafísica de um direito válido de modo tanto universal (válido em todos os lugares) quanto perpétuo (válido em todos os tempos). E ele também desconsiderava a existência de diferenças importantes entre normas jurídicas, morais, éticas e religiosas. Mas um direito natural válido universalmente já havia se tornado incompatível com uma sociedade na qual a fragmentação dos direitos e das jurisdições começava a se tornar uma questão política (Tarello, 1976, p. 28). E também a crença em um direito natural perpétuo não se sustentava mais diante da possibilidade, e sobretudo da necessidade iluminista, de romper com as tradições normativas da Idade Média. O jusnaturalismo foi uma concepção suficiente para as sociedades estratificadas da Idade Média, mas diante das novas exigências da sociedade moderna, somente os positivismos conseguiram garantir aquele ideal de segurança jurídica e previsibilidade nas respostas do direito de um modo mais objetivo.

A primeira concepção moderna de decisão jurídica foi aquela arquitetada no âmbito da Escola da Exegese, no início do Século XIX, que nós chamamos de positivismo clássico. A decisão jurídica, nessa concepção, era entendida como a operação de aplicação da lei positivada. Seguindo os ideias da Revolução Francesa e do Iluminismo burguês, a decisão jurídica na Escola da Exegese era proibida de criar o direito para além daquilo que já estava legitimamente constituído pelo Legislativo. Havia um dever de fidelidade da decisão à *lettre de la loi* de modo que ela não poderia ser mais do que "la bouche qui prononce lês paroles de la loi" (Montesquieu, 1927, p. 154). Ao juiz não era lícito sequer interpretar o texto do Código de Napoleão, pois qualquer interpretação poderia alterar o espírito do Legislador e, assim, violar a importante separação entre as funções do Estado.

A Escola da Exegese teve o mérito de romper com a subjetividade do jusnaturalismo da Idade Média, como também resolveu os problemas da multijurisdicionalidade – um direito e uma respectiva jurisdição diferente para cada estrato social -, e da fragmentação dos direitos costumeiros. Mas na prática, essa concepção era constantemente desafiada pelo problema das lacunas. Acreditava-se que a codificação poderia exaurir todas as situações práticas de modo a se evitar lacunas jurídicas. Contudo, esse ideal nunca foi alcançado e a decisão jurídica precisava, contra todas as recomendações normativas da Escola da Exegese, criar um direito além dos textos legais para aplicá-lo ao caso concreto.

Logo então surgiram suplementos, quer dizer, logo foram criados recursos simbólicos para tornar possível a decisão jurídica mesmo diante de situações imprevistas pelo direito. Esses suplementos, presentes nas decisões jurídicas da Escola da Exegese, são primariamente a vontade do legislador e a argumentação narrativa dos fatos de modo a encaixá-los nas situações legais previsíveis. Em outros termos, como a única fonte válida de direito eram os textos legais positivados, a decisão jurídica, para continuar a ser apenas "a boca que pronuncia as palavras da leis", construía a narrativa do fato de modo a evitar problemas de subsunção à lei. E qualquer dificuldade de subsunção – lacunas – era então resolvido pelo recurso à vontade do legislador.

Mas ao mesmo tempo em que na França a Escola da Exegese era a concepção dominante de decisão jurídica, na Alemanha vigorava uma outra concepção, menos positivista e mais hermenêutica: a Escola Histórica do Direito de Savigny. Essa concepção criticava o iluminismo francês e pugnava por uma compreensão histórica e cultural do direito. Para ela, o problema da decisão jurídica não era apenas de aplicação formal do direito, mas também uma questão de verdade material sobre o direito. Saber o significado verdadeiro do direito exigia uma compreensão histórica e cultural e não apenas uma leitura dos textos legais vigentes.

Por esses motivos, a Escola Histórica do Direito vai recomendar outros suplementos para os casos de lacunas – na época nem se cogitavam os problemas de colisão de preceitos fundamentais: em vez da vontade do legislador como fundamento político do direito, o recurso argumentativo remete aos costumes, à consuetude da comunidade, ao Volksgeist (Savigny, 1855, p. 15), ao espírito comunitário do povo. Assim, o fundamento político do direito não vai mais ser a vontade do legislador, mas sim as consuetudes históricas e culturais. E o direito não vai mais estar no código, vai estar no espírito comunitário do povo. Além disso, a criação do direito não vai ser mais uma questão política atribuída especificamente ao legislativo, mas sim uma questão científica de se encontrar o verdadeiro direito na história e na cultura da comunidade.

Com as contribuições da concepção finalística de Jhering, a Escola Histórica do Direito incorporou mais um suplemento importante. Pois com Jhering, além da referência aos costumes históricos que constituem o espírito comunitário do povo, a decisão jurídica precisa estar atenta também para a finalidade do direito, que segundo Jhering (2002, p. 98 e 294) era a promoção das condições necessárias para uma vida plena e para o bem-estar social – hoje nós falamos em dignidade da vida.

As contribuições de Jhering promoveram uma ruptura importante nas concepções de decisão jurídica da Escola Histórica. Com Jhering, tornou-se possível pensar nos objetivos práticos do direito, fazendo com que a Escola Histórica se dividisse em duas concepções rivais no início do Século XX: a jurisprudência dos conceitos e a jurisprudência dos interesses. Para a jurisprudência dos conceitos, o principal suplemento está na pretensão de verdade dos métodos científicos dedutivos, enquanto para a jurisprudência dos interesses, o suplemento está na finalidade do direito: a promoção das condições necessárias para uma vida plena e bem-estar social. A decisão jurídica deixa de ser uma questão de pura aplicação de leis escritas para ser uma questão de realização da finalidade do direito.

Não podemos nos aprofundar nessas concepções de decisão jurídica, que foram as mais influentes do século XIX até a metade do século XX. Há também o movimento do direito livre, cujo suplemento aponta para um ideal de justiça material como crítica ao formalismo tanto da Exegese quanto da jurisprudência dos conceitos. Mas precisamos destacar a teoria pura do direito de Kelsen, que foi a concepção de decisão jurídica mais influente na Europa continental e na América do Sul, na segunda metade do século XX.

Para Kelsen, o direito não pode estar nem nos textos legais, tampouco na vontade do legislador – como acontecia na tradição do positivismo clássico. Tampouco o direito estava nas descrições sociológicas dos interesses, segundo a jurisprudência dos interesses. Na teoria pura de Kelsen o direito está na norma jurídica, que deve ser o resultado da interpretação lógico-sintática dos textos legais.

Como a teoria pura de Kelsen já é bastante conhecida, nós podemos ir direto para o seu suplemento. A primeira vista, o suplemento parece ser aquela concepção de norma fundamental. Mas a norma fundamental, na teoria de Kelsen (2003, p. 221 e 243; 1986, p. 329), não desempenha essa função de suplemento argumentativo. Isso porque a norma fundamental não possui nenhum conteúdo material. Ela apenas é uma hipótese lógica ou ficção puramente formal, necessária para satisfazer a necessidade de um fundamento – tal como a proposição hipotético-fundamental da matemática de Bertrand Russell. Nós vemos o verdadeiro suplemento da decisão jurídica, na concepção teórica de Kelsen, na ideia de Estado como personificação da ordem jurídica.

A referência ao Estado e sua organização na forma de normas de competência (Kelsen, 2003, p. 264; 2000, p. 209) resolve uma série de problemas de indeterminação do sistema jurídico. Com efeito, a competência resolve tanto as indeterminações de sentido produzidas pela dedução do nível das normas superiores para as inferiores, quanto a indeterminação na averiguação dos fatos e no juízo de "coincidência" entre esses fatos e o conteúdo normativo do direito a ser aplicado.

Também para a indeterminação da descrição dos fatos Kelsen aponta para uma "função do tribunal" (2003, p. 265; 2000, p. 211), quer dizer, a uma competência definida por uma norma superior. Pois já que a decisão constitui também os fatos da causa, já que a determinação do sentido dos fatos *sub judice* também é uma decisão entre os vários sentidos possíveis dos fatos, os tribunais que detém competência para decidir podem decidir também sobre a descrição dos fatos, sobre o sentido dos fatos.

A competência funciona aqui na teoria pura como o grande cavalo de troia da argumentação jurídica. Ela é o suplemento que permite responder à questão da validade da escolha de uma descrição dos fatos em detrimento de todas as outras possíveis, bem como da escolha de um sentido da norma em detrimento dos outros, além do próprio juízo de coincidência entre a descrição dos fatos e a proposição normativa do direito.

O neopositivismo sintático de Kelsen foi uma teoria muito bem sucedida para as exigências de um direito seguro e previsível em uma sociedade cada vez mais dinâmica e mutável. E o problema da inafastabilidade do poder arbitrário na decisão jurídica inaugurou uma série de novos questionamentos a respeito da adequação e correção das decisões. Se mesmo com todo o rigor lógico-formal do neopositivismo de Kelsen sempre há uma margem formal de discricionariedade na decisão jurídica, então essa margem deve ser reduzida por meio de uma argumentação baseada em valores materiais.

Por isso que, depois da Teoria Pura do Direito, as teorias da argumentação jurídica conquistaram uma importância central para a prática das decisões jurídicas. Não só a tópica retórica foi resgatada e atualizada na década de 50 (Viehweg, Perelman), como também logo surgiram concepções substancialistas (Hart, Raz, Dworkin, Castanheira Neves, Müller) e procedimentalistas (Alexy, Günther, Habermas), todas elas procurando justificar modos de lidar com essas complicadas relações entre direito e sociedade na prática das decisões jurídicas e inaugurando, desse modo, aquilo que hoje se convencionou chamar de pós-positivismo jurídico.

## PÓS-POSITIVISMO E OS SUPLEMENTOS CONTEMPORÂNEOS

Kelsen ofereceu uma resposta satisfatória ao grande problema da sua época, que era o problema da necessidade de um direito seguro e ao mesmo tempo modificável para se adaptar às constantes transformações sociais da sociedade do Século XX.

No que tange à interpretação e à decisão jurídica, contudo, a teoria pura do direito revelou exatamente o caráter juridicamente arbitrário da decisão. A teoria pura demonstrou, com todos os aportes do neopositivismo lógico, que todo ato de decisão jurídica sempre carrega consigo uma subjetividade que só se justifica na medida em que essa decisão foi proferida por um órgão do Estado competente para isso. Quer dizer, aquele velho ideal de uma resposta correta no direito, de uma decisão justa, de uma decisão acertada, não apenas caiu por terra junto com toda a metafísica jusnaturalista, mas mais que isso: a teoria pura do direito demonstrou que a decisão jurídica possui um déficit de legitimidade que só pode ser suplementado pelas normas que definem as competências para as decisões. No fundo, uma decisão jurídica pode ser considerada juridicamente correta na medida em que foi decidia pelo órgão que o ordenamento jurídico atribui competência, independentemente de ser uma decisão justa, correta ou adequada. Este é o grande problema. E é precisamente isso que vai motivar todo o movimento conhecido hoje como pós-positivismo jurídico.

Exatamente nesse complexo marco teórico, o pós-positivismo – apesar das sérias divergências internas – vai procurar superar o normativismo analítico de Kelsen com a introdução dos princípios morais e valores éticos para dentro do direito positivo, por meio da distinção de Hart (1997, p. 102) entre justificação interna e externa – *internal point of view* e *external point of view*. Assim, de um modo geral, todas as concepções pós-positivistas vão propor uma teoria da argumentação jurídica como o meio pelo qual a decisão jurídica pode articular tanto as justificações internas da validade das normas, quanto as justificações externas das exigências dos princípios morais e valores éticos.

A teoria pura do direito de Kelsen comprovou que, por mais rigorosa que seja a linguagem da norma jurídica, todo ato de interpretação produz indeterminações, toda passagem do nível da norma geral e abstrata para o nível da norma particular produz indeterminações de sentido (Kelsen, 1986, p. 306; 2003, p. 389). De modo que a escolha de um entre os vários sentidos igualmente possíveis da norma jurídica não é apenas um ato de vontade subjetivo, mas também um ato de vontade arbitrário, uma escolha realizada e passível de justificação apenas com base em critérios não jurídicos, como por exemplo, critérios políticos ou morais.

O problema é que qualquer tentativa de reintrodução de critérios políticos ou morais para a decisão jurídica implica em uma contaminação do direito, isto é, implica uma rejusnaturalização, um retorno àquela pesada metafísica do jusnaturalismo. Então as alternativas para o futuro de uma concepção teórica pós-positivista do direito parecem ser: ou se opta pela segurança linguística do neopositivismo jurídico de Kelsen; ou se opta pela justiça material segundo a imagem metafísica do direito, em uma espécie de resgate do jusnaturalismo. Entretanto, a opção pela segurança linguística não satisfaz as exigências de justiça material. Bem como a opção pela justiça material não satisfaz a segurança linguística, que também é importante no direito. O objetivo pós-positivista, então, tornou-se bastante claro: como manter as conquistas do neopositivismo jurídico, mas estabelecendo ao mesmo tempo relações com os princípios morais e valores éticos, que também são importantes para a garantia do ideal da justiça na prática das decisões jurídicas?

Diante desse cenário, então, surgiu a necessidade da construção de critérios racionais para as decisões jurídicas poderem justificar suas escolhas. A questão era como introduzir critérios exteriores ao direito (moral, ética etc.) na justificação das decisões jurídicas sem que isso comprometesse a própria operacionalidade do direito, quer dizer, sem que isso configurasse um afastar-se da norma jurídica, sem que isso configurasse uma "contaminação" dos critérios jurídicos por critérios morais, políticos, econômicos, religiosos etc.

A solução veio de modo mais ou menos acidental: traça-se uma distinção entre decisão jurídica e argumentação, de modo que no âmbito da decisão ficam alocados todos os recursos teóricos da interpretação e da metodologia analítica do direito, enquanto que no âmbito da argumentação ficam atribuídos todos os valores e princípios substanciais de razão prática para a justificação das escolhas operadas no âmbito da decisão.

Veja-se que aquela ideia tradicional de decisão, como uma mera aplicação mecânica da lei, caiu por terra com a Teoria Pura do Direito de Kelsen. Depois de Kelsen, ficou muito claro que a decisão jurídica não é apenas uma aplicação do direito, mas sim um ato de criação de uma norma jurídica individual para o caso concreto. A decisão jurídica não é só um juízo de subsunção de um fato concreto a uma norma jurídica geral e abstrata: a decisão escolhe tanto uma entre várias narrativas possíveis do fato concreto, quanto um entre vários sentidos possíveis do direito. A decisão, portanto, cria tanto o fato quanto o direito. Ela é uma continuidade do processo de criação de normas jurídicas. E por esse motivo, esse ato de escolha, que constitui tanto o fato quanto o direito, exige muito mais do que uma fundamentação baseada apenas na norma jurídica, apenas na lei.

Claro que existem situações que são simples, que são casos fáceis, cuja decisão pode estar justificada apenas na norma jurídica positiva. Mas existem casos difíceis, cuja decisão tem que escolher um entre os vários sentidos possíveis da norma jurídica. E nesses casos, já não é mais suficiente a justificação dessa escolha com base na própria norma jurídica. Nesses casos, torna-se necessário saltar fora do direito para buscar lá na razão prática, lá nos princípios morais, nos valores éticos ou nos ideais políticos de justiça e equidade, os argumentos capazes de produzir justificações convincentes de que a escolha realizada pela decisão jurídica foi adequada ou correta.

Precisamente essa necessidade de justificação convincente de uma escolha que, do ponto de vista estritamente jurídico, não seria possível justificar, foi o motivo que oportunizou e provocou o desenvolvimento das teorias da argumentação jurídica – que são praticamente sinônimas de pós-positivismo. Quer dizer, teorias com a pretensão de constituir critérios de justificação prática e racional de decisões jurídicas, mediante a convocação de valores ou princípios exteriores ao direito positivo, valores ou princípios transpositivos, que constituem o próprio sentido da interpretação autêntica dos textos legais e constitucionais.

As teorias da argumentação jurídica tornaram-se, assim, meios de conexão entre o formalismo do direito e a materialidade dos valores e princípios sociais (moral, ética, política etc.). E ao mesmo tempo, as teorias da argumentação apresentaram-se como importantes formas de mediação entre uma razão pura (teórica, formal) e uma razão prática (normativa, material). Desse modo, por meio das teorias da argumentação jurídica, tornou-se possível manter a estrutura lógica e formal do ordenamento jurídico, construída por Kelsen, e anexar a ela as considerações de razão prática.

Entretanto, essa mediação entre razão pura e razão prática não aconteceu de modo completo. A mediação foi parcial, como se as teorias da argumentação fossem apenas acessórios, apenas próteses, apenas suplementos utilizáveis só para os casos difíceis e não para os casos fáceis. As teorias da argumentação, ao menos inicialmente, apresentaram-se na forma de uma prótese da decisão jurídica, na forma de um complemento argumentativo, de um acessório somente utilizado diante de situações difíceis, diante de casos difíceis.

Quer dizer, o direito continua exatamente como Kelsen o formulou, com suas estruturas lógicas formais, com sua hierarquia normativa e com a interpretação jurídica baseada em uma razão puramente teorética que apenas deve limitar-se a explicitar os diversos sentidos possíveis do direito e dos fatos. Mas diante do problema da escolha (decisão) de um desses sentidos para o caso concreto, que para Kelsen se trata de um ato de vontade ou um ato de poder realizado segundo critérios não jurídicos – critérios políticos, morais etc. –, abre-se um vasto horizonte de investigação: como é possível convocar para o direito os valores exteriores ao direito sem que isso implique em um retorno ao jusnaturalismo?

A resposta a essa questão veio com o pós-positivismo e suas teorias da argumentação jurídica, quer dizer, a resposta a essa questão é a seguinte: é possível reintroduzir no direito aqueles valores e princípios exteriores à concepção formal de ordenamento jurídico por meio da argumentação jurídica?

Uma série de distinções foram então criadas. A diferença entre casos fáceis e casos difíceis é uma delas, que permitiu justificar o fato de que, para casos fáceis, continua-se aplicando o direito como sempre foi aplicado. E somente para os casos difíceis – exatamente por serem difíceis – justifica-se uma escapada do normativismo do direito para encontrar fundamentos morais ou políticos ou quaisquer outros fundamentos exteriores ao direito, que agora podem ser convocados pela decisão jurídica por meio da argumentação.

Outra distinção importante, ao lado desta entre casos fáceis e difíceis, foi a distinção entre princípios e regras. Hoje quase nem mais se fala em norma jurídica. Existem normas que são regras e existem normas que são princípios. Regras que regulam e princípios que ordenam. Cria-se, assim, uma espécie de ordenamento do ordenamento jurídico, um ordenamento paralelo ao ordenamento jurídico, para resolver os problemas de colisão. Em tese, essa distinção funciona. O problema é que os critérios para se decidir sobre o que é uma regra e o que é um princípio também precisam ser igualmente fundamentados em uma sempre cada vez mais alta ou cada vez mais a priori distinção entre regras e princípios.

De qualquer modo, podemos sintetizar os suplementos de cada uma das principais concepções pós-positivistas de decisão jurídica: para o procedimentalismo de Habermas (2003), o suplemento é o consenso obtido sob condições ideais de discussão, procedimentalmente constituídas; para o procedimentalismo de Alexy (1993), os discursos prático-morais; para o substancialismo de Dworkin (1986), o suplemento está nas convicções de moralidade política da comunidade; para o substancialismo de Streck (2009), o horizonte da interpretação autêntica da Constituição constitui um sofisticado suplemento; para o pragmatismo de Posner (2008), a eficiência econômica e a reflexão sobre as consequências da decisão; para o jurisprudencialismo de Castanheira Neves (1993), o suplemento está na dialética entre a intencionalidade hermenêutica do caso concreto e os princípios substanciais suscitados por ela.

## OS SUPLEMENTOS NA PRÁTICA DAS DECISÕES JURÍDICAS BRASILEIRAS E AS COLISÕES DE SEGUNDA ORDEM

Há outras concepções pós-positivistas de decisão jurídica não tão conhecidas quanto essas acima indicadas. Mas na prática das decisões jurídicas brasileiras, o que prevalece mesmo são os seguintes valores simbólicos de orientação e justificação:

O campo de orientação 1 representa os valores mais recorrentes nas concepções positivistas clássicas. O campo de orientação 2 expressa os valores mais recorrentes nas concepções procedimentalistas. Já o campo de orientação 3 revela os valores predominantes nas concepções substancialistas. E por fim, o campo de orientação 4 representa os valores mais recorrentes nas concepções pragmatistas. Por suposto, a jurisdição brasileira – como em geral no mundo ocidental – observa predominantemente o campo de orientação 1 e recorre aos demais campos apenas nos casos difíceis, apenas nos casos de lacuna, colisões ou falta de respostas convincentes no campo de orientação 1.

Como se pode ver, entre esses quatro campos de orientação podem ocorrer colisões. Mais do que uma questão de ponderação, de consenso ou de afirmação de princípios de moralidade política da comunidade, a decisão jurídica pode se deparar com essas colisões de segunda ordem, com essas colisões entre os próprios suplementos recomendados por cada uma das concepções pós-positivas de decisão jurídica.

Com o procedimentalismo de Alexy, poder-se-ia recomendar o estabelecimento de uma graduação entre os valores em colisão, atribuindo um peso relativo a cada valor para realizar uma ponderação de modo a justificar qual deve prevalecer no caso concreto. Já com o procedimentalismo de Habermas, seria necessária uma discussão pública livre e democrática com vistas ao consenso sobre os valores adequados à situação concreta. Por outro lado, com o substancialismo de Dworkin seria necessária a justificação de um princípio de moralidade política em um nível tão alto quanto a necessidade de coerência e integridade entre os valores em questão. E com o pragmatismo de Posner, a eficiência econômica e os prováveis efeitos colaterais do valor hipoteticamente escolhido seria o valor de reflexão sobre qual orientação a decisão jurídica deverá seguir.

Mas independentemente da concepção pós-positivista escolhida, sempre haverá a possibilidade de crítica. Sempre haverá a possibilidade de se estabelecer cruzamentos entre essas diversas concepções para revelar a persistência da colisão nesse nível de segunda ordem. Contra a concepção procedimentalista, por exemplo, o substancialismo sempre poderá afirmar a existência de princípios mais importantes do que os efêmeros e provisórios consensos democráticos. Como também o procedimentalismo sempre poderá afirmar, contra o substancialismo, que a distinção entre questões de princípio e questões de políticas públicas ou objetivos democráticos sempre vai exigir consenso democrático como condição de legitimidade. Quer dizer, as soluções sempre exigem graus mais elevados de suplementariedade. Sempre exigem novos suplementos que só podem ser encontrados mais além do nível de colisão entre os valores em questão.

Para resolver essas colisões de segunda ordem é necessário um novo suplemento. Um interessante caminho para isso parece ser o valor "Estado Democrático de Direito". Isso porque o EDD é constituído por uma tensão entre constitucionalismo e democracia que deve ser constantemente equilibrada. E a ideia de EDD, como equilíbrio entre constitucionalismo e democracia, parece constituir um suplemento argumentativo suficientemente sofisticado para resolver essas colisões de segunda ordem. Veja-se que, com base na necessidade de equilíbrio entre constitucionalismo e democracia, já não se pergunta mais pelo valor de orientação que deve prevalecer no caso concreto, mas sim pelo valor suplementar que melhor promove o equilíbrio entre as exigências do constitucionalismo e as da democracia.

A democracia afirma que as decisões devem ser tomadas pela vontade da maioria. O constitucionalismo afirma que existem princípios e valores tão importantes para a sociedade que devem ser afirmados inclusive contra a vontade das maiorias democráticas. Embora isso pareça uma contradição, nós podemos ver que não há democracia sem uma base constitucional sólida, como também não há constitucionalismo sem uma base democrática dinâmica (Habermas, 2001; Dworkin, 2002, p. 209). O constitucionalismo estrutura a democracia, ele constitui uma base sólida para que a democracia possa ser dinâmica. E a democracia produz o valor do constitucionalismo, ela abre a política para a opinião pública, que passa a influenciar e exigir graus cada vez mais altos e sofisticados de solidez constitucional. Então a questão não é qual desses dois valores deve prevalecer nos casos concretos, mas sim como promover um equilíbrio adequado entre eles em cada decisão jurídica.

Para operacionalizar esse equilíbrio, torna-se necessário o estabelecimento de uma diferença. Assim, com base no quadro dos valores predominantes de orientação, acima indicado, nós podemos relacionar os campos 1 e 3 com os valores constitucionalistas e os campos 2 e 4 com os valores democráticos. O resultado disso é uma nova perspectiva sobre a decisão jurídica: a perspectiva da promoção do equilíbrio entre constitucionalismo e democracia, que é resultado do uso dos ideais do Estado Democrático de Direito como o suplemento dos suplementos da decisão jurídica, como um suplemento de segunda ordem.

## CONSIDERAÇÕES FINAIS

Esse encaminhamento dos problemas pós-positivistas da decisão jurídica permite manter e fortalecer a ideia de justiça como a fórmula de contingência – a fórmula de reflexão – do sistema jurídico (Luhmann, 2005a), ao mesmo tempo em que abre um terreno novo para a prática jurídica: a decisão correta é aquela que melhor promove o equilíbrio entre os valores constitucionais e os valores democráticos, sem que seja necessário renunciar a princípios fundamentais para afirmar outros e sem precisar optar entre a afirmação de princípios constitucionais ou a afirmação de políticas públicas definidas democraticamente. Os ideais do Estado Democrático de Direito, como suplemento argumentativo da decisão jurídica, orienta à construção criativa do equilíbrio, da mediação, da conciliação entre constitucionalismo e democracia. Porque não há constitucionalismo sem democracia, nem democracia sem constitucionalismo.

Além disso, esse suplemento operacionaliza a diferença entre direito e moral – importantíssima no pós-positivismo – sem que um fique subjugado ao outro. A decisão jurídica não pode desconsiderar os princípios morais e os valores éticos da comunidade, mas também não pode desconsiderar os direitos criados democraticamente em razão de princípios morais comunitários. A moral e os ideais éticos de vida boa não são mais, mas nem menos, importantes do que os direitos criados democraticamente. Em uma sociedade complexa, globalizada e multicultural, também a relação entre direito e moral se torna heterárquica e, assim, carente de mediações criativas. A procura do equilíbrio entre constitucionalismo e democracia acopla também a mediação entre direito e moral.

Outra consequência importante que nós queremos destacar sobre o potencial desse suplemento diz respeito ao tempo: a democracia é dinâmica, efêmera, muda conforme mudam os governos, enquanto que o constitucionalismo é mais estático, sólido, mantém-se mais estável diante das rápidas transformações nos objetivos políticos dos governos democráticos. Os governos podem mudar, mudando também seus objetivos políticos democráticos. Mas existem princípios constitucionais que devem permanecer porque constituem conquistas sociais históricas que justificam a própria possibilidade de mudança nos objetivos políticos democráticos. O uso dos ideais do EDD como suplemento da decisão jurídica permite que a decisão jurídica seja, ao mesmo tempo, íntegra no sentido de manter a coerência com o projeto político da comunidade (constitucionalismo) e dinâmica no sentido de adaptar-se às sempre novas exigências sociais que esse projeto político apresenta para o direito. Talvez assim seja possível não apenas um equilíbrio entre os valores constitucionais e os valores democráticos, mas também um equilíbrio entre a correção formal da decisão jurídica e a sua legitimidade social.

Por fim, no que diz respeito à sociedade, esse suplemento abre a possibilidade se pensar também na necessidade de uma constante aproximação entre a idealidade constitucional e a realidade social. A igualdade constitucional e a desigualdade social torna-se um abismo que pode ser aproximado. A decisão jurídica pode constituir a si mesma como a ponte que possibilita uma mediação desse abismo entre igualdade constitucional e realidade social. E aproximar a realidade social da idealidade constitucional nada mais é do que uma forma de equilíbrio entre constitucionalismo e democracia.

Especialmente em uma sociedade globalizada, na qual o sistema do direito ultrapassa as fronteiras territoriais e se pluraliza em diversas ordens normativas globais, regionais e locais, a autonomia do direito pressupõe uma articulação complexa entre direitos oficiais do Estado e direitos marginais, entre direitos dotados de sanção e softs laws, entre constitucionalismos estatais e constitucionalismos societários civis, bem como entre jurisdições internas e jurisdições cosmopolitas. A solução para essa articulação complexa está na criação de acoplamentos estruturais entre essas diversas ordens normativas transnacionais, no diálogo entre as organizações e na sensibilidade das decisões às exigências do ambiente societal policontextural (Teubner, 1997a; Rocha, 2009; Neves, 2006; Schwartz, 2009; Campilongo, 2000; Simioni, 2006a). O uso do suplemento indicado parece permitir à decisão jurídica essa mediação criativa entre ordens normativas globais plurais, tanto no nível local quanto no global – embora sempre se possa questionar a contingência do sentido do constitucionalismo e da democracia em uma sociedade policontextural.

Então vemos que tanto na dimensão objetiva quanto nas dimensões temporal e social, os ideais do EDD como suplemento da decisão jurídica apresentam um potencial interessante de encaminhamento dos problemas pós-positivistas. Mas não se trata de uma solução. Trata-se de um possível encaminhamento. Pois como todo suplemento, os ideais do EDD também são provisórios, contingentes (Luhmann, 1997). Podem mudar com o tempo, sofrem os efeitos da evolução da sociedade. Uma perspectiva histórica mostra que vários foram os suplementos recomendados pelas teorias da decisão jurídica na sociedade moderna e nunca houve consenso sobre qual deles deveria prevalecer. Mas ao contrário disso negar a conveniência de um suplemento, essa dinâmica do paradoxo da decisão jurídica e seu desdobramento criativo por meio de suplementos mostra, exatamente, que o futuro da decisão jurídica sempre possui um horizonte de determinação aberto e incerto. Sempre há uma incerteza intrínseca à decisão jurídica. A decisão correta, portanto, não pode mais ser concebida apenas como aquela que aplica corretamente os procedimentos e métodos jurídicos. A decisão correta é aquela que consegue, criativamente, conquistar tanto a segurança formal quanto a legitimidade material diante de uma sociedade globalizada, plural e sobretudo multicultural.

Para tanto, segundo nossa opinião, não se trata de abrir a decisão jurídica para as informações do ambiente. Não se trata de decidir juridicamente com os olhos de economista, moralista, político, cientista etc. A decisão jurídica sempre vai construir uma imagem interna – jurídica – da realidade comunicativa externa (Luhmann, 1992). Sempre vai manter-se sob o código do direito e não sob o código de outro sistema social. Se ela não fizer isso ela já não será mais uma decisão jurídica, será outro tipo de decisão. Somente por meio de suplementos é possível introduzir argumentativamente na decisão jurídica as informações de outros contextos sociais de significação. Somente por meio de suplementos a decisão jurídica consegue operacionalizar os acoplamentos entre sistemas/função da sociedade. E isso nada mais é que um outro modo de se afirmar uma das consequências do conceito de autopoiese de Niklas Luhmann.

Diferentemente do conceito de autopoiese de Teubner (1997b), Luhmann não aceita um gradualismo autopoiético, tampouco um pluralismo jurídico. Para Luhmann, autopoiese é um conceito que não expressa nenhum conteúdo normativo – como se para um sistema ser bom ou eficaz ele devesse ser mais autopoiético (Simioni, 2006b). E o pluralismo jurídico só pode ser entendido como um pluralismo na descrição dos programas normativos da sociedade, não no código do sistema do direito. Um direito plural ou policontextual, para Luhmann, é uma questão de autodescrição. E autodescrição, como acima explicitado, nada mais é que uma construção imaginária que o sistema faz de si mesmo por meio da consolidação de uma semântica histórica – memória -, sem nenhuma garantia de verdade ou de linearidade com as estruturas comunicativas da sociedade. A relação entre estrutura social e semântica, na modernidade, não é uma relação linear. Podem existir equivalências entre as estruturas e as respectivas semânticas de sistemas/função diferentes, mas não dois ou mais sistemas jurídicos diferentes. O sistema do direito (no singular) é um só porque seu código é um só, seu meio de comunicação simbolicamente generalizado é um só: direito/não direito. A diversidade de direitos (agora no plural) é uma diversidade de programas normativos – que cristalizam as mais diversas expectativas da sociedade – e de autodescrições que, contudo, fazem parte do sistema do direito (de volta para o singular), na medida em que – e somente se – esses programas normativos plurais são confirmados e condensados pelas decisões/organizações na forma da comunicação do sistema do direito.

O suplemento das decisões jurídicas constitui uma boa metáfora para designar o fato de que, por mais completo, coerente, consistente e previsível que seja um sistema normativo, sempre haverá a necessidade de um além, de um valor exterior ao sistema de referência. A definição desse valor suplementar, contudo, sempre será uma questão política que exige mais sabedoria do que apenas o conhecimento e domínio correto de técnicas e métodos de decisão jurídica. Porque como toda forma de comunicação, também o suplemento é uma forma de dois lados que inclui um valor, excluindo outros.

## REFERÊNCIAS

ALEXY, Robert. *Conceito e validade do direito*. Trad. Gercélia Batista de Oliveira Mendes. São Paulo: Martins Fontes, 2009.

———. *Constitucionalismo discursivo*. Trad. Luís Afonso Heck. Porto Alegre: Livraria do Advogado, 2008.

———. *Teoría de los derechos fundamentales*. Trad. Ernesto Garzón Valdés. Madrid: Centro de Estudios Constitucionales, 1993.

CAMPILONGO, Celso Fernandes. *O direito na sociedade complexa*. São Paulo: Max Limonad, 2000.

NEVES, A. Castanheira. *Metodologia jurídica: problemas fundamentais*. Coimbra: Coimbra Editora, 1993.

DERRIDA, Jacques. *A escritura e a diferença*. 3ª ed. Trad. Maria Beatriz Marques Nizza da Silva. São Paulo: Perspectiva, 2002.

———. *Gramatologia*. 2ª ed. Trad. Miriam Chnaiderman e Renato Janine Ribeiro. São Paulo: Perspectiva, 2004.

———. *Força de lei: o fundamento místico da autoridade*. Trad. Leyla Perrone-Moisés. São Paulo: Martins Fontes, 2007.

DUPUY, Jean-Pierre. *Introdução às ciências sociais: lógica dos fenómenos colectivos*. Trad. Ana Maria Rabaça. Lisboa: Portugal, 2001.

DWORKIN, Ronald. *A matter of principle*. Cambridge. Cambridge: Harvard University Press, 2000.

———. *Law's empire*. Cambridge: Harvard University Press, 1986.

———. *Sovereign virtue: the theory and practice of equality*. Cambridge: Harvard University Press, 2002.

———. *Taking rights seriously*. Cambridge: Harvard University Press, 1978.

FOERSTER, Heinz Von. *Las semillas de la cibernética*. 2ª ed. Tradución de Marcelo Pakman. Barcelona: Gedisa, 1996.

HABERMAS, Jürgen. *Consciência moral e agir comunicativo*. Trad. Guido A. de Almeida. Rio de Janeiro: Tempo Brasileiro, 1989.

———. Constitutional democracy: a paradoxical union of contradictory principles? *Political Theory*. Vol. 29, n. 6, 2001.

———. *Direito e democracia: entre faticidade e validade*. 2ª ed. Trad. Flávio Beno Siebeneichler. Rio de Janeiro: Tempo Brasileiro, 2003, Vol. I.

HART, H. L. A. *The concept of Law*. 2ª ed. Oxford: Oxford University Press, 1997.

HOFSTADTER, Douglas R. *Gödel, Escher, Bach: an eternal golden braid*. New York: Basic Books, 1999.

KELSEN, Hans. *Teoria geral das normas*. Trad. José Florentino Duarte. Porto Alegre: Safe, 1986.

———. *Teoria geral do Direito e do Estado*. 3ª ed. Trad. Luiz Carlos Borges. São Paulo: Martins Fontes, 2000.

———. *Teoria pura do direito*. 6ª ed. Trad. João Baptista Machado. São Paulo: Martins Fontes, 2003.

JHERING, Rudolf Von. *A finalidade do direito*. Trad. Heder K. Hoffmann. Campinas: Bookseller, 2002, Tomo I.

LUHMANN, Niklas. A restituição do décimo segundo camelo: do sentido de uma análise sociológica do direito. In: ARNAUD, André-Jean; LOPES JR, Dalmir (Orgs.). *Niklas Luhmann: do sistema social à sociologia jurídica*. Trad. Dalmir Lopes Jr., Daniele Andréa da Silva Manão e Flávio Elias Riche. Rio de Janeiro: Lúmen Júris, 2004, p. 33-107.

———. *El derecho de la sociedad*. 2ª ed. Trad. Javier Torres Nafarrate, Brunhilde Erker, Silvia Pappe e Luis Flipe Segura. Ciudad de México: Herder; Universidad Iberoamericana, 2005a.

———. *La sociedad de la sociedad*. Trad. Javier Torres Nafarrate. Ciudad de México: Herder, Universidad Iberoamericana, Daad e Cátedra G. A. Humboldt, 2007.

———. Legal argumentation: an analysis of it forms. *The modern law review*, vol. 58, n. 3, 1995.

———. Limits of steering. *Theory, culture & society*, vol. 14, n. 1, 1997.

———. *Sistemas sociales: lineamientos para una teoría general*. Trad. Silvia Pappe y Brunhilde Erker; coord. Javier Torres Nafarrate. Barcelona: Anthropos; México: Universidad Iberoamericana, 1998.

———. *Organizzazione e decisione*. Trad. Giancarlo Corsi. Milano: Bruno Mondadori, 2005b.

———. *Organización y decisión. Autopoiesis, acción y entendimiento comunicativo*. Trad. Darío Rodríguez Mansilla. Barcelona: Anthropos; México: Universidad Iberoamericana; Santiago de Chile: Instituto de Sociologia da Pontifícia Universidad Católica de Chile, 2005c.

——. Operational clausure and structural coupling: the differentiation of the legal system. In: *Cardozo Law Review*, vol. 13, 1992.

——; DE GIORGI, Raffaele. *Teoria della società*. 11ª ed. Milano: Franco Angeli, 2003.

MAGALHÃES, Juliana Neuenschwander. O uso criativo dos paradoxos no direito. In: ROCHA, Leonel Severo (Org.). *Paradoxos da auto-observação: recursos da teoria jurídica contemporânea*. Curitiba: JM, 1997.

MONTESQUIEU. *De l'esprit des lois*. Paris : Librairie Garnier Frères, 1927.

NEVES, Marcelo. Entre subintegração e sobreintegração: a cidadania inexistente. *In: Dados: Revista de Ciências Sociais*. Rio de Janeiro: IUPERJ, v. 37, n. 2, 1994.

——. *Entre Têmis e Leviatã: uma relação difícil. O Estado Democrático de Direito a partir e além de Luhmann e Habermas*. São Paulo: Martins Fontes, 2006.

POSNER, Richard. *How judges think*. Cambridge: Harvard University Press, 2008.

——. *Law, pragmatism, and democracy*. Cambridge: Harvard Universtity Press, 2003.

——. *The economics of Justice*. Cambridge: Harvard Universty Press, 1983.

ROCHA, Leonel Severo. Observações sobre a observação Luhmanniana. In: ——; KING, Michael; SCHWARTZ, Germano. *A verdade sobre a autopoiese no direito*. Porto Alegre: Livraria do Advogado, 2009.

SAVIGNY, Friedrich Carl Von. *Traité de Droit Romain*. Trad. M. Ch. Guenoux. Paris: Librarie de Firmin Didot Frères, 1855, Tomo I.

SCHWARTZ, Germano. Autopoiese e direito: auto-observações e observações de segundo grau. In: ROCHA, Leonel Severo; KING, Michael; SCHWARTZ, Germano. *A verdade sobre a autopoiese no direito*. Porto Alegre: Livraria do Advogado, 2009, p. 99-144.

SIMIONI, Rafael Lazzarotto. *Direito ambiental e sustentabilidade: problemas e possibilidades da comunicação intersistêmica*. Curitiba: Juruá, 2006a.

——. Meio e Forma em Niklas Luhmann: a limitacionalidade autoconstrutiva da sociedade. In: *Conjectura: filosofia e educação*, v. 11, 2006b.

——; MIRANDA, Daniela. Direito, silêncio e corrupção: um diálogo com Luhmann e Habermas. In: *Revista da Faculdade de Direito*. Caxias do Sul. v 15, p. 59-81, 2005.

——; PEREIRA, Henrique Koppe. A decisão jurídica em Niklas Luhmann: operação, diferença e abertura. In: *Anais do XVIII Congresso Nacional do Conpedi – São Paulo*. Florianópolis: Fundação Boiteux, 2009.

SPENCER-BROWN, George. *Laws of form*. New York: Dutton, 1979.

STRECK, Lenio Luiz. *Verdade e consenso: Constituição, Hermenêutica e Teorias Discursivas. Da possibilidade à necessidade de respostas corretas em direito*. 3ª ed. Rio de Janeiro: Lumen Juris, 2009.

TARELLO, Giovani. *Storia della cultura giuridica moderna: assolutismo e codificazione del diritto*. Bologna: Il Mulino, 1976.

TEUBNER, Günther. Global Bukowina: legal pluralism in the world society. In: —— (org.). *Global law without a State*. Brookfield: Darthmouth, 1997a.

——. *O direito como sistema autopoiético*. Trad. José Engrácia Antunes. Lisboa: Fundação Calouste Gulbenkian, 1997b.

— 6 —

# Autoconstitucionalização de corporações transnacionais?[1] Sobre a conexão entre os códigos de conduta corporativos (*Corporate Codes of Conduct*) privados e estatais[2][3]

## GUNTHER TEUBNER[4]

*Sumário*: I. Códigos corporativos: corporativas constitucionais transnacionais incipientes?; II. Funções constitucionais: regras constitutivas e limitadoras; 1. Constituindo a autonomia corporativa; 2. Autolimitação externamente compelida; III. Estruturas constitucionais: dupla reflexividade e metacodificação binária; 1. Acoplamento Estrutural de Mecanismos Reflexivos?; 2. Metacodificação Binária da Constituição Corporativa; IV. Instituições constitucionais: códigos privados e públicos em um ultraciclo; 1. A inversão das Hierarquias do Estado Nacional; 2. Hiperciclo e Ultraciclo; 3. Pressões de aprendizado: alterações internas resultantes de constrições externas

## I. CÓDIGOS CORPORATIVOS: CORPORATIVAS CONSTITUCIONAIS TRANSNACIONAIS INCIPIENTES?

Nos anos recentes, corporações transnacionais (CTN) envolveram-se em alguns escândalos que chocaram o público global. Catástrofes ecológicas, como a do Exxon Valdez e da Shell na Nigéria, as condições de trabalho desumanas, trabalho infantil, a repressão de membros de sindicatos, a desastrosa política de preços durante a crise de AIDS na África do Sul e a cumplicidade de corporações transnacionais com a corrupção e violações de direitos humanos aumentaram drasticamente a consciência pública sobre os efeitos negativos decorrentes da transnacionalização de empreendimentos comerciais. Paralelamente, essas ramificações engatilharam uma plêiade de iniciativas políticas visando a regulá-las por meio de normas legais vinculantes.[5] Todavia, tanto a resistência de corporações transnacionais a regulações nacionais e supranacionais quanto as dificuldades de alcançar regulação efetiva através de acordos internacionais prolongados conduziu ao fracasso de muitas dessas iniciativas.[6]

---

[1] Artigo publicado originalmente em inglês na revista *Indiana Journal of Global Legal Studies*, n. 17, 2010.

[2] Tradução de Ivar Hartmann. Revisão de Germano Schwartz.

[3] Por discussões proveitosas, eu gostaria de agradecer a Larry Backer, Anna Beckers e Oren Perez.

[4] Professor de Direito Privado Comparado e de Sociologia Jurídica na International University College, em Turim (Itália). Atuou como docente Otto Kahn Freund na London School of Economics. Atualmente é o pesquisador principal no Excellence Cluster "Normative Orders" da Universidade de Frankfurt (Alemanha).

[5] Para a correlação entre escândalos e iniciativas regulatórias, *ver, de forma geral,* Walter Mattli & Ngaire Woods. *In Whose Benefit? Explaining Regulatory Change in Global Politics, em* THE POLITICS OF GLOBAL REGULATION 1 (Walter Mattli & Ngaire Woods eds., 2009).

[6] Sobre o insucesso das iniciativas regulatórias da ONU, *ver, de forma geral,* John Gerard Ruggie, *Business and Human Rights: The Evolving International Agenda,* 101 AMERICAN JOURNAL OF INTERNATIONAL LAW 819 (2007).

Não obstante, um resultado dessa vicissitude é particularmente digno de nota. Ao invés das visadas regulações estatais vinculantes, uma espécie diferente de regimes transnacionais espalhou-se em grande número ao redor do globo – os códigos de conduta "voluntários" de corporações transnacionais.[7]

Hoje, esses códigos existem sob várias formas, porém duas variantes básicas predominam. De um lado, o mundo estatal estabelece – por meio de acordos sob o direito internacional ou de normas de organizações internacionais – códigos de conduta para corporações transnacionais (de maneira curta e imprecisa: códigos "públicos"), nos quais ele prescreve às corporações transnacionais diretrizes gerais concernentes às condições de trabalho, qualidade de produtos, políticas ambientais, proteção do consumidor e direitos humanos. São de particular significância o projeto de código da ONU sobre corporações transnacionais, o projeto de normas da ONU sobre negócios e direitos humanos, as diretrizes da OCDE para empresas multinacionais e a declaração tripartite da OIT de princípios concernentes às empresas multinacionais e à política social.[8] De outro lado, a pesada crítica pública disseminada globalmente pela mídia e as ações agressivas de movimentos de protesto e de organizações não governamentais (ONGs) da sociedade civil forçam várias corporações transnacionais a desenvolver códigos corporativos "voluntariamente". Elas comprometem-se, para efeitos de relações públicas, com *standards* nas áreas de foco mencionadas e prometem sua implementação (novamente, de maneira curta e imprecisa: códigos "privados").[9]

Ainda há ambivalência na aferição dos efeitos desses dois tipos de códigos corporativos. Em muitos casos, códigos corporativos "públicos" restam como meras recomendações sem quaisquer efeitos. E os autocompromissos nos códigos "privados" são frequentemente apenas tentativas estratégicas de prevenir regulação estatal por meio da declaração de intenções não vinculante, ou meras estratégias de relações públicas que não incluem qualquer alteração efetiva de comportamento.[10] Isso era de

---

[7] Para um relato da transnacionalização da constituição corporativa, *ver, de modo geral,* Klaus Hopt, *Globalisierung der Corporate Governance,* em WIRTSCHAFTSETHIK DER GLOBALISIERUNG 81 (Karl Hohmann, Peter Kowslowski & Christoph Lütge eds., 2005). Sobre o desenvolvimento na Alemanha, *ver, de forma geral,* Klaus Hopt, *Corporate Governance in Germany – Recent Developments in German Company Law and the Corporate Governance Code,* em FESTSCHRIFT FÜR APOSTOLOS GEORGIADES 657 (Michael Stathopoulos, Kostas Beys, Philippos Doris & Ioannis Karakostas eds., 2005).

[8] *Ver,* detalhadamente, Sean D. Murphy, *Taking Multinational Corporate Codes of Conduct to the Next Level,* 43 COLUMBIA JOURNAL OF TRANSNATIONAL LAW 389, 403-13, 433 (2005).

[9] *Ver,* detalhadamente, Kenneth Abbott & Duncan Snidal, *Strengthening International Regulation Through Transnational New Governance: Overcoming the Orchestration Deficit,* 42 VANDERBILT JOURNAL OF TRANSNATIONAL LAW 501, 517-18 (2009).

[10] Para uma crítica aos códigos corporativos, *ver* Birgitta Schwartz & Karina Tilling, *"ISO-lating" Corporate Social Responsibility in the Organizational Context: A Dissenting Interpretation of ISO 26000,* 16 CORPORATE SOCIAL RESPONSIBILITY AND ENVIRONMENTAL MANAGEMENT 289, 294-96 (2009); Tim Bartley, *Institutional Emergence in an Era of Globalization: The Rise of Transnational Private Regulation of Labor and Environmental Conditions,* 113 AMERICAN JOURNAL OF SOCIOLOGY 297, 327-28, 338-41 (2007); Deborah Doane, *The Myth of CSR: The Problem with Assuming that Companies can Do Well While also Doing Good Is that Markets Really Don't Work that Way,* STANFORD SOCIAL INNOVATION REVIEW, 2005, p. 23-29, 24-28, http://www.ssireview.org/articles/entry/the_myth_of_csr/; Harry Arthurs, *Private Ordering and Workers' Rights in the Global Economy: Corporate Codes of Conduct as a Regime of Labour Market Regulation,* em LABOUR LAW IN AN ERA OF GLOBALIZATION: TRANSFORMATIVE PRACTICES AND POSSIBILITIES 471, 486-87 (Joanne Conaghan, Michael Richard Fischl & Karl Klare eds., 2002).

ser esperado e atualmente não causa mais nenhum desconforto. Note-se: legislação meramente simbólica existe, de fato, hoje, também no direito privado.[11]

Mas há alguns estudos empíricos que merecem especial atenção. Eles demonstram que em alguns casos os códigos trouxeram mudança real; ou seja, aprimoraram as condições de trabalho, incrementaram a proteção ambiental e forçaram os *standards* de direitos humanos.[12] É particularmente notável que esses estudos não documentam somente histórias de sucesso como também especificam condições sociais e legais necessárias para que os códigos venham a obter êxito.[13] Monitoramento permanente de ONGs ou acordos vinculantes com órgãos civis de certificação social provavelmente estão entre as condições mais importantes para o sucesso.[14]

O que há de especial no entrelaçamento de códigos corporativos privados e públicos? Minha tese é: Materializam-se nessa dinâmica não apenas tendências de uma juridicização, mas também de uma constitucionalização. Ambos os tipos de códigos corporativos tomados em conjunto representam o advento de constituições corporativas transnacionais específicas – concebidas como constituições no sentido estrito. Conforme delineado mais a fundo alhures, esse argumento é baseado em um conceito de constituição que não está limitado ao Estado nacional e implica que também ordens sociais não estatais desenvolvam constituições autônomas sob circunstâncias históricas particulares.[15] Além disso, no processo globalizante, o centro de constitucionalização desloca-se do sistema político para diferentes setores sociais, que produzem normas constitucionais de cunho civil-societário paralelamente às constituições de Estados nacionais.[16]

---

[11] Que o ordenamento privado, muito louvado por sua eficiência, também sofre do trilema regulatório, é mostrado por Gralf-Peter Calliess, *Die Steuerungskrise – jetzt auch im Privatrecht?*, em SOZIOLOGISCHE JURISPRUDENZ: FESTSCHRIFT FÜR GUNTHER TEUBNER ZUM 65. GEBURTSTAG 465, 475-477 (Gralf-Peter Callies, Andreas Fischer-Lescano, Dan Wielsch & Peer Zumbansen eds., 2009).

[12] *Ver* especialmente Oren Perez, Yair Amichai-Hamburger & Tammy Shterenal, *The Dynamic of Corporate Self-Regulation: ISO 14001, Environmental Commitment and Organizational Citizenship Behavior*, 43 LAW & SOCIETY REVIEW 593, 622-23 (2009); *ver, de forma geral,* OLAF DILLING, MARTIN HERBERG & GERD WINTER eds., RESPONSIBLE BUSINESS: SELF-GOVERNANCE AND LAW IN TRANSNATIONAL ECONOMIC TRANSACTIONS (2008); MARTIN HERBERG, GLOBALISIERUNG UND PRIVATE SELBSTREGULIERUNG: UMWELTSCHUTZ IN MULTINATIONALEN UNTERNEHMEN (2007).

[13] Richard Locke, Fei Quin & Alberto Brause, *Does Monitoring Improve Labour Standards? Lessons from Nike*, CORPORATE SOCIAL RESPONSIBILITY INITIATIVE, WORKING PAPER NO. 24, 37-38 (John F. Kennedy School of Government, Harvard University, 2006) indicam como condições: o tamanho da empresa, a frequência de controles de qualidade levados à cabo pelo escritório central, a extensão do código aos fornecedores e responsáveis pelas vendas, o nível de influência sobre instituições jurídicas nacionais.

[14] Todavia, isso precisa ser igualmente qualificado, *ver, de forma geral,* ANNEGRET FLOHR, LOTHAR RIETHE, SANDRA SCHWINDENHAMMER & KLAUS DIETER WOLF, THE ROLE OF BUSINESS IN GLOBAL GOVERNANCE. CORPORATIONS AS NORM-ENTREPRENEURS (2009); Michael A. Santoro, *Beyond Codes of Conduct and Monitoring: An Organizational Integrity Approach to Global Labour Practices*, 25 HUMAN RIGHTS QUARTERLY 407 (2003).

[15] Para o conceito de "constitucionalismo societário" a partir da perspectiva da teoria social, *ver* DAVID SCIULLI, THEORY OF SOCIETAL CONSTITUTIONALISM 21-84 (1992); DAVID SCIULLI, CORPORATE POWER IN CIVIL SOCIETY: AN APPLICATION OF SOCIETAL CONSTITUTIONALISM 131-206 (2001); Gunther Teubner, *Societal Constitutionalism: Alternatives to State-centred Constitutional Theory?*, in TRANSNATIONAL GOVERNANCE AND CONSTITUTIONALISM 3, 7-9 (Christian Joerges, Inger-Johanne Sand & Gunther Teubner eds., 2004).

[16] Para o constitucionalismo transnacional, *ver* Neil Walker, *The Idea of Constitutional Pluralism*, 65 MODERN LAW REVIEW 317, 339-359 (2002); Christian Walter, *Constitutionalizing (Inter)national Governance: Possibilities for and Limits to the Development of an International Constitutional Law*, 44 GERMAN YEARBOOK OF INTERNATIONAL LAW 170, 191-201 (2001); ANDREAS FISCHER-LESCANO, GLOBALVERFASSUNG: DIE GELTUNGSBEGRÜNDUNG DER MENSCHENRECHTE 247 -277 (2005).

Eu tento apoiar essa tese nos seguintes argumentos, determinados a apontar que códigos corporativos contêm funções, estruturas e instituições de verdadeiras constituições:

1. Na medida em que códigos corporativos "públicos" e "privados" juridificam princípios fundamentais de uma ordem social e, ao mesmo tempo, estabelecem regras para sua autocontenção, eles preenchem funções constitucionais centrais.

2. Com suas características de dupla reflexividade e metacodificação binária, ambos os códigos desenvolvem autênticas estruturas constitucionais.

3. Como instituições constitucionais, os dois códigos não formam uma hierarquia de constituições públicas e privadas, mas uma ligação ultracíclica de redes de normas constitucionais qualitativamente diferentes.

## II. FUNÇÕES CONSTITUCIONAIS: REGRAS CONSTITUTIVAS E LIMITADORAS

Códigos corporativos fazem parte de duas ondas opostas de constitucionalização dos mercados mundiais. Avançando as ideias de Karl Polanyi sobre a transformação da modernidade, pode-se inclusive argumentar que o constitucionalismo transnacional é parte de um "movimento duplo".[17] Também, na trajetória do direito constitucional corporativo, a expansão da economicização é acompanhada por movimentos antagônicos que reconstroem a "cobertura protetora de instituições culturais".

### 1. Constituindo a autonomia corporativa

O primeiro movimento é identificado por críticos neomaterialistas de um "novo constitucionalismo" tanto quanto por defensores ordoliberais de uma constituição econômica mundial, por óbvio com avaliações diametralmente opostas.[18] O consenso de Washington dos últimos trinta anos estimulou politicamente esse primeiro ímpeto de constitucionalização dos mercados globais. Ele ocasionou, além da regulação política, princípios fundamentais de constitucionalização econômica que visavam a fornecer corporações de atuação mundial com latitude ilimitada para ação, o que incluía encerrar a participação acionária de governos em corporações, combater o protecionismo econômico e liberar empreendimentos comerciais de regulações políticas. Nessa linha, o Fundo Monetário Internacional e o Banco Mundial desenvolveram constituições de regime, cujo princípio reitor é a abertura dos mercados nacionais de capital. As constituições da Organização Mundial do Comércio (OMC) e do mercado comum europeu, o Tratado Norte-Americano de Livre-Comércio (NAFTA), o mercado comum do cone sul (MERCOSUL), ou a Cooperação Econômica da Ásia e do Pacífico (APEC), todos objetivam a proteção da liberdade do comércio mundial e a promoção de investimentos diretos. Acima de suas regras de direito contratual, a *lex mercatoria* desenvolveu um estrato de normas constitucionais que positivam propriedade privada, liberdade contratual, competição e direitos humanos como política

---

[17] KARL POLANYI, THE GREAT TRANSFORMATION: THE POLITICAL AND ECONOMIC ORIGINS OF OUR TIME 130 (1991 [1944]).

[18] Para o "novo constitucionalismo", *ver* DAVID SCHNEIDERMAN, CONSTITUTIONALIZING ECONOMIC GLOBALIZATION: INVESTMENT RULES AND DEMOCRACY'S PROMISE 23-45 (2008). Para a constituição ordoliberal da economia mundial, *ver, de forma geral,* Peter Behrens, *Weltwirtschaftsverfassung*, 19 JAHRBUCH FÜR NEUE POLITISCHE ÖKONOMIE 5-27 (2000).

pública transnacional. Órgãos internacionais de padronização intentam unificar *standards* nacionais em nível mundial, conectando a produção de direito público àquela de autorregulação privada. Uma parte integral dessas tendências de constitucionalização é a governança corporativa de multinacionais, cujos princípios incluem um alto grau de autonomia corporativa, a orientação das normas societárias em razão do mercado de capitais e o estabelecimento dos valores do acionista. Essa fase de constitucionalização "neoliberal" é claramente caracterizada por sua função constitutiva, ou seja, seu foco em alcançar para as corporações transnacionais um alto grau de autonomia.[19] Referida fase fixa-se no fato problemático de que a extensão mundial das atividades corporativas é prejudicada pela diferenciação segmentarizada do mundo em Estados nacionais. A política e o direito dos Estados são considerados responsáveis por isso, uma vez que seus "regimes de produção" restringem a regulação corporativa ao âmbito nacional.[20] Desmantelar tais regimes de produção do Estado é, dessa forma, o objetivo primário. As recém-emergidas constituições globais corporativas têm dois objetivos distintos: libertar as corporações transnacionais da regulação estatal assim como estabelecer estruturas do Estado de Direito globalmente para fornecer segurança jurídica às suas transações. Regras constitutivas desse tipo servem para liberar a dinâmica dos empreendimentos comerciais em nível global.

## 2. Autolimitação externamente compelida

A longo prazo, entretanto, não é sustentável que um constitucionalismo corporativo se restrinja à sua função constitutiva de uma maneira "neoliberal" tão unilateral. É apenas uma questão de tempo até que as energias liberadas ocasionem, além de efeitos positivos, também efeitos tão negativos que conflitos sociais emergentes forçam uma correção drástica. A derrocada politicamente ocasionada dos regimes nacionais de produção resulta em dinâmicas destrutivas nas quais a maximização funcional de um setor colide com outras dinâmicas sociais.[21] Agora, mercados globalizados e corporações – sem serem significativamente inibidos por programas antagônicos de Estados nacionais – oneram a sociedade e o ambiente por meio dos "efeitos negativos de sua própria autodiferenciação, especialização e orientação de alta-performance".[22] Com tal "desequilíbrio dinâmico" entre os desenvolvimentos opositores da autonomização e da limitação, o ponto crítico foi então alcançado. Nesse momento, faz-se então imperativo reajustar a política constitucional.[23] Em um segundo ímpeto de constitucionalização, ao invés da constitutiva, a função limitadora

---

[19] Para a nova constituição corporativa da governança corporativa global, *ver* Larry Catá Backer, *The Autonomous Global Corporation: On the Role of Organizational Law Beyond Asset Partitioning and Legal Personality*, 41 TULSA LAW REVIEW 541, 561 (2006).

[20] Para diferentes regimes de produção como configurações estáveis de economia, política e direito, *ver* PETER HALL & DAVID SOSKICE eds., VARIETIES OF CAPITALISM: THE INSTITUTIONAL FOUNDATIONS OF COMPARATATIVE ADVANTAGE 8-33 (2005).

[21] Para um estudo empiricamente e teoricamente extraordinário nesses contextos, *ver, de forma geral*, WOLFGANG STREECK, RE-FORMING CAPITALISM: INSTITUTIONAL CHANGE IN THE GERMAN POLITICAL ECONOMY (2009).

[22] NIKLAS LUHMANN, DIE GESELLSCHAFT DER GESELLSCHAFT 802 (1997).

[23] INO AUGSBERG, TOBIAS GOSTOMZYK & LARS VIELLECHNER, DENKEN IN NETZWERKEN: ZUR RECHTS- UND GESELLSCHAFTSTHEORIE KARL-HEINZ LADEURS 82-90 (2009); Karl-Heinz Ladeur & Lars Viellechner, *Die transnationale Expansion staatlicher Grundrechte: Zur Konstitutionalisierung globaler Privatrechtsregimes*, 46 ARCHIV DES VÖLKERRECHTS 42, 56-62 (2008).

das normas constitucionais é demandada. Os códigos corporativos participam dessa segunda onda quando restringem atividades corporativas em nome da responsabilidade pública. Eles intentam não apenas superar a primazia dos valores do acionista em favor de uma orientação *stakeholder* como também realizar autolimitação nas áreas do trabalho, qualidade do produto, no ambiente e nos direitos humanos.[24]

## III. ESTRUTURAS CONSTITUCIONAIS: DUPLA REFLEXIVIDADE E METACODIFICAÇÃO BINÁRIA

Os códigos corporativos preenchem funções constitucionais em um duplo sentido: eles estabelecem regras constitutivas para autonomia corporativa e – atualmente cada vez mais – regras limitadoras com a finalidade de contrabalançar suas tendências sociais prejudiciais. No entanto, indaga-se se eles desenvolvem estruturas constitucionais em sentido estrito. Isso é questionado por constitucionalistas, que reconhecem fenômenos constitucionais autênticos apenas no Estado nacional, sendo céticos em relação a um constitucionalismo transnacional e, mais ainda, em relação a um constitucionalismo societário.[25] O que é discutido como constitucionalização em ordens públicas ou privadas de natureza global é, eles argumentam, unicamente, uma juridicização de áreas sociais, em parte sob direito internacional público, em parte sob a autonomia privada, mas não a geração de constituições. Esse ponto é desafiado aqui: códigos corporativos devem ser caracterizados como constituições por si próprios se desenvolvem elementos típicos de uma constituição – dupla reflexividade e metacodificação binária.

### 1. Acoplamento Estrutural de Mecanismos Reflexivos?

Os códigos de fato não estabeleceriam uma constituição corporativa se eles somente introduzissem regras primárias governando as atividades corporativas no campo do trabalho, do ambiente e dos direitos humanos. Similarmente, estaríamos apenas lidando com mera juridicização se os códigos produzissem somente normas de solução de conflitos em disputas intracorporativas ou normas reguladoras para realizar políticas da empresa. O marco crítico é alcançado quando os códigos determinam regras secundárias concernentes à identificação, interpretação, emenda e competências para a criação e delegação de regras primárias.[26] Os códigos corporativos tipicamente apresentam uma hierarquia tripartite na qual a inter-relação entre regras primárias e secundárias é de fato discernível. O nível superior consiste em princípios gerais da constituição corporativa; o nível intermediário regula a aplicação e o monitoramento; o nível inferior, enquanto isso, inclui instruções concretas para a

---

[24] Para as funções constitucionais restritivas de códigos corporativos, *ver* KENNETH ABBOTT & DUNCAN SNIDAL nota 5 supra, p. 545-58; Peer Zumbansen, *Varieties of Capitalism and the Learning Firm: Corporate Governance and Labor in the Context of Contemporary Developments in European and German Company Law*, CLPE LAW RESEARCH INSTITUTE RESEARCH PAPER SERIES, NO. 3, 29-38 (2007); Sol Picciotto, *Rights, Responsibilities and Regulation of International Business*, 42 COLUMBIA JOURNAL OF TRANSNATIONAL LAW 131, 139 (2003).

[25] Ver Dieter Grimm, *The Constitution in the Process of Denationalization*, 12 CONSTELLATIONS 447, 453 (2005).

[26] Regras primárias e secundárias no sentido dado por HERBERT L.A. HART, THE CONCEPT OF LAW 77-96 (1961).

conduta.[27] Nos níveis superior e intermediário, uma plêiade de tais regras secundárias pode ser encontrada. Elas aproximam-se de normas constitucionais no sentido estrito, já que produzem, na qualidade de meta-normas de alta hierarquia, um tipo de reflexividade do direito intraempresarial. Mas normas secundárias como tais não perfazem ainda uma constituição.

Apenas o peculiar caráter duplo dos códigos corporativos, aqui denominado como a *dupla reflexividade de normas legais e estruturas sociais*, torna-os normas constitucionais. Se o direito desempenha um papel sustentador na autoconstituição de uma ordem social, a despeito e além de sua função de controle de conduta, resolução de conflitos, regulação e estabelecimento de parâmetros, ele cria direito constitucional. Uma constituição corporativa no sentido estrito emerge apenas qaundo um acoplamento estrutural de um tipo específico se estabelece entre a organização corporativa e o direito.[28] Acoplar regras primárias a decisões organizacionais não é suficiente; decisivo é, isso sim, acoplar dois processos reflexivos. Constituições corporativas transnacionais conectam processos reflexivos na organização econômica a processos reflexivos jurídicos; dito de outra maneira, elas ligam princípios fundamentais da organização a regras legais secundárias.[29]

Uma constitucionalização autônoma, não estatal, não política e, portanto, genuinamente social ocorre nos códigos de corporações transnacionais, uma vez que juridicizam processos sociais reflexivos concernentes à relação da empresa com seus ambientes conectando-os a processos jurídicos, por sua vez, reflexivos, isto é, estandardizações de estandardizações. Sob essas condições, é razoável falar de elementos de uma autêntica constituição dentro de códigos corporativos de corporações transnacionais. Os códigos de fato mostram elementos típicos de uma constituição: regulações atinentes ao estabelecimento e prática de tomadas de decisão organizacional (regras procedimentais da corporação) e a definição dos limites do sistema (direitos fundamentais de indivíduos e instituições face à corporação).

As normas no nível superior de códigos corporativos são especialmente equipadas em razão dessas condições. Elas regulam os processos fundamentais de tomada de decisão de corporações transnacionais que concernem à relação com seus ambientes humanos e naturais, em particular, a relação com os empregados cujos direitos fundamentais são respeitados pela organização. As "diretrizes" no nível superior têm caráter constitucional, pois não constituem meras normas comportamentais como as regras no nível inferior. Pelo contrário, são normas explicitamente de alta hierarquia, formuladas como princípios gerais que servem tanto como pontos de partida para a geração intracorporativa de normas quanto como critérios para o controle normativo interno e externo. Isso requer determinados arranjos institucionais, especialmente papéis procedimentais, responsáveis por determinar, modificar, interpretar e imple-

---

[27] MARTIN HERBERG, nota 8 supra, p. 68-77, 404-410; idem, *Re-Embedding the Disembedded: Die Umweltstandards multinationaler Konzerne in der globalen Steuerungsarchitektur*, 56 SOZIALE WELT 399 (2005).

[28] Isso generaliza e re-especifica o conceito de constituição política conforme desenvolvido por Niklas Luhmann, *Verfassung als evolutionäre Errungenschaft*, 9 RECHTSHISTORISCHES JOURNAL 176, 204-08 (1990).

[29] Para mais sobre a autoconstitucionalização de regimes privados, *ver* GUNTHER TEUBNER, nota 11 supra; Andreas Fischer-Lescano & Gunther Teubner, *Regime-Collisions: The Vain Search for Legal Unity in the Fragmentation of Global Law*, 25 MICHIGAN LAW JOURNAL OF INTERNATIONAL LAW 999, 1014-17 (2004). Dupla reflexividade é usada também como critério para os elementos constitucionais no direito administrativo global, ver Kuo Ming-Sung, *Between Fragmentation and Unity: The Uneasy Relationship Between Global Administrative Law and Global Constitutionalism*, 10 SAN DIEGO INTERNATIONAL LAW JOURNAL 439, 449-53 (2009).

mentar as regras primárias. Dessa forma, é especialmente o desenvolvimento dos níveis intermediários de órgãos de controle interno e de implementação que medeiam a transição de princípios corporativos abstratos a decisões corporativas abstratas.[30] Assim, códigos privados geram direito autônomo não apenas como ordens privadas; constituem, ao mesmo tempo, suas próprias fundações constitucionais sem serem dependentes de códigos públicos – eles geram literalmente *constituições sem o Estado*.

Nessa linha, o constitucionalista *Gerd Winter* registra com clara surpresa os achados de um projeto de pesquisa empírica sobre códigos corporativos transnacionais:

> Em certo aspectos as ordens quase-jurídicas da sociedade mundial apresentam elas mesmas características constitucionais. Ademais de *standards* sociais e ecológicos diferentes e de mecanismos existentes de controle e implementação, desenvolvem-se normas superiores que definem onde o poder decisório deveria estar localizado, como violações deveriam ser administradas e como terceiros deveriam ser incluídos. Em analogia às constituições estatais, regulações privadas corporificam mecanismos de autolimitação para reduzir intrusões em relação a outros atores e outros domínios. Está então a sociedade mundial prestes a desenvolver equivalentes funcionais ao clássico Estado constitucional, e tornar-se-á esse último gradualmente marginal?[31]

## 2. Metacodificação Binária da Constituição Corporativa

De modo a compreender a estrutura interna de tal dupla reflexividade, nesse momento, deve-se ir além do conceito introduzido de constituições como agrupamentos estruturais de direito e sistema social. Isso porque o ponto derradeiro da constitucionalização de uma corporação é alcançado quando uma metacodificação binária específica se desenvolve e quando processos intraempresa tomam essa última explicitamente como ponto de orientação. A metacodificação oscila entre os valores "de acordo/contrário ao código", ambos com relação à constituição corporativa.[32] Uma metacodificação existe nesse caso, pois tal código constitucional sujeito à já binária codificação das normas legais intraempresa a um exame adicional, nomeadamente se essas se conformam ou não aos requerimentos do direito constitucional corporativo. Aqui vem à tona a hierarquia entre direito simples e constitucional que é típica a todas as constituições – constituições de Estados políticos, constituições sociais ou constituições de organizações formais. O código jurídico (*Recht/Unrecht*) é subordinado ao código constitucional (constitucional / inconstitucional). Há, todavia, algo peculiar à metacodificação constitucional. Essa é hierarquicamente superior não apenas ao código jurídico, mas também ao código econômico. Ela submete, portanto, à reflexão sobre todas as operações economicamente binário-codificadas da corporação, questionando se elas respeitam ou não os princípios de responsabilidade pública da corporação.

---

[30] MARTIN HERBERG, *Re-Embedding the Disembedded,* nota 23 supra, p. 410.

[31] Olaf Dilling, Martin Herberg & Gerd Winter, *Introduction: Private Accountability in a Globalising World,* in RESPONSIBLE BUSINESS: SELF-GOVERNANCE AND LAW IN TRANSNATIONAL ECONOMIC TRANSACTIONS 1, 8 (Olaf Dilling, Martin Herberg & Gerd Winter eds., 2008).

[32] Nesse ponto, a confusão terminológica é quase inevitável uma vez que "código" pode assumir dois sentidos diferentes. Um vem de *codex* e codificação e produz "códigos corporativos de conduta", "códigos de comportamento" etc. O outro é codificação binária, ou seja, a orientação de um sistema de ação em direção a uma "diretriz distintiva", como jurídico/antijurídico, moral/imoral etc. Ambos sentidos se encontram em códigos corporativos; analiticamente, entretanto, eles precisam ser mantidos afastados.

A metacodificação é, dessa forma, um híbrido. Ela serve como unidade fictícia para dois controles de constitucionalidade diferentes dentro da corporação. Ela está localizada, de um lado, hierarquicamente acima do código binário jurídico e, de outro, acima do econômico. Assim, ela assume um sentido diferente conforme o código que controla – se o econômico ou o jurídico. Em contextos econômicos, funciona de modo a refletir a responsabilidade social da empresa e procura identificar estratégias de atividades econômicas ambientalmente corretas. No contexto do direito corporativo, introduz a distinção entre direito simples e constitucional e controla a adequação de atos legais simples aos valores e princípios estabelecidos na constituição corporativa.

Apesar de o código constitucional apresentar-se ostensivamente como uma unidade, ele é, dependendo do contexto, ou metacódigo econômico ou metacódigo jurídico. Isso se deve ao fato de que constituições corporativas, como acoplamento estrutural de dois sistemas sociais mutuamente fechados – economia e direito dentro da corporação – não constituem um sistema social unitário. Ambos sistemas não se fundem na constituição corporativa; ao contrário, eles permanecem operacionalmente fechados. Essa é a razão pela qual a diferenciação *de acordo/contrário ao código* é somente uma fórmula geral comum para operações de produção de sentido respectivamente diferentes, uma fórmula que assume sentidos diferentes conforme o contexto. A metacodificação causa a re-entrada de princípios fundamentais de organização econômica para dentro do direito como princípio constitucional e, reversamente, a re-entrada do direito na organização corporativa.[33]

## IV. INSTITUIÇÕES CONSTITUCIONAIS: CÓDIGOS PRIVADOS E PÚBLICOS EM UM ULTRACICLO

Mesmo que dessa maneira, funções e estruturas constitucionais possam ser identificadas, resta ainda difícil capturar a estrutura institucional dos códigos corporativos com maior detalhamento teórico. Alguns autores as descrevem como a "*nova soberania*" de corporações transnacionais e enfatizam com isso sua autorregulação incontrolada.[34] No entanto, isso não faz justiça à peculiar ligação dos códigos privados com os códigos públicos do mundo estatal nem às suas numerosas dependências normativas em relação ao ambiente; porque os códigos corporativos atualmente relevantes emergem das interações de três grupos de atores – instituições supranacionais, grupos da sociedade civil e corporações transnacionais – cujas relações mútuas restam, todavia, obscuras.[35]

---

[33] A conexão de acoplamento estrutural e metacodificação híbrida é ainda mais claramente discernível nas constituições políticas plenamente desenvolvidas da modernidade. Também lá, a diferenciação constitucional/inconstitucional como o metacódigo binário de dois sistemas – direito e política, ambos codificados eles próprios de forma binária – funciona sem amalgamar a constituição em um sistema único por meio do metacódigo. Tal metacodificação aparece (implicitamente ou explicitamente) também no constitucionalismo social, ou seja, no acoplamento estrutural do direito a diferentes sistemas sociais.

[34] Essa caracterização é então também usada para a crítica de que o "autopoliciamento" não tem como funcionar; *ver*, por exemplo, Mahmood Monshipouri, Claude E. Jr. Welch & Evan T. Kennedy, *Multinational Corporations and the Ethics of Global Responsibility: Problems and Possibilities*, 25 HUMAN RIGHTS QUARTERLY 965, 989 (2003).

[35] Seu caráter trilateral é enfatizado por Adelle Blackett, *Codes of Corporate Conduct and the Labour Regulatory State in Developing Countries, in* HARD CHOICES, SOFT LAW: VOLUNTARY STANDARDS IN GLOBAL TRADE, ENVIRONMENT AND SOCIAL GOVERNANCE 121, 129 (John J. Kirton & Michael J. Trebilcock eds., 2004).

## 1. A inversão das Hierarquias do Estado Nacional

Outros autores tentam delinear essas relações como *"triângulos de governança"*.[36] Entretanto, isso é similarmente pouco adequado para compreender a incorporação social dos códigos. Sugere-se equivocadamente que surge um equivalente transnacional ao triângulo neocorporativista estatalmente organizado de Estados europeus de bem-estar. Dessa maneira, códigos corporativos aparecem como uma variante global de constituições corporativas nacionais – com elementos como parcela acionária estatal, codeterminação no conselho diretivo, envolvimento de empregados em decisões administrativas, autonomia tarifária – que surgiram a partir da cooperação organizada entre Estado, capital e trabalho.[37] Em comparação aos Estados nacionais, confronta-se aqui uma constelação totalmente diferente da relação entre essas três forças sociais.

Da mesma forma, o modelo de *"governança multinível"* é pouco apropriado para capturar a peculiar interrelação dos dois tipos transnacionais de código.[38] No Estado nacional, constituições corporativas poderiam certamente ser concebidas como um arranjo multinivelado de normas constitucionais, regras legais e judiciais, de um lado; e ordenamento privado intraorganizacional, do outro. Esse modelo oferece também um conceito adequado para as novas formas de governança que emergem na União Europeia e na Organização Mundial do Comércio. Mas sua transferência para as constituições globais corporativas é equivocada. Além da similaridade formal, nomeadamente que regras legais são criadas em diferentes níveis públicos e privados, códigos corporativos transnacionais não apresentam características típicas à "governança multinível": Não é dada precedência a códigos públicos sobre privados em uma hierarquia de normas, nem tampouco existem aqui relações quase federativas. As condições diferentes do caráter transnacional, assim como os resultados da primeira onda de constitucionalização, em especial a alta autonomia de corporações transnacionais, mudaram fundamentalmente as relações entre atores coletivos públicos e privados em comparação às constituições corporativas do Estado nacional. Nas drásticas palavras de um observador:

> Contrato substitui direito; redes de relacionamentos substituem uma comunidade política; interesse substitui território; o regulado transforma-se no regulador.[39]

Nas constituições corporativas de nações europeias, como é bem sabido, a ligação entre normas públicas e privadas ocorreu em formações hierárquicas. A constituição corporativa era baseada em uma clara primazia do Estado na forma de normas constitucionais, legais e judiciais. O direito infraconstitucional organizou formas neocorporativas de cooperação entre capital, trabalho e Estado por meio de regras de codeterminação no conselho diretivo, competências decisórias do comitê de trabalhadores e as normas do sistema salarial. O direito privado e empresarial

---

[36] Assim KENNETH ABBOTT & DUNCAN SNIDAL, nota 5 supra, p. 512-19.

[37] Para esse paralelo, ver Tonia Novitz & Phil Syrpis, *Assessing Legitimate Structures for the Making of Transnational Labour Law: The Durability of Corporatism*, 35 INDUSTRIAL LAW JOURNAL 367, 393-94 (2006).

[38] *Ver* Sol Picciotto, *Constitutionalizing Multilevel Governance?*, 6 INTERNATIONAL JOURNAL OF CONSTITUTIONAL LAW 457, 461-63 (2008); *ver, de forma geral*, Ian Bache & Matthew Flinders, *Themes and Issues in Multilevel Governance*, in MULTI-LEVEL GOVERNANCE 1 (Ian Bache & Matthew Flinders eds., 2004).

[39] Larry Catá Backer, *Multinational Corporations as Objects and Sources of Transnational Regulation*, 14 ILSA JOURNAL OF INTERNATIONAL & COMPARATIVE LAW 1, 26 (2008).

do Estado estipulou regras de responsabilidade e predeterminou a orientação do interesse corporativo norteado por interesses de diferentes *stakeholders* e pelo bem comum. O ordenamento privado das corporações restou claramente subordinado ao direito estatal; permaneceu limitado àqueles espaços de autonomia que o direito estatal lhe deixou.

Essa hierarquia de normas pode ser capturada no par conceitual *hard law / soft law*.[40] O Estado positiva *hard law* no direito empresarial, no direito sobre codeterminação e no direito regulatório na forma de normas vinculantes e reforçadas por sanções. De forma contrastante, normas intracorporativas são apenas uma forma de *soft law*. Como manifestação da autonomia privada, elas não são acolhidas como genuínas normas legais porque sua natureza obrigatória e controle de aplicação dependem do reconhecimento estatal e porque estão sujeitas ao controle de tribunais estatais, cujos resultados frequentemente as afastam e as modificam.

Em comparação a essa hierarquia tradicional, podem-se detectar mudanças significativas em códigos transnacionais que não se encaixam nas categorias padrão. "Do ponto de vista dos conceitos jurídicos clássicos – por exemplo, se direito é concebido como a ordem coercitiva de órgãos estatais – alterações desse tipo, em como o direito é ou o que direito é, mal podem ser compreendidas. Os conceitos legais de jurisprudência, que são equipados para uma validade 'ou/ou', não estão preparados para desacobertar as mudanças sublimes no modo como o direito preenche suas funções e é experimentado como significado".[41] Na dinâmica dos dois códigos corporativos uma direta *inversão da hierarquia* entre direito estatal e ordenamento privado pode ser observada. Uma reversão dramática tem lugar especialmente na qualidade *hard law / soft law* dos códigos corporativos públicos e privados: *Agora são as normas estatais que apresentam a qualidade de "soft law", enquanto o mero ordenamento privado de corporações transnacionais emerge como nova forma de "hard law"*.

As normas de direito internacional público que, por exemplo, a ONU criou nos Códigos de Conduta de Corporações Transnacionais, não são comparáveis às normas vinculantes aprovadas para a constituição corporativa por parlamentos e tribunais constitucionais de Estados nacionais. Embora houvesse sido inicialmente planejado no "Projeto de Normas sobre a Responsabilidade de Corporações Transnacionais" de 2003 que um órgão regulatório supranacional deveria regular diretamente a conduta de corporações transnacionais com a ajuda de normas reforçadas por sanções que fossem vinculantes no direito internacional,[42] a enorme resistência de Estados nacionais influentes e do *lobby* corporativo marcaram um ponto de virada. A versão finalmente aprovada continua meramente *soft law*: recomendações não vinculantes cuja implementação não pode ser forçada por sanções legais.[43]

---

[40] Sobre a relação de ambos os tipos de regras, Gregory C. Shaffer & Mark A. Pollack, *Hard vs. Soft Law: Alternatives, Complements, and Antagonists in International Governance*, 94 MINNESOTA LAW REVIEW 706, 721-29 (2010).

[41] NIKLAS LUHMANN, RECHTSSOZIOLOGIE 341 (3a ed. 1987).

[42] Conselho Econômico e Social da ONU (ECOSOC), Subcomitê sobre a Promoção e Proteção de Direitos Humanos, Direitos Econômicos, Sociais e Culturais: Projeto de Normas sobre as Responsabilidades de Corporações Transnacionais e outros Empreendimentos Comerciais com relação aos Direitos Humanos, ONU Doc. E/CN.4/Sub.2/2003/12 (30 de maio de 2003).

[43] *Ver,* com astutas observações, Larry Catá Backer, *Multinational Corporations, Transnational Law: The United Nation's Norms on the Responsibilities of Transnational Corporations as Harbinger of Corporate Responsibility in International Law*, 37 COLUMBIA HUMAN RIGHTS LAW REVIEW 287, 323-328 (2005).

Por outro lado, códigos intracorporativos são mero ordenamento privado não estatal, mas, na realidade, constituem o direito em vigor com um alto grau de força vinculante e sanções efetivas. A doutrina de direito privado ainda contesta veementemente seu autêntico caráter jurídico, uma vez que insiste nas asseverações de que a validade normativa é deduzida do Estado e não reconhece ordenamento privado como direito.[44] E é tão somente de forma gradual que vêm à tona conceitos de direito econômica e sociologicamente inspirados, que imprimem caráter legal às ordens normativas de atores transnacionais privados – sob determinadas circunstâncias.[45] Códigos intracorporativos são diretamente vinculantes para as pessoas envolvidas e são dotados de sanções efetivas que são executadas por recém-criados departamentos de cumprimento.[46]

Dessa maneira, o direito organizacional intracorporativo isola-se do direito estatal. Em direta oposição à usual relação hierárquico-normativa entre Estado e direito privado, códigos públicos não funcionam como a base constitucional para a autorização de códigos privados. Esses últimos produzem sua própria validade a partir da ligação entre normas primárias e secundárias no reino do ordenamento privado. Constituem um sistema não estatal fechado de validade jurídica, por sua vez, hierarquicamente estruturado. Conforme já mencionado anteriormente, o nível superior compreende os princípios gerais da constituição corporativa; o nível intermediário regula a aplicação e o monitoramento e o nível inferior inclui regras concretas de conduta. Assim, geram eles mesmos sua fundação autorizadora por meio de suas próprias regras constitutivas. E regras intraempresa, que regulam a conduta de acordo com o código jurídico, são controladas - elas próprias - conforme o código constitucional.

## 2. Hiperciclo e Ultraciclo

A concepção de uma inversão de hierarquia, no entanto, não vai longe o suficiente. Conquanto haja uma clara primazia factual e normativa dos códigos privados sobre os públicos, ela não é de natureza hierárquica. Um tanto quanto mais apropriado é, em comparação, a exclusão do público pelo privado. Normas estatais não estão subordinadas às normas privadas, mas sim banidas do interior da produção normativa no mundo corporativo. Com isso, a noção de um espaço unitário jurídico de regras estatais e privadas torna-se obsoleto. Em vez disso, desenvolvem-se dois espaços jurídicos independentes, um direito interno coercitivo das corporações, autônomo e ordenado privadamente; e um conjunto de recomendações normativas de conduta regulado pelo Estado.

---

[44] A doutrina tradicional de ordenamento privado é perspicazmente criticada por Johannes Köndgen, *Privatisierung des Rechts: Private Governance zwischen Deregulierung und Rekonstitutionalisierung*, 206 ARCHIV FÜR DIE CIVILISTISCHE PRAXIS 477, 516-518 (2006).

[45] *Idem,* p. 518-521; GRALF-PETER CALLIESS, GRENZÜBERSCHREITENDE VERBRAUCHERVERTRÄGE: RECHTSSICHERHEIT UND GERECHTIGKEIT AUF DEM ELEKTRONISCHEN WELTMARKTPLATZ 182-244 (2006); Erich Schanze, *International Standards: Functions and Links to Law, in* INTERNATIONAL STANDARDS AND THE LAW 83, 93-95 (Peter Nobel ed., 2005); Gunther Teubner, *Global Bukowina: Legal Pluralism in the World Society, in* GLOBAL LAW WITHOUT A STATE 3, 11-15 (Gunther Teubner ed., 1997). Para uma análise lúcida do caráter jurídico do ordenamento privado, JOHN LINARELLI, *Analytical Jurisprudence and the Concept of Commercial Law*, 114 PENN STATE LAW REVIEW 119, 195-211 (2009).

[46] MARTIN HERBERG, nota 8 supra, p. 48-77.

Ainda que pareça óbvio que eles formem dois espaços jurídicos mutuamente fechados, não é fácil determinar o que constitui seu fechamento. De qualquer maneira, não é a operacionalidade fechada de sistemas sociais no sentido estrito que os separa. Seu fechamento não é baseado na diferenciação entre suas operações, uma vez que ambos os ordenamentos de código são processadas pelo mesmo tipo de operações – atos jurídicos. Na realidade, trata-se de uma *clausura estrutural* mútua que surge a partir de duas diferenciações. Uma é a limitação estrita de seu espaço de validade: códigos privados demandam validade para os membros de corporações transnacionais, códigos públicos demandam validade para os estados contratantes. A outra é sua diferente qualidade como norma vinculante, de um lado, e como mera recomendação normativa, de outro. Em termos de teoria dos sistemas: a diferenciação interior do sistema jurídico global não surge por meio do advento de um novo tipo de operações legais que causariam uma operacionalidade fechada entre os subsistemas recém-criados. O símbolo de validade é, isso sim, transferido de tal maneira que cria fronteiras entre diferentes ordenamentos jurídicos.[47] Ele suscita o fechamento estrutural definindo fronteiras entre diferentes espaços de validade. Tradicionalmente, os espaços de validade são definidos por limites territoriais como no caso de Estados nacionais, regiões ou cidades. No contexto transnacional, eles são de espécie orientada em função de um elemento específico, funcional ou jurisdicional. Devem-se, portanto, distinguir claramente as que, entre diferentes formas de fechamento – operativo e estrutural –, consequentemente resultam, por sua vez, em maneiras diferentes através das quais as ordens jurídicas se abrem uma para a outra.[48] Assim, os códigos privados e públicos constituem ordens jurídicas mutuamente fechadas, e, entre elas nenhuma transferência de validade tem lugar, embora se influenciem de maneiras diferentes.

Como são definidas as fronteiras entre códigos privados e públicos? Seria outro equívoco determiná-las como delimitações entre organizações formais – corporações transnacionais, de um lado, e organizações internacionais, de outro. Na realidade, em ambos os espaços jurídicos, extensas redes normativas desenvolveram-se entre diferentes organizações, o que permite então entender a configuração inteira como a *relação entre duas redes normativas diferentes e mutuamente fechadas*. Em primeiro lugar, códigos privados já transcenderam os limites das companhias individuais. Eles estenderam sua validade aos conglomerados corporativos que transcendem fronteiras nacionais e abrangem, em alguns casos, milhares de companhias individuais. Sob pressão do público e de organizações da sociedade civil, seu escopo foi estendido inclusive para além dos contornos de grupos corporativos. Com regulação contratual, grupos poderosos conseguem vincular seus fornecedores e suas cadeias de distribuição aos seus códigos corporativos e usar o mecanismo contratual também para introduzir monitoramento efetivo e sistemas sancionadores.[49] Em segundo lugar, podem

---

[47] LUHMANN apenas desenvolve a dimensão temporal do símbolo de validade Niklas Luhmann, Die Geltung des Rechts, 22 RECHTSTHEORIE 273, 277 (1991). Nesses termos, o símbolo de validade é de fato inadequado para destacar as particularidades do direito transnacional, especialmente de regimes funcionais; com razão nesse sentido, Marc Amstutz & Vagios Karavas, Weltrecht: Ein Derridasches Monster, in SOZIOLOGISCHE JURISPRUDENZ: FESTSCHRIFT FÜR GUNTHER TEUBNER ZUM 65. GEBURTSTAG 646, 650-53 (Gralf-Peter Callies, Andreas Fischer-Lescano, Dan Wielsch & Peer Zumbansen eds., 2009). Se, ao contrário, enfatiza-se a dimensão especial, pessoal, social, substancial e especialmente funcional da validade do direito, então regimes transnacionais podem claramente ser distinguidos de sistemas jurídicos nacionais.

[48] Para considerações preliminares, ver, de forma geral, Gunther Teubner, L'ouvert s'appuye sur le fermé: Offene Fragen zur Offenheit geschlossener Systeme, 31 SOZIOLFORSCHUNG 287 (1991).

[49] Ver o instrutivo estudo de caso sobre a GAP em LARRY BACKER, nota 35 supra, p. 10-20.

ser encontradas interligações nos códigos do mundo estatal. Aqui, conexões variadas emergiram entre os códigos corporativos da OIT, da OCDE, da ONU e da UE.[50]

Certamente, a inter-relação dessas duas redes de código fechadas certamente não se confunde com a relação tradicional de normas constitucionais corporativas privadas e públicas. Seguidamente, portanto, intenta-se descrever a própria relação como uma única grande rede ou até como uma rede de redes, como uma metarrede entre Estado e atores privados.[51] Isso não é errôneo, porém esconde diferenças relevantes. A relação pode ser descrita em maior detalhe a partir da diferença entre hiperciclo e ultraciclo.[52] Um hiperciclo surge quando operações comunicativas dentro de uma rede fechada formam ciclos que são, por sua vez, interligados de uma forma circular. Por contraste, um ultraciclo emerge quando um ciclo de perturbações mútuas é desenvolvido entre redes fechadas. Dentro de códigos corporativos privados, interligações são de natureza hipercíclica; já que entre operações jurídicas cíclicas – que se conectam entre si no contexto de diferentes organizações formais, por exemplo, corporações transnacionais, seus fornecedores e organização de vendas – desenvolvem-se conexões diretas inter-organizacionais. Os símbolos de validade do ordenamento privado são transferidos diretamente por meio de direito intraorganizacional e de contratos interorganizacionais. Nessa rede de operações jurídicas privadas, normas privadas têm um efeito vinculante direto sobre os participantes e, no caso de infração normativa, são ordenadas sanções. Dessa maneira, um contexto fechado de ordenamento privado surge através da ligação hipercíclica de corporações transnacionais e de outros empreendimentos comerciais.

De uma forma completamente diversa, esses códigos privados mutuamente interligados estão conectados a códigos públicos. Para esse tipo de conexão, é apropriado não o modelo de hiperciclo, mas sim o de ultraciclo. Ainda que códigos públicos definam certas obrigações politicamente desejadas e estabeleçam a fronteira entre atividades permitidas e banidas, eles são apenas recomendações informais e meros apelos para uma determinada conduta. Eles são também direito válido, porém de uma forma paradoxal: são direito em vigor, mas sem sanções jurídicas.[53] Isso significa que códigos privados, apresentados como círculos de validade fechados autorreferenciais, não são inteiramente independentes de códigos públicos no que tange à sua validade, mas que códigos públicos não podem sequer ancorar-se normativamente a standardizações privadas. Eles não fazem parte da unidade normativa dos códigos intracorporativos. Eles podem – tão somente, a partir do lado de fora – demandar, sugerir, motivar, urgir ou até compelir, mas não podem comandar ou suspender validade. São apenas irritações externas ao ciclo de validade interna de códigos privados. Os códigos da ONU, da OIT, da OCDE e da UE são meros

---

[50] Ver, em detalhe, SEAN MURPHY, nota 4 supra, p. 424-31.

[51] KENNETH ABOTT & DUNCAN SNIDAL, nota 5 supra, p. 525-26.

[52] Para as diferenças entre ambos, ver, de forma geral, Gunther Teubner, Idiosyncratic Production Regimes: Co-evolution of Economic and Legal Institutions in the Varieties of Capitalism, in THE EVOLUTION OF CULTURAL ENTITIES: PROCEEDINGS OF THE BRITISH ACADEMY 161 (John Ziman ed., 2002); idem, Hypercycle in Law and Organization: The Relationship between Self-Observation, Self-Constitution and Autopoiesis, in EUROPEAN YEARBOOK IN THE SOCIOLOGY OF LAW 43 (Alberto Febbrajo ed., 1988).

[53] A natureza paradoxal da *soft law* como direito formal eficaz também é enfatizada por Orly Lobel, The Renew Deal: The Fall of Regulation and the Rise of Governance in Contemporary Legal Thought, 89 MINNESOTA LAW REVIEW 342, 389 (2004).

impulsos constitucionais que – certamente com grande influência – organizações internacionais enviam às corporações transnacionais. Se esses impulsos de fato lá coagulam, formando normas constitucionais vinculantes ou não, não é decidido pelas instituições do mundo estatal, e sim, pelos processos internos de organizações privadas.

### 3. Pressões de aprendizado: alterações internas resultantes de constrições externas

Se, sob certas circunstâncias, inter-relações entre os códigos emergem, então surge um ultraciclo, um ciclo de perturbação entre códigos públicos e privados. Nas descrições tradicionais de como regimes públicos e privados de soft-law estão inter--relacionados, está escondida a diferença fundamental que existe entre o hiperciclo de códigos privados e o ultraciclo de códigos públicos e privados. Isso não deveria, no entanto, levar à tentação de reduzir ultraciclos a meras alegorias políticas, simples ruído de estática vindo do mundo estatal, impossibilitados de afetar, em qualquer medida, os códigos intra-empresa. Ruggie enfatiza esse fato especialmente tendo em vista o *Pacto Global (da ONU para Empresas)*:

> Grupos ativistas e algumas ONGs de destaque temem que o Pacto Global facilite a atuação das empresas uma vez que não é um código de conduta com *standards* de performance explícitos e monitoramento de cumprimento. Mas.. o Pacto é um mecanismo que visa engajar empresas na promoção de objetivos da ONU, não regulá-las. A regulação é uma meta perfeitamente válida, mas não é a única que conta(...).[54]

Mas o que realmente conta?

O que importa são pressões de aprendizado, ou seja, alterações internas induzidas por constrições externas. Ambos elementos precisam estar presentes para permitir que códigos públicos e privados ajam de maneira combinada: uma alteração interna de estruturas cognitivas e normativas e pressão externa dirigida a ela. Caso contrário, ligações ultracíclicas não emergem, e códigos públicos restam como impulsos externos sem efeitos. Aqui se torna aparente a previamente mencionada qualidade especial do fechamento mútuo que possibilita a qualidade especial da abertura mútua. "L'ouvert s'appuye sur le fermé [A abertura apoia-se em sua clausura]". Uma transferência de validade entre ambos está fora de questão; ao invés disso, são desenvolvidos processos de aprendizado, ou seja, outros mecanismos de abertura mútua.

Nesse ponto, torna-se visível uma das mais significativas modificações na estrutura jurídica, que ocorre na transição para uma sociedade mundial. Niklas Luhmann descreveu essa mudança da seguinte maneira:

> (...) no nível de consolidação da sociedade mundial, normas (na forma de valores, regulações, finalidades) não mais direcionam a pré-seleção do cognitivo; pelo contrário, o problema da adaptação por meio do aprendizado ganha primazia estrutural e as condições estruturais para a capacidade de todos os subsistemas de aprender precisam ser amparadas.[55]

Isso significa que dois ordenamentos de código não se comunicam simplesmente pelo meio do direito. A validade de expectativas normativas não é transferida

---

[54] John Gerald Ruggie, Taking Embedded Liberalism Global: The Corporate Connection, NYU IILJ WORKING PAPER No. 2, 23, nota 64 (2003).
[55] Niklas Luhmann, *Die Weltgesellschaft, in* SOZIOLOGISCHE AUFKLÄRUNG BAND 2: AUFSÄTZE ZUR THEORIE DER GESELLSCHAFT 51, 63 (Niklas Luhmann ed., 1975).

de um código a outro por meio de operações legais. Em vez disso, processos de aprendizado de códigos jurídicos intracorporativos são acionados, com frequência até compelidos, por meios não jurídicos – por conhecimento especializado, poder político e social, persuasão normativa e ainda por incentivos monetários e sanções.[56] Nesse contexto, primazia cognitiva não implica que códigos corporativos percam sua qualidade jurídico-normativa e apenas funcionem como mera expectativa cognitiva. São somente as relações entre as duas ordens normativas que se tornam desnormatizadas. Enquanto os próprios códigos restam como ordens normativas, as relações entre eles mudam para mecanismos cognitivos.

Em que consiste o primeiro elemento das pressões de aprendizado (aprendizado cognitivo)? Os códigos públicos somente fornecem aos códigos privados "padrões", modelos comportamentais, princípios, indicações de conduta, recomendações. A ligação ultracíclica de ambos os códigos ocasiona processos de aprendizado que não se realizam como transferência de validade de regras dentro de uma ordem jurídica, mas que perpassam as divisas de ordens mutuamente fechadas. Sua particularidade está em que não formam um amálgama das ordens envolvidas criando um ordenamento jurídico unitário com operações legais comuns, mas sim são reconstruídos por meio de processos cognitivos complexos.[57] É exatamente essa separação que torna possível um valor adicionado cognitivo, gerado quando as faíscas de perturbações pulam sobre as fronteiras entre os códigos envolvidos. Isso pode até levar à inovação normativa. O ultraciclo não acaba com a autonomia desses, senão que usa essa autonomia para produzir novas normas, tanto de cunho *hard law* nos códigos intracorporativos quanto *soft law* nos códigos do mundo estatal.

O que torna especial o efeito de aprendizado? Corporações podem usar os códigos públicos para aferir as expectativas sociais que enfrentam, sem ter de cumpri-los à risca. Dessa maneira, códigos públicos contrabalançam a visão bitolada desenvolvida por códigos privados e provocam sua re-orientação no sentido de uma política pública transnacional. Códigos públicos fornecem estímulos constitucionais para aprendizado similarmente às demandas normativas impostas às empresas por movimentos de protesto e organizações da sociedade civil.

Em que consiste o segundo elemento – pressão? Nesse processo de aprendizado, sanções legais não desempenham um papel proeminente. Ao contrário, mecanismos extrajurídicos são responsáveis pelo fato de que corporações tomam códigos públicos como compulsão para aprender e desenvolvem seus próprios códigos para suas circunstâncias particulares. Esses mecanismos extralegais não são de forma alguma inferiores a sanções jurídicas. Acima de tudo, são processos de poder inter-organizacionais – pressão unilateral e intercâmbio político – que forçam empreendimentos comerciais a desenvolverem códigos corporativos. Nunca é demais enfatizar que essa

---

[56] Para um relato convincente dos processos de aprendizado aqui envolvidos, ilustrado pelo exemplo de iniciativas europeias sobre responsabilidade corporativa, *ver* MARC AMSTUTZ & VAIOS KARAVAS, nota 43 supra, p. 655-57; similarmente, sobre o exemplo de regimes transnacionais, *ver, de forma geral,* Poul F. Kjaer, *The Metamorphosis of the Functional Synthesis: A Continental European Perspective on Governance, Law and the Political in the Transnational Space*, WISCONSIN LAW REVIEW 101 (2010, forthcoming). Para as diversas inter-relações entre *hard* e *soft law*, GREGORY SHAFFER & MARC POLLACK, nota 36 supra.

[57] SEAN MURPHY, nota 4 supra, p. 422-24.

pressão externa é uma condição indispensável para que códigos corporativos exerçam qualquer efeito.[58]

> Essas normas são "voluntárias" no sentido de que não são legalmente necessárias; no entanto, empresas freqüentemente aderem em razão de pressão por parte de ONGs, requisições de consumidores, regras de associações de indústria e outras forças que as tornam, na prática, obrigatórias.

De acordo com a experiência existente até aqui, os Estados nacionais e as organizações internacionais do mundo estatal geraram os recursos de poder necessários, mas apenas em determinada medida. As pressões de poder de movimentos de protesto, ONGs, sindicatos, organizações sem fins lucrativos e opinião pública mostram-se cruciais. Sanções econômicas frequentemente fazem a balança pender. A sensibilidade de consumidores, de cujo comportamento de compra as corporações são dependentes, e de certos grupos de investidores, que exercem pressão econômica sobre empreendimentos comerciais, é decisiva.[59] Resta ver se o mundo estatal desempenhará um papel de liderança no exercício de pressões externas mais fortes sobre corporações após a crise financeira. Nesse contexto, as últimas notícias na verdade alimentam ceticismo. De qualquer forma, ainda que mudassem o equilíbrio entre regulação interna e externa, não fariam desaparecer a diferença entre hiperciclo e ultraciclo.

Por trás da metáfora de "códigos voluntários", portanto, há qualquer coisa menos voluntariedade. Corporações transnacionais não promulgam seus códigos nem com base em seu entendimento acerca dos requisitos para o bem comum, nem por motivos de ética corporativa. Elas os cumprem somente "voluntariamente" quando maciças pressões de aprendizado são exercidas sobre elas a partir do exterior. O processo de aprendizagem não se dá dentro do sistema jurídico de código a código por meio da transferência de validade de regras, mas sim em um longo desvio através de outros sistemas sociais e outros meios de comunicação. Não é suficiente descrever esse fenômeno como se sanções legais simplesmente fossem substituídas por sanções sociais. Tal atitude acobertaria os efeitos drásticos dessas pressões caóticas de aprendizagem. Nos "processos de tradução" ultracíclicos descritos, fronteiras sistêmicas são, na realidade, transcendidas; um ciclo de perturbação emerge entre atos jurídicos, pressões de poder político e social, operações cognitivas de comunidades epistêmicas, persuasão normativa e sanções econômicas, que então re-entra como atos jurídicos no outro código. O conteúdo original das recomendações públicas é dramaticamente modificado quando elas sofrem um processo complicado de tradução para diferentes reinos de sentido. Quando a *soft law* dos códigos públicos é "traduzida" para a linguagem do conhecimento técnico, que desenvolve modelos e organiza o monitoramento, cria efeitos especiais. Resultados diferentes ocorrem quando ela é traduzida para o poder interorganizacional de negociações políticas entre organizações internacionais, ONGs e corporações transnacionais; e diferentes ainda, quando ela é reconstruída nos mecanismos de reputação das pessoas ou em incentivos e sanções monetárias. Outras modificações ocorrem quando finalmente a *soft law* é "retraduzida" para a linguagem jurídica da *hard law* dos

---

[58] KENNETH ABBOTT & DUNCAN SNIDAL, nota 5 supra, p. 506.

[59] Para uma análise detalhada da conexão entre pressão externa e estrutura intracorporativa, *ver, de forma geral,* Jennifer Howard-Grenville, Jennifer Nash & Cary Coglianese, *Constructing the License to Operate: Internal Factors and Their Influence on Corporate Environmental Decisions*, 30 LAW AND POLICY 73 (2008).

códigos intracorporativos. Essas conexões um tanto quanto indiretas entre ambos os códigos destacam que a autoconstitucionalização das corporações de fato manifesta-se não em razão de motivos intrínsecos de voluntariedade ou tampouco por força dos mecanismos de sanção do direito estatal, mas devido a um processo caótico de tradução influenciado por diferentes pressões de aprendizado.

# —7—

# Capacidade de lidar com o futuro e responsabilidade por inovações – para o trato social com a temporalidade complexa[1]

**ALFONS BORA**[2]

*Sumário*: 1. Introdução; 2. A temporalidade complexa da regulação de inovações; 3. Responsabilidade sobre inovações e suas consequências; 4. Possibilidades de futuro e aprendizado enquanto equivalentes funcionais para a atribuição de responsabilidade; 5. Responsabilidade por inovações enquanto forma de produção de capacidade de lidar com o futuro?; Referências.

## 1. INTRODUÇÃO

Em uma primeira vista, o tema responsabilidade por inovações se situa um pouco à parte do interesse sociológico, porque, enquanto ciência experimental, a sociologia não contribui diretamente com debates normativos sobre responsabilidade, seja no direito, seja na ética. Antes, a sociologia pesquisa, primeiro, as condições, possibilidades e limites de programas normativos de fato. Em seguida, é que se pergunta pelas normas concretas situadas por trás de problemas de referência sociais e por variantes para sua solução. Em ambos os casos, o debate normativo pode prosperar, portanto, de forma indireta. No caso da responsabilidade por inovações, a oferta específica da sociologia consiste na análise de mecanismos que eventualmente assumem funções semelhantes à figura da responsabilidade no mencionado contexto normativo. A partir deste tipo de comparação com equivalentes funcionais resultam, conforme a ideia central deste texto, possibilidades de avaliar o desempenho social do conceito de responsabilidade por inovações.

Minha reflexão tem como ponto de partida uma sociologia do conhecimento orientada pela dimensão temporal da responsabilidade, bem como de conceitos semelhantes. Se se volta para o tema da responsabilidade por inovações, ressalta-se que inovação e responsabilidade possuem um aspecto em comum (em todo o caso, cunhado em um aspecto específico), notadamente: estrutura temporal. A partir daí, defendo uma perspectiva de pesquisa que põe em questão a relação social com a inovação, portanto, geral e particularmente, questiono a regulação jurídica sobre inovações em sua relação com a sua mencionada estrutura temporal.

---

[1] Tradução de Mcs. Henrique Carvalho, do original em alemão, sob a supervisão do autor.

[2] Agradeço ao meu colega Michael Huber (cf. Huber, 2008) e aos membros do grupo de pesquisa doutoral "Possibilidade de Futuro", bem como aos participantes do seminário "construção científica do Futuro" no semestre de inverno 2007/2008, que a partir de suas contribuições o presente artigo prosperou em grande medida.

O ponto de vista decisivo me parece residir no que eu pretendo chamar de capacidade de lidar com o futuro. Esta, segundo minha proposta, indica, em termos gerais, a capacidade de sistemas sociais em se adaptar à temporalidade complexa e, nesse sentido, portanto, produzir formas evolutivas bem-sucedidas. Uma característica essencial da capacidade de lidar com o futuro diz respeito à questão de se e como a sociedade e seus subsistemas desenvolvem capacidade de aprendizado e a dispõem para utilização. Mesmo que um sociólogo não represente nenhum conceito normativo, isso não retira a possibilidade de observar, a partir da semântica social da responsabilidade e da responsabilização, qual função para o processo de desenvolvimento de mecanismos de aprendizado social esta semântica pode assumir.

Este artigo é composto por quatro seções. A primeira se volta a uma prévia contribuição no âmbito do projeto "Direito de Inovação", quando será explicado em que medida a regulação de inovações apresenta uma estrutura temporal. Na segunda seção, a semântica da responsabilidade por inovações será interpretada enquanto uma, entre outras, imagináveis reações a esta complexidade. Na mesma oportunidade, o problema dessa forma de redução de complexidade será esboçado. A atribuição de responsabilidade representa uma figura próxima para a solução relativa à regulação de inovações científico-tecnológicas. Em consequência de sua proximidade com o conceito de risco, esta apresenta, portanto, algumas dificuldades típicas do risco. Na terceira seção, portanto, a possibilidade de futuro e de aprendizagem serão investigadas enquanto equivalentes funcionais para a atribuição de responsabilidade, a partir da qual, a mencionada dificuldade, será afastada. A capacidade de lidar com o futuro, entendida enquanto a capacidade de operar evolutivamente de forma bem-sucedida diante de influências sociais duradouras em um ambiente mutável, pressupõe, segundo a tese central deste artigo, aprendizado. Com esta tese, minha argumentação se conecta a um debate conduzido na sociologia, o qual, ao meu ver, foi no passado impropriamente deixado no esquecimento. O amplo e conceitualmente difícil campo da teoria sociológica do aprendizado certamente não será aqui, de forma nenhuma, completamente considerado. Antes, trata-se, para mim, de tornar plausível, de alguma forma, os seus possíveis significados para questões relativas à regulação de inovações. Na quarta seção, apresento os possíveis ganhos desta perspectiva com vistas às questões da responsabilidade por inovações.

De uma maneira geral não se trata, na presente reflexão, de uma argumentação acabada em todos os sentidos, mas sim ainda em fase de pesquisa. O campo da orientação para o futuro em relação às estruturas sociais é sociologicamente ainda pouco pesquisado. Uma *Sociology of the Future* que não se esgote apenas em tentativas de prognose futorológicas, mas sim que, no plano estrutural, procure abranger conhecimentos generalizáveis sobre a função e as formas de orientação social para o futuro, ainda é conceituada em fase de surgimento e ainda carente de consistência teórica em diversos aspectos (vgl. Adam/Groves 2007, Brown et al. 2000, Grunwald 2007). Todavia, conforme demonstraremos aqui, esta sociologia, em uma forma elaborada, promete um ganho para a compreensão da situação do problema, o qual se conecta com o conceito de responsabilidade por inovações. No próprio modo da promessa reside, contudo, alguma construção do futuro, a qual, como eu pretendo mostrar, é manejada com prognoses e utopias e, apenas a partir destas, pode ganhar o seu valor de uso para a atual discussão.

## 2. A TEMPORALIDADE COMPLEXA DA REGULAÇÃO DE INOVAÇÕES

Com a orientação pela estrutura temporal dos processos de inovação e pelas implicações que dela resultam para abordagens sobre regulação, toma-se, em uma primeira vista, um fenômeno inteiramente conhecido na literatura. Em uma consideração mais aproximada, esta orientação permanece, contudo, uma abordagem sociológica pouco frequente.

A temporalidade das inovações possui um papel não apenas na economia, mas também na abordagem sociológica sobre tecnologias e na pesquisa sociológica sobre inovações. Esta é tematizada essencialmente em dois aspectos. Em um, a representação de ciclos possui significado para a teoria sobre inovações, para o qual o desenvolvimento tecnológico, em geral, está sujeito a um ciclo temporal, o qual pode ser descrito na forma de conformidade com normas (Braun-Thürmann 2005, Weyer 2008, Freeman/Louçã 2001). De interesse seriam, nessa perspectiva, as estruturas específicas e duradouras oriundas da macroeconomia e primeiramente entendidas como ciclos de conjuntura. Já Schumpeter descreveu os ciclos de desenvolvimento tecnológico como ciclos de Kondratieff (Schumpeter 1939).

Recentemente, pesquisas sobre rede de inovações foram orientadas por uma específica exigência de sincronização entre inovações técnico-científicas e os seus entornos sociais, os quais se sustentam nas propriedades de um processo de inovação organizado como uma rede (Rammert 1997, Rammert/Bechmann 1997, Rollwagen 2008). Diante desse contexto, a regulação sobre inovações também se apresenta como uma questão de sincronização. Isto levou, por exemplo, Bender (1996), a considerar a regulação e a padronização como construções normativas do futuro, as quais levantam novamente a pergunta pela sincronização em relação aos processos de inovação tecnológica.

Ambas abordagens, a macroestrutural de longos ciclos e a "meso" estrutural, da rede de inovações, conduzem a uma perspectiva tomada em seguida, a qual pode ser indicada, enquanto uma delimitação em relação às acima mencionadas, como perspectiva microestrutural. Também, a partir da isolada consideração econômica dos fenômenos temporais, que problematiza especialmente o *timing* correto de decisões sobre inovações (Rollwagen 2008, 24 e ss.), distingue-se claramente a perspectiva micro sociológica. A temporalidade das inovações e a sua regulação é tratada em grande parte da literatura micro econômica com respeito à organização de processos de inovação predominantemente em empresas, em relação à otimização desses processos. Em distinção a esta perspectiva, trata-se, para mim, do plano estrutural de um modelo de significado, que se desdobra, diante do seu contexto, em estratégias e seus sentidos inerentes. Com isso, lança-se mão de uma forma fundamental do aspecto da temporalidade dos processos de inovação. Essa temporalidade se torna perceptível quando se procura constituir a inovação, como eu pretendo fazê-lo em seguida, com ajuda de uma conceituação da sociologia do conhecimento. Com isto eu me conecto conceitualmente às reflexões da sociologia do conhecimento, conforme já publicado (Bora 2008), onde procuro precisar construtivamente a função da responsabilidade.

Eu sustento uma abordagem da sociologia do conhecimento, com a ajuda da qual o desafio, que é conectado com a regulação de inovações, lança outra luz sobre a mencionada perspectiva de sincronização da atuação empresarial, administrativa e de pesquisa. Nesse modo de observação, a inovação é entendida como resultado de um processo de significação. A este modo de observação não está aderida nenhuma forma de construtivismo fraco, a qual procura, em grande medida, denegar a dimensão objetual por trás da significação social. Antes, trata-se da advertência de que uma simples mudança no objeto mesmo, a produção de um conhecimento ou o desenvolvimento de uma tecnologia em si, não proporciona nenhuma inovação. Estas vêm, conforme a concepção aqui representada, antes, com a ocorrência de uma significação do produzido enquanto estado inovativo (Bora 2008).

Dessa forma, o conceito de inovação abrange, seguindo essa perspectiva básica, três formas de conhecimento: conhecimento de invenção (que possibilita uma produção intelectual ou material), conhecimento emergente (que é gerado com a produção) e conhecimento de inovação ou significação (que produz a significação da produção como inovação). A partir deste pano de fundo se reconhece a autonomia da significação social em processos de inovação. Assim, quando se parte de um efeito conjunto estreitamente engrenado dos três aspectos, então se tem em mãos a diferença conceitual que, para a completa realização da inovação, a coatuação dessas formas de conhecimento em uma significação retrospectiva (em sentido estrito) torna uma dada produção em inovação. Inovações são, neste ponto, temporalmente complexas, uma vez que a sua estrutura temporal cruza a simples ordem cronológica das três formas de conhecimento com um estabelecimento temporal retrospectivo. Aquilo que tem o significado de inovação será interpretado no seu processo de estabelecimento enquanto novidade.

A regulação de inovações é situada, enquanto regulação de conhecimento, nesta estrutura temporal (vgl. Rossnagel 1999, Hoffmann-Riem 2006). Por seu turno, esta faz uso de diferentes formas de conhecimento, as quais podem ser indicadas como conhecimento de prognose (sobre inovações esperadas no futuro), conhecimentos relativos ao risco inerente à decisão (sobre consequências futuras e desconhecidas relativas à inovação e sua atribuição à decisão) e conhecimento sobre técnicas de regulação (sobre modos de funcionamento e efeitos de diferentes instrumentos de regulação relativos a inovações e riscos futuros). Todas as três formas de regulação de conhecimento operam de forma específica no horizonte de acontecimentos futuros. Elas representam, respectivamente, o trato com a abertura do futuro tanto da inovação quanto de sua regulação. Com isso, elas representam, como pode ser afirmado a partir do ponto de vista da sociologia do conhecimento, formas da construção social do futuro.

### 3. RESPONSABILIDADE SOBRE INOVAÇÕES E SUAS CONSEQUÊNCIAS

A semântica da responsabilidade por inovações me parece, neste momento, representar em seu núcleo uma reação a esta complexa temporalidade da inovação, assim como da regulação sobre inovações. Dessa forma, a orientação para o futuro, que inclui o conceito de responsabilidade, é a chave para o entendimento desta figura. Isto eu pretendo demonstrar aprofundando primeiramente o conceito de responsabilidade e esboçando o seu problema. A orientação para o futuro será em seguida introduzida como um conceito geral.

Responsabilidade é um antigo tema filosófico, primeiramente e em especial da ética. Neste ponto, este conceito emerge na antiguidade na feição de uma doutrina relacionada à dívida e à imputação. No antigo uso linguístico alemão, "Responsabilidade" surge, em torno dos séculos 15 e 17, primeiramente enquanto expressão para *apologia* e *defensio*, e assim para defesa em geral e em especial para a justificação diante de um tribunal, frequentemente também diante do tribunal divino, e assim, para justificação em um sentido amplo.[3]

Em seguida a partir de meados do século 17, tardiamente contido por Kant, surgiu o uso no sentido de um estado abstrato de responsabilização, para o qual, em relação à ação, a responsabilidade é pensada enquanto possibilidade. A partir daí cresceu também o uso prospectivo, hoje conduzido no sentido de uma obrigação, para atribuição *futura* em relação a ações, bem como para as consequências dessas, quer dizer: para prestar contas, justificar-se, ou responder pelo afastamento de consequências no caso de ocorrência de um dano para terceiros.

Essa atribuição de acontecimentos futuros a pessoas e às expectativas ligadas a estas atribuições representa um novo cruzamento entre atributividade e temporalidade, a qual recebeu expressões na forma de prognose, previsibilidade, previsão de consequências (Folgenabschätzung). Na tradição neokantiana se estabeleceu, notadamente por Max Weber com o princípio da ética da responsabilidade, uma consideração desta relacionada à consequência de ações para o campo da política.[4]

Na discussão atual (compare, de forma geral, Werner 2006, Lenk/Maring 2001), o conceito de responsabilidade é utilizado em uma dupla perspectiva, tanto retrospectiva quanto prospectiva. Atribuição é entendida, nesse sentido, enquanto acoplamento de um acontecimento a um ator. Ela atua de modo que um acontecimento é conectado a expectativas sobre esse ator. A variante retrospectiva engloba a atribuição de ações e suas consequências a um ator concreto. A prospectiva compreende atribuições de obrigações cunhadas a papéis e posições sociais em relação a situações, objetos etc. Ambas as formas de utilização são fundamentadas em estruturas de expectativas cognitivas (causais) e normativas (morais, políticas ou jurídicas). A expectativa normativa, relacionada com o estado futuro, contida na responsabilidade prospectiva é, por fim, também a condição de possibilidade da atribuição retrospectiva, na qual expectativas normativas são em certa medida confirmadas retrospectivamente em relação a comportamentos futuros exigidos. Com isso, o conceito de responsabilidade prospectiva compreende também a forma de conexão temporal específica (normativa) típica da responsabilidade: a marcação do futuro no horizonte das operações presentes. Com o conceito prospectivo de responsabilidade, os futuros não são apenas esperáveis e atribuíveis de forma causal, mas também passíveis de desengano na forma de obrigações e decisões.[5] Como exemplo proeminente recorde-se do "imperativo ecológico" de Hans Jonas, o qual diante dos potenciais perigos ligados à "civilização tecnológica", explicitamente tematiza a dimensão futura de

---
[3] Ver a referência no Dicionário Grimms da língua alemã.

[4] Weber 1917/19, 57 f. Com esta abordagem, se indica, como, por exemplo, em John Stuart Mill o forte componente político do conceito de responsabilidade.

[5] Outras implicações do conceito de responsabilidade – liberdade de ação, condições normativas de escolha de associações causais (adequação social), dentre outros – permanecem aqui fora de consideração, uma vez que nos concentraremos apenas na dimensão temporal da responsabilidade, porque esta é de importância para o conceito de responsabilidade no momento da construção social do futuro.

decisões presentes: "age de tal forma, que os efeitos de suas ações estejam compactuados com a permanência da apropriada vida humana na terra" (Jonas 1979, 36). Aqui, o apelo à responsabilidade humana possui um contorno visivelmente prospectivo e formulado em relação a expectativas normativas de comportamentos futuros. Nesse sentido, a estrutura temporal é facilmente construída, assim como é, a visão jurídica acreditada. Em uma consideração mais aproximada ocorrem, contudo, duas dificuldades, as quais são conectadas com o apelo prospectivo (orientado para o futuro) da responsabilidade.

Primeiramente, é indicada a forma implicativa desse apelo. Atribuições futuras são necessariamente dependentes de uma decisão. Nós pressupomos como válida a rede causal que utilizaremos possivelmente para a atribuição. E a escolha concreta de possibilidades de atuação, entre as opções presentes à disposição, é experimentada como uma decisão, a qual é dependente da significação no presente, e assim, das normas – preferências e estados de conhecimento que constituem o horizonte de cada decisão. Dessa forma, a responsabilidade prospectiva, o apelo na confiança em possibilidades de atribuição futuras, torna-se uma parte da incerteza produzida com as possibilidades de atribuição futuras. Em outras palavras: na perspectiva social, o recurso à responsabilidade é ineludívelmente conectado à construção de seus próprios efeitos. Pode-se tentar uma solução para essa implicação, a seu turno, mais uma vez através da ética – ou da ética da responsabilidade. Com o uso desta tentativa, confronta-se com o problema de regressão e com a pergunta pela regra de interrupção para a atribuição da responsabilidade da responsabilidade. Também é pouco proveitoso trabalhar a ilustrada complexidade da estrutura temporal segundo forma de cálculo de riscos. Este caminho aponta, como eu procuro demonstrar em outro trabalho, para um importante mecanismo social de alocação de responsabilidade, o qual possui, contudo, em uma forma comparável, problemas com uma regra de interrupção (Bora 2008).

O segundo problema relacionado à atribuição de responsabilidade se constitui a partir de uma perspectiva sociológica, na qual a semântica da responsabilidade, como forma de autodescrição de sistemas sociais, é qualificada, em verdade, para identificar problemas, para os quais a sua própria solução, contudo, não está já ajustada. Pelo contrário, é possível observar que a responsabilidade atua, enquanto um médium generalizado, nos problemas de atribuição impulsionados entre sistemas sociais, de um lado para outro, com a consequência de inflação de responsabilidade e o respectivo temor deflacionário do outro lado, o qual, para que seja dividida a assunção de responsabilidade em relação a este temor, pode, portanto, puxar para si a exigência de participação. Também este segundo ponto de vista torna visível a analogia entre responsabilidade e risco e sugere, dessa forma, uma das fraquezas inerentes ao conceito de responsabilidade.

De uma forma geral é possível afirmar: responsabilidade e risco são afastados através de decisões. Por exemplo, a política e o direito internalizam para a ciência através de atribuição de responsabilidade em relação a valores limites ou em relação à confirmação de prognoses. Algo semelhante pode ser dito em relação aos processos de jurisdificação de decisões do campo político. Técnicas de afastamento do risco e da responsabilidade são, portanto, aspectos gerais e fundamentais da regulação de inovações. Esses mecanismos de externalização e afastamento funcionam não em conformidade com um modelo de motor perpétuo, antes, eles produzem efeitos, os quais se mostram como regresso do submetido. Assim, por exemplo, os custos políticos de externalizações participativas provocam, em certas situações, fortes efeitos de deslegitimação, como no conhecido desencorajamento político, o qual é elevado através da promessa de participação da sociedade civil em combinação com formas de participação estruturalmente sobrecarregadas.

A Responsabilidade se apresenta, dessa forma, verdadeiramente enquanto semântica próxima no trato com inovações científico-tecnológicas – devido à utilização por esta, em cada decisão, da respectiva estrutura temporal. Devido à sua semelhança estrutural com o conceito de risco, esta também copia, portanto, de certo modo, os problemas relacionados ao risco. Estes problemas se constituem, segundo a perspectiva social, antes de tudo, em uma dinâmica, difícil de ser rompida, de afastamento dos riscos relacionados à decisão entre os sistemas da sociedade. A causa mais profunda dessa dinâmica reside na estrutura complexa, que caracteriza tanto o risco como a responsabilidade e que – na dimensão objetual (perigo) e na dimensão social (ator que toma a decisão/atingidos pela decisão) – oculta a fixação em um ponto temporal futuro da atribuição do aqui e agora da decisão. Com isso, coloca-se, a partir da perspectiva sociológica, a pergunta de se existem, ao lado do risco e da responsabilidade, outras formas funcionalmente equivalentes de orientação para o futuro e quais seriam respectivamente suas vantagens e desvantagens. Há outras opções (ou opções complementares) para o trato social com a temporalidade complexa, ou seja: formas alternativas de construção social do futuro? Com essa questão nos voltamos ao tema da capacidade de lidar com o futuro.

## 4. POSSIBILIDADES DE FUTURO E APRENDIZADO ENQUANTO EQUIVALENTES FUNCIONAIS PARA A ATRIBUIÇÃO DE RESPONSABILIDADE

É possível comparar distintas formas de orientação para o futuro de acordo com o seu desempenho? Para responder a esta questão, eu utilizo a expressão possibilidades de futuro. Diante da tentativa de responder a esta questão é necessário, contudo, passar uma rápida vista sobre a teoria temporal da sociologia e sobre o conceito de futuro.

A partir da anteriormente mencionada perspectiva da sociologia do conhecimento, o futuro tem menos um caráter ontológico, no sentido factual de um acontecimento vindouro, do que, ainda, o status de uma orientação futura, a qual orienta cada comunicar presente. Assim, o futuro constitui para todos os sistemas sociais, o *horizonte* das operações presentes. Este horizonte é construído nas expectativas, as quais orientam, na perspectiva temporal, as operações presentes. O operar presente se relaciona sempre de alguma forma com o horizonte do futuro e é, desse modo, cunhado, segundo o significado em cada situação presente, com relação a essa orientação para o futuro. Essa forma de observação se fundamenta na tradição social fenomenológica de Edmund Russel e Alfred Schütz. A partir dessa perspectiva, foi encontrado o acesso à nova teoria dos sistemas, a qual permite, em consonância com este ponto de partida, interpretar uma sociologia do conhecimento teoricamente fundamentada em comunicações. A título de ilustração, são úteis as contíguas referências sobre o conceito de futuro enquanto horizonte, proposto por Alfred Schütz, e o conceito de construção comunicativa do futuro, por Niklas Luhmann.

Alfred Schütz (1972) dedicou-se em seu artigo "Tiresias, ou nosso conhecimento de acontecimentos futuros", à questão do modo como o futuro pode orientar ações presentes. As reflexões se pautam na fenomenologia social sobre tipos de ações rotineiramente utilizadas, as quais se tornam partes integrantes do estoque de conhecimento "disponível" (Shütz, 1972, 264) e, enquanto tal, em certa medida, representa um filme para a integração de acontecimentos futuros, como se estes já houvessem ocorrido. De acordo com Schütz, o conhecimento "disponível" é organizado sempre em vistas à sua relevância situativa (idem, p. 266). Rotinas de ação produzem, assim, a capacidade de antecipação de ações futuras, o que, com isso, se torna parte do horizonte do agir atual. A "tipicidade" da experiência (Idem, p. 266 e ss.) produz, ao mesmo tempo, a "tipicidade dos acontecimentos futuros" (Idem, p. 271), a qual não representa nenhuma determinabilidade semelhante às ciências naturais, mas sim representa apenas expectativa falível do "até a confirmação" (Idem, p. 271). A fragilidade dessa construção e seu limitado alcance sociológico são frequentemente criticados e parecem aqui não possuir aqui qualquer interesse. O Importante da abordagem de Schütz parece, ainda hoje, ser a perspectiva geral de que o futuro representa o (sempre presente) horizonte das ações/operações presentes e a partir deste ponto de partida é colocado sob a lupa da sociologia (Idem, p. 275). Horizontes de futuro ocorrem, segundo pode ser dito a partir disso, em todas as situações e cunham, em certa medida, todas expectativas sociais presentes.

Esse momento de relevância situativa, ou seja, da relação presente com o futuro – Grünwald (2007) fala enquanto "imanência do presente" – é, na teoria dos sistemas sociológica de Niklas Luhmann, assentada em uma teoria da comunicação e, com isso, se torna sociologicamente disponível. Em seu texto intitulado *The Future can not Begin* (1976), o autor distingue três conceitos de tempo. (1) Em um conceito cronológico, o tempo surge como uma contínua sequência de dados, no qual o futuro compreende qualquer acontecimento que venha a ser no presente. Esse conceito é apropriado, contudo, apenas para o esforço das experiências diárias em uma passagem de tempo descontínua. Além disso, este se apresenta, em uma comparação intercultural, como uma entre muitas possíveis. (2) Em um conceito modal de tempo, distinguem-se três formas de uso de linguagem – presente, passado e futuro – as quais se encontram igualmente habilitadas à disposição, com a consequência de que se pode comunicar um acontecimento em cada um dos *modi*, não simultaneamente, apenas sequencialmente. Com isso, a vantagem do conceito se apresenta – igualdade de habilitação dos *modi* – ao mesmo tempo como desvantagem, uma vez que este é cego diante do especial posicionamento do presente. (3) Esta situação é esclarecida com o conceito fenomenológico acima referido. Futuro e passado se apresentam, segundo essa perspectiva, como horizontes das operações presentes. Nesse sentido, segundo Luhmann, o futuro nunca pode começar. Ele é sempre vinculado ao presente. Enquanto horizonte, ele limita o campo de observação e permanece sempre inalcançável. Ele caminha, em certa medida, no mesmo passo do operar atual. Dessa forma, segundo Luhmann, o futuro constrói uma parte do estoque de conhecimento atual e contribui sempre para a definição de cada situação presente (Luhmann, 1976, p. 140).

O especial no argumento de Luhmann se constitui em que ele modaliza o conceito fenomenológico e faz uso do passo cronológico de maneira a conectá-lo com ambos os conceitos de tempo primeiramente mencionados. Isso acontece com a ajuda da distinção: futuros presentes, as projeções nos contornos de utopias e modelos;

e presentes futuros, orientações tecnológicas, ligações causais ou estocásticas com acontecimentos futuros (1976, p. 140 e ss.). A problemática da abertura do futuro apresentada no início de minha argumentação será formulada com a seguinte perspectiva complexa: enquanto futuro presente – aquele que oferece espaço para um maior número de exclusivos e recíprocos presentes futuros (ibidem) – em distinção a tempos anteriores, nós experimentamos, segundo Luhmann, nosso futuro enquanto um horizonte de abundantes e contingentes possibilidades, que nós, quanto mais nos ocupamos delas, mais intensamente devemos nos limitar; enquanto "futurização", Luhmann indica, em consequência, a completa extensão de futuros (presentes) no presente. Com "desfuturização" o autor se refere à constricção de futuros presentes. Ambos os casos constroem conjuntamente a *integração temporal* de uma dada situação social. Luhmann distingue, como já apresentado, essencialmente dois mecanismos de "desfuturização": utopias e tecnologias. Utopias servem à construção (nunca alcançada, mas sim, no sentido acima mencionado, sempre acompanhada) de futuros presentes, tecnologias produzem presentes futuros (1976, p. 143 ss.).

Tanto a forma utópica quanto a tecnológica de "desfuturização" têm lugar na sociedade moderna. Nesse tipo de sociedade não há qualquer forma unificada, em alguma medida geralmente vinculante, de construção do futuro. Antes, expressam-se os futuros dos distintos sistemas funcionais em distintas formas específicas. O motivo para tanto reside no contorno característico da diferenciação da sociedade moderna, a qual foi conduzida enquanto diferenciação funcional a uma pluralidade de subsistemas sociais (Luhmann 1997). Na diversidade de sistemas sociais, como se pode conjecturar, observamos diversas formas de desfuturização. Diante deste contexto, a questão a ser formulada é qual posição de valor o futuro possui em cada sistema funcional singularmente considerado; se estes, em suas operações de alguma forma objetivam produzir futuros presentes ou se, ao contrário, procuram, evitar a tematização do futuro e, respectivamente, com que meios isto acontece.

Com a escolha desses presentes futuros entram em ação preferências e valores. E esta construção de presentes futuros produz novas contingências na forma de surpresas e divergências em relação ao previsto correr das coisas. Ela demanda, por isso, no presente respectivo, suas comunicações para os correspondentes mecanismos de tratamento das surpresas (Luhmann, 1976, p. 144). E aqui estão à escolha, como eu procurei introdutoriamente esclarecer, um maior número de candidatos à equivalente funcional, a saber: atribuição de risco ou responsabilidade, mas também aprendizado. O aprendizado possui, enquanto equivalente funcional, uma conhecida atratividade, porque, como nós vimos, os dois outros mecanismos em um determinado ponto se lançam no vazio.

Antes de considerar as distintas formas de desfuturização na sociedade moderna, um esclarecimento histórico é necessário. A até então desenhada orientação explícita de processos de decisão sociais a um futuro aberto é – ainda que possa parecer admirável – uma conquista historicamente jovem, a qual se desenvolveu na passagem para a sociedade moderna funcionalmente diferenciada. Isto comprovam os estudos históricos de Reinhart Kosellek (1979) e Lucian Hölscher (1999). Já na idade média eram o passado, presente e o futuro abarcados por um horizonte histórico comum (Koselleck, 1979, p. 18). Com isso, o futuro construía, em certa medida, um reservatório de acontecimentos preexistentes e já definidos, os quais surgiam e novamente se esvaeciam, ambos neste reservatório. A apresentação corrente para nós de linearidade cronológica não possui, aqui, nenhum papel decisivo. A tradição cristã, de acordo com Koselleck, viveu na experiência de um juízo final duradouro, no qual possui o seu natural e duradouro limite no declínio do mundo e no retorno de Cristo. Com o início dos novos tempos e especialmente devido à Reforma, intensificou-se, por um lado, esta postura escatológica; diversos símbolos como a divisão do cristianismo, as próximas guerras civis, a invasão dos turcos, pareciam informar concretamente o fim do mundo. Ao mesmo tempo, esses acontecimentos históricos exigiram, contudo, também a tendência a uma concreta datação do fim do mundo. Uma tentativa de datação dessa forma cresceu e com isso desmoronou indiscricionariamente o conceito de tempo antecessor. As guerras religiosas e as convulsões políticas não desencadearam nem o declínio do mundo nem o juízo final. A história não pode mais ser conceituada despreocupadamente enquanto história divina. Ao invés disso, esta foi conceituada, por um lado, como história natural (de agora em diante o seu distante fim marca o declínio do mundo) e, por outro lado, enquanto história política (Koselleck, 1979, p. 25). A política se emancipou claramente enquanto campo da configuração social.

As consequências deste desenvolvimento para a compreensão do futuro são consideráveis. Representações temporalmente limitadas de um futuro definido mundialmente enquanto um reservatório de possíveis acontecimentos foram substituídas, de agora em diante, por *prognoses*, por um lado, e por *conceitos histórico-filosóficos*, por outro (idem. 29 ff. e 34 ff.). Nós reconhecemos, em ambos momentos, como tecnologia e utopia, as variantes caracterizadas por Luhmann enquanto presente futuro e futuro presente.

Essencialmente, dois efeitos são relacionados ao fim desses, pelo menos, três séculos de processo de modernização. Por um lado, observamos a construção de um tempo mundial universal (cf. Dux 1989, 312 ss.). Por outro, diante do contexto desse âmbito de referência temporal mundialmente válido, como nós já vimos, a estrutura temporal da sociedade moderna não é regulada por nenhum sistema específico. Antes, nós considerávamos isto como uma pluralidade de horizontes de futuro dentro de uma unidade temporal mundial, as quais existem simultaneamente com iguais pretensões de validade. Na literatura, fala-se, entretanto, de *contested futures* (Brown et al. 2000, Grunwald 2007) e, assim, de um planejamento de futuro não necessariamente reciprocamente compatível, o qual simultaneamente circula na sociedade.

Diante dessa situação, coloca-se a questão à sociologia, para moderna sociedade, na qual futuros presentes e presentes futuros – utopias e modelos, modelos causais e prognoses – são construídos, qual significado, portanto, o futuro aporta para o comunicar presente.[6] Para a resposta a essa pergunta, partimos de que fundamentalmente todos os sistemas funcionais sempre se comunicam na forma do futuro. Todos "conhecemos", de alguma forma, o futuro. Todos trabalham com seus meios específicos a questão de como lidar com as surpresas, como esta pode ser limitada, reduzida, ou interpretada com outro valor. Eles se distinguem uns dos outros contudo segundo uma perspectiva operativa e uma estrutural:

Na perspectiva operativa, distinguem-se através da forma da expectativa, as quais eles respectivamente construem. Enquanto expectativa deve ser indicada, dessa

---

[6] Mike Michael (2000, 35) indica esse uso do futuro para construção do presente, no qual a representação do futuro no presente representa uma *prehension*.

forma, a comunicação do futuro em um dos três modos de validade: verdade, exatidão ou autenticidade. Como exemplos para a comunicação sobre o futuro codificada pela verdade pode-se mencionar a prognose ou a aposta como casos de expectativas cognitivas (Behrend 2005). Comunicações sobre o futuro codificadas pela exatidão são, antes de tudo, expectativas normativas. Enquanto codificadas pela autenticidade podemos de forma ilustrativa indicar o desejo, a esperança ou receios.

Na perspectiva estrutural distinguem-se os horizontes de futuro a partir do trato dos sistemas com a contingência. Produzem eles diretamente contingência para obter com isso valores internos de construção estrutural, como se pode atestar possivelmente para o sistema político? São eles internamente tendenciosos e antes pobres de contingências, desenvolveram eles pois instrumentos de busca para a produção de contingência "externa", como se pode observar no sistema jurídico e nas suas organizações para o farejamento de "casos"? Seria a ciência portanto um sistema, que para a realização de contingência – na qual a produção de conhecimento em conformidade normativa, com função de prognose – por um lado pratica a negação de contingências duradouras, e com isso produz, por outro, sempre novas contingências, as quais garantem ao próprio sistema um presente futuro na forma da certeza de uma pergunta sempre não respondida?

Em uma primeira, ainda incompleta e aberta perspectiva, se pode consequentemente caracterizar, a título de experiência, as formas de desfuturização em alguns importantes sistemas funcionais da sociedade moderna:

Na ciência, trata-se primeiramente de expectativas cognitivas. Por meio de prognoses são comunicados presentes futuros, que são passíveis de comprovação ou correção. O instrumento para lidar com a decepção é construído, com outras palavras, no modo de operação do sistema, o qual proporciona expectativas científicas em casos de decepção que convergem para o aprendizado. Isso vale também, em uma certa perspectiva, para a forma derivada do conhecimento tecnológico, que primeiramente não é construído em função da verdade, mas orientado antes como funcionamento sem atrito, que em caso de decepção também reage com aprendizado.

A política, por outro lado, é orientada, em geral, fortemente em relação a futuros presentes no formato de modelos políticos e utopias. Sob esta base esta produz presentes futuros através de decisões coletivamente vinculantes. As reações em caso de decepção são de diversas formas. Um importante papel possui o esquecimento, que na produção de novas decisões, em certa medida livre de pressupostos, ganha expressão. Simultaneamente, neste caso, o aprendizado possui um possível papel, portanto, quando as novas decisões incluem, de um modo específico, a observação de decisões anteriores. Por fim é posta em questão, aqui, além desses, ainda uma variante normativa do processamento da decepção, notadamente a confirmação contrafática de expectativas decepcionadas. O exemplo torna visível ao mesmo tempo, que a escolha de uma forma concreta de processamento da decepção varia situativamente e dessa forma apenas empiricamente pesquisada, contudo não pode ser fixado conceitualmente previamente.

No sistema do direito domina esta última forma de expectativas normativas. O futuro é construído na forma de expressões normativas, nas quais futuros presentes ganham expressão, agora, contudo, não na forma de utopias, mas de exigências de comportamento definidas em relação ao estado de coisas. O processamento de decepções tem aqui, via de regra, a feição de sanção, com as quais a expectativa originária é confirmada. Ainda, porém com pouca frequência, se encontra permitida no sistema do direito a figura do aprendizado. Um direito que aprende é em certa medida uma reação interna do direito à escaça performance de programação em feição de ações políticas legislativas. Este engloba em comparação com a expectativa normativa pura, uma certa flexibilidade de desfuturização e alcança, com este motivo, na teoria do direito e em parte na prática uma certa atratividade. No campo das possibilidades de futuro este possui um papel proeminente, o qual será referido em seguida.

Estas poucas referências a ciência, política e direito devem simplesmente clarificar a partir de exemplos a perspectiva analítica em relação a formas modernas de orientação para o futuro. Para outros sistemas funcionais da sociedade moderna é possível apresentar raciocínios comparáveis, os quais na seguinte tabela estão resumidamente esboçados:

*Modos de futuro dos sistemas funcionalmente diferenciados da sociedade*

| | Modo de futuro primário | Forma de construção de expectativas | Trato com a decepção |
|---|---|---|---|
| Ciência | Expectativas cognitivas (presentes futuros) | Prognoses Tecnologias | Aprendizado |
| Política | Modelos/Utopias (futuros presentes e presentes futuros) | Produção do futuro através de decisões | Esquecimento (novas decisões) Aprendizado Conformação |
| Direito | Expectativas normativas (futuros presentes) | Normas | Confirmação (Sanção), direito que aprende |
| Economia | Expectativas cognitivas (presentes futuros) | Wette Escassez, pagamentos, cálculo de riscos, apostas. | Aprendizado, risco, confiança e segurança como instências de desparadoxização – escassear a escassez. |
| Educação | Objetivos educacionais, valores, modelos humanos, etc. (futuros presentes e presentes futuros) | Currículo, didática | Confirmação (Atribuição a pessoas: escala de notas etc.) |
| Religião | Revelação, profecia (futuros presentes) | História divina. | Confirmação e correspondência (no caso de nova teoria) |
| Meios de comunicação | projeto coletivo/público (futuros presentes) | Debate público | Confirmação da forma (debate), esquecimento dos temas |
| Movimentos sociais | (negativo) utopias (futuros presentes e presentes futuros) | Produção do futuro através de avisos | Confirmação da forma, esquecimento dos temas (novos avisos) |

Com base nessa abordagem é principalmente pensável levantar a questão pela comparabilidade analítica dessas formas equivalentes funcionais de orientação para o futuro. Um possível ponto de vista para uma sistematização deste tipo reside no aspecto da capacidade de lidar com o futuro.

O conceito de capacidade de lidar com o futuro permite a ilustração, a qual contem aspectos descritivos e avaliativos, bem como semânticos, em certa proximidade a conceitos como sustentabilidade e semelhantes. No presente contexto, este deve ser, contudo, utilizado de forma geral e abstrata, notadamente enquanto indicação para a função de possibilitação de distintas formas de desfuturização da sociedade moderna. Enquanto *possibilidades de futuro* eu entendo, em seguida, *as condições sociais de possibilidade relacionadas à capacidade de operar evolutivamente de forma bem sucedida diante de influências sociais duradouras em um entorno mutável.*

Para tanto, eu utilizo um conceito excessivamente rico em pressupostos, o qual formula com o aspecto do sucesso evolutivo uma problemática condição, porque no atual conceito de evolução não é uma condição necessariamente associada – seja a do sucesso. Superar essa barreira vale a pena, porque enquanto com isso se delineia uma possibilidade de verter um conceito dessa forma pretensioso em uma forma operacionalizável, esta corresponde à abordagem de forma geral um certo elevado potencial de esclarecimento em relação à comparação de distintas formas de trato com o futuro.

A procura por este tipo de ponto de comparação parece possivelmente pouco surpreendente, se se faz claro, que com isto um desejo da sociologia clássica é tomado, notadamente a questão de se no desenvolvimento social se podem formar tendências. Neste ponto, a confiança no trabalho com questões desse tipo diminuiu significativamente nos últimos cinquenta anos do século passado. Em muitas das destacadas teorias não é desenvolvida em grande escala praticamente nenhuma teoria do desenvolvimento social. Aquelas em que este tipo de componente de desenvolvimento ocupa um importante papel conceitual perderam, contudo, nos séculos 19 e início do século 20 decisivamente, sua função de prognóstico assente sobre a pesquisa de normas de desenvolvimento em favor de um rigoroso modelo evolutivo. Em modelos evolutivos as prognoses são entendidas como perigosas ou impossíveis. Os processos parciais de evolução – variação, seleção e restabilização – são em diversas perspectivas contingentes e possibilitam, em todo caso, a reconstrução *ex post* de equivalentes funcionais, sem contudo uma fixação *ex ante* de transcursos previstos.

Esta perspectiva apresenta mais claramente especialmente a dificuldade das prognoses. Planejamento e controle de processos sociais, os quais são o resultado central do debate sobre controle conduzido desde os anos setenta, são em todo caso, em abordagens, tidos como possíveis. O esforço científico, que objetiva a racionalizar completamente as decisões em relação a consequências futuras e com isso tornar o futuro planejável, é comumente entendido como frustrado. O programa tecnocrático fundamentado no planejamento do futuro não se afirmou cientificamente.

Por trás desse estado de embate das ciências sociais quanto à questão da configurabilidade dos futuros sociais, não é possível ficar estático. Igualmente poder-se-á questionar, se o afastamento científico em relação ao trato com o tema do futuro, dominante nos séculos passados – e com isso, o retorno a este tema de pesquisa e o abandono do mesmo à futurologia – é necessário diante do atual estado das pesquisas.

Quando, por exemplo, novamente em Luhmann, se conecta a distinção entre presentes futuros e futuros presente, então é possível, com efeito, questionar, se há outras formas de desfuturização além da dicotomia entre utopias e tecnologias. Já no citado artigo de 1976, o comportamento de ambos os lados é, no fim das contas, ambivalente ou até pouco claro. O lado da prognose é interpretado como puramente tecnológico, notadamente no sentido de previsões quantificadas. Em oposição a isto, por exemplo, Koselleck deixou claro em uma contribuição sobre Lorenz von

Stein (em Koselleck 1979), que pode haver dois tipos de prognose, notadamente uma, que seria assinalada, segundo a conceituação sociológica, enquanto reconstrutiva de estruturas. Com isso Koselleck tematiza mais do que uma simples distinção metodológica, porque a condição de possibilidade da prognose reside para ele, sobretudo – apropriadamente, segundo meu entendimento – no conceito de estrutura (de maneira similar Behend 2005). Estruturas tornam visíveis os fenômenos sociais para além da contingência dos acontecimentos, sem, com isso, indicar o lado da utopia na distinção de Luhmann entre futuros presentes e presentes futuros. Luhmann, segundo minha impressão, assumiu apenas um entendimento tecnocrático da prognose, o qual para o tempo, conforme se apresenta no mencionado artigo, seguramente ainda estampado, em certa dimensão, no debate científico. Com isso ele livremente não observou uma fundamental propriedade das prognoses, a qual, ao fim das contas, deve agregar conhecimento sobre relações causais, sobre as quais as prognoses sempre estão baseadas, a partir do conhecimento de estruturas sociais. Nesse sentido a perspectiva de possibilidades de futuro anteriormente esboçada mantém uma feição temporal: enquanto questão comparativa pelas propriedades estruturais de fenômenos sociais.

Se se aceitam as premissas, que uma análise sociológica do trato social com o futuro em uma perspectiva comparativa exige o conhecimento sobre a capacidade de lidar com o futuro de estruturas sociais específicas em distintos campos (de sistemas funcionais da sociedade, mas também de Organizações), então resta por esclarecer a pergunta pelo concreto estabelecimento de critérios para a capacidade de lidar com o futuro. Eu posso, na melhor das hipóteses, esclarecer o programa científico com isso delineado. Ao lado de todas as questões sobre os detalhes, o conceito de aprendizagem possui decisivo significado nesse contexto, no qual este pode servir para a operacionalização do critério de "sucesso evolutivo". O conceito engloba enormes dificuldades de construção teórica e não pode ser aqui detalhadamente tratado. Preparativos essenciais encontram-se recentemente em uma contribuição de Mölders (Mölders 2009), o qual preparou um amplo trabalho sobre o tema. Aqui se trata simplesmente de apontar a importância dessa abordagem para a regulação de inovações.

Se se considera que estruturas que possibilitam o aprendizado se classificam como capazes de lidar com o futuro, então a capacidade de aprendizado de sistemas sociais representam uma condição essencial da capacidade em lidar com o futuro. No campo do direito em geral, mas também na regulação jurídica sobre inovações, nós nos conectamos com essa abordagem, conforme anteriormente mencionado, a um debate conduzido a longo tempo sobre direito reflexivo e direito capaz de aprender. Eu recordo primeiramente uma característica essencial desse debate, para em seguida adotar uma nova feição, a qual será representada pela palavra-chave "direito prospectivo".

A partir de uma discussão sobre a teoria do controle das décadas de 70 e 80, desenvolve-se notadamente um confronto sustentado longamente sobre a questão de qual qualidade o direito apresentaria, para poder estar em sintonia com a sociedade moderna. Este debate foi lançado a partir do artigo de Gunther Teubner e Helmut Willke, intitulado "Contexto e autonomia: autocontrole social a partir do direito reflexivo" (Teubner/Willke 1984). Reflexividade – entendida enquanto sensibilização diante das condições do próprio operar assim como para os seus efeitos no entorno – conectada com uma descentralização radical de conceitos oriundos da teoria da sociedade, conduziu, em consequência, a modelos de um "direito ecológico", "relacional" ou "pós-moderno" (Willke 1992, Ladeur 1992). A partir do comportamento problemático do direito em relação à ciência e tecnologia, sobretudo em relação a novas, arriscadas tecnologias, resultou, nessa fase, a apresentação de um direito "capaz de aprender". Da pura, quase passiva recepção da experiência científica, conforme postula sobretudo Karl-Heinz Ladeur, o sistema do direito deveria caminhar para a capacidade de lançar processos de modelização em condições de desconhecimento (Ladeur 1995). Esta abordagem reage, dessa forma, ao caso da capacidade de programação da política e da ciência, as quais eu mencionei anteriormente. Nesse contexto é suscitada entre outros, a mobilização de métodos de cenário e procedimentos de simulação, os quais tornam o desconhecido visível. Procedimentos de monitoramento e auto-observação devem, portanto, estimular processos de aprendizado tanto no direito quanto nos campos regulatórios da sociedade. (Ladeur 1995, 143 ff.). O destaque neste debate reside fortemente no aspecto organizacional dos campos regulatórios da vida. Ladeur suscita a formação de instituições "híbridas" e "que ultrapassam limites" em redes interorganizacionais (Ladeur 1995, 149 f.). Ao lado de modelos de mercado da regulação existente no entorno do direito deveria acompanhar também uma abordagem cognitiva, a qual em certa medida, no ponto de divisão entre o direito e os sistemas em seu entorno, lança processos de aprendizado nesses sistemas. Com isso seria possível, aumentar a capacidade de percepção, por exemplo, de empresas, em relação a aspectos de problemas em seus entorno natural e social, assim como a flexibilidade das ações de administração e a "perspectiva recíproca de cruzamento entre auto e hetero-observação" (ibidem, 244). Em uma nova contribuição (Ladeur 2008), este raciocínio relacionado às organizações foi ampliado. Neste, "joint administrations" funcionam enquanto "associações de expertise" expandidas segundo o ponto de vista das organizações, nas quais o estado de conhecimento e as decisões são refletidas.

Uma das formas, nas quais o direito mesmo opera com cenários, é aquela discutida há algum tempo e em poucos casos singulares empregada experimentalmente como "prospectiva avaliação das consequências das normas (*Gesetzfolgenabschätzung*)". Por trás desse conceito se oculta a tentativa de comprovar, por meio do juízo sobre as consequências de diversas alternativas de regulamentação dadas para uma situação concreta, a sua conveniência para o alcance de uma dada intenção de regulamentação e, com isso, por fim, também refletir criticamente sobre esta (cf. Bräunlein 2004, BMI 2002, Böhret/Konzendorf 2001, Mölders 2009). O caso menos significativo na realidade é para nós exclusivamente interessante, pois nele o conteúdo concreto do direito capaz de aprender pode ser exemplificativamente apresentado. Essa análise exemplificativa é o objetivo da pesquisa ainda em curso realizada por Marc Mölders, sobre a qual um relatório preliminar encontra-se disponível (Mölders 2009). Mölders investiga a prospectiva avaliação das consequências das normas enquanto um instrumento, com o qual o sistema do direito procura por possíveis conflitos, para trabalhá-los preventivamente. "O direito prospectivo, segundo Mölders, é um "sistema de imunidade, para a produção preventiva de anticorpos" (ibidem, 5). Para poder tornar essa descrição sociologicamente útil, é necessário um conceito de aprendizado, o qual não é utilizável predominantemente para organismos e sistemas psíquicos, mas sim, sobretudo para sistemas sociais. Mölders indica, em discussão com a teoria sociológica do aprendizado (cf. Miller 2006) e com resultados da pesquisa social-

-psicológica sobre aprendizado da tradição de Piaget, que sobre aprendizado social pode ser falado, quando uma mudança estrutural em um sistema social serve para a solução de problemas, sobre os quais a atual estrutura do sistema não possui nenhuma resposta (Mölders 2009, 7). Este tipo de mudanças de estruturas com aprendizado são induzidas a partir de irritações, e não enquanto o esquema anterior de observação "adequada". Este conceito de aprendizado relacionado a uma capacidade de solução de problemas preenche as anteriormente formuladas condições para um critério de capacidade de lidar com o futuro.[7] Sistemas sociais, os quais são compreendidos como capazes de aprender, podem, em comparação com outros nos quais esta capacidade não existe, ser indicados como capazes de lidar com o futuro. Ao mesmo tempo é igualmente perceptível que pode haver, nesse sentido, uma maior quantidade de soluções bem-sucedidas, que não permite, de forma alguma, compreender o aprendizado enquanto um conceito unilinear. Antes, isto possibilita, em concordância com as anteriormente formuladas condições, uma visão comparativa sobre estruturas funcionalmente equivalentes, nas quais presentes futuros e futuros presentes são tomados reflexivamente. É possível, portanto, questionar modelos e utopias, assim como tecnologias e prognoses, de acordo com o seu potencial de aprendizado, e com isso, em relação a sua capacidade de solução de problemas.

Ao fim dessa seção é possível afirmar o seguinte: a capacidade de lidar com o futuro e o aprendizado podem ser interpretados, no contexto da regulação de inovações, enquanto equivalentes funcionais em relação à atribuição de responsabilidade e às suas estruturas complexas. O ponto de vista geral no trato com a temporalidade complexa dos processos de inovação reside – de acordo com a tese aqui defendida e no que foi indicado por ora (e ainda em pesquisa) – como capacidade de lidar com o futuro. Esta, conforme argumentado, significa a possibilidade de sistemas sociais, em um ponto de vista institucional e processual, apresentarem capacidade e disponibilidade para o aprendizado. Essa possibilidade (possibilitação) abastece sistemas sociais pela construção de seus futuros com a capacidade de modificar expectativas pela ocorrência de problemas em suas estruturas, que faz surgir novas possibilidades de solução.

## 5. RESPONSABILIDADE POR INOVAÇÕES ENQUANTO FORMA DE PRODUÇÃO DE CAPACIDADE DE LIDAR COM O FUTURO?

De uma maneira geral é possível, portanto, entender a capacidade de lidar com o futuro enquanto um conceito complementar para a responsabilidade por inovações, no qual o foco principal está menos nas possíveis fundamentações normativas do que nas consequências evolutivas. A questão ampla, sobre a sociologia, diz respeito às condições e formas gerais da capacidade de lidar com o futuro, sobretudo também sobre as inovações sociais. Em um diálogo interdisciplinar se trata, diante do contexto conceitual dessa capacidade, de conhecimentos generalizáveis sobre desenvolvimentos evolutivos bem-sucedidos e de lograr possibilidades de influenciar essas condições. A partir daí, poderia também a semântica da responsabilidade eventualmente receber novos impulsos adicionais.

---

[7] Um conceito de aprendizado deste tipo encontra-se em certa proximidade com um conceito de inovação interpretado da teoria da evolução, como apresentado por John (2005). Esse traz, contudo, consideráveis traços normativos, os quais devem ser evitados em relação à abordagem da sociologia do conhecimento anteriormente sugerida. Também o conceito de aprendizagem, conforme desenvolvido por Mölders (2009), se localiza na tradição do funcionalismo de equivalências e na respectiva teoria evolutiva enquanto um dos conceitos clássicos de evolução.

Em princípio, a responsabilidade representa um mecanismo da atribuição social e com isso, por fim, para a absorção de riscos através da atribuição a atores. Se um risco se realiza, a pessoa "responsável" deve, por exemplo, desocupar o seu posto dentro de uma organização ou esta será penalizada ou responsabilizada com sanções ou compensações. Isso não diminui nem o risco de decisão nem afasta em todo o caso a ocorrência de um dano a esta associado. Contudo, isso produz o efeito – pelo menos internamente ao sistema do direito – de uma externalização do risco, o qual daqui em diante, por meio da semântica da responsabilidade, é ligado a um ator concreto, em certa medida modificado em outra esfera, e não mais na comunicação do direito (da mesma forma com a política, que também se utiliza desse mecanismo). Se isto é reconduzido ao direito a partir do mencionado endereço pessoal, portanto, através de uma moralização ou de uma exigência pela modificação do direito, permanece em aberto. A possibilidade dessa recondução torna ao mesmo tempo visível os limites imanentes da atribuição de responsabilidade: elas não podem ser ampliadas deliberadamente e apenas ao custo de um não intencionado efeito retroativo. Se responsabilidades forem excessivamente transferidas a pessoas e/ou organizações, estas tentarão, novamente, por em marcha novas externalizações de risco. Atribuição de responsabilidade é, segundo esse raciocínio abstrato, pouco qualificado para afastar os riscos definitivamente das comunicações sociais, quanto também para outras formas de trato com os riscos relacionados a decisões. Antes, estas diferentes formas se prestam enquanto equivalentes funcionais da regulação de riscos, as quais possuem pontos fortes e fracos. Diante desse contexto, localiza-se a mencionada reflexão sobre a capacidade de lidar com o futuro. Enquanto capaz de lidar com o futuro se presta, portanto, um sistema social, quando este está condicionado, a diante dos efeitos de externalização ilustrados, novamente aprender e suas estruturas de alguma forma a partir disso sintonizar suas estruturas.

A Responsabilidade por inovações se mostra, de acordo com a perspectiva aqui abordada, exclusivamente enquanto um, dentre muitos possíveis, modo de orientação para o futuro. E, nessa medida, aponta primeiramente para as semelhanças em relação a outras formas. Essa circunstância abranda um pouco as expectativas relativas à capacidade de controle de atribuições de responsabilidade. Ela conduz, antes de tudo, como acima dito, não a um pessimismo generalizado. Enquanto instrumento de regulação de inovações, a atribuição de responsabilidade é tão bem e tão mal sucedida quanto os seus equivalentes funcionais. A questão antes deve ser, em quais situações se recorre de forma inteligente à responsabilidade. Que esse recurso possui uma função simbólica, por exemplo, em comunicações políticas, pode-se conjecturar sem risco.

Diante desse contexto, foi defendida a utilização do conceito de aprendizagem novamente em uma forma científica. Esse conceito estampou os debates da teoria social nos anos 70 e 80, bem como as discussões em ramos específicos, como na sociologia do direito. Nessa perspectiva de uma conceitualização sociológica, entre as essencialmente desenvolvidas, um incentivo para esse conceito sociológico de aprendizado poderia, segundo minha sugestão, fornecer novos impulsos para o debate sobre a construção social do futuro. Isso se apresenta, segundo meu entendimento, de modo especialmente claro no objeto da regulação de inovações. A aprendizagem, como visto na sugestão resultante dos argumentos discutidos, poderia ser conceituada como equivalente funcional da responsabilidade e analisado de uma forma mais aproximada em relação à construção da capacidade de lidar com o futuro.

Os raciocínios aqui discutidos tiveram, como inicialmente apresentado, um caráter aberto e experimental em diversos pontos de vista. Essa abertura encontra também sua expressão na inicialmente mencionada promessa de uma "sociology of the future", para a geração de conhecimentos sobre a função e as formas de orientação social para o futuro para além de prognoses futorológicas generalisáveis e com isso alcançar um ganho para o entendimento dos problemas mencionados sob a palavra-chave responsabilidade sobre inovações. Contudo, essa promessa é, ela mesma, uma construção do futuro. Seus efeitos, portanto, não se desdobram primeiramente, quando se toma um presente futuro, mas antes, sempre em cada ação presente, quando estes se modificam em consequência da promessa. Com isso a promessa engloba também a expectativa de atribuição futura em relação às consequências desconhecidas no presente. E, nessa medida, permanece arriscada, assim como a sua própria permissão e rejeição. A partir daí se deve decidir atualmente, nas pesquisas sobre inovações mais do que em outros campos, sobre a aceitação deste tipo de proposta de significado em referência ao horizonte dos futuros presentes, sem ser possível saber, se presentes futuros podem justificá-lo.

## REFERÊNCIAS

ADAM, Barbara; GROVES, Chris (2007). *Future matters: action, knowledge, ethics*. Leiden u.a.: Brill.

BEHREND, Olaf (2005). Forschen und Wetten. Zum Verhältnis von Diagnose und Prognose. In: Ronald Hitzler, Monika Pfadenhauer (Hg.). *Gegenwärtige Zukünfte: interpretative Beiträge zur sozialwissenschaftlichen Diagnose und Prognose*. Wiesbaden: VS, 81-94.

BENDER, Gerd (1996). *Gegenwartserzeugung durch Zukunftssimulation: transnationale Technologieentwicklung als eine Form der europäischen Integration* . Frankfurt am Main: Lang.

BÖHRET, Carl, Götz Konzendorf (2001). *Handbuch Gesetzesfolgenabschätzung. Gesetze, Verordnungen, Verwaltungsvorschriften*. Baden-Baden: Nomos.

BORA, Alfons. Innovationsregulierung als Wissensregulierung. In: Hoffmann-Riem, Wolfgang; Eifert, Martin (Hg.). *Innovationsfördernde Regulierung*. Baden-Baden: Nomos (im Erscheinen), 2008.

BRÄUNLEIN, Tobias. *Integration der Gesetzesfolgenabschätzung ins Politisch-Administrative System der Bundesrepublik Deutschland*. Beiträge zur Politikwissenschaft, Bd. 86. Frankfurt a.M.: Peter Lang, 2004.

BRAUN-THÜRMANN, Holger. *Innovation*. Bielefeld: transcript Verlag, 2005.

BROWN, Nick; RAPPERT, Brian; WEBSTER, Andrew. Contested Futures. A sociology of prospective techno-science. Burlington: Ashgate Publishing, 2000.

BUNDESMINISTERIUM des Innern (Hg.). *Moderner Staat – Moderne Verwaltung. Leitfaden zur Gesetzesfolgenabschätzung*. http://www.g-i-s-a.de/res.php?id=151 (zitiert nach Mölders 2009).

DUX, Günter. *Die Zeit in der Geschichte*. Ihre Entwicklungslogik vom Mythos zur Weltzeit. Frankfurt am Main: Suhrkamp, 1989..

FREEMAN, Chris; LOUÇÃ, Francisco. *As time goes by: from the industrial revolutions to the information revolution*. Oxford: Oxford University Press, 2001.

GRUNWALD, Armin. Umstrittene Zukünfte und rationale Abwägung. Prospektives Folgenwissen in der Technikfolgenabschätzung. In: *Technikfolgenabschätzung – Theorie und Praxis Nr. 1*, 16. Jahrgang – März 2007, S. 54-63, 2007.

HOFFMANN-RIEM, Wolfgang. Risiko- und Innovationsrecht im Verbund. In: *Die Verwaltung*, Jg. 38, H. 2, S. 145–176, 2005.

──────. Innovationsoffenheit und Innovationsverantwortung durch Recht. Aufgaben rechtswissenschaftlicher Innovationsforschung. In: *Archiv des öffentlichen Rechts*, Jg. 131, H. 2, S. 278–290. 2006.

HÖLSCHER, Lucian. *Die Entdeckung der Zukunft*. Frankfurt am Main: Fischer-Taschenbuch-Verlag, 1999.

HUBER, Michael. Die Zukunft der Universität. In: *Soziologie 37* (2008), 3, 275-291, (2008).

JOHN, René. Innovationen als irritierenden Neuheiten. Evolutionstheoretische Perspektiven. In: Aderhold, Jens; John, René (Hg.). *Innovation. Sozialwissenschaftliche Perspektiven*. Konstanz: UVK, 49-64, 2005.

JONAS, Hans. *Das Prinzip Verantwortung. Versuch einer Ethik für die technologische Zivilisation*. Frankfurt/M., Neuauflage als Suhrkamp Taschenbuch, 1984, 1979.

KOSELLECK, Reinhart. *Vergangene Zukunft. Zur Semantik geschichtlicher Zeiten*. Frankfurt am Main: Suhrkamp, 1979.

LADEUR, Karl-Heinz. *Postmoderne Rechtstheorie. Selbstreferenz – Selbstorganisation – Prozeduralisierung.* Berlin: Duncker & Humblot, 1992..

———. *Das Umweltrecht der Wissensgesellschaft.* Berlin: Duncker & Humblot, 1995.

———. Die Kommunikationsinfrastruktur der Verwaltung. In: Hoffmann-Riem, Wolfgang, Eberhard Schmidt-Aßmann, Andreas Voßkuhle (Hg.). *Handbuch der Verwaltungsrechtswissenschaft.* Bd. 2. München: C.H. Beck. (im Erscheinen), 2008.

LENK, Hans; MARING, Matthias. Verantwortung. In: *Historisches Wörterbuch der Philosophie.* Darmstadt 2001, Bd. 11, Sp. 569-575.

LUHMANN, Niklas. The Future Cannot Begin: Temporal Structures in Modern Society. In: *Social Research 43*, 1, 1976, 130-152.

———. *Die Gesellschaft der Gesellschaft.* Frankfurt am Main: Suhrkamp, 1997.

MICHAEL, Mike. Futures of the Present: From Performativity to Prehension. In: *Brwon et al.* 2000, 21-42.

MILLER, Max. *Dissens. Zur Theorie diskursiven und systemischen Lernens.* Bielefeld: transcript, 2006.

MÖLDERS, Marc. Lernen für die Zukunft? Prospektives Recht an der Schwelle von Evolution und Lernen. In: *Zeitschrift für Rechtssoziologie* (im Erscheinen), 2009.

RAMMERT, Werner. Innovation im Netz. Neue Zeiten für technische Innovationen: global verteilt und heterogen vernetzt. In: *Soziale Welt 48* (1997), 4, 397-417.

———; BECHMANN, Gotthard (Hg.). *Innovationen – Prozesse, Produkte, Politik. Technik und Gesellschaft. Jahrbuch 9.* Frankfurt am Main/New York.: Campus.

ROLLWAGEN, Ingo. *Zeit und Innovation. Zur Synchronisation von Wirtschaft, Wissenschaft und Politik bei der Genese von Virtual-Reality-Technologien.* Bielefeld: transcript, 2008.

ROSSNAGEL, Alexander. Das Neue regeln, bevor es Wirklichkeit geworden ist – Rechtliche Regelung als Voraussetzung technischer Innovation. In: Sauer, Dieter; Lang, Christa (Hg.). *Paradoxien der Innovation. Perspektiven sozialwissenschaftlicher Innovationsforschung.* Frankurt a.M./New York: Campus, 1999, 193-209.

SCHUMPETER, Joseph A. Business Cycles. A Theoretical, Historical, and Statistical Analysis of the Capitalist Process. New York/London: McGraw Hill. Zit. Nach der deutschen Erstausgabe: Konjunkturzyklen. Eine theoretische, historische und statistische Analyse des kapitalistischen Prozesses. Göttingen: Vandenhoeck & Ruprecht 1961.

SCHÜTZ, Alfred. Tiresias oder Unser Wissen von zukünftigen Ereignissen. In: Ders., Gesammelte Aufsätze II. *Studien zur soziologischen Theorie*, Den Haag: Martinus Nijhoff, 1972, 259-278.

TEUBNER, Gunther; WILLKE, Helmut (1984):

WEBER, M. Wissenschaft als Beruf. In: Winckelmann, J., (Hg.). *Soziologie, weltgeschichtliche Analysen*, Politik, 3. Aufl., Stuttgart: Kröner 1964.

WERNER, Micha H. Verantwortung. In: Düwell, Marcus / Hübenthal, Christoph / Werner, Micha H. (Hg.). *Handbuch Ethik.* Stuttgart 2006: J. B. Metzler. ISBN 3-476-02124-6, S. 521-527.

WEYER, Johannes. *Techniksoziologie. Genese, Gestaltung und Steuerung sozio-technischer Systeme.* Weinheim: Juventa, 2008.

WILLKE, Helmut. *Ironie des Staates. Grundlinien einer Staatstheorie polyzentrischer Gesellschaft.* Frankfurt am Main: Suhrkamp, 1992.

— 8 —

# O contrato como intertextualidade: o papel do direito privado em face da policontexturalidade

### DALMIR LOPES JR.[1]

> *"Hoje, a atenção passou dos indivíduos aos discursos. Não só os indivíduos, mas também – e entre eles, o direito – estão expostos aos conflitos que criaram para si mesmos".*
> Gunther Teubner

## I

As transformações ocorridas na sociedade contemporânea têm levado os teóricos do direito privado a afirmar uma convergência entre as esferas pública e privada,[2] a tal ponto que o direito privado não representaria mais o primado da autonomia da vontade das partes contratantes, senão a emergência de uma autonomia com limitação, a qual estaria intimamente ligada a princípios de natureza interventiva das relações singulares (princípio do equilíbrio econômico dos contratos, princípio da função social dos contratos e princípio da boa-fé objetiva).[3]

Essas transformações são inegáveis, e autores como Franz Wieacker e Enzo Roppo, através de uma incursão histórica sobre o desenvolvimento do pensamento jurídico europeu, procuram demonstrar a existência da correlação entre a teoria privatista, a teoria geral do direito e as transformações econômicas da sociedade, em especial ao longo dos séculos XIX e XX. Do ponto de vista jurídico, essas transformações sociais ficam mais nítidas quando se observa como elas influenciaram a mudança da concepção moderna do contrato.

Na concepção moderna do contrato podemos identificar, pelo menos, "duas fases" distintas: uma primeira fase formalista, na qual se incorporam os valores iluministas da liberdade e igualdade e uma segunda fase, mais contemporânea, e que se inicia no fim do séc. XIX e início do séc. XX, em que há um controle da autonomia privada por regras interventivas.

---

[1] Professor Assistente do Departamento de Direito da Escola de Ciências Humanas e Sociais da Universidade Federal Fluminense – UFF. Doutorando em Bioética pela Universidade Federal do Rio de Janeiro – UFRJ – (Programa em Associação) e Mestre em Ciências Jurídicas e Sociais pelo PPGSD/UFF.

[2] Cf. FACCHINI NETO, Eugênio. Reflexões histórico-evolutivas sobre a constitucionalização do direito privado. In: SARLET, Ingo Wolfgang. (Org.) *Constituição, direitos fundamentais e direito privado*. Porto Alegre: Livraria do Advogado, 2003, p. 11-61.

[3] Cf. MAGALHÃES MARQUES, Frederico do V. O princípio da boa-fé. O direito brasileiro e os princípios do UNIDROIT relativo aos contratos comerciais internacionais. *Revista Trimestral de Direito Civil*. Vol. 25, jan/mar de 2006, p. 60 e ss.

Na primeira fase, o contrato nasce sob a concepção das necessidades da nova classe burguesa em ascensão e dos valores do iluminismo filosófico: liberdade e igualdade. Liberdade, no âmbito privado, era liberdade como autonomia, ou seja, por um ato volitivo se estabeleciam obrigações jurídicas, cujos efeitos vinculavam apenas as partes envolvidas. Enquanto a igualdade, do ponto de vista jurídico privado, traduzia-se na possibilidade de todos compartilharem os mesmo direitos e obrigações, pois a antiga sociedade nobiliárquica criava entraves ao dinamismo e à segurança necessários à expansão comercial.[4] Essa fase marca o predomínio dos princípios da liberdade contratual, da obrigatoriedade e da relatividade dos efeitos do contrato.[5]

Já a partir da segunda metade do século XIX, as demandas por igualdade material ganham corpo e novos elementos se agregam à interpretação e à concepção do contrato. A ideia de boa-fé contratual e o controle da lesão, mais que sofisticações teóricas, foram necessidades sociais surgidas na tentativa de controlar o abuso do poder econômico imposto pelo advento dos contratos padronizados e das cláusulas de adesão.[6]

As transformações exigidas para se alcançar uma igualdade real levaram à criação de um direito mais "flexível", com a adoção de imperativos de ordem pública e cláusulas abertas. Nesse sentido, o princípio operativo da boa-fé e da função social dos contratos são inovações da técnica jurídica que atribuem, ao Estado-Juiz, a prerrogativa de adequar o velho paradigma de autonomia individual aos novos ditames da justiça social.

Explica Enzo Roppo que o contrato é uma construção da ciência jurídica elaborada (além do mais) com o intuito de dotar a linguagem jurídica de um termo capaz de resumir, sinteticamente, uma série de princípios e regras de direito. No entanto, continua o autor, o conceito de contrato não pode ser entendido a fundo, se nos limitarmos a concebê-lo em sua dimensão puramente jurídica. O contrato compreende também um elemento patrimonial inerente a sua constituição. "Daí que, para conhecer verdadeiramente o conceito do qual nos ocupamos, se torne necessário tomar em atenta consideração a *realidade econômico-social* que lhe subjaz e da qual ele representa a tradução científico-jurídica".[7] Portanto, faz parte da concepção moderna de contrato associá-lo às operações econômicas. Donde se conclui que onde não há operação econômica, não pode haver também contrato.[8] Além disso, faz parte da concepção moderna de contrato a ideia de que o contrato encerra um acordo de vontade entre

---

[4] Cf. ROPPO, Enzo. *O contrato*. Tradução de Ana Coimbra e M. Januário C. Gomes. Coimbra: Almedina, 2009, p. 26 e 27.

[5] MAGALHÃES MARQUES, Frederico do V. Op. cit., p. 59.

[6] Após a revolução industrial do início do século dezenove, a descoberta de novas formas de energia, a nova organização do trabalho nas empresas com o fordismo, todas estas mudanças atingem o conjunto da economia com um impacto sem precedentes. O contrato standard aparece como uma necessidade para as praticas econômicas. Estandardizam-se os títulos de crédito, os contratos que disciplinavam as transações na bolsa. Os bancos passaram a uniformizar as cláusulas que negociavam com seus clientes. Os transportes de massa trazem a necessidade de um contrato de seguro que o abrangesse, e etc. "A sua característica mais relevante consiste, na verdade, em tratar-se não já de uma restrição de liberdade contratual de ambas as partes, a estas impostas por uma fonte autoritária externa; trata-se, inversamente, de restrição da liberdade contratual de só uma das partes da relação, a esta imposta pela contraparte, que se prevalece e abusa de sua posição de predomínio econômico-social. O predisponente – contraente 'forte' – longe de encontrar na prática dos contratos standard uma restrição dos seus poderes de autonomia privada, nela encontra, pelo contrário, um meio de expandir e potencializar tais poderes" (ROPPO, Enzo. Op. cit., p. 318).

[7] Cf. ROPPO, Enzo. Op. cit., p. 7-8.

[8] Assim, "a *operação econômica*, na sua materialidade, como substrato real necessário é imprescindível daquele conceito; o *contrato*, como formalização jurídica daquela, isto é como conquista da ideia de que as operações econômicas podem e devem ser reguladas pelo direito. [...] Disse-se que o contrato é a veste jurídico-formal de

as partes.[9] Essas duas ideias parecem marcar a concepção moderna do instituto e os tratados jurídicos sob o tema não divergem quanto à presença desses elementos constitutivos do contrato: o contrato como acordo individual e como instrumento jurídico de proteção às operações econômicas.

A concepção de contrato, tal como desenvolvida no século XIX e XX, precisa ser reformulada e podemos levantar as seguintes objeções para se pensar o contrato no tempo atual. A primeira é que o contrato não pode encerrar apenas uma relação de troca econômica juridicamente protegida.[10] Obviamente o contrato compreende uma operação econômica. Nesse sentido, a teoria dos sistemas, que constitui a base para os argumentos aqui expostos, sustenta que o mesmo é uma acoplagem estrutural entre os sistemas jurídico e econômico. Um enlace relacional que compartilha duas lógicas congruentes. Um ato que é ao mesmo tempo econômico e jurídico, mas que guarda significado próprio e distinto para cada um dos sistemas envolvidos – para cada uma das contexturas sociais vinculadas.[11] No entanto, não se pode reduzir o contrato aos fenômenos jurídico-econômicos. Ele engloba pelo menos um terceiro elemento: um projeto produtivo de um dos "muitos mundos" sociais existentes, ou seja, uma relação complexa entre discursos sociais especializados que tem sentido próprio para cada um dos subsistemas sociais e que não pode ser reduzido a questões meramente econômicas.

A segunda objeção é que o conceito tradicional de contrato oculta relações que vão além das demandas de cada uma das partes envolvidas, na medida em que entrelaçam diversos discursos e racionalidades dos mais diferentes subsistemas que compõem a sociedade. Em outras palavras, um contrato pode criar um ponto cego de observação, no sentido de que o conflito entre as partes acaba por ocultar outro conflito mais amplo e geral e que obriga o interprete a abstrair do fato concreto para discuti-lo em tese, como um entrelaçamento de projetos discursivos. Essa é a principal contribuição da teoria dos sistemas às relações jurídicas contratuais, sobretudo a partir das teses de Teubner (que, por sua vez, muito se aproxima da teoria dos contratos relacionais de Ian Macneil), na qual o contrato deve ser concebido não apenas como um acordo de vontade entre as partes para a garantia de seus interesses, mas igualmente por um sistema formado ao redor da comunicação estabelecida pelas pessoas e que vincula lógicas sociais que devem ser consideradas na ocasião de um conflito jurídico (lide). Esse ponto de inflexão sobre a teoria contratual é o cerne do trabalho aqui desenvolvido.

---

operações econômicas. Donde se conclui que *onde não há operação econômica, não pode também haver contrato*". (ROPPO, Enzo. Op. cit., p. 10-11).

[9] Assim na preleção de Darcy Besone, o "contrato é o acordo de duas ou mais pessoas para, entre si, constituir, regular ou extinguir uma relação jurídica de natureza patrimonial", em notas, expõem a legislação de diversos países para demonstrar a similitude das definições (OLIVEIRA ANDRADE, Darcy Bessone. *Do contrato*. Rio de Janeiro: Forense, 1960, p. 29).

[10] Assim, Gunther Teubner enfatiza que "para um entendimento tão intertextual ou interdiscursivo da instituição do contrato, muitas das teorias predominantes do direito privado não são de grande utilidade. Uma vez que elas definem o contrato como a formalização jurídica de uma transação econômica, excluem, *a priori*, importantes dimensões políticas e sociais da relação contratual" (TEUBNER, Gunther. Mundos contratuais: o direito na fragmentação de regimes de *private governance*. In: Idem. *Direito, sistema e policontexturalidade*. São Paulo: UNIMEP, 2005, p. 272).

[11] No mesmo sentido Ian R. Macneil, observa que "[...] os contratos não se referem apenas à lei. Os contratos dizem respeito a realizar coisas no mundo real – construir coisas, vender coisas, cooperar em um empreendimento, alcançar poder e prestígio, compartilhar e competir em uma estrutura familar [...] Se desejarmos compreender o contrato, e se de fato desejarmos compreender direito contratual, temos de pensar sobre trocas e coisas dessa natureza primeiro, e sobre lei em segundo lugar" (MACNEIL, Ian R. *O novo contrato social*.Tradução de Alvamar de C. A. Lamparelli. São Paulo: Campus, 2009, p. 6).

Essa mudança paradigmática na compreensão das relações jurídicas contratuais e na hermenêutica privada ocorre porque as relações sociais se complexificam progressivamente como uma decorrência natural do desenvolvimento de novas tecnologias, de mudanças econômicas, de valores e dos direitos de uma sociedade. A criação de novas técnicas de reprodução humana, a complexificação da ciência médica, o avanço econômico apoiado sobre o capital financeiro, as exigências de equilíbrio econômico e de proteção ao consumidor, mudanças na composição e concepção da estrutura familiar e na sociedade conjugal e a delegação de atividades importantes do Estado para a iniciativa privada, são alguns dos fatores que explicam a tendência de fragmentação do direito privado[12] e de hipercomplexidade das relações sociais, expandindo consideravelmente a policontexturalidade.[13]

Por estas razões, a adoção dos imperativos chamados de ordem pública, por si só, apesar de importantes conquistas para a evolução dos institutos jurídicos privados, não fornecem as bases necessárias para uma nova hermenêutica em um contexto de uma sociedade hipercomplexa. Em outras palavras, pensar o direito privado como uma instância subordinada, por assim dizer, ao direito público, não parece ser um caminho que crie soluções às complexas demandas que se constituem hodiernamente no âmbito social. No esteio da teoria de Teubner, podemos afirmar que:

> [n]em o direito público (como o direito dos processos políticos) nem o direito privado (como direito dos processos econômicos) tem condições de desenvolver estruturas jurídicas adequadas às diversas contexturas da sociedade civil. Simultaneamente, não se pode, de forma alguma, partir de uma nova fusão dos direitos público e privado de acordo com lemas sedutores, como a "a vida privada é pública" ou "tudo é política". Ao contrário, deve-se entender o direito privado com base em sua estreita afinidade com a atual pluralidade de discursos, não apenas por sua proximidade com a economia, como ocorre hoje predominantemente, mas por seu parentesco com os mais diversos setores autônomos da sociedade civil, desde as relações privadas, passando pelo sistema público de saúde pública, a educação, a ciência, e os meios de comunicação, até a arte e a religião.[14]

Teubner explica que essa distinção entre público e privado acirrou-se com a onda de privatizações[15] que praticamente atingiu a maioria dos Estados capitalistas no final do século XX, criando o dilema da busca de um novo modelo estatal – que

---

[12] Cf. TEUBNER, Gunther. Após a privatização: conflito de discursos no direito privado. In: idem. *Direito, sistema e policontexturalidade*. São Paulo: UNIMEP, 2005, p. 255-257.

[13] O termo foi empregado pela primeira vez no texto de Gotthard Günther, *the life as polycontexturality* de 1979. Neste artigo, explica que a lógica, desde o pensamento de Aristóteles, parte de postulado básico de um mundo composto de formas duais e excludentes. A chamada regra do terceiro excluído (*Tertium Non Datum*). O terceiro excluído não pode pertencer ao domínio da descrição no qual a lógica se fundou, isto é, não faz parte daquela contextura (ou contexturalidade). E desse modo, prossegue Günther, tudo que existe no universo ou pertence ao Ser (existe) ou Não, um terceiro elemento é o nada, criando uma distinção baseada em uma diferença em Ser e não Ser: "the Universe is, logically speaking, 'mono-contextural'. Everything there is belongs to the universal contexture of objective Being. And what does not belong to it is Nothingness" (GÜNTHER, Gotthard. *Life as polycontexturality*. Gunther Web. Disponível em: <<http://www.vordenker.de>>. Acesso em: 13 de março de 2006, p. 3). Em outras palavras, a policontexturalidade retrata no universo lógico a impossibilidade de se criar sistemas de sentido a partir de uma lógica de três termos, não se pode considerar um fato legal, a partir de uma terceira ideia que não seja a do binômio legal/ilegal. Segundo Günther, o universo é composto de diversas contexturalidades que estão lado a lado e, por vezes, se entrelaçam, mas quando isso acontece ou um dos binômios das duas contexturas prevalece – o que transforma o outro em terceiro excluído – ou há uma intersecção real que será ocupada por um binômio que pertencerá as duas contexturas. (Cf. também MASCAREÑO, Aldo. Sociología del método: la forma de la investigación sistémica. In: *Revista Cinta de Moébio*. Santiago: Universidad de Chile. Setembro, n. 26, 2006).

[14] TEUBNER, Gunther. Op. cit., p. 238.

[15] Peer Zumbansen sustenta a ideia de que após as privatizações e o declínio do *Welfare State*, o Estado delegou diversas atividades, que outrora estavam sob sua responsabilidade, ao setor privado, criando um uma nova forma de governança através dos contratos, isto é, o contrato passa a ser o mecanismo regulatório de intervenção econômica.

no Brasil ocorre durante a década de 90. Para o autor, esse fenômeno que desperta a discussão entre o distanciamento dessas esferas, gravitam essencialmente ao redor de dois tipos de argumentos (que não parecem ser excludentes): a) a discussão da distinção público/privado deve ser superada. Para isso, devemos pensar o direito privado por meio de um desafio completamente novo, a saber, como o direito privado deve reagir em meio a uma pluralidade de autonomias privadas distintas;[16] b) o segundo argumento, sustenta que, para corrigir e controlar os interesses particulares é necessário que o direito privado seja convertido em um verdadeiro direito constitucional[17], a fim de se garantir um equilíbrio entre as diversas esferas discursivas (subsistemas) na sociedade.[18]

Neste artigo, iremos nos ater mais a discussão relativa à primeira tese, com o objetivo de demonstrar que, compartilhando o pensamento de Gunther Teubner, a dicotomia existente entre o público e o privado é grosseira demais para permitir uma compreensão adequada das relações jurídicas nas sociedades hipercomplexas. É por isso que tal dicotomia deve ser abandonada em prol de uma ideia mais sofisticada de policontexturalidade a fim de melhor compreender a dinâmica das relações sociais atuais.[19] Inicialmente, portanto, iremos desenvolver a ideia do contrato a partir de um contexto de subsistemas sociais autorreferenciais que coexistem construindo sua própria versão de uma mesma realidade social – o que nos permite compreender que o contrato pode e deve ser visto por um prisma mais abrangente do que a de um mero ato de pagamento ou de uma obrigação jurídica temporal.

Correndo o risco de redundar em reducionismo, julgamos importante tentar verificar empiricamente como essa nova compreensão sobre a natureza da relação jurídica contratual pode contribuir para a reflexão sobre a prática jurisdicional e a hermenêutica jurídica em face dos problemas apresentados pela policontexturalidade. Para tanto, analisaremos um caso específico no âmbito da responsabilidade civil médica ao tratarmos da imputação de resultado satisfatório no âmbito das cirurgias estético-embelezadoras.

Em termos conclusivos, veremos que a compreensão dos contratos em uma sociedade policontextural implica repensar o papel do direito privado a partir de um novo pluralismo jurídico. Um pluralismo criado por uma multiplicidade de processos comunicativos sobrepostos que deverão estar submetidos ao crivo da distinção direito/não direito. A árdua tarefa imposta por esse novo pluralismo das sociedades hipercomplexas é a de fazer "justiça aos discursos"! Fato que implica considerar os interesses particulares envolvidos e a dinâmica de cada sistema no qual esses interesses estão fundados.

## II

A teoria dos sistemas parte do pressuposto de que a realidade social é composta por atos comunicativos. Uma informação só existe socialmente quando assume a forma de um ato exteriorizado, uma mensagem, a qual é dirigida a um ou mais indivíduos que a compreendem ou não, isto é, uma vez recepcionada e compreendida, a

---

(Cf. ZUMBANSEN, Peer. Introduction Private Ordering in a Globalizing World: Still Searching for the Basis of Contract. *Indiana Journal of Global Legal Studies.* Vol. 14, No. 2, 2007, p. 184 e ss.).

[16] TEUBNER, Gunther. op. cit., p. 236.

[17] Idem, p .236.

[18] Cf. TEUBNER, Gunther. Mundos contratuais: o direito na fragmentação de regimes de *private governance*. Op.cit., p. 292.

[19] TEUBNER, Gunther. Após a privatização: conflito de discursos no direito privado. Op. cit., p. 237.

comunicação se perfaz, fornecendo *sentido*. A comunicação é, portanto, uma unidade recursiva e composta de três momentos que, na prática, são indissociáveis: a informação (*Information*), a mensagem (*Mitteilung*) e a compreensão (*Verstehen*).

Da mesma forma, *matutis mutandis*, que as pessoas criam representações da realidade a partir da percepção, os sistemas sociais o fazem a partir da comunicação; da mesma forma que pensamentos são gerados através de um processo que leva a novos pensamentos através de uma rede organizada de neurônios, a comunicação é o componente autopoiético dos sistemas sociais, uma comunicação gera nova comunicação de forma recursiva.

A comunicação é o único elemento que permite transcender a clausura individual do sistema psíquico. Somente a comunicação pode pôr em contato sistemas psíquicos fechados. Isto porque não há uma ordem que possa englobar a consciência com a sociedade ou a consciência e as comunicações: a comunicação é a recursividade própria da sociedade, e os pensamentos são a recursividade própria dos sistemas psíquicos, ambos são meios um do outro. "Ambos são sistemas autorreferenciais fechados, que estão limitados em seu próprio modo de reprodução autopoiética. Um sistema social não pode pensar e um sistema psicológico não pode comunicar. Há, no entanto, imensas e altamente complexas interdependências causais".[20] Comunicação e percepção, entretanto, estão unidas pelo acoplamento estrutural formado pela linguagem.

Os subsistemas sociais (direito, economia, política, arte, ciência e etc.) surgem como uma necessidade de reduzir a complexidade das formas comunicativas presentes em uma sociedade, delimitando o que pertence e o que não pertence a um determinado subsistema que faz parte do sistema comunicativo geral. Eis aqui um grande paradoxo, pois ao reduzir a complexidade com a formação de sistemas funcionais, cada um deles passa a criar "mundos de sentidos" de uma mesma realidade, o que acaba aumentando a complexidade.

O código funcional é o núcleo central do sistema, isto é, esse código é "um mecanismo" que possibilita, por exemplo, o sistema reduzir a complexidade do mundo social, controlar sua produção, delimitar sua esfera de abrangência por seu programa[21] e influir sobre o seu funcionamento (papel de interpretação realizado pela teoria). Por isso, a primeira função do código é permitir a diferenciação do sistema com relação à missão específica do sistema. A segunda é assegurar a reprodução autopoiética do sistema, quer dizer, a clausura da coerência na reprodução.

A comunicação do sistema jurídico atua, dessa forma, através de um processo de distinção, quer dizer, separando o designado e o distinguindo de um fundo. O direito prevê, inicialmente, uma expectativa, não levando em conta a materialidade do fato, senão através de um mecanismo abstrato que distingue o que pode ser aturado como desvio e o que não pode ser aturado. Isso é averiguado no interior de uma

---

[20] LUHMANN, Niklas. *¿Qué es Comunicación?* Trad.: Miguel Chávez *et al*. Santiago: Universidad de Artes, Ciencias y Comunicación - UNIACC. Revista Talon de Aquiles, Outono de 1995, nº 1. Disponível em: <http://www.uniacc.cl/talon/anteriores/talonaquiles1/luhmann.htm>. Acesso em: 20 jun. 2000. Texto de 1987, originalmente publicado em: LUHMANN, Niklas. *Soziologische Aufklärung 6 – Die Soziologie und der Mensch*. Opladen: Westdeutscher Verlag, 1995, p. 113-124.

[21] "[programa diz respeito] [`]as ações mediante as condições que devem supor ou as conseqüências que se devam alcançar, ou ambas as coisas. Paralelamente, se podem distinguir os programas condicionais dos programas finais. Por meio destas reduções – não somente de ações gerais, senão de ações determinadas, ou ações que podem determinar-se como corretas – a diferença entre sistema e meio adquire uma forma 'operável' para o sistema" (LUHMANN, Niklas. *Sistemas sociales*. Tradução de Silvia Pappe y Brunhilde Erker. Barcelona: Anthropos, 1998, p. 195).

comunicação por meio do código do direito/não direito (*Recht/Unrecht*), em outras palavras, o código permite diferenciar aquilo que faz daquilo que não faz parte de sua comunicação.

Seguindo a mesma lógica, as comunicações sociais formam sistemas de sentido quando comunicações passam a constituir sistemas por adoção de códigos inerentes as demais realidades que compõem a sociedade. Assim, do ponto de vista da ciência, uma comunicação apenas terá sentido se puder ser verificada do ponto de vista do verdadeiro/falso, a economia a partir do ter/não ter, a política a partir do poder/não poder, a religião do crer/não crer e etc. Cada sistema é formado a partir da seleção comunicativa daquilo que lhe fornece sentido.

A representação gráfica abaixo tenta dar conta da pluralidade de sistemas que compõem a sociedade. A sociedade é compreendida como o sistema social geral e por essa razão os indivíduos figuram apenas meio ou entorno (Umwelt) para o sistema. Em outras palavras, os indivíduos interagem na sociedade, mas esta possui uma existência autônoma na forma de um sistema social.

Além disso, os demais sistemas "fracionam" a realidade em uma multiplicidade de mundos de sentido que podem ser compartilhados pelos indivíduos, mas nunca identificados uns com os outros. Assim, uma lei de regulação econômica será entendida em termos de custo/benefício, ao mesmo tempo gerará comunicações sobre legal/ilegal a partir dela. De acordo com a lógica do terceiro excluído não é possível um código sistêmico híbrido, ou seja, ou se considera a legalidade ou os critérios de ganho e perda econômicos.[22]

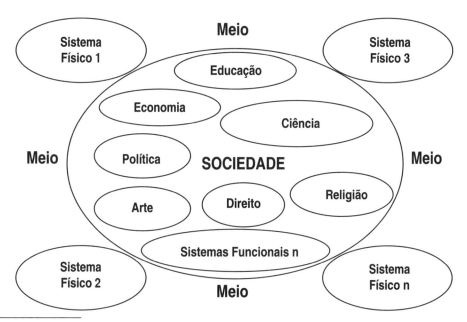

---

[22] "A economia, por exemplo, reconstrói a 'sociedade' através da linguagem dos preços; ela interpreta o 'direito', não em termos de código de orientação imperativa das condutas, mas sim integrando-os nos seus cálculos como mais um factor de custo (montante e probabilidade de sanções). A política reconstrói o seu 'público' através da linguagem do poder. O direito reconstrói a sua 'realidade jurídica' através da distinção binária legal/ilegal. E assim por diante" (TEUBNER, Gunther. *O direito como sistema autopoiético*. Tradução e prefácio de José Engrácia Antunes. Lisboa: Fundação Calouste Gulbekian, 1993, p. 206-207).

O processo de policontexturalidade ocorre com a especialização comunicativa da sociedade e se agrava quando esses subsistemas, cada qual numa espécie de epicentro da realidade social, passam a compreender e a reagir às irritações com suas próprias estruturas (e programas). Embora tenham limites de atuação, os subsistemas criam teorias explicativas que abarcam a realidade à sua maneira e com pretensão de universalidade para seus argumentos.[23] Como na metáfora de Nietzsche[24] *sobre a verdade e mentira no sentido extramoral* cada subsistema produz sua própria parcela da realidade e tenta impô-la como única, verdadeira e aceitável, apresentado sempre uma fundamentação racional.

O sistema jurídico não fica imune frente à policontexturalidade, porque contribui para ela com sua própria racionalidade e porque observa outras racionalidades através de sua contextura específica.[25] Aqui se enfrenta uma nova forma de pluralismo jurídico, no qual discursos socialmente produzidos nos mais variados contextos reivindicam universalidade dentro do direito – através de argumentos com pretensão de validade dentro do processo judicial.

Cada um desses subsistemas se constitui num sistema autônomo dentro da sociedade. Um sistema fechado no que toca à estruturação de sua realidade – isto é, opera dentro de certos limites de sentido – porém aberto à comunicação geral existente na sociedade, embora nem toda comunicação possa produzir ou desencadear um processo de irritação.[26] Então essa autonomia não representa um "isolamento do mundo", senão uma abertura seletiva para a produção de sentido. Por isso, toda comunicação produzida no interior do sistema é própria desse sistema, não existindo algo como uma "transmissão" comunicativa perfeitamente compreensível entre o sistema jurídico e os demais sistemas que constituem seu entorno. Cada sistema "internaliza", por assim dizer, o tema de uma forma peculiar.

A diferenciação funcional não é um fenômeno recente. Ela é resultado de um processo histórico, que tem origem em uma sociedade pré-moderna socialmente segmentada, e que evoluiu para uma sociedade diferenciada por funções. Niklas Luhmann demonstra em sua obra clássica, a *Sociologia do Direito*,[27] que essa transição para uma sociedade diferenciada por funções acarretou um crescimento acentuado dos conflitos internos com consequente aumento dos encargos decisórios. Os subsistemas passam a ser muito mais dependentes, ao mesmo tempo em que aumenta sua independência.[28] Esse processo de diferenciação funcional é infinito, ora remode-

---

[23] Cf. TEUBNER, Gunther. *Altera pars audiatur*: o direito na colisão de discursos. In: ALVES LINDGREN, J.A; TEUBNER, G.; ALVIM, Joaquim Leonel Rezende; RÜDIGER, Dorothee Susanne. *Direito e cidadania na pós-modernidade*. São Paulo: Unimep, 2002, p. 95.

[24] "Se pudéssemos entender-nos com a mosca, perceberíamos então que também ela bóia no ar com esse *páthos* e sente em si o centro voante desse mundo". NIETZSCHE, Friedrich. Sobre a verdade e mentira no sentido extramoral. In: Idem. *Obras incompletas*. Tradução e notas de Rubens Rodrigues Torres Filho. São Paulo: Abril Cultural. (Os pensadores), 1983, p. 45.

[25] Cf. TEUBNER, Gunther. *Altera pars audiatur*: o direito na colisão de discursos. Op. cit., p. 102.

[26] "Esta é a forma [que expressa o fenômeno de ] como o sistema é determinado por suas próprias estruturas e [de como] pode digitalizar = especificar os eventos ambientais em suas operações, que é feita através de uma associação própria, não como input que interfira no sistema, nem [mesmo] na forma de acoplamento estrutural" LUHMANN, Niklas. *Das Recht der Gesellschaft*. Frankfurt am Main: Suhrkamp, 1993, P. 440-441.

[27] Cf. LUHMANN, Niklas. *Sociologia do Direito*. Vol. I. Tradução de Gustavo Bayer. Rio de Janeiro: Tempo Brasileiro, 1983, p. 225 e ss.

[28] "a economia depende das garantias políticas, e de decisões parametrais [sic]; a política, do sucesso enconômico; a ciência, de financiamentos e da capacidade de planejamento da política; a economia, da pesquisa científica; a família,

lando parâmetros de convivência social existentes, ora criando novos. A cada novo desafio socialmente criado por esse processo, o sistema jurídico torna-se a arena para a solução dos conflitos existentes.

A questão é: como o sistema jurídico consegue romper sua clausura operativa e sua restrição à apreensão cognitiva para resolver conflitos interssistêmicos? Essa sempre nos pareceu a questão mais difícil de ser respondida, porque ela é demasiadamente complexa para conseguir ser expressa na linguagem científica da generalização. Responder a essa questão é responder: como o direito muda a política? Como o direito interfere nas questões de saúde pública? Como o direito regula a economia? Uma questão, no entanto, deve anteceder todas já formuladas: isso é possível?

A teoria dos sistemas parece compartilhar ideias muito próximas, mas com matizes diferenciados. A noção básica está assentada no que Teubner chama de aforismo de Jean Piaget: "a inteligência organiza o mundo, organizando a si própria".[29] O que leva à afirmação de que o direito regula a sociedade regulando a si mesmo. Todos os conflitos são reconstruídos no direito como um conflito de expectativas jurídicas. O próprio conceito de lide como um conflito qualificado por pretensões resistidas está de acordo com a ideia de reconstrução do conflito social. As demandas precisam ser juridicamente reinventadas, elas não "nascem jurídicas" por assim dizer, mas acontecem como fato social. As demandas por uma política pública não cumprida, p. ex., é despolitizada e neutralizada para a obtenção de uma decisão final.

O construtivismo filosófico pode levar a afirmações radicais, como as de Bechmann, que sustenta ser impossível a tarefa atribuída ao direito de regular a sociedade.[30] Ou como as de Luhmann, que considera insatisfatória a explicação teórica de como os sistemas autopoiéticos podem regular outros sistemas.[31] Nesse ponto, novamente, compartilhamos a tese de Teubner de que a chave para a compreensão desses fenômenos reside na interferência e nos acoplamentos estruturais.

A interferência é conceito utilizado por Teubner para explicar o fenômeno em que sistemas autopoiéticos conseguem manter um "contato" para além da mera observação, isto é possível porque todos os subsistemas compartilham um elemento comum: a comunicação. Assim, comunicações especializadas constituem espécies da comunicação social geral.[32] O que não significa que a informação é obtida em uma relação direta *input-output*, mas simplesmente o fato de compartilhar do fluxo geral das comunicações, permite que os subsistemas utilizem esse fluxo para obter sua própria compreensão, quer para a manutenção de suas operações, quer como uma oportunidade para a inovação. Em outras palavras, considerando os elementos que compõem o ato comunicativo, a informação é sempre a mesma, ao passo que os ele-

---

do resultado econômico dos programas políticos de pleno emprego; a política, da socialização através da família; e assim por diante" (LUHMANN, Niklas. Op. cit., p. 227).

[29] Cf. TEUBNER, Gunther. *O direito como sistema autopoiético*. Tradução e prefácio de José Engrácia Antunes. Lisboa: Fundação Calouste Gulbenkian, 1993, p. 130).

[30] Cf. BECHMANN, Gotthard. *Reflexives Rechts. Eine neues Theorieparadigma für die Rechtswissenschaft?*, p. 200 Apud TEUBNER, Gunther. *Ibidem*, p. 166.

[31] Cf. LUHMANN, Niklas. Einige Probleme mit 'Reflexivem Recht", p. 1 Apud TEUBNER, Gunther. *Ibidem*, p. 166. Embora, o próprio Teubner, em sua obra citada, afirme que Luhmann tenta algumas explicações, como a ideia de que todos os sistemas compartilham o mesmo entorno, em que há a cognição psíquica como elemento comum, p. 170.

[32] Cf. LUHMANN, Niklas. Einige Probleme mit 'Reflexivem Recht", p. 1 *Apud* TEUBNER, Gunther. *Ibidem*, p. 166. Embora, o próprio Teubner, em sua obra citada, afirme que Luhmann tenta algumas explicações, como a ideia de que todos os sistemas compartilham o mesmo entorno, em que há a cognição psíquica como elemento comum, p. 173.

mentos da mensagem e da compreensão variam para cada sistema, tornando efetiva uma conexão.[33]

A interferência entre sistemas pode ocorrer de três formas diferentes:[34] a) uma *interferência ligada a eventos*; b) *interferência de expectativas* e c) *interferência de papéis*. A primeira é uma conexão de eventos simultâneos em dois sistemas de forma pontual. Seria uma espécie de acoplamento operativo, que ocorre quando há, por exemplo, um ato de pagamento que possui sentido econômico e jurídico.[35] A interferência por papéis é a mais complexa e ocorre na acoplagem de sistemas distintos com os indivíduos de seu entorno. E a que nos interessa em particular, quando há uma interseção de expectativas sistêmicas com as expectativas sociais gerais ou quando determinadas construções sociais são compartilhadas sistemicamente. Os acoplamentos estruturais[36] enquadram-se nessa classificação, e o contrato é um exemplo desse tipo de interferência.

> Um contrato é sempre e simultaneamente uma comunicação de tipo econômico, pois constitui um acto de apagamento que, enquanto obrigação, prenuncia outras actos de pagamento; de tipo jurídico, pois não apenas altera uma situação jurídica como origina novas normas jurídicas; e permanece ainda como comunicação geral de carácter social.[37]

Do ponto de vista da teoria dos sistemas, sempre houve esse entendimento do contrato como acoplamento entre os sistemas jurídico e econômico, mas o que parece ser uma contribuição mais recente para a teoria é a compreensão de que esse tipo de acoplamento precisa ser repensado. A figura do contrato precisa assumir novos contornos para realmente representar a realidade das relações sociais complexas das sociedades contemporâneas. Isso levou Teubner, mais recentemente, a afirmar que:

> Apesar de todo potencial inovador, a concepção de acoplamento estrutural entre sistemas autônomos, desenvolvida pela teoria geral dos sistemas, não é suficientemente complexa para lidar com os problemas específicos entre direito e sociedade. Aqui fracassa a simples imaginação de dois sistemas autônomos que constituem mutuamente seus ambientes. A razão está em que, afinal das contas, as relações entre direito e outros campos sociais decorrem de diferenças internas no contexto de uma única sociedade.[38]

Com base em uma nova reflexão a respeito do acoplamento estrutural, Teubner propõe modificar a constituição desse conceito. Primeiro, incluindo a ideia de *mal--entendidos produtivos*. Com isso, parte-se de pressuposto de que o sistema jurídico, em um processo judicial por exemplo, tem uma capacidade reduzida de entender os discursos de outros sistemas e passa a utilizá-los como fonte produtora de normas

---

[33] Cf. Idem, ibidem, p. 177.

[34] Cf. Idem, ibidem, p. 180.

[35] "Para as acoplagens operativas existem duas variantes. Uma é a própria *autopoiesis*. É estabelecida com a produção de operações do sistema através de operações do sistema. A outra descansa sobre um requisito de simultaneidade entre o sistema e o entorno. Ela permite uma acoplagem momentânea de operações do sistema com aquelas a que o sistema atribui ao seu entorno. Assim, por exemplo, a possibilidade de através de um ato de pagamento atender a uma obrigação jurídica ou a adoção de um consenso político simbolizado pela criação de [certa] lei." (LUHMANN, Niklas. *Das Recht der Gesellschaft*. Frankfurt am Main: Suhrkamp, 1993, P. 440-441).

[36] "Acoplamentos estruturais ocorrem quando os discursos de um sistema têm certas características permanente de seu ambiente, além de pressupô-las e delas depender estruturalmente. Por exemplo: que o dinheiro seja aceito; ou quando se espera que as pessoas sejam capazes de determinar horários. Igualmente o acoplamento estrutural é uma forma constituída dois lados [eine Zwei-Seiten-Form], isto é: uma distinção. O que se inclui (o que foi acoplado) é tão importante como aquilo que foi excluído". (LUHMANN, Niklas. Op. cit, p. 441).

[37] TEUBNER, Gunther. Op. cit., p. 184.

[38] TEUBNER, Gunther. As duas faces de Janus: pluralismo jurídico na sociedade pós-moderna. In: idem. *Direito, sistema e policontexturalidade*. São Paulo: UNIMEP, 2005, p. 85.

jurídicas. Segundo, o direito acaba sendo mais *responsivo*, exclusivamente porque necessita de uma estratégia de sobrevivência que é a de aproveitar essas sincronias sociais, para aumentar seu conhecimento implícito.

O contrato não é então um simples acoplamento entre o direito e a economia, mas um ato complexo de congruência de sistemas comunicativos, cujo conceito clássico de vontade das partes não pode mais representar a realidade social. A teoria dos contratos relacionais – embora possua contornos diferenciados[39] – compartilha do entendimento de que a concepção (clássica) de contrato deve ser superada, principalmente ao distinguir os contratos relacionais dos contratos descontínuos.[40] Aponta Macneil que:

> O contrato descontínuo é aquele em que não existe relação entre as partes além da simples troca de bens. Seu paradigma é a negociação da microeconomia neoclássica. Porém, como se verá, todo contrato, mesmo essa negociação teórica, envolvem relações além da troca de bens. Assim, todo contrato é necessariamente em parte um contrato relacional, isto é, envolve relações além de uma troca isolada.[41]

A teoria dos contratos relacionais é positiva porque vislumbra a insuficiência da concepção clássica de contrato, mas seu problema reside em depositar seus novos pressupostos numa relação "calorosa, cooperativa e interpessoal, que supera o frio instrumentalismo econômico com uma orientação comunitarista".[42] A concepção dos contratos sobre a perspectiva da teoria dos sistemas centra-se na análise da intertextualidade existente na relação contratual, o que torna mais nítido os contornos criados pela policontexturalidade. Essa concepção parte de três pressupostos:

1º) Superação da concepção do *contrato como obrigação não individual* – não significa ignorar o sujeito ou desprovê-lo das proteções constitucionais, mas entender que o contrato não engloba apenas vontade das partes contratantes, como também interesses sociais que estão vinculados no contrato. Trata-se da dimensão discursiva que vai além dos interesses das partes. Essa dimensão assume a forma de um jogo complexo de racionalidades que momentaneamente se encontram unidas no contrato. Consequentemente, uma decisão jurídica – sobretudo quando reiterada ou não isolada, isto é, quando se consolida em jurisprudência – irá não só afetar a relação objeto da lide, mas afetará as demais dimensões sistêmicas envolvidas na intertextualidade.

2º) Pensar o *contrato como dimensão discursiva* – trata-se de superar a dimensão, já abordada, de contemplar o contrato apenas como uma troca econômica com proteção jurídica. A dimensão meramente econômica do contrato torna a visão contratual demasiadamente restrita. O contrato deve ser entendido como vinculo não só entre os agentes envolvidos, mas, sobretudo, entre o discurso edificado entre eles, quer dizer, vincula todo um sistema social nessa relação. Metaforicamente, o contrato forma um microssistema que aglutina pelo menos três universos distintos: o produtivo, o econômico e o jurídico. A) O contrato é um *acordo produtivo*, porque se torna "uma obrigação de um sistema produtivo envolvido no sentido de fabricar um produto técnico, prestar um serviço, realizar um tratamento médico, alcançar o resultado

---

[39] Essa teoria é desenvolvida por Ian R. Macneil. No Brasil, para uma excelente exposição sobre essa teoria Cf. MACEDO Jr., Ronaldo Porto. *Contratos relacionais e defesa do consumidor*. São Paulo: RT, 2007.

[40] Cf. MACNEIL, Ian. R. *O novo contrato social*. Rio de Janeiro. Elsevier, 2009, p. 10 e ss.

[41] MACNEIL, Ian R.. op cit., p. 10.

[42] TEUBNER, Gunther. Mundos *contratuais: o direito na fragmentação de regimes de "private governance"*. Op. cit., p. 281.

de uma pesquisa, criar uma obra de arte".[43] B) o contrato é uma *operação econômica* porque está ligado a obrigações economicamente avaliáveis. C) O contrato é uma *relação jurídica* porque cria prestações jurídicas a serem adimplidas na medida em que a obrigação estabelecida pelas partes deve se sujeitar não apenas ao consenso de vontade, mas também aos programas estabelecidos pelas regras jurídicas.

3º) Por último, o *contrato como tradução discursiva* – requer uma compatibilização entre a operação econômica, as regras jurídicas e o acordo produtivo encerrado na relação. O contrato depende de uma tradução mútua e bem-sucedida dessas três dimensões. Essa é a dificuldade principal, porque raramente ocorre com um entendimento perfeito entre as racionalidades envolvidas, uma vez que um discurso só pode compreender o outro com seus próprios recursos. Ao mesmo tempo em que o contrato cria uma estabilização temporal para os discursos envolvidos, faz com que todas as questões relativas ao universo dos discursivos envolvidos fiquem marcadas por uma indiferença àquilo que não está em jogo no contrato.

Acontece que o conflito é sempre iminente, pois cada sistema envolvido reconstrói sua própria versão de sentido para a realidade compreendida no contrato, quer dizer, cada sistema traduz o contrato a sua maneira. E, na ocasião de um conflito, os mal-entendidos produtivos são inevitáveis, porque ou o direito não compreende bem a necessidade de certa regra econômica, ou há uma lesão clara na relação contratual, que, por sua vez, é ignorada em prol das garantias financeiras exigidas, ou não há uma compreensão de determinada particularidade científica, médica, esportiva e etc., mas o que o direito pode fazer é valer-se do discurso de outros sistemas de forma produtiva, para criar uma nova interpretação que seja mais adequada à sociedade que o mantém. Embora esse juízo seja sempre difícil de ser obtido.

### III

Passaremos agora à análise concreta de algumas relações contratuais para tentar expor como essa concepção interdiscursiva do contrato pode contribuir para se perceber alguns problemas criados pela policontexturalidade. Essa análise é possível, mas certamente não é viável de ser realizada no interior de um processo judicial por razões evidentes: o procedimento jurídico guia-se por uma lógica do direito/não direito, enquanto do ponto de vista doutrinário (ou sociológico) podemos compartilhar essa lógica e suspender nosso juízo do direito/não direito para estabelecer outros, pois somos observadores externos ao problema. Observadores de segunda ordem (*second order cybernetic*) em relação ao próprio sistema.[44] Ou, no dizer de Luhmann, o sociólogo é capaz de deixar seu julgamento em suspenso sobre o direito ou não direito, ou ainda de

---

[43] TEUBNER, Gunther. op. cit., p. 284.

[44] "A perspectiva de segunda ordem é privilegiada: ao distinguir e descrever o que os outros observadores não podem nem distinguir, nem descrever, evidencia seus pontos-cegos. Especificamente, o que os observadores de segunda ordem fazem é assinalar *algo* com a ajuda de suas distinções. O que é distintivo é que aplicam suas observações a outras operações que executam as mesmas operações, mas com distinções. Embora na observação de primeira ordem, o observador viva em um nicho em que seu mundo fenomênico e suas experiências assumem a forma de ontologias, onde o que percebe só pode ser o que é, no entanto não observa a distinção que a torna possível, a segunda ordem abre conhecimentos sobre a contingência, estabelecendo uma alteração do ciclo recursivo de todo observar". (ARNOLD, Marcelo e ROBLES, Fernando. Explorando Caminos Transilustrados más allá del Neopositivismo – epistemologías para el Siglo XXI. *Cinta de Moebio*. Universidad de Chile. Facultad de Ciencias Sociales. N. 7, Março, 2000).

supor uma ignorância sobre a questão, observando a comunicação geral e colocando-se de forma conveniente em posição equidistante a todas as formas de racionalidade.[45]

Analisemos então um problema atual e complexo dentro da seara da responsabilidade civil na área médica. Vejamos, então, a polêmica sobre as cirurgias estéticas no Brasil. Contudo, não vamos nos limitar exclusivamente ao discurso jurídico sobre a questão, pois se queremos expor a complexidade que envolve o contrato na sociedade policontextual, necessitamos observar a racionalidade dos demais discursos envolvidos na questão. E conforme já afirmamos, o contrato como intertextualidade envolve não só uma obrigação jurídica, mas igualmente um acordo produtivo e uma transação econômica. Por isso iremos trabalhar a questão a partir de cada um dos discursos envolvidos.

*O discurso jurídico sobre a cirurgia estética*

A título de introdução da importância do tema, os dados mais recentes divulgados pelo Conselho Regional de Medicina do Estado de São Paulo (CREMESP) revelam um aumento exponencial de denúncias administrativas contra médicos entre os anos de 2003 e 2008 passaram de 2.972 para 4.339.[46]

A cirurgia plástica, segundo dados do CREMESP, figura em terceiro lugar no *ranking* de processos judiciais em curso da área médica. A maioria dos casos que chega ao judiciário demanda pela reparação de danos estéticos e morais. Em alguns casos mais graves, o cirurgião é obrigado a arcar com os custos de uma nova cirurgia para reparar aquela que não produziu o resultado esperado.

José de Aguiar Dias, balizado no ensinamento de Louis Josserand, afirma que toda a relação estabelecida entre médico e paciente é de natureza contratual.[47] Trata-se de um contrato *sui generis* na medida em que o médico se obriga a desempenhar uma atividade de cuidados profissionais especiais, que vinculam desde conselhos ao paciente até a guarda do enfermo.[48] A obrigação médica, ademais, não envolve apenas o conhecimento adquirido na ciência médica, mas também obrigações de natureza profissional como o sigilo profissional e os deveres de prestar informação e obter o consentimento do paciente na ocasião de um tratamento.

É consenso na doutrina jurídica que a obrigação que o médico assume perante o paciente está associada aos próprios limites da ciência (médica) e, muitas vezes, das condições objetivas de trabalho – dado que nem sempre os profissionais da saúde contam com equipamentos adequados para um diagnóstico adequado, sem falar nos casos noticiados de falta de insumos básicos em algumas (senão muitas) unidades

---

[45] LUHMANN, Niklas. "A restituição do décimo segundo camelo: do sentido de uma análise sociológica do direito", in ARNAUD, André-Jean e LOPES Jr., Dalmir (org.). *Niklas Luhmann: do sistema social à sociologia jurídica*. Rio de Janeiro: Lumen Juris, 2004, p. 56.

[46] Cf. Plastikós. In: *Revista da Sociedade Brasileira de Cirurgia Plástica*. Ano XXV. N. especial, vol. 4, 2008-2009, p. 14.

[47] "Entre o médico e seu cliente se forma um verdadeiro contrato que, se não comporta, evidentemente a obrigação de curar o doente [...] ao menos compreende a de proporcionar-lhe cuidados [...] conforme as aquisições da ciência" (La responsabilité du médicin aprés l'arrêt Du 20 Mai de 1936. In Revue Critique de Législation et Jurisprudence, 1937, p. 609 e ss. Apud. DIAS, José de Aguiar. Da responsabilidade civil. Rio de Janeiro: Renovar, 2006, p. 328). Ainda: "Não se pode negar a formação de um autêntico contrato entre o cliente e o médico, quando este o atende" (GONÇALVES, Carlos Roberto. *Direito civil brasileiro*. Vol. IV. Responsabilidade civil. 3ª edição. São Paulo: Saraiva, 2008, p. 238).

[48] Cf. DIAS, José de Aguiar. Op. cit., p. 330.

de saúde.[49] Por isso, não se pode conceber que a responsabilidade do médico seja auferida com base na melhora de saúde do paciente, isto é, "o fato de não obter a cura do doente não importa reconhecer que o médico foi inadimplente".[50] Ele responde somente nos casos em que restar evidenciada a culpa profissional,[51] tendo como base a negligência, a imprudência ou a imperícia.

É por esta razão que o contrato médico, do ponto de vista jurídico, é concebido como um contrato de meio, e não de fim. O que de fato irá gerar o dever de indenizar é a falta de um desempenho técnico adequado e satisfatório por parte do médico,[52] e não o fato de não ter salvado o paciente ou não ter obtido a cura. Em posição diametralmente contrária a anterior, a posição jurídica sobre a cirurgia plástica é a de que o médico se vincula ao resultado estabelecido com o cliente e, uma vez não obtido o resultado estético prometido, responde civilmente pelos danos causados.

As cirurgias estéticas, excetuando os casos de cirurgia estético-reparadora, são concebidas como serviço que se presta por uma vaidade fútil ou por uma finalidade que não é atinente ao escopo médico em si, pois não visa melhorar a saúde ou tratar uma enfermidade.[53] Teresa Ancona Lopes expressa esse entendimento jurídico ao afirmar que

> [...]na verdade, quando alguém, que está muito bem de saúde, procura um médico somente para melhorar algum aspecto seu, que considera desagradável, quer exatamente esse resultado, não apenas que aquele profissional desempenhe seu trabalho com diligência e conhecimento científico. Caso contrário, não adiantaria gastar dinheiro por nada.[54]

A jurisprudência dos tribunais acompanha essa posição doutrinária, fixando, majoritariamente, o entendimento de que a atividade do cirurgião plástico é de resultado. Nesse sentido, o sistema jurídico estabeleceu o discurso de que a ciência médica é destinada à melhoria da saúde e as intervenções cirúrgicas invasivas no corpo humano devem ser tratadas de forma diferenciada quando forem desnecessárias. O Recurso Especial 1180815/MG, julgado pela terceira turma do STJ, representa bem o entendimento jurídico sobre o tema:

> RECURSO ESPECIAL. RESPONSABILIDADE CIVIL. ERRO MÉDICO. ART. 14 DO CDC. CIRURGIA PLÁSTICA. OBRIGAÇÃO DE RESULTADO. CASO FORTUITO. EXCLUDENTE DE RESPONSABILIDADE.
> 1. Os procedimentos cirúrgicos de fins meramente estéticos caracterizam verdadeira obrigação de resultado, pois neles o cirurgião assume verdadeiro compromisso pelo efeito embelezador prometido. 2. Nas obrigações de resultado, a responsabilidade do profissional da medicina permanece subjetiva. Cumpre ao médico, contudo, demonstrar que os eventos danosos decorreram de fatores externos e alheios à sua atuação durante a cirurgia. 3. Apesar de não prevista expressamente no CDC, a eximente de caso fortuito

---

[49] "Na maior unidade da rede pública de saúde de Brasília, os médicos trabalham sem o mais básico dos materiais hospitalares. Há uma semana, o esparadrapo sumiu das prateleiras do Hospital de Base (HBDF). Mas a lista dos produtos em falta é bem mais extensa. Os estoques de sondas, agulhas, cateter, coletor de urina, bisturi, luvas e até fio de sutura acabaram e não há previsão de entrega dos insumos. Sem as mínimas condições de trabalho, muitos médicos preferem cancelar as operações agendadas e até mesmo as de emergência" (OLIVEIRA, Noelle e MADER, Helena. Há carência de materiais básicos no Hospital de Base. *Correio Brazilinse*. Cidades DF. Brasília. Disponível em: <HTTP://http://www.correiobraziliense.com.br/app/noticia/cidades/2010/05/06/interna_cidadesdf,190770/ha-carencia-de-materiais-basicos-no-hospital-de-base.shtml> . Acesso em: 10 de janeiro de 2011.
[50] GONÇALVES, Carlos Roberto. Op.cit., p. 239.
[51] O conceito de culpa médica é complexo e precisa ser analisado de acordo com cada um dos ramos da medicina.
[52] Cf. DIAS, José de Aguiar. Op. cit., p. 332.
[53] Cf. Idem, p. 373.
[54] LOPES, Teresa Ancona. *O dano estético*. São Paulo: RT, 2004, p. 68 Apud GONÇALVES, Carlos Roberto. Op.cit., p. 246.

possui força liberatória e exclui a responsabilidade do cirurgião plástico, pois rompe o nexo de causalidade entre o dano apontado pelo paciente e o serviço prestado pelo profissional. 4. Age com cautela e conforme os ditames da boa-fé objetiva o médico que colhe a assinatura do paciente em "termo de consentimento informado", de maneira a alertá-lo acerca de eventuais problemas que possam surgir durante o pós-operatório. RECURSO ESPECIAL A QUE SE NEGA PROVIMENTO.

O sistema jurídico responde de forma muito diferente quando analisa intervenções cirúrgicas necessárias. Nesses casos, a responsabilidade civil vincula-se a uma atividade de meio, o resultado negativo é colocado imediatamente na base de uma contingência de ação e se exige uma comprovação fática de que o profissional atuou de forma inadequada, cometendo um erro profissional. Em outras palavras, o nexo entre a ação e o resultado tem que ser demonstrado através de uma conduta que se enquadre dentro da concepção de culpa profissional. Podemos verificar a diferença de posição analisando a ementa do Recurso Especial (1104665/RS):

RECURSO ESPECIAL - AÇÃO DE INDENIZAÇÃO - DANOS MORAIS - ERRO MÉDICO - MORTE DE PACIENTE DECORRENTE DE COMPLICAÇÃO CIRÚRGICA – OBRIGAÇÃO DE MEIO - RESPONSABILIDADE SUBJETIVA DO MÉDICO - ACÓRDÃO RECORRIDO CONCLUSIVO NO SENTIDO DA AUSÊNCIA DE CULPA E DE NEXO DE CAUSALIDADE - FUNDAMENTO SUFICIENTE PARA AFASTAR A CONDENAÇÃO DO PROFISSIONAL DA SAÚDE [...]

I - A relação entre médico e paciente é contratual e encerra, de modo geral (salvo cirurgias plásticas embelezadoras), obrigação de meio, sendo imprescindível para a responsabilização do referido profissional a demonstração de culpa e de nexo de causalidade entre a sua conduta e o dano causado, tratando-se de responsabilidade subjetiva; II - O Tribunal de origem reconheceu a inexistência de culpa e de nexo de causalidade entre a conduta do médico e a morte da paciente, o que constitui fundamento suficiente para o afastamento da condenação do profissional da saúde; [...]

*O acordo produtivo em torno da cirurgia plástica*

Com o acordo produtivo queremos sublinhar que o contrato em tela envolve, além de uma troca econômica e uma obrigação jurídica, uma prestação de serviço médico. Naturalmente não se trata de uma prestação ordinária que pode ser exercida por qualquer pessoa, mas necessita de um profissional com a especialização adequada para a consecução da referida atividade. Logo, o contrato que analisamos *in abstacto*, envolve um jogo de discursos da ciência médica, que, como já vimos, é reproduzido no direito a partir de uma imagem criada por seus conceitos próprios como: obrigação de meio/obrigação de fim, responsabilidade subjetiva/responsabilidade objetiva, culpa/risco e etc.

No entanto, é muito importante (e democrático) fazer o exercício inverso, quer dizer, "dar ouvidos" ao outro discurso e verificar como esse entendimento jurídico é recepcionado pela ciência médica. É necessário o esforço de compreender o outro discurso, pois a visão jurídica presa ao entendimento direito/não direito não permite assumir outros fatores de natureza política, científica ou econômica. *Altera pars auditur*, como expressão da ampla defesa e do contraditório, deve ser pensada, nessa forma de contemplar os contratos intertextualmente, não só em termos individuais, mas também no âmbito dos sistemas sociais envolvidos.

Novamente nos colocaremos como observadores de segunda ordem para verificar como o discurso na área médica compreende a intervenção jurídica em suas práticas, isto é, como essa perspectiva jurídica é recepcionada pelos médicos? Quais os efeitos que o discurso jurídico gera no agir cotidiano dos profissionais de saúde?

O que o Conselho Federal de Medicina (CFM) e a Sociedade Brasileira de Cirurgia Plástica (SBCP) têm a dizer?

Em razão desse entendimento judicial sobre a cirurgia estética, a SBCP, através de seu periódico oficial, publicou uma edição especial na qual expõe sua visão sobre o assunto. Em um artigo intitulado: *Prevenção contra a responsabilidade de fim*,[55] uma série de objeções são levantadas contra a percepção do judiciário sobre a atividade da categoria, que podem ser classificadas em três argumentos principais: a) primeiro, a SBPC reconhece que existem maus profissionais que fazem promessas no pré-operatório como se a atividade cirúrgica fosse isenta de riscos e em virtude dessas atitudes, toda a classe fica comprometida, uma vez que a própria mídia contribui para que essa percepção seja difundida; b) segundo, a cirurgia estética não pode ser entendida como uma atividade estranha à medicina; c) por fim, o desconhecimento técnico dos juristas em relação à natureza da atividade cirúrgica estética.

Um dos problemas apontados pela SBCP é a falta de especialização dos profissionais que atuam na área de cirurgia plástica. As denúncias recebidas pelo CREMESP, entre os anos de 2001 e 2008, apontam que 97% dos casos se tratavam de médicos que não possuíam qualquer título de especialização na área, isto é, nunca haviam feito qualquer estágio ou residência na área de cirurgia plástica ou não foram aprovados em exame pela SBCP.[56]

A falta de especialização, segundo a SBCP, é um dos fatores que explica como os processos judiciais envolvendo cirurgiões plásticos passaram de 17 para 360 entre os anos de 2001 e 2008.[57] A legislação brasileira responsável pela regulação da profissão, a Lei 3.268, de 1957, contribui parcialmente para esse quadro, pois tendo sido criada numa época em que não havia a possibilidade de se exigir uma especialização de médicos, devido não só ao baixo número de profissionais existente, como também pelo fato de haver poucas especialidades, exige apenas que o médico tenha seu diploma reconhecido para que possa exercer a medicina em qualquer de seus *ramos e especialidades.*

> Para o cirurgião plástico Ognev Meireles Cosac, presidente da regional do Distrito Federal da Sociedade Brasileira de Cirurgia Plástica (SBCP-DF), a principal prejudicada com a contínua intrusão de médicos sem especialização e de outras áreas na cirurgia plástica é a população. "Cada vez um número maior de sequelas são causadas por conta da falta de especialização", diz ele.
>
> O Presidente da SBCP-DF, no entanto, reconhece que alguns poucos especialistas de outras áreas têm capacidade para fazer determinadas cirurgias plásticas. "Uma coisa é o profissional de uma especialidade afim que tem capacidade de fazer alguns procedimentos, outra bem diferente é o médico que não foi treinado se aventurar a fazer isso", complementa.[58]

Ademais, o mesmo artigo chama a atenção para o fato de que a medicina é uma ciência que sofre constantes mudanças nas práticas adotadas cotidianamente, tornando-se cada vez mais complexa, haja vista que os procedimentos adotados atualmente não só na cirurgia plástica como em qualquer outra área não é o mesmo de uma década atrás, por isso "[...] é praticamente impossível acreditar que o profissional formado

---

[55] Cf. Plástikós, op. cit., p. 20 e ss.
[56] Cf. Idem, p. 13.
[57] Cf. Idem, p. 13.
[58] Cf. Plástikós, op, p. 13.

hoje seja capaz de desempenhar sua função em áreas para as quais não foi treinado, principalmente as cirúrgicas".[59]

A medicina durante muito tempo rejeitou a cirurgia estética como uma especialidade, mas com o passar do tempo diversos casos empíricos foram demonstrando sua necessidade e hoje já goza de ampla aceitação. Atualmente, a Organização Mundial da Saúde (OMS) já define saúde como sendo não só o bem-estar físico, mas o psíquico e o social. Novamente aqui nos deparamos com um ponto problemático na análise judicial, pois um dos argumentos utilizados para caracterizar a cirurgia estética como uma obrigação de fim, distinguindo-a, assim, das demais formas de intervenções cirúrgicas invasivas, reside justamente no fato de que ela não se preocupa em garantir uma melhora na saúde do paciente. Entretanto, se considerarmos a saúde com base no conceito aqui defendido, o argumento perde um pouco sua força.

Por último, a SBPC, de modo mais direto, afirma que o judiciário compreende mal a prática da cirurgia plástica, na medida em que a diferencia das demais atividades médico-cirúrgicas. Segundo a SBCP, a cirurgia plástica é uma especialidade *médica*, independentemente de seu caráter estético, não pode ser considerada uma atividade diferente das demais. O fato de atribuir ao cirurgião plástico uma obrigação de fim demonstra claramente, na visão da classe, que o Judiciário não compreende as peculiaridades da atividade. Parece partir do pressuposto de que o médico possui o controle total da situação, haja vista que há uma série de fatores que interferem no resultado que vão desde a capacidade orgânica do paciente para recuperar-se à observação dos cuidados pós-cirúrgicos.

> O Superior Tribunal de Justiça (STJ) vem mantendo entendimento proferido ao longo dos últimos anos sustentando que se a cirurgia plástica tem caráter estético, a obrigação assumida pelo cirurgião é de resultado, devendo este indenizar o paciente pelo não cumprimento da mesma.[...] Esse posicionamento vem sendo acompanhado por diversos Tribunais Estaduais, fazendo crer a uma importante parcela da doutrina que a cirurgia plástica "de caráter estético", sob o ponto de vista do direito, deve ser vista como uma obrigação de resultado. Nesse passo, fica a pergunta: considerando a interpretação do STJ como regra matriz, se um paciente contratar uma cirurgia plástica de finalidade estética o resultado deverá ser obtido pelo médico a qualquer custo? É preciso ter cuidado.[60]

A posição tomada pelo sistema jurídico é combatida pela classe médica, não apenas sob a forma de um discurso insurgente contra a posição jurídica majoritária. O Conselho Federal de Medicina resolveu deixar clara sua reação através de um ato normativo, que possui, no entanto, um efeito meramente simbólico, pois não tem sido levado em consideração no interior do sistema jurídico. Trata-se da Resolução 1.621 de 2001 que expõe em seu texto que a cirurgia plástica é uma especialidade médica reconhecida pelo CFM e pela Associação Médica Brasileira sem que haja qualquer forma de subdivisão de finalidade. Ademais, é categórica ao afirmar que a cirurgia plástica tem o objetivo de tratar "doenças e deformidades anatômicas, congênitas, adquiridas, traumáticas, degenerativas e oncológicas, bem como de suas consequências, objetivando beneficiar pacientes visando seu equilíbrio biopsicosocial e consequente melhoria sobre a sua qualidade de vida". Por esta razão, estabelece em seu texto normativo o seguinte:

> *Art. 3º* - Na Cirurgia Plástica, como em qualquer especialidade médica, não se pode prometer resultados ou garantir o sucesso do tratamento, devendo o médico informar ao paciente, de forma clara, os benefícios e riscos do procedimento.

---

[59] Idem, p. 14.
[60] Cf. Plástikós, op, p. 23.

*Art. 4º* - O objetivo do ato médico na Cirurgia Plástica como em toda a prática médica constitui obrigação de meio e não de fim ou resultado;

O artigo 3º estabelece o dever de obter-se o consentimento informado, é preciso lembrar que tal determinação já existia em razão do Código de Ética Médica em vigor na época[61], portanto, não há qualquer efeito prático da resolução no interior da prática médica concreta. Trata-se mais de uma reação discursiva à invasão do Poder Judiciário sobre a prática médica que propriamente uma regulamentação de um aspecto que merece a atenção normatizadora.

*A troca econômica nos contratos de cirurgia plástica*

Todos os contratos envolvem uma relação de troca avaliável economicamente. Agora, o que importa ressaltar quando se observa um contrato de qualquer natureza, é que a dimensão econômica tende a prevalecer sobre as demais. A lógica econômica possui uma tendência de corrupção dos demais códigos funcionais e das racionalidades que constituem o contrato. Isso não é diferente quando se analisa o caso em questão. Para começar, as cirurgias meramente estéticas não são cobertas por seguro saúde e, em geral, são procedimentos caros.

A própria SBCP reconhece a existência de médicos que atuam na área com o intuito de obter maior vantagem financeira, uma vez que a procura por esses procedimentos é muito alta.[62] Jornais já noticiam a possibilidade de compras coletivas para o "mercado da cirurgia plástica", inclusive com a possibilidade de financiamento do procedimento cirúrgico.

> "Toda semana haverá uma promoção", garante Miranda [empresário responsável por uma clínica estética], acrescentando que o "nosso principal objetivo é levar acesso a todas as pessoas que sofrem por discordar do seu corpo ou que têm alguma deformidade física. A cirurgia plástica pode ser e também um privilégio das classes C e D", afirma o empresário, apontando que deseja ainda voltar a ser líder de mercado em cirurgia plástica no Brasil.
>
> A cirurgia de implante de prótese de silicone custa entre R$ 7 mil e R$ 10 mil. Quando negociada para um número grande de pessoas, no caso do Amigos FitCorpus, o valor pode cair para R$ 4.990, com o pagamento à vista. O paciente precisa ainda pagar uma taxa de adesão e administração para a empresa de R$ 700,00. A consulta médica já está inclusa.[63]

Nesse jogo de traduções sobre diversas racionalidades em colisão, a racionalidade econômica é sempre perversora das demais. A lógica econômica consegue converter todas as línguas em valor econômico com grande habilidade. Essa lógica voltada para o lucro faz prevalecer os aspectos mercadológicos sobre a relação contratual e passa a ser orientada unicamente por ela quando nenhum tipo de controle é exercido.

Tanto o direito como a ciência médica exprimem, a sua maneira, uma preocupação com o avanço sem controle da lógica econômica. No primeiro caso, o sistema jurídico traduz a relação médica como uma prestação consumerista e aplica, por lógi-

---

[61] Art. 41. Deixar de esclarecer o paciente sobre as determinantes sociais, ambientais ou profissionais de sua doença e Art. 59. Deixar de informar o paciente o diagnóstico, o prognóstico, os riscos e objetivos do tratamento, salvo quando a comunicação direta ao mesmo possa provocar-lhe dano, devendo, nesse caso, a comunicação ser feita ao seu responsável legal. (Resolução CFM nº 1.246 de 08.01.1988).

[62] Cf. Plástikós, op. cit., p. 13.

[63] Compras coletivas por *sites* já atendem todas as classes. In: *Jornal Coletivo*. Brasília. 16 de Janeiro de 2011. Ano IX. N. 2.790, p.5.

ca jurídica, o conceito de obrigação de fim – implicitamente é um instrumento de autodeterminação de suas estruturas e controle indireto do ganho sem responsabilidade. A CFM busca igualmente essa autodeterminação através do poder normativo que lhe compete. A fim de evitar o caráter mercadológico da profissão, emitiu a Resolução 1.836 de 2008, que tem a finalidade, novamente simbólica, de controlar a dimensão econômica da atividade médica e evitar que a lógica do lucro (do ganho) corrompa a verdadeira natureza do agir médico.[64]

## IV

Em que a dicotomia público/privado ajuda para a solução do caso analisado? Afinal, os problemas relativos a um contrato de cirurgia plástica ficam restritos apenas à relação médico-paciente? Podemos até verificar quais são os conjuntos normativos aptos a serem aplicados sobre estas relações, mas isso permitirá de forma concisa afirmar se o problema é de direito público ou privado?

No fundo, a dicotomia público-privado não ajuda nem a resolver e nem a compreender os problemas advindos com a policontexturalidade, em que cada um dos sistemas envolvidos "luta para frear" os "impulsos externos destrutivos" sobre suas próprias racionalidades. É preciso, portanto, que o direito privado esteja aberto a reconstruções teóricas para além daquelas já apresentadas pela dogmática jurídica tradicional. Dessa forma, estará mais apto a responder aos problemas complexos da sociedade contemporânea.

Ao analisar o instituto do contrato, foi nosso objetivo demonstrar que os interesses que estão em jogo e que precisam ser equilibrados ou conciliados não podem ser vistos apenas da perspectiva do interesse de indivíduos ou de grupos, mas antes da perspectiva do sistema social edificado no contrato. No atual estágio das sociedades ocidentais, o direito deve assumir um papel de resolução dos conflitos existentes entre os sistemas sociais.

O contrato é um instituto jurídico sujeito à influência das mais diversas racionalidades, pois ele cria um sistema em torno dos mais variados discursos presentes em uma sociedade. E o que a teoria dos sistemas permite compreender é que na ocasião de um conflito, o jogo de interesses presentes na lide não pode ser reduzido apenas a uma análise intersubjetiva, mas deve abranger os interesses mais amplos dos sistemas que compõem o contrato. A ignorância dessa orientação pode servir para manter um mal-entendido produtivo e, com isso, perpetuar o conflito social.

Teubner levantou a questão há décadas atrás: "é ainda uma questão em aberto a de saber se o direito se deve confinar a uma função de conciliação ou compatibilização dos conflitos intersistêmicos, ou se poderá ir mais longe...".[65] De qualquer forma, não devemos superestimar o papel do direito na resolução dos conflitos criados pela lógica social da policontexturalidade,[66] mas é certo que o contrato, como acoplagem entre sistemas, é uma forma do direito avançar suas estruturas internas, valendo-se

---

[64] "CONSIDERANDO que o artigo 9° do Código de Ética Médica determina que a medicina não pode, em qualquer circunstância ou de qualquer forma, ser exercida como comércio; RESOLVE: Art. 1° É vedado ao médico vínculo de qualquer natureza com empresas que anunciem e/ou comercializem planos de financiamento ou consórcios para procedimentos médicos". Resolução CFM N° 1.836/2008.

[65] TEUBNER, Gunther. *O direito como sistema autopoiético*. Op. cit, p. 130.

[66] Cf. TEUBNER, Gunther. *Altera pars audiatur*: o direito na colisão de discursos. Op. cit, p. 124.

do que lhe é apresentado pelos demais sistemas. Podemos dizer que a esfera jurídica passa a ser "um espaço" privilegiado, no qual há um influxo discursivo que necessita de harmonização, e embora o sistema jurídico esteja limitado por suas estruturas que lhe fornecem sentido, as acoplagens com os sistemas físicos e com os demais sistemas permitem utilizar o fluxo geral das comunicações para a resolução dos conflitos existentes.

Qual seria a forma de resolução desses conflitos? A busca por um novo utilitarismo? Neil MacCormick afirma que é possível vislumbrar duas posições absolutamente antagônicas: a primeira, sustenta que a única fundamentação aceitável para uma decisão, seria aquela que se baseasse na totalidade das consequências, enquanto a segunda estaria pautada na qualidade da decisão com base em sua natureza, ignorando completamente a consequência produzida – uma decisão tomada exclusivamente a partir de princípios.[67] Afirma o autor que ambas as posições são inadequadas e que é preciso buscar uma mediação entre essas posições, contudo, diz o autor que "[...] certo raciocínio consequencialista tem importância decisiva na justificação das decisões jurídicas"[68], ainda que não possa estar focado em um valor único. A análise consequencialista, entretanto, diz MacCormick deve superar a perspectiva da análise imediata relacionada aos interesses das partes envolvidas:

> As decisões não justificadas em termos de seus efeitos diretos e imediatos nas partes envolvidas apenas (e por isso que os casos difíceis produzem um mau Direito), mas em termos de uma proposição jurídica aceitável que cubra o presente caso e seja, portanto, disponível para outros casos semelhantes (satisfazendo-se assim a exigência de justiça de que os casos iguais sejam tratados de forma igual).[69]

Ainda que a noção de MacCormick caminhe para a interpretação das consequências como valores comensuráveis imperfeitos, há um ponto em comum com a tese aqui defendida: o direito não pode ficar restrito à analise dos interesses imediatos das partes em conflito. As regras clássicas de interpretação contratual baseadas na dimensão subjetiva, gramatical e lógica deslocam o conflito para uma dimensão imediatista e simplista das relações sociais.[70]

A teoria dos sistemas aponta para uma direção diferente. A função do direito em face da policontexturalidade é a de garantir uma conciliação interdiscursiva, mas não no sentido de uma "cooperação mútua" entre sistemas, o que soaria até sem sentido, senão a de assumir um papel regulador contra a tendência de expansão desmedida dos sistemas envolvidos.

---

[67] O que remete a dicotomia ético-filosófica da modernidade entre as teses kantianas e utilitárias.

[68] MACCORMICK, Neil. *Retórica e o Estado de Direito*. Tradução de Conrado H. Mendes e Marcos P. Veríssimo. Rio de Janeiro: Elsevier, 2008, p. 136.

[69] Idem, p. 137-138.

[70] As regras de interpretação de Robert J. Pothier demonstram claramente como a concepção clássica de contrato fica presa a uma interpretação reducionista da relação jurídica: "1º - O intérprete deve indagar a intenção comum das partes, de preferência ao sentido gramatical das palavras - *Potentior est quam vox mens dicentis*; 2º - Quando uma cláusula for suscetível de dois entendimentos, deve ter aquele em que possa produzir algum efeito [...];3º - Quando um contrato encerrar expressões de duplo sentido, deve entender-se no sentido condizente com a natureza do negócio mesmo; [...] 7º - Em caso de dúvida, a cláusula interpreta-se contra o estipulante e em favor do promitente; 8º - As cláusulas contratuais, ainda quando genéricas, compreendem apenas aquilo que foi objeto do contrato, e não as coisas de que os contratantes não cogitam - *Iniquum est perimi pacto, id de quo cogitatum non est;* [...] 12 - O que está no fim da frase se relaciona com toda ela e não apenas com o que imediatamente a precede, uma vez que guarde concordância em gênero e número com a frase inteira[...]" (PEREIRA, Caio Mário da Silva. *Instituições de direito civil*. Vol. III. Rio de Janeiro: Forense, 2007, §189).

A liberdade das partes para contratar (autonomia individual) deve ser reformulada para incluir a ideia de uma "liberdade de tradução discursiva".[71] Os discursos envolvidos no contrato podem reivindicar autonomia, porém cada lógica envolvida na relação tripartida (economia-direito-produção) não pode ser superposta às demais. Cada discurso deve ter a liberdade de reconstruir o outro no seu interior com suas próprias estruturas. O contrato surge como acordo dos "universos sociais envolvidos", como um respeito à pluralidade e à heterogeneidade de sentidos. A violação à liberdade ocorre, por exemplo, quando a análise jurídica ignora sua consequência na vida econômica ou prejudica o desenvolvimento científico ou a lógica econômica prevalece sobre as demais e etc. Os discursos devem coexistir com autonomia e com liberdade de reconstrução das demais lógicas em seu interior.[72]

Segundo Teubner, o direito privado deveria garantir a policontexturalidade. Contudo, o próprio direito não foge aos problemas dos jogos linguísticos, pois opera na sociedade conectado (acoplado) estruturalmente ao sistema econômico. Existe uma forte tendência de o direito passar a "ler" os problemas sociais por uma vertente de custo-benefício, criando um acoplamento monocontextural (como a tendência norte-americana do *Law and Economics*). Essa seria uma das funções a que o direito privado deve ater-se na sociedade contemporânea: impedir a tendência totalitária dos demais discursos, sobretudo da lógica expansiva da economia, criando um "acoplamento estrutural firme aos sistemas sociais participantes".[73]

> Essa liberdade é questionada quando tendências totalitárias de um sistema social tentam impor sua versão da tradução a outros mundos de sentidos. Enquanto até agora a liberdade contratual estava adstrita a proteger a liberdade de decisão individual no mercado contra fraude, engano e especialmente contra a intervenção política excessiva, a liberdade contratual contra o próprio mercado, quando o discurso econômico começa a monopolizar o direito da tradução interdiscursiva e impor traduções econômicas a outros discursos.[74]

É indiscutível a tendência totalizante do discurso econômico sobre os demais, sobretudo porque o sistema econômico não trabalha com a mesma lógica do político. A corrupção dos demais sistemas pelo político é sempre na busca pelo poder, já o meio de comunicação do sistema econômico é reproduzido pelo dinheiro. As novas ameaças à liberdade discursiva residem numa corrupção estrutural pelo dinheiro. Assim, quando uma organização educacional, por exemplo, conduz sua gestão exclusivamente a partir de uma política de captação, a preocupação real com a educação fica em segundo plano, e todas as demais decisões e práticas passam a ser orientadas pela entrada de capital: a pesquisa passa ser muito mais uma "vitrine" que uma busca efetiva pela solução de um problema social, importando mais o número realizado de atividades que a qualidade dos trabalhos produzidos, os resultados alcançados por estudantes em exames externos são transformados em política de *marketing*, tudo passa a ser conduzido com base no equilíbrio de contas ou na maximização dos lucros, isto é, o sistema passa a estabilizar sua comunicação por um código externo que inicial-

---

[71] Cf. TEUBNER, Gunther. Mundos contratuais: o direito na fragmentação de regimes de *private governance*. Op. cit., p. 288.

[72] "A liberdade de reconstrução no interior do triângulo dos projetos contratuais pressupõe que os discursos podem exigir autonomia" (Idem, p. 190).

[73] TEUBNER, Gunther. Após a privatização: conflito de discursos no direito privado. Op. cit., p. 259.

[74] TEUBNER, Gunther. Mundos contratuais: o direito na fragmentação de regimes de *private governance*. Op. cit., p. 288.

mente seria estranho para a formação de seu sentido, corrompe-se estruturalmente, o mesmo pode ocorrer com a saúde, o esporte, a arte etc.

Desse modo, o direito privado deve possuir a função de controle sobre essa tendência totalizadora dos demais discursos sociais. Essa é a principal função que deve assumir no contexto da policontexturalidade. Então surge outra questão: como garantir a liberdade de tradução nos contratos?

Novamente a resposta exige uma longa reflexão e um esforço que aqui apresentaremos de forma parcial e meramente indicativa. A primeira parece consiste em explorar ao máximo o recurso fornecido pelas cláusulas abertas. As cláusulas abertas, presentes em grande número no atual Código Civil Brasileiro, permitem uma maior flexibilidade do procedimento jurídico aos argumentos externos, os quais passam a exercer um papel fundamental na criação da norma jurídica (concreta), ou seja, a norma jurídica, seu sentido, é obtida a partir do fato social e não a partir de uma determinação legislativa *a priori*.[75]

O outro recurso para a garantia do projeto produtivo do contrato seria a sua proteção pela eficácia privada dos direitos fundamentais. A "aplicação horizontal" (entre indivíduos) dos direitos fundamentais deve servir igualmente à garantia da pluralidade de discursos. A perspectiva civil-constitucional, tão em voga hoje no país, deve ir além da ótica dos indivíduos para ganhar uma nova conotação de fundo holista, através do controle jurídico e político (ao pensar na aplicação dos princípios constitucionais) sobre as tendências totalizadoras. Não se trata de recriar o sistema jurídico privado voltado para proteção da "ordem" ou um sistema para garantia de "sistemas", mas justamente para a garantia da pessoa humana. A análise jurídica dos conflitos intersistêmicos deve compreender a aplicação de perspectiva constitucional aos discursos, pois somente assim é possível refletir sobre a saúde para além da relação privada imediatamente considerada, sobre a garantia de liberdade da mídia para além da relação em que está em jogo a vida privada, e assim por diante. Esses são alguns dos novos desafios que a teoria dos sistemas sociais apresenta ao direito privado no contexto atual de nossa sociedade.

## REFERÊNCIAS

ARNOLD, Marcelo e ROBLES, Fernando. *Explorando Caminos Transilustrados más allá del Neopositivismo – epistemologías para el Siglo XXI*. Cinta de Moebio. Universidad de Chile. Facultad de Ciencias Sociales. No. 7, Março, 2000.

DERRIDA, Jacques. *Força de lei*. Tradução de Leyla Perrone-Moisés. São Paulo: Martins Fontes, 2007.

DIAS, José de Aguiar. *Da responsabilidade civil*. 11ª edição. Rio de Janeiro: Renovar, 2006.

FACCHINI NETO, Eugênio. Reflexões histórico-evolutivas sobre a constitucionalização do direito privado. In: SARLET, Ingo Wolfgang. (Org.) *Constituição, direitos fundamentais e direito privado*. Porto Alegre: Livraria do Advogado, 2003.

GONÇALVES, Carlos Roberto. *Direito civil brasileiro*. Vol. IV. Responsabilidade civil. 3ª edição. São Paulo: Saraiva, 2008.

GUIBENTIF, Pierre. *Réflexions sur les effets du droit dans le domaine économique*. publicado em: ARNAUD, André-Jean e OLGIATI, Vittorio (ed.). On Complexity and Socio-Legal Studies: Some European Examples. Oñati: IISL (Oñati Proceedings 14), 1993, pp. 107-133. Disponível em :<<http://www-les-lundis.ined.fr/textes/Guibentif.pdf >>. Acesso em: 20/04/2003.

———. *A comunicação jurídica no quotidiano lisboeta. Proposta de abordagem empírica à diferenciação funcional*. In ARNAUD, André-Jean e LOPES JR., Dalmir (ed.). Op. cit.

GÜNTHER, Gotthard. *Life as polycontexturality*. Gunther Web. Disponível em: <<http://www.vordenker.de>>. Acesso em: 13 de março de 2006.

---

[75] "Na verdade, ainda que outra tivesse sido a sua intenção originária, o elevado grau de abertura e indeterminação dessas cláusulas torna-as particularmente apropriadas ao tratamento dos conflitos entre esferas sociais autônomas" (TEUBNER, Gunther. *O direito como sistema autopoiético*. Op. cit, p. 230).

LUHMANN, Niklas. Das Recht der Gesellschaft. Frankfurt am Main: Suhrkamp, 1993.

———. ¿Qué es Comunicación? Trad.: Miguel Chávez et al. Santiago: Universidad de Artes, Ciencias y Comunicación - UNIACC. Revista Talon de Aquiles, nº1, Outono de 1995.

LUHMANN, Niklas. Sistemas sociales. Tradução de Silvia Pappe y Brunhilde Erker. Barcelona: Anthropos, 1998.

———. "A restituição do décimo segundo camelo: do sentido de uma análise sociológica do direito". In ARNAUD, André-Jean e LOPES Jr., Dalmir (org.). Niklas Luhmann: do sistema social a sociologia jurídica. Rio de Janeiro: Lumen Juris, 2004.

MACCORMICK, Neil. Retórica e o Estado de Direito. Tradução de Conrado H. Mendes e Marcos P. Veríssimo. Rio de Janeiro: Elsevier, 2008

MACEDO Jr., Ronaldo Porto. Contratos relacionais e defesa do consumidor. Rio de Janeiro: Revista dos Tribunais, 2007.

MACNEIL, Ian R. O novo contrato social.Tradução de Alvamar de Campos A. Lamparelli. São Paulo: Campus, 2009.

MARQUES, Frederico do Valle Magalhães Marques. O princípio contratual da boa-fe. O direito brasileiro e os princípios do UNIDROIT relativos aos contratos comerciais internacionais. In: Revista Trimestral de Direito Civil. Rio de Janeiro, volume 25, Janeiro-março de 2006.

MASCAREÑO, Aldo. Sociología del método: la forma de la investigación sistémica. Revista Cinta de Moébio. Santiago: Universidad de Chile. Setembro, n. 26, 2006.

NIETZSCHE, Friedrich. Sobre a verdade e mentira no sentido extra-moral. In: NIETZSCHE, Friedrich. Obras incompletas. Tradução e notas de Rubens Rodrigues Torres Filho. São Paulo: Abril Cultural. (Os pensadores), 1983

OLIVEIRA ANDRADE, Darcy Bessone. Do contrato. Rio de Janeiro: Forense, 1960.

PEREIRA, Caio Mário da Silva. Instituições de direito civil. Vol. III. Rio de Janeiro: Forense, 2007.

RIBEIRO, Joaquim de Souza. Cláusulas contratuais gerais e o paradigma do contrato. Coimbra: Almedina, 1990.

ROPPO, Enzo. O contrato. Tradução de Ana Coimbra e M. Januário C. Gomes. Coimbra: Almedina, 2009.

TAVARES DA SILVA, Beatriz. Responsabilidade civil em cirurgia plástica e em tratamentos dermatológicos. In: TAVARES DA SILVA, Beatriz (coord.). Responsabilidade civil na área da saúde. São Paulo: Saraiva, 2007.

TEPEDINO, Gustavo. Temas de direito civil. Tomo II. Rio de Janeiro: Renovar, 2002

TEUBNER, Gunther. O direito como sistema autopoiético. Tradução e prefácio de José Engrácia Antunes. Lisboa: Fundação Calouste Gulbenkian, 1993.

———. "Épistemologie constructiviste du droit". In: TEUBNER, Gunther. Droit et Reflexivité – L'auto-référence en droit et dans l'organisation. Paris: Bruylant/LGDJ, 1996.

———. Altera pars audiatur: o direito na colisão de discursos. In: ALVES LINDGREN, J.A; TEUBNER, G.; ALVIM, Joaquim Leonel Rezende; RÜDIGER, Dorothee Susanne. Direito e cidadania na pós-modernidade. São Paulo: Unimep, 2002.

———. Após a privatização: conflito de discursos no direito privado. In: TEUBNER, Gunther. Direito, sistema e policontexturalidade. São Paulo: UNIMEP, 2005.

———. As duas faces de Janus: pluralismo jurídico na sociedade pós-moderna. In: TEUBNER, Gunther. Direito, sistema e policontexturalidade. São Paulo: UNIMEP, 2005.

———. Irritações jurídicas: para co-evolução de normas jurídicas e regimes de produção. In: idem. Direito, sistema e policontexturalidade. São Paulo: UNIMEP, 2005, p. 153-188.

———. Mundos contratuais: o direito na fragmentação de regimes de private governance. In: TEUBNER, Gunther. Direito, sistema e policontexturalidade. São Paulo: UNIMEP, 2005.

WIEACKER, Franz. História do direito privado moderno. Tradução de A. M. Botelho Hespanha. Lisboa: Calouste Gulbenkian, 1993.

ZUMBANSEN, Peer. Introduction Private Ordering in a Globalizing World: Still Searching for the Basis of Contract. In: Indiana Journal of Global Legal Studies. Summer 2007, Vol. 14, n. 2.

— 9 —

# Os direitos subjectivos
## na teoria dos sistemas de Niklas Luhmann[1][2]

### PIERRE GUIBENTIF[3]

É bem conhecido o contributo de Niklas Luhmann à teoria do direito objectivo: a sua conceptualização do sistema jurídico enquanto sistema social autopoiético teve um impacto considerável na discussão das ordens jurídicas modernas, tanto em teoria do direito como em sociologia jurídica. Mas convém prestar atenção, também, às reflexões que este autor dedicou à noção de direito subjectivo[4]. Nos seus trabalhos dos anos 1990, esta surge no contexto de uma problemática particularmente intrigante: as relações entre sistemas sociais e sistemas psíquicos, entre comunicações e percepções individuais; mais precisamente, a problemática do acoplamento estrutural entre estes dois tipos de sistemas. O que se poderá ilustrar pelo fragmento seguinte:

> Na medida em que a violação de direitos subjectivos constitui uma condição para uma acção em tribunal, é garantido o acoplamento estrutural entre disposições individuais de consciência e irritações no sistema jurídico. (Luhmann, 1993 / 2004, p. 490 / 419).

Uma possível maneira de tirar proveito do trabalho de Luhmann sobre os direitos subjectivos consiste, portanto, em reconstituir a sua teoria das relações entre sistemas sociais e sistemas psíquicos (I) e em repensar a noção de direitos subjectivos de acordo com esta teoria (II). Teremos assim bases para interrogar – limitar-nos-emos no presente ensaio a uma abordagem metodológica – algumas evoluções recentes que se podem observar precisamente no domínio dos direitos subjectivos e construir, a partir destas observações, hipóteses sobre alterações actualmente em curso nas relações entre os sistemas sociais e os sistemas psíquicos (III). Ou seja, bases para aprofundar as interrogações formuladas já pelo próprio Luhmann sobre o "problema na relação entre o sistema social da sociedade mundo e o seu meio ambiente humano" (Luhmann, 1997b, p. 27).

---

[1] O autor participou do *workshop* "Niklas Luhmann e os direitos fundamentais" em representação do Instituto internacional de sociologia jurídica de Oñati, que financiou a sua deslocação, criando assim as condições materiais para esta comunicação. A versão definitiva do texto foi elaborada em paralelo com a realização de um projecto de investigação sobre o trabalho doméstico (*Trabalho Doméstico e Trabalhadores Domésticos*, projecto financiado pela Fundação para a Ciência e a Tecnologia – FCT ref. PTDC/JUR/65622/2006) que ofereceu ao autor valiosos materiais empíricos para confirmar a pertinência do aparelho conceptual aqui apresentado.

[2] Versão completada da comunicação apresentada no *workshop Luhmann e os Direitos Fundamentais*, organizado por Germano Schwartz e Leonel Severo da Rocha em Outubro de 2008 na UNISINOS, universidade em São Leopoldo, Rio Grande do Sul, Brasil.

[3] Lisboa, ISCTE-IUL e Faculdade de Direito da Universidade Nova de Lisboa

[4] Artigos que trataram precisamente este tema são Verschraegen (2006), Menke (2008) e Ladeur (2008).

# I

As diferenças entre sistemas sociais e sistemas psíquicos e as relações entre estes dois tipos de sistemas são abordadas já nos primeiros trabalhos sociológicos de Niklas Luhmann, por exemplo na secção final de *Legitimação pelo procedimento* (1969 / 1980), dedicada à "Separação entre sistemas sociais e sistemas pessoais". A identificação desta temática dever-se-á, em boa parte, à influência de Talcott Parsons, que procurou formular uma teoria da acção social que abrangesse o sistema da personalidade e o "behavioral organism"[5]. O tema é retomado logo na abertura de *Soziale Systeme* (1984 / 1995). Mas é nos seus últimos livros que Luhmann lhe dá uma importância de primeiro plano. Assim, o sexto – e último – volume da colecção *Soziologische Aufklärung* (Luhmann, 1995) tem como título *Die Soziologie und der Mensch – A sociologia e o ser humano*. Este volume contém, em particular, um longo ensaio, originalmente publicado em 1985, sobre "A autopoiese da consciência" (Luhmann, 1985 / 1995). A data da primeira publicação deste ensaio revela a existência de uma linha de trabalho paralela à investigação sobre a diferenciação funcional da sociedade. Como se sabe, esta investigação dita, a partir da publicação de *Soziale Systeme*, em 1984, a estrutura da obra do autor, dominada pela série dos livros sobre os vários sistemas funcionais. No entanto, estes livros dedicam capítulos importantes à questão das relações entre sistemas sociais e sistemas psíquicos[6]. E esta questão é abordada em muitos dos outros textos publicados nos anos 1990, nomeadamente em diversos artigos dedicados à arte e à pedagogia[7], nos textos que compõem o quarto volume da colecção *Gesellsschaftstruktur und Semantik* (1995), assim como numa importante conferência proferida em Viena, também em 1995, sobre a fenomenologia de Husserl (Luhmann, 1996).

A construção da obra de Niklas Luhmann pode ser interpretada como resultando da decisão de dar prioridade à exposição dos elementos teóricos respeitando aos sistemas sociais, sendo a questão das relações entre sistemas sociais e sistemas psíquicos tratada em trabalhos de natureza mais ensaística e fragmentária. Podem encontrar-se, nas publicações dessa época, duas justificações para uma tal decisão. Por um lado, o facto de existirem, no plano dos sistemas sociais, sistemas claramente diferenciados e tipificados – sistemas funcionais e organizações – que fornecem uma base mais confortável e sólida para a reflexão do que os cinco mil milhões de sistemas psíquicos que coexistem na terra no momento no qual o autor se encontra perante a necessidade de optar por uma referência sistémica (Luhmann, 1990, p. 63). Por outro lado, talvez também, a preocupação que se revela no fragmento seguinte:

> As condições de possibilidade físicas, químicas, biológicas e sociais do conhecimento não podem ser esclarecidas por uma auto-análise da consciência. Antes pelo contrário: não convém que a consciência tenha conhecimento dessas condições de possibilidade da cognição, porque, nesse caso, ficaria submersa por informações e travada no seu funcionamento até completa paragem. (Luhmann, 1995a, p. 165).

---

[5] Para uma formulação desta teoria do sistema de acção social, ver Parsons (1961); sobre a interpretação que Luhmann faz da teoria de Parsons, nomeadamente neste ponto, ver Luhmann (1991-2 / 2002), em particular p. 39.

[6] Ver "Bewusstsein und Kommunikation" (Consciência e cumunicação), primeiro capítulo de *Die Wissenschaft der Gesellschaft* (1990), "Wahrnehmung und Kommunikation: Zur Reproduktion von Formen" (Percepção e comunicação: sobre a reprodução de formas), primeiro capítulo de *Die Kunst der Gesellschaft* (1995 / 2000), "Mensch und Gesellschaft" (Ser humano e sociedade), primeiro capítulo de *Das Erziehungssystem der Gesellschaft* (2002); assim como "Individuen", capítulo 10 de *Die Realität der Massenmedien* (1996) e os capítulos 3 e 9 de *Organisation und Entscheidung* (2000): "Mitgliedschaft und Motive" (Qualidade de membro e motivação) e "Personal".

[7] Textos recentemente reeditados em Luhmann (2004) e Luhmann (2008).

O presente ensaio de leitura da obra de Luhmann deriva da aposta segundo a qual o que um autor sociólogo – observador de terceira ordem – não podia arriscar talvez seja permitido no plano da observação de quarta ordem: da discussão sociológica da obra de Niklas Luhmann[8].

Neste sentido, irão ser inventariadas as considerações de Luhmann sobre as relações entre sistemas sociais e sistemas psíquicos em termos gerais (A); mais em particular sobre os sistemas psíquicos (B); e sobre as modalidades de acoplamento estrutural entre estes dois tipos de sistemas (C).

(A) A tese que domina a discussão das relações entre sistemas sociais e sistemas psíquicos – e que atravessa os volumes sucessivos da série *Gesellschaftsstruktur und Semantik* – é a da coevolução destes dois tipos de sistemas. Historicamente, ter-se-ia assistido a um processo que teria conduzido paralelamente a um certo tipo de consciência individual – um certo tipo de individualidade – e a um certo tipo de comunicação – sistemas sociais com determinadas características. De acordo com o modelo dos sistemas autopoiéticos, cada uma destas duas ordens de realidade ter-se--ia estabelecido num processo de fechamento operativo, ou seja: pelo facto de um certo funcionamento psíquico se ter fechado sobre si próprio, por um lado, e, por outro lado, a comunicação ter passado a comunicar consigo própria. Mas à medida que estas duas ordens de realidade se diferenciam, também se estabelecem certas relações que poderemos chamar estruturais entre as duas. Recordemos duas formas destas relações. As consciências mobilizam no seu funcionamento uma ferramenta que se produz na comunicação: a língua. A comunicação, por sua vez, relaciona-se com o seu meio ambiente – material e psíquico – através das consciências. Estas relações são indícios da existência de mecanismos de acoplamento estrutural entre os dois tipos de sistemas. Mecanismos – que deverão ser discutidos mais detalhadamente mais adiante (secção C) – cuja eficácia explicaria, por um lado, o êxito evolutivo do dispositivo comunicação-consciência: teriam favorecido a subsistência dos dois tipos de sistema (segundo a presunção de teoria da evolução que sugere a teoria dos sistemas: um sistema apenas se poderá manter na condição de ser adequadamente acoplado ao seu meio ambiente, sendo, na ausência de tais mecanismos, improvável a sua subsistência[9]); por outro lado, o dinamismo actual dos dois tipos de sistemas: a autopoiese de cada um estimula a autopoiese do outro (Luhmann, 1990, p. 49).

Porém, a tese da coevolução do psiquismo e da comunicação é completada pelo que se poderia chamar a tese do primado da evolução comunicacional. Esta traduz-se em duas afirmações. O estabelecimento de sistemas comunicacionais apenas mediatamente relacionados com a realidade material permitiria, por um lado, a construção de um conhecimento mais distanciado do mundo, menos condicionado por constrangimentos materiais; por outro lado, uma "dinâmica evolutiva própria" ("*evolutionäre Eigendynamik*") dos sistemas sociais (Luhmann, 1990, p. 56). Estariam, portanto, reunidas as condições de uma evolução da comunicação susceptível de afectar até as condições de reprodução das consciências individuais. Já se aludiu a esta linha de pensamento de Luhmann, que deveremos retomar na terceira parte do presente ensaio.

---

[8] O presente ensaio, aliás, não pretende mais do que oferecer um quadro de reflexão na perspectiva de investigações e debates futuros. Estes deverão procurar associar, para além de competências em teoria da sociedade e em sociologia do direito, em particular especialistas das organizações e das ciências cognitivas, assim como – um ponto em que insiste Ladeur (2008, p. 121) – de versões da teoria dos sistemas diferentes da que elaborou Luhmann.

[9] Raciocínio defendido em particular em Luhmann (1991-92 / 2002), pp. 265 ss.

Um resultado da coevolução dos sistemas psíquicos e sociais, na actualidade, é que a diferenciação dos sistemas sociais pode ser interpretada, também, como correspondendo à necessidade de melhor articular a comunicação com as consciências. Determinados sistemas sociais diferenciaram-se porque eram susceptíveis de assumir funções mais específicas nesta articulação. Recordemos que a comunicação apenas comunica com a comunicação, mas que necessita da "participação"[10] de consciências. Em particular, a distinção entre informação e expressão (*Information / Mitteilung*) exige a noção, por parte de *ego*, de uma intenção de comunicar atribuída a *alter*, o que implica a noção de um *alter* dotado de consciência. Quanto à "dupla contingência" com a qual lida qualquer comunicação, corresponde à experiência do encontro entre duas consciências inacessíveis uma à outra. Nestas circunstâncias, a comunicação processar-se-á melhor na medida em que cada consciência envolvida esteja melhor apetrechada para lidar com a inacessibilidade das outras consciências. Seria esta uma função do sistema de *ensino*: criar um contexto de comunicação no qual as consciências envolvidas sejam conduzidas a imaginar o que se passa nas outras consciências (Luhmann, 2002, p. 81). Por sua vez, o *direito*, ao estabilizar determinadas expectativas normativas, permite às consciências individuais presumir que outras consciências também funcionarão na base destas expectativas (teremos que retomar este tema mais adiante). De maneira mais geral, qualquer comunicação poderá beneficiar do facto de existir uma comunicação especializada na discussão do facto de as percepções de uma pessoa serem inacessíveis às outras: o que é uma das funções da *arte*.

Apesar da afirmação, repetida em vários lugares, segundo a qual a comunicação apenas comunica com a comunicação, Luhmann reconhece que esta necessita, como condição material de possibilidade, de consciências minimamente atentas. Convém, portanto, existir alguma ligação mais estreita entre determinadas categorias de comunicações e determinadas categorias de consciências, mais susceptíveis do que outras de fingir os consensos desejáveis (também em Luhmann, 2002, p. 81). O estabelecimento desta ligação cabe a um tipo de sistemas sociais em particular: as *organizações*, que determinam relações mais específicas entre categorias de comunicações e categorias de pessoas, através da distinção membro / não membro.

(B) Analisar mais detalhadamente as relações entre sistemas psíquicos e sistemas sociais significa examinar os mecanismos de acoplamento estrutural entre consciências e comunicação. No entanto, para poder reconstruir estes mecanismos, convém caracterizar melhor os sistemas psíquicos[11]. Proponho-me aqui tratar esta questão em três passos, examinando sucessivamente: (a) as operações básicas da consciência e as características principais dos sistemas gerados pela autopoiese da consciência; (b) as estruturas da consciência, o que poderá corresponder ao que se pode chamar o saber; (c) a variedade do que designarei por regimes da autopoiese da consciência.

(a) Luhmann pretende analisar a consciência pelo meio da sua teoria dos sistemas autopoiéticos. Uma ferramenta que tem, aliás, esta virtualidade de possibilitar

---

[10] Palavra utilizada por Luhmann nomeadamente neste título: "Wie ist Bewusstsein an Kommunikation *beteiligt*?" (Luhmann, 1988 / 1995; sublinhado nosso; "*Beteiligung*", palavra construída a partir de "*Teil*", a "parte", significa "participar", tendo assim em alemão as mesmas conotações do que em línguas latinas).

[11] A conceptualização dos sistemas sociais em Luhmann já tem dado lugar a uma literatura abundante. Para uma introdução a este tema, ver King / Thornhill (2003), pp. 14 ss; Guibentif (2004) e (2005).

um distanciamento entre o autor que efectua a análise e o seu próprio pensamento, abordado como objecto. Com efeito, o pensador está aqui perante um desafio "autológico" equivalente ao que enfrenta a sociedade, que, devendo observar-se a si própria, deve distanciar-se de si, sem, obviamente, poder sair do seu próprio âmbito (Luhmann, 1997a, pp. 1128 ss). Mobilizando conceitos elaborados noutros contextos, a teoria da autopoiese permite-nos abordar os fenómenos de consciência – que somos habituados a considerar como dos mais familiares e próximos – sob novas perspectivas.

No imediato, trata-se de recordar, no que tem de mais essencial, a teoria da autopoiese e tentar aplicá-la ao fenómeno da consciência. Um sistema é uma realidade que se mantém pelo facto de se operar de maneira continuada a distinção entre este mesmo sistema e o seu entorno. A questão que deriva deste ponto de partida é: qual é a operação que produz consciência? Ou, aplicando mais rigorosamente a terminologia sistemista, qual a distinção cuja aplicação continuada gera consciência?

Quando Luhmann dirige esta pergunta às operações que geram os sistemas sociais, a resposta é formulada em termos relativamente simples e directos: são comunicações. Com efeito, são comunicações que traçam, aqui e agora, a distinção entre o que tem significado e o que não tem significado; ou, em resposta a outras comunicações, a distinção entre a aceitação e a recusa destas, o que determina a continuação ou a interrupção da interacção. Nesta base, Luhmann pode, com relativa facilidade, introduzir o leitor à diversidade dos sistemas sociais, segundo as diversas distinções que se podem acrescentar à distinção fundadora, identificando assim tipos mais específicos de comunicações. A abordagem da consciência não é tão directa. Aliás, também não encontramos, nos escritos dedicados a esta matéria, um modelo tão estruturado como o da comunicação, definida pela distinção e articulação entre estes três componentes: informação, expressão e compreensão. Mais: Luhmann até afirma que, em matéria de consciência, as distinções não são necessariamente nítidas[12]. Ou seja, a consciência ter-se-á revelado muito mais difícil de se captar do que a comunicação. Procurando sintetizar as considerações de Luhmann sobre a consciência, deveremos dar conta, pelo menos, de três motivos diferentes.

O mais constante é o seguinte: a consciência operaria pela distinção entre autor-referência (*Selbstreferenz*) e heterorreferência (*Fremdreferenz*); entre o que lhe é próprio, e o que lhe é exterior (Luhmann, 1985/1995, p. 64; 1995c/2000, p. 18/8; 1996, p. 34). Este elemento de definição deixa-se conciliar facilmente com uma das principais características da consciência: pelas suas operações, produziria constantemente e separadamente duas "coisas": uma realidade percepcionada como exterior; e um mundo que qualificaremos, para já, de "interior". Em contrapartida, o inconveniente desta distinção é que não nos permite captar as especificidades da consciência: a distinção entre autorreferência e heterorreferência intervém, na teoria de Luhmann, em qualquer processo de autopoiese.

Um segundo motivo diz respeito, mais substancialmente, à natureza das operações de consciência. A dificuldade, aqui, reside numa certa hesitação de Luhmann entre dois termos. No longo artigo de 1985 sobre a autopoiese da consciência, centra-

---

[12] Para uma síntese da teoria de comunicação proposta por Luhmann no contexto de uma discussão do fenómeno da consciência, ver Luhmann (1995c/2000), pp. 22-3/11-2; em particular sobre as percepções como "difusas" / "elusive": p. 36/20.

-se nos pensamentos (*Gedanken*; Luhmann, 1985/1995, p. 60 ss.); em *Die Kunst der Gesellschaft* (Luhmann, 1995c/2000, not. p. 14/6) refere muito a percepção (*Wahrnehmung*). Em vários lugares, é referida a trilogia percepção / pensamento / comunicação[13], um motivo que sugere que percepção e pensamento teriam estatutos comparáveis. Seria que, ao contrário dos sistemas sociais, os sistemas psíquicos não seriam caracterizados por um, mas por dois tipos de operação? Melhor será reconhecer que as operações de consciência consistem numa combinação destes dois tipos de operação. Isto exprime-se nomeadamente na frase seguinte:

> O que faz primariamente (*die primäre Leistung*) a consciência (...) é processar percepções e orientá-las por pensamentos (*durch Gedachtes zu steuern*)". (Luhmann, 1995c/2000, p. 27/14).

Esta formulação merece ser aproximada de outra: o "tipo de operação" da consciência seria o "processo (...) consistindo em dirigir a atenção" (1996b, p. 48). Não estamos assim muito longe da fenomenologia, e Luhmann, aliás, reconhece-o (Luhmann, 1996b). A consciência é constituída por actos que consistem em percepcionar, isto é, em destacar elementos de um conjunto de percepções menos diferenciadas, experienciando neste mesmo acto a nossa intenção de percepção. Esta experiência corresponde a um pensamento, pensamento que, eventualmente, pode assumir a forma de palavras. Adquire assim um sentido mais concreto a noção de "combinação" de autorreferência e hetero-referência: a percepção pressupõe simultaneamente uma melhor delimitação de um objecto percepcionado (heterorreferência) e uma melhor determinação da qualificação – eventualmente verbal – dada a este objecto no pensamento (autorreferência). Nas palavras de Luhmann: "a consciência opera intencionalmente, estando permanentemente atenta aos fenómenos e a si própria" (Luhmann, 1995a, p. 180); e "a consciência é capaz, no processamento continuado das suas operações, de combinar autorreferência e heterorreferência" (Luhmann, 1995c/2000, p. 18/8). Restaria a formular em que consiste o carácter autopoiético da consciência. Seria o facto de cada um destes dois processos (delimitação do objecto ou determinação da sua qualificação) poder fornecer ao outro matéria e impulsão. Para concretizar este modelo no domínio óptico: a visão de contornos diferentes dos vistos inicialmente obriga a repensar a qualificação; a intuição de uma qualificação um pouco diferente sugere uma outra visão. Num caso como no outro, a diferença é percepcionada porque se distinguiu o percepcionado (heterorreferência) da qualificação (autorreferência) e que estes dois elementos foram relacionados numa operação de comparação (onde se reencontra o paradoxo da unidade da diferença, frequentemente referido por Luhmann).

O terceiro motivo é a distinção entre medium e forma. Na terminologia de Luhmann, um medium é um conjunto de elementos relacionados de maneira por assim dizer "solta" (*loose Kopplung*), enquanto uma forma é constituída por elementos relacionados de maneira firme (*strikte Kopplung*). A consciência, comparável neste aspecto com a comunicação, consistiria na permanente produção de medium e formas. De facto, a delimitação de um objecto percepcionado pode ser reconstruída como passando pelo estabelecimento de ligações fortes entre um conjunto de percepções mais pontuais. A formulação de uma determinada qualificação pode passar pela composição de várias noções formadas em percepções anteriores. Naturalmente, a ligação do objecto percepcionado a uma determinada qualificação constitui, em

---
[13] Luhmann (1995b), p. 251; Luhmann (1995c/2000), p. 27/15.

si, também uma forma. O medium no qual a consciência pode estabelecer ligações firmes, onde preexistiam ligações apenas "soltas" é, segundo a conceptualização de Luhmann, o sentido (*Sinn*; Luhmann, 1995c/2000, p. 173/107).

(b) Recordemos que, segundo a teoria dos sistemas de Luhmann, para que possa haver autopoiese, as operações devem produzir elas próprias os meios de distinguir a distinção que lhes é própria. Ou seja, às operações "basais" do sistema, as que consistem na aplicação da distinção característica do sistema, devem sobrepor-se operações de verificação, certificando que a distinção aplicada é a do sistema, e permitindo ao sistema, desta maneira, identificar-se a si próprio, distinguindo, entre outros acontecimentos, as suas próprias operações. Luhmann qualifica estas operações de verificação de "observações". Segundo esta terminologia, a autopoiese requer a auto--observação. A consciência, cuja autopoiese experienciamos a todo momento, deve, portanto, ser dotada de mecanismos de auto-observação. De facto, temos a capacidade de fazer incidir a nossa atenção tanto na nossa percepção de fenómenos exteriores como nos nossos próprios pensamentos. Luhmann designa este tipo de operação de representação (*Vorstellung*; Luhmann, 1985/1995, p. 62). Podemos, por um lado, representar-nos um objecto, pensando a percepção deste objecto; ou representar-nos um pensamento, na consciência de termos tido um determinado pensamento.

A noção de representação permite caracterizar as estruturas da consciência. Estruturas são relações firmes que se mantêm através de várias operações. Os fenómenos percepcionadas serão sujeitos a mudanças permanentes, assim como os pensamentos pelos quais se procurará qualificar estas percepções. Em contrapartida, representações de fenómenos ou de pensamentos podem ser evocadas repetidas vezes. Poderemos admitir que tais evocações repetidas poderão ser favorecidas, em particular, por percepções semelhantes, embora nunca idênticas. Aplicando a terminologia medium/forma, tais evocações repetidas significam a permanência de determinadas formas. Na medida em que se estabilizarem, estas formas constituem estruturas da consciência.

A noção de auto-observação da consciência, aliada a de estrutura, permite a Luhmann construir a sua teoria da memória. Segundo a teoria dos sistemas autopoiéticos, não se pode admitir a possibilidade de se recuar no tempo para encontrar percepções passadas. Com efeito, a consciência não pode ser mais do que uma sequência de acontecimentos actuais. Deve ser na actualidade que são representados processos de consciência anteriores. Devemos ter estabelecido ligações firmes entre determinadas percepções e pensamentos, por um lado, e a noção de um determinado momento qualificado de passado. Estamos assim em condição, no momento de, aqui e agora, relacionar determinada percepção com determinado pensamento (por exemplo a associação de uma determinada cara com um determinado nome), confrontar esta associação com um relacionamento que encontramos registado como operado já noutras circunstâncias (chamámos a mesma pessoa por este nome em várias circunstâncias). Daí a expressão de Luhmann, que qualifica a memória de operação de verificação de consistência (Luhmann, 1990, p. 62). O conjunto das formas susceptíveis de serem mobilizadas em operações de memória é qualificado de "saber" (*Wissen*).

Os mecanismos que geram memória e saber podem permitir, sempre que nos encontramos em situações que nos proporcionam percepções próximas das que já experienciámos noutras ocasiões, uma construção imaginária do mundo que nos rodeia e, eventualmente, uma antecipação do que vai acontecer neste mundo. Ou seja: memoria e saber conduzem à formação de expectativas (*Erwartung*; Luhmann, 1990, p. 58). Luhmann reencontra assim um conceito que já tinha abordado segundo uma conceptualização mais próxima da tradição sociológica em vários dos seus trabalhos dos anos 1960 e 1970[14], construindo agora um modelo mais detalhado, no qual procura distinguir mais cuidadosamente o plano psíquico do plano societal. Quer sublinhar que as estruturas mentais que constituem as expectativas psíquicas nunca serão directamente acessíveis à comunicação, existindo assim sempre desfasamentos entre estas e as expectativas construídas na comunicação.

(c) No plano da comunicação, como se sabe, Luhmann distingue claramente vários tipos de sistemas sociais, sendo a tipologia destes sistemas – principalmente: interacções, organizações, sistemas funcionais, a sociedade-mundo – um componente central do seu trabalho teórico. No plano dos sistemas psíquicos, manifesta, pelo contrário, uma grande relutância em introduzir distinções. Será provavelmente, em boa parte, devido ao seu cuidado de formular uma teoria que se possa aplicar à diversidade dos milhões de milhões de consciências individuais. Um elemento da sua teoria da consciência merece no entanto ser relacionado, embora de maneira apenas "solta", com a diferenciação dos sistemas sociais. Trata-se do reconhecimento – ao qual não é dado, de facto, grande destaque – de maneiras diferentes de a autopoiese da consciência se processar. Falarei aqui de "regimes" da consciência.

Em primeiro lugar, pode distinguir-se entre consciência reflectida e não reflectida. Retomando a terminologia já introduzida, o trabalho de observação das operações de consciência pode ser mais ou menos intensivo[15]. A percepção de determinado objecto pode ser mais ou menos intensamente observada e, logo, controlada (procurando-se completar determinada percepção, ou, pelo contrário, procurando-se pôr fim a determinada sensação). O mesmo se pode dizer dos pensamentos suscitados por determinadas percepções, que poderão ser mais ou menos atentamente retrabalhados, no sentido de as captar mais precisamente, ou de lhes dar uma nova qualificação. Num sentido mais geral, Luhmann sugere o termo de "consciência medium", na qual se podem suceder fases de relacionamento menos estreito entre os acontecimentos de consciência, e fases nas quais estes se encadeiam de maneira mais rigorosa (Luhmann, 1995a, p. 146).

As outras distinções evocadas por Luhmann como podendo caracterizar regimes de consciência não se deixam facilmente hierarquizar e poderão, por assim dizer, cruzar-se. Três merecem uma menção particular. (i) O pensamento pode ser verbalizado em palavras ou não. (ii) Podemos estar mais atentos ao que actualmente percepcionamos, ou pelo contrário, aos nossos pensamentos. (iii) Podemos representar-nos o mundo como admitimos que se apresenta realmente, ou, pelo contrário, podemos evocar uma realidade fictícia, de que sabemos que não corresponde ao que nos rodeia[16]. A propósito destas duas últimas diferenças, Luhmann assinala esta estratégia de consciência, que consiste em concentrar-se no pensamento – pensamento "teórico" ou pensamento numa realidade fictícia – para se distrair – abstrair – das percepções.

---

[14] Ver em particular Luhmann (1969 / 2008); Luhmann (1972 / 1983/85), cap. II.

[15] Em contrapartida, Luhmann recusa a noção de inconsciente, considerando que tudo o que opera na consciência, controlado por nós ou não, deve ser qualificado de consciente (Luhmann, 1995c/2000, p. 15/6).

[16] Sobre a realidade ficcional, ver nomeadamente Luhmann (1995 / 2008).

Consideramos poder relacionar, embora não de maneira estreita, os diferentes regimes de consciência que se deixam caracterizar por estas variáveis com a diferenciação dos sistemas sociais. Com efeito, estes podem requerer de maneira mais ou menos constrangedora uma comunicação verbal. Podem requerer uma comunicação que exija mais ou menos atenção por parte das consciências que nela "participam". Podem criar condições que favorecem a percepção de uma realidade como fictícia (no caso da arte). Ou que nos obrigam a centrar-nos no nosso próprio pensamento, como é o caso da comunicação sobre teorias na ciência.

(C) A autopoiese da consciência pressupõe que sejam garantidas certas condições materiais: depende do funcionamento do sistema nervoso de um organismo. Por sua vez, com já foi referido, a participação de consciências é necessária à comunicação. Será lícito admitir que também existem relações de dependência em sentido inverso. Organismos vivos terão uma maior probabilidade de sobreviver se poderem aproveitar a capacidade de orientação que lhes proporciona uma consciência atenta ao mundo que os rodeia. E poder-se-á sustentar que esta probabilidade será maior ainda se for possível juntar às forças materiais de um organismo às de outros organismos, o que requer não apenas uma percepção destes outros organismos, mas comunicação. As próprias consciências, por si, poderão beneficiar de elementos que lhes devem ser fornecidos pela comunicação, a começar pela língua, mas também, mais elementarmente, o estímulo que significa o facto de ser reconhecido como consciência, reconhecimento que apenas pode ser dado pela comunicação.

Relações entre estes sistemas de natureza diferente – sistemas nervosos, consciências, comunicações – são, portanto, necessárias. No entanto, tratando-se de sistemas de natureza diferente, estas relações não podem ser directas mas requerem mecanismos de acoplamento estrutural. Mecanismos de que podemos presumir que existem e que têm alguma eficácia; doutra maneira, os sistemas que se acaba de enumerar não teriam, provavelmente, subsistido.

Luhmann apenas muito ocasionalmente aborda os mecanismos de acoplamento estrutural entre consciências e sistemas nervosos, e menos ainda os que poderão existir entre sistemas nervosos e os organismos vivos dos seres humanos. No que diz respeito à percepção, assinala, no entanto, a maneira como os nossos cinco sentidos actuam como filtros, deixando apenas determinados estímulos atingir a nossa atenção. Poder-se-ia aprofundar a análise deste relacionamento analisando como nos habituámos a centrar a nossa atenção no que é percepcionado pela vista e pelo ouvido, em detrimento dos outros sentidos. Luhmann não aborda, salvo erro, os processos nervosos que acompanham o pensamento, nem a maneira como estes se poderiam relacionar com o pensamento consciente[17]. Em abstracto, na linha de um raciocínio aplicado noutros lugares, poder-se-ia admitir uma "repressão" da maior parte das sensações nervosas, abaixo de um certo limiar correspondendo à sensação de dor, para que, no fluxo das sensações que pode ocasionar um sistema nervoso acordado, apenas uma pequena fracção seja aproveitada pela consciência, talvez a que permita a repetição simulada de determinadas impressões, visuais ou acústicas. Este é um domínio onde os progressos das neurociências e das ciências cognitivas poderiam hoje permitir avançar mais longe do que era possível nos anos em que Luhmann escreveu

---

[17] Uma das razões por não abordar estas questões poderá ser a vontade de respeitar o domínio de trabalho dos seus colegas Humberto Maturana e Francisco Varela.

os trabalhos aqui analisados. Os conceitos de autopoiese e de acoplamento estrutural autorizariam aproximações sem que se deva admitir qualquer presunção de um condicionamento linear da consciência pelo sistema nervoso.

Em contrapartida, Luhmann interessa-se muito pelos mecanismos de acoplamento estrutural favorecendo a articulação entre sistemas psíquicos e sistemas sociais. No entanto, a discussão destes mecanismos é distribuída entre vários textos. Uma maneira de a sintetizar consiste em admitir a existência, por um lado, de um fenómeno intermédio entre as consciências e as comunicações: o sentido (*Sinn*). Também se poderia falar de um medium comum às consciências e as comunicações (a). Por outro lado, neste medium, determinadas formas se diferenciaram que podem desempenhar funções mais específicas nas relações entre consciências e comunicações (b).

(a) Luhmann caracteriza o sentido como um produto da coevolução entre consciências e comunicações[18]. Uma maneira de concretizar esta tese consiste em realçar uma das diferenças entre consciências e comunicações que este autor assinala em vários lugares. Recordemos que a consciência e a comunicação são conceptualizadas como concretizando-se em operações, isto é, eventos. Eventos têm por definição uma duração muito limitada. No entanto, os eventos de comunicação processar-se-iam mais lentamente do que os eventos de consciência. A formulação de informações e a sua expressão, para que possa ser efectivamente percepcionada como expressão ("aqui existe intenção de comunicar"), exigem tempo, assim como o requer o encadeamento de comunicações sucessivas. Com efeito, cada uma deve poder ser interpretada, também, como compreensão de uma comunicação anterior, cuja substância deve ter tido tempo de ganhar expressão. O processo de consciência afigura-se menos exigente em termos de tempo. Até exige uma certa contracção ou até simultaneidade das operações. Como vimos, Luhmann é prudente na caracterização do processo de consciência, mas pode deduzir-se da sua análise a noção de uma frequente e rápida oscilação entre percepção e qualificação, e a quase simultânea confrontação destas, na representação, com percepções e qualificações memorizadas. Esta diferença de ritmo entre as operações de comunicação e as dos sistemas psíquicos poderá ter favorecido a emergência de sentido.

O que "faz sentido" é o facto de se poder relacionar com um determinado objecto um determinado significado específico, o que implica que seja possível relacionar com o mesmo objecto determinados outros significados. Luhmann insiste neste ponto: para que se faça sentido, deve poder haver uma evocação virtual dos sentidos que não valem actualmente. A palavra "sim" ganha o seu sentido pelo facto de lhe poder ser oposta a palavra "não". A diferença de ritmo das consciências e das comunicações facilita a produção de sentido da maneira seguinte. Por um lado, enquanto apenas se comunica um dos termos, as consciências envolvidas na comunicação, no ritmo que lhes é próprio, podem evocar os outros termos possíveis. E cada consciência envolvida pode presumir que estas evocações "oscilantes" têm lugar nas outras consciências. Por outro lado, as oscilações das consciências, por si só, dificilmente teriam podido diferenciar claramente os sentidos. Esta diferenciação é favorecida pelo ritmo lento da comunicação, na qual cada sentido tem que ter expressão separada.

---

[18] Sobre o sentido como emergindo ao mesmo tempo na comunicação e na consciência, como um medium comum aos sistemas destes dois tipos, ver em particular Luhmann (1990), pp. 53 ss.

Este mecanismo pode funcionar, no entanto, apenas na condição de existir, nos dois planos, a mesma noção da possível ligação entre um determinado significante e um significado, e não outros. O paradigma deste tipo de ligação é fornecido pela língua, que identifica o universo de coisas às quais podem ser associadas uma palavra e não outra. Talvez se possa dizer que o que permite a partilha desta noção entre consciência e comunicações é que cada um destes dois processos é construído por referência ao outro. A comunicação exige a noção de uma consciência que escolheu um determinado sinal, por exemplo uma palavra (informação), para se manifestar fazendo passar determinada mensagem (expressão). Na consciência, a memória de comunicações percepcionadas como bem sucedidas constitui a percepção de um sentido, sentido que, aliás, é percepcionado como podendo também ser percepcionado por outras consciências.

(b) A partir da identificação do sentido como medium comum às consciências e às comunicações, Luhmann refere mais especificamente diversos mecanismos de acoplamento estrutural entre consciências e comunicações. Sem procurar sistematizar o seu inventário, recordemos alguns destes, para, a seguir, dar mais detalhadamente conta do funcionamento concreto destes mecanismos.

Um, ao qual já se aludiu, é a língua. Pode servir tanto para a comunicação como para formular pensamentos. Deve no entanto recordar-se que tanto a consciência como a comunicação se podem processar por outros meios. Disto deriva, na análise de Luhmann, a função da arte, que permite mobilizar outros meios de expressão e que pretende suscitar impressões indicíveis. Que pretende, mais precisamente, reintroduzir na comunicação as impressões por hipótese não verbais suscitadas por meios de comunicação não verbais, ou onde as palavras são utilizadas de maneira a sugerir um sentido que transcenda o seu sentido literal. Neste sentido, a arte é um mecanismo de acoplamento estrutural entre consciências e comunicações que complementa a língua, que constitui um equivalente funcional a esta (Luhmann, 1995c/2000, p. 36/19, 39/22). Tanto no caso da língua como no da arte, trata-se de facilitar a coemergência de novos sentidos na comunicação e nas consciências.

Outro mecanismo é a noção de pessoa (Luhmann, 1995b, p. 153). Esta permite tematizar na comunicação as consciências nela envolvidas; e, inversamente, agudizar, na consciência das pessoas envolvidas numa determinada comunicação, a atenção aos aspectos do mundo percepcionado mais directamente relevantes para a comunicação e, logo, para actividades práticas que esta comunicação procuraria orientar. Uma maneira de esta noção ter um efeito mais focalizado tanto do lado das consciências como do lado da comunicação é a noção de direito subjectivo atribuído a uma determinada pessoa, noção que será retomada na secção seguinte.

Seja qual for o mecanismo específico, convém analisar melhor como actua o acoplamento estrutural entre consciências e comunicações. Deve aqui mobilizar-se a conceptualização do sentido como medium, ou seja como universo de elementos relacionados de maneira "solta", entre os quais se podem estabelecer ligações mais estreitas. O sentido aparece como um meio susceptível de alimentar tanto pensamentos como comunicações. Palavras, nomeadamente, podem ser mobilizadas tanto na comunicação, designando coisas referidas pela comunicação, como pela consciência, designando coisas visadas por esta. Uma língua partilhada entre duas consciências favorece processos paralelos de especificação do uso das palavras como ferramentas do pensamento e como ferramentas da comunicação. Ou seja processos paralelos de estabelecimento de formas: de percepção num caso, de comunicação no outro. De maneira mais complexa, a noção de pessoa permite construir paralelamente uma certa experiência de subjectividade, e um conjunto de práticas comunicacionais que assentam na presunção de se dirigir a ou de dizer respeito a uma certa pessoa. O que favorece ajustamentos entre as duas realidades, a pessoa tal como se percepciona, e a pessoa tal como se institui em comunicações[19].

Neste ponto convém voltar ao fenómeno da diferenciação entre sistemas sociais. Certas diferenciações funcionais contribuem – já se aludiu a este facto – para o acoplamento estrutural entre sistemas psíquicos e sistemas sociais. O sistema educacional, ao pretender *formar pessoas*; as organizações, ao dar um estatuto ao *pessoal* que associam a determinada actividade; a arte, ao tematizar as percepções das pessoas e a possibilidade de, nesta percepção, surgirem sentidos diferentes dos associados rotineiramente às palavras e outros sinais convencionais. Mas além disto, todos os tipos de sistemas sociais são susceptíveis de ter incidências, pelos mecanismos acima evocados, sobre as consciências, incidências que poderão variar de acordo com as particularidades dos diferentes sistemas sociais. Cada sistema corresponde a um certo tipo de comunicação, que se consubstanciará, nomeadamente, numa certa linguagem. Cada uma destas linguagens poderá favorecer a emergência, nas consciências, de modos específicos de raciocínio, sem que se possa, no entanto, presumir que tenha lugar, nas consciências, um processo de diferenciação tão nítido como no plano social. Mas pode verificar-se que uma determinada pessoa desenvolva hábitos de percepcionar a realidade de diferentes maneiras, em função dos diferentes sistemas nos quais se encontra envolvida.

II

Luhmann aborda os direitos subjectivos já nos seus primeiros trabalhos sociológicos e aprofunda este tema ao longo de toda a sua vida. Recordar-se-á aqui como evolui esta linha de trabalho até ao momento em que se forma a teoria da relação entre sistemas psíquicos e sistemas sociais que se acaba de sintetizar (A). Uma versão já mais elaborada desta teoria está na base das considerações sobre os direitos subjectivos incluídas em *Das Recht der Gesellschaft* (1993 / 2004), que, simultaneamente, introduzem importantes elementos novos e incorporam num modelo complexo vários dos elementos já anteriormente formulados (B).

(A) Um motivo mantém-se desde as primeiras abordagens ao tema dos direitos subjectivos: a relação deste conceito com o fenómeno da diferenciação funcional. Evolui, em contrapartida, a atenção dedicada às pessoas.

(a) O primeiro livro de Luhmann dedicado principalmente ao direito é *Grundrechte als Institution – Os direitos fundamentais como instituição* (1965)[20]. Recordemos a tese principal desta obra, ainda fortemente influenciada pela teoria da diferenciação funcional de Talcott Parsons: os direitos fundamentais merecem ser estudados procurando-se a função que desempenham na sociedade; ora, esta função

---

[19] Verificam-se aqui afinidades entre a teoria dos sistemas e os trabalhos de Foucault. Sobre estas afinidades, ver Guibentif (2009) e (2010).

[20] Para uma introdução à esta obra, ver Verschraegen (2006), pp. 102 ss.

seria, precisamente, garantir a diferenciação funcional. Os principais direitos fundamentais corresponderiam a quatro sistemas diferenciados que evocam os âmbitos do sistema social segundo Parsons: a dignidade e a liberdade favoreceriam a diferenciação do sistema da personalidade; a liberdade de expressão, a "civilização nas expectativas comportamentais" (o que se poderia traduzir por "comunidade"); a protecção da propriedade e da actividade profissional, a diferenciação da economia; e os direitos de participação política combinados com o princípio da igualdade, a diferenciação da esfera política[21]. Nesta discussão dos direitos fundamentais, o conceito de direito subjectivo apenas é abordado de maneira marginal, e trata-se de relativizar a relevância deste instituto. Com efeito, numa discussão final sobre as formas de implementação dos direitos fundamentais, Luhmann recorda que têm a forma de direitos subjectivos, o que faz depender a intervenção dos tribunais das acções dos "cidadãos conscientes dos seus direitos, e dispostos, se necessário, a dirigirem-se aos tribunais". Não parece apropriado fazer depender uma instituição tão importante para o sistema social de algo de tão imprevisível como a vontade de cidadãos individuais. Luhmann preconiza a adopção de uma legislação expressamente destinada à implementação dos direitos fundamentais, legislação essa que os políticos deveriam elaborar com uma clara noção das necessidades funcionais da sociedade (Luhmann, 1965, p. 209). Encontramos aqui uma manifestação do optimismo com o qual o jovem Luhmann encarava a contribuição da sociologia para o governo. O que importa é a sociedade, e esta tem, ela própria, a capacidade de produzir as luzes de que necessita – pela sociologia – e de tomar decisões que tomem em conta estas luzes – pela política[22]. Um tal raciocínio não podia deixar muito espaço ao tema dos direitos subjectivos.

(b) Nas próximas etapas, trata-se não tanto de explicar a diferenciação funcional, cuja realidade já não levanta grandes dúvidas, mas sim de apreciar as suas consequências. Tendo verificado que uma das características do direito moderno é a distinção entre direito objectivo e direito subjectivo, Luhmann procura, no artigo "As funções dos direitos subjectivos" (1970/1981/2009), relacionar o surgimento do conceito de direito subjectivo com a diferenciação funcional. O ponto de partida do raciocínio consiste em distinguí-lo de noções anteriores como, nomeadamente, o "ius" dos Romanos. Estas assentariam sempre na reciprocidade: podemos pretender alguma coisa da parte de quem beneficiou da nossa parte de outra coisa. O próprio dos direitos subjectivos é que deixam de requerer a reciprocidade; assentam – aqui, Luhmann mobiliza uma terminologia que acaba de desenvolver no artigo "As normas numa perspectiva sociológica" (Luhmann, 1969/2008) – na complementaridade das expectativas (Luhmann, 1970/1981/2009, p. 362/§ 5 s.): eu espero que o outro me entregue alguma coisa; o outro espera que eu tenha esta expectativa.

O êxito da noção de direito subjectivo dever-se-ia ao facto das redes de relações interpessoais – a expressão utilizada no artigo é a de "encontros entre parceiros" (Luhmann, 1970/1981/2009, p. 367/§ 13) – se terem tornado, com a diferenciação funcional, demasiado complexas para se poder facilmente encontrar, num determinado relacionamento, obrigações de uns e outros que se possam corresponder de forma a garantir a reciprocidade. Por um lado, quem se envolve em relacionamentos con-

---

[21] Esta tese dita a estrutura de Luhmann (1965), que dedica um capítulo a cada um destes sistemas. É formulada de maneira mais breve por exemplo na página 200.

[22] Uma discussão mais detalhada e documentada da evolução de Luhmann neste aspecto encontra-se em Guibentif (2010).

cretos apenas o faz no âmbito de um papel específico, entre vários outros que tem que desempenhar paralelamente noutros âmbitos, e sabe que o mesmo vale para os seus parceiros. Nestas condições, não se conhecendo os encargos que implica, para uma determinada pessoa, o conjunto dos seus outros compromissos, é difícil, para os seus parceiros numa determinada actividade, apreciar o esforço que representam para ele as prestações exigidas nesta actividade. Logo, é difícil apreciar se as condições de reciprocidade são reunidas. Por outro lado, são frequentes os arranjos organizacionais que implicam o que poderíamos chamar circuitos de compromissos. Um exemplo simples: um serviço prestado num loja de alguma importância, ou uma refeição servida num grande restaurante. O cliente deve um pagamento ao dono do estabelecimento, que, por sua vez, deve um salário aos seus empregados, os quais devem servir de maneira competente o cliente. Finalmente, Luhmann constata que arranjos baseados na reciprocidade necessitam de tempo para se estabilizar e convencer as partes envolvidas do seu carácter efectivamente recíproco. Alterá-los requer processos demasiado lentos para serem compatíveis com as exigências de rápida mudança inerente à sociedade funcionalmente diferenciada. Exigências estas que são ligadas à probabilidade de surgirem novos problemas normativos devidos ao facto de cada sistema diferenciado funcionar segundo a sua própria lógica, sendo assim elevada a probabilidade de o funcionamento de um sistema colidir com o de outro sistema.

Neste mesmo texto de 1970, também se evoca brevemente um argumento que antecipa a linha de trabalhos publicados na série *Gesellschaftsstruktur und Semantik* iniciada em 1980. O êxito do conceito de direitos subjectivos nas sociedades modernas dever-se-ia também ao facto de a noção de sujeito, por razões exteriores ao direito, ter alcançado grande importância em âmbitos como a arte e a política.

(c) A questão específica dos direitos subjectivos dá lugar a um segundo texto, publicado dez anos mais tarde: "Direitos subjectivos: à propósito da reconfiguração da consciência jurídica para a sociedade moderna" (Luhmann, 1981b). Boa parte deste texto retoma e aprofunda a argumentação de 1970, apoiando-a numa literatura mais abundante. Surge, no entanto, um motivo novo: o conceito de direito subjectivo valorizaria a posição das pessoas humanas no sistema jurídico. Uma valorização oportuna numa época em que o processo de diferenciação funcional tenderia em retirar às pessoas os seus lugares concretos, fazendo-lhes correr riscos de desorientação e desconsideração[23]. Com efeito, noutros tipos de sociedades segmentadas em sub-unidades definidas pelas pessoas que lhes pertencem – exemplo: as castas, ou as ordens sociais da idade média – a própria diferenciação social permite a cada um situar-se no universo social. Numa sociedade estruturada principalmente pela diferenciação funcional, os sistemas funcionais não atribuem lugares às pessoas; em rigor, os sistemas funcionais operam dispensando os seres humanos. A noção de direito subjectivo no sistema jurídico daria expressão a uma espécie de compromisso dos sistemas sociais em "recriar" um lugar para os seres humanos (Luhmann, 1981b, p. 84).

---

[23] Nem todos os sociólogos acompanhariam Luhmann sem reserva neste raciocínio. Bourdieu (1994/1997; em particular p. 53 s.: "*Espace social et champ du pouvoir*"), por exemplo, insiste na importância da noção de espaço social, significando que cada um de nós se situa de maneira bastante precisa em relação aos outros membros da colectividade. Deveremos reconhecer, no entanto, que as representações do espaço social variam bastante de indivíduo para indivíduo, e que não existem mecanismos especializados de maneira unívoca em favorecer a congruência entre estas representações. Por uma comparação entre as teorias de Luhmann e de Bourdieu, ver Guibentif (2009) e (2010).

Significativamente, os direitos subjectivos assumem nesta última argumentação uma função própria na relação da sociedade com o seu entorno humano, e não apenas a função de facilitar o funcionamento dos sistemas sociais. O direito, com os seus direitos subjectivos, deixou de ser considerado apenas como uma estrutura dos outros sistemas sociais, mas sim como um sistema social diferenciado próprio, ao lado dos outros[24], com funções próprias que contribuem ao estabelecimento de relações entre os sistemas sociais no seu conjunto, por um lado, e as consciências, por outro.

(d) No decorrer dos anos 1980, um motivo teórico vai adquirir uma importância crescente na argumentação de Luhmann: os paradoxos[25]. Vários textos publicados nessa altura aplicam este motivo ao direito; entre estes, um dos primeiros incide especificamente nos direitos subjectivos: "A teoria da ordem e os direitos subjectivos" (Luhmann, 1984 / 2009). O ponto de partida deste texto é o paradoxo que significa a necessidade de definir o direito a partir de si próprio. Por um lado, concretamente, devendo-se aplicar violência – não direito – para re-estabelecer a conformidade com o direito; por outro lado, semanticamente, na medida em que não se entende o significado "direito", *Recht*, sem que virtualmente se evoque o seu contrário, *Unrecht*. Poder-se-á dizer que, nos dois casos, basta reconhecer a diferença entre os dois termos. Mas, neste preciso reconhecimento, perdemos de vista o que constitui a diferença, isto é: o que liga os termos que esta ligação faz aparecer como distintos, ou seja, nas palavras de Luhmann: a unidade da diferença. Pensar rigorosamente o direito, desta maneira – o que terá que fazer o teórico do direito e o sociólogo, e o que poderá fazer o artista (Luhmann gosta, neste ponto da sua exposição, de referir José Luís Borges) – confronta-nos necessariamente com estes círculos paradoxais. No entanto, a noção de direito, apesar destes paradoxos, é utilizada com frequência e relativa facilidade na vida social. Isto significa que se conseguiu, por assim dizer, fazer esquecer – invisibilizar – o paradoxo. A questão do sociólogo deve ser, portanto: como se conseguiu esta invisibilização. Desta maneira, o raciocínio funcionalista de Luhmann passa a ser o seguinte: face a uma determinada estrutura que se manteve durante algum tempo, presume que terá desempenhado funções que explicam a sua manutenção, e entre estas funções, a de invisibilizar um paradoxo. É este raciocínio que Luhmann passa a aplicar, a partir dessa altura, aos direitos subjectivos.

No artigo de 1984, examinam-se várias virtualidades da noção de direito subjectivo do ponto de vista da invisibilização do paradoxo originário. Numa primeira fase da evolução, teria permitido construir uma narrativa que se inicia por um motivo que permite fugir à oposição "*Recht / Unrecht*": os "apetites" (Luhmann, 1984 / 2009, p. 135/§ 4). Aceitando estes, reconhecemos a noção de direito subjectivo, no conceito de "direitos naturais"[26]. Esta narrativa, no entanto, tem que ser desenvolvida, pois os direitos naturais vão, naturalmente, colidir uns com os outros. Introduz-se então a noção de uma ordem que vai impor-se, como direito objectivo, aos direitos subjectivos[27]. Esta noção de ordem objectiva é formulada mais claramente numa

---

[24] Mais sobre esta evolução na teoria do direito de Luhmann em Guibentif (2005).

[25] Sobre os paradoxos no pensamento de Luhmann, ver em particular Clam (2000) e Menke (2008); um artigo, traduzido em português, onde Luhmann aplica este motivo ao direito: Luhmann (1988 / 2006).

[26] Poder-se-ia apoiar neste hipotético raciocínio originário a etimologia da palavra basca "eskubidea", que tem o sentido de direito subjectivo, e que, textualmente, significa a "via da mão": ao estender a mão, afirmo o direito ao que eu vou apanhar com esta mão.

[27] Um raciocínio semelhante é exposto no texto "*Am Anfang war kein Unrecht*" (Luhmann, 1989).

época histórica na qual corresponde também a uma experiência concreta: na século XVIII, quando, no absolutismo, os monarcas conseguem impor um disciplina efectiva nos territórios que deles dependem (*ibid.* p. 144/§ 20). A articulação, nesta base, das noções de direito subjectivo e direito objectivo vai permitir precisar o sentido da oposição entre direitos e obrigações. São assim criadas as condições de um segundo mecanismo de invisibilização do paradoxo. A noção de direito subjectivo, oposta à noção de obrigação, cria uma distinção que se sobrepõe à distinção "*Recht / Unrecht*", desviando assim a nossa atenção desta distinção paradoxal (*ibid.*, § 13).

Mais brevemente, e logo no início do texto, é evocada uma ideia que antecipa os últimos trabalhos de Luhmann:

> De um ponto de vista prático, [o facto de os direitos subjectivos terem sido inscritos nas constituições em termos de direitos fundamentais] apenas significa uma coisa: dotar as constituições de sensores específicos, capazes de percepcionar a mutação social. Numa palavra, se as condições históricas mudam, não se esqueçam do ser humano!" (*ibid.* p. 133/§ 1)

Esta ideia não é retomada em todo o texto. Apenas se pode estabelecer alguma proximidade com outra afirmação, essa formulada nas últimas linhas:

> Uma sociedade que autoriza direitos subjectivos e admite até que sejam determinados por contratos, vê-se confrontada com as consequências deste desequilíbrio [entre diferentes pretensões que podem surgir sem garantia de reciprocidade]. E se a legislação natural de Deus ou a sua *invisible hand* já não forem suficientes, as exigências correspondentes são dirigidas ao sistema político. (*ibid.* p. 149/§ 28; inglês no original).

(e) Os direitos subjectivos voltam a ser tratados com algum desenvolvimento num texto publicado em 1989: "Indivíduo, individualidade, individualismo"[28]. Este texto, redigido presumivelmente depois de *Soziale Systeme*, mobiliza uma versão elaborada da conceptualização dos sistemas autopoiéticos, também dando ênfase, em particular, à noção de paradoxo. E encontramos aqui já a análise dos sistemas psíquicos como sistemas autopoiéticos, desenvolvida, como vimos, aproximadamente a partir de 1985 (ver secção I). Os direitos subjectivos são abordados aqui, em relação directa já não com o tema da diferenciação funcional, mas com o fenómeno da diferenciação de consciências individuais; processo esse, de facto, relacionado com a diferenciação funcional. Os indivíduos modernos, com as características que a diferenciação funcional favoreceu, devem identificar-se como personalidades sempre únicas, não podendo apoiar esta identidade em nada, a não ser em si próprio. Um desafio comparável ao que enfrenta o direito, recordado no ponto anterior. O problema é, portanto, que o indivíduo possa gerir este paradoxo. A tese de Luhmann é esta: o carácter autológico da subjectividade obriga o sujeito a confrontar-se com o que o distingue do resto do mundo. Para evitar esta confrontação paradoxal, procura-se fornecer aos indivíduos uma distinção que se possa sobrepor a esta, escondendo-a de alguma maneira. Esta distinção seria a que separa o indivíduo tal como existe aqui e agora, do indivíduo tal como deveria existir, o indivíduo real de um indivíduo ideal. Os direitos subjectivos fariam parte do conjunto dos dispositivos – entre os quais um lugar de destaque deve ser reconhecido à moral[29] – que nos fornecem uma imagem do que deveríamos ser (Luhmann, 1989, p. 242).

---

[28] Luhmann (1989), pp. 149-258. Sobre este mesmo tema, ver, em inglês, Luhmann (1986), assim como, para um trabalho mais recente Luhmann (1997c). Sobre a relação entre individualismo e direitos subjectivos, ver Verschraegen (2006), pp. 113 ss.

[29] Ver em particular os textos recentemente reunidos em Luhmann (2008b). Para uma discussão crítica deste componente da obra de Luhmann, ver Pires (2005).

(B) Limitar-nos-emos, aqui, em aproveitar dois momentos nos quais são abordados os direitos subjectivos em *Das Recht der Gesellschaft* (1993 / 2004): a discussão destes como mecanismo de acoplamento estrutural do direito com outros sistemas sociais (a); a discussão dos direitos humanos como componente de um direito da sociedade mundo (b).

(a) Os direitos subjectivos ocupam, em *Das Recht der Gesellschaft*, um lugar central no capítulo 10, dedicado aos mecanismos de acoplamento estrutural. A principal novidade, em relação às etapas de análise que foram até aqui recordadas, reside na mobilização, na discussão dos direitos subjectivos, do conceito de acoplamento estrutural, conceito esse que, – como já se assinalou[30] – surge nos trabalhos do fim dos anos 1980, em particular num texto de 1989 dedicado às relações entre economia e direito (Luhmann, 1989 / 1990). Este conceito permite formular mais precisamente e, ao mesmo tempo, relacionar dois motivos até essa altura tratados separadamente: a relação dos direitos subjectivos com o fenómeno da diferenciação funcional, e o seu papel na articulação entre sistemas sociais e sistemas psíquicos. Esta relação aparece em particular no fragmento seguinte:

> Na forma dos direitos subjectivos, prevista no direito objectivo, o sistema jurídico chama a sua própria atenção para a problemática da inclusão das pessoas no sistema jurídico – um problema que deriva precisamente do facto de ser impossível uma fusão de operações psíquicas e sociais pelo meio da formação de sistemas.
>
> Se isto se verificar, poderia explicar – qualquer que tenham sido as terminologias pelas quais a mudança se processou – porque é que as formas de acoplamento que foi necessário desenvolver para ligar os diferentes sistemas funcionais também se ajustam ao instituto jurídico dos direitos individuais. A constituição, além da sua função de *instrument of government*, foi introduzida explicitamente para implementar o *Bill of Rights*. O facto de, no século XVIII, o direito da propriedade ter sido reconceptualizado em bases individualistas também já tem sido discutido em várias ocasiões. (...) Em larga medida, o sistema jurídico assume-se como sistema de recurso [*Auffangsystem*] face às consequências que tem para o indivíduo a reestruturação da sociedade no sentido da diferenciação funcional. (Luhmann, 1993 / 2004, p. 487/416 s. ; inglês no original alemão)

Já se tinha formulado nos anos 1960-70 a tese segundo a qual os direitos subjectivos – nomeadamente por não requerem a reciprocidade – seriam adequados à uma sociedade funcionalmente diferenciada. O conceito de acoplamento estrutural permite agora completar esta análise, fornecendo um modelo detalhado do que acontece na fronteira entre o direito e os outros sistemas funcionais. A problemática das relações entre sistemas psíquicos e sistemas sociais já é referida em 1981. Pode agora enunciar-se mais precisamente como o direito contribui para a estruturação deste relacionamento. E, para além disto, estes dois motivos estão interligados: o direito desempenha tanto melhor a sua função de articulação entre consciência e comunicação, que o mecanismo que serve para a articulação com as consciências corresponde ao mecanismo que serve, também, para a articulação com os outros sistemas funcionais, isto é: com uma parte importante da "sociedade" do direito.

Como se pretendia mostrar na primeira parte deste artigo, Luhmann dedicou, numa fase que corresponde provavelmente ao tempo de redacção de *Das Recht der Gesellschaft* um considerável esforço na conceptualização dos sistemas psíquicos e da sua articulação com os sistemas sociais. A discussão dos direitos subjectivos como mecanismo de articulação estrutural que se acaba de sintetizar deriva directamente

---

[30] Para referências mais detalhadas sobre o aparecimento do conceito de acoplamento estutural nos escritos de Luhmann, ver Guibentif (2010), p. 104 s. Para uma apreciação crítica deste conceito, ver Ladeur (2008), p. 113.

desta conceptualização. No entanto, a incorporação desta na discussão dos fenómenos jurídicos apenas é esboçada. Assim, poder-se-ia aprofundar como o direito opera, por um lado nas consciências, por outro lado na comunicação, aproveitando as reflexões mais recentes de Luhmann sobre os conceitos de estrutura e expectativas. E, a partir destas especificações, poder-se-ia construir modelos mais detalhados da emergência e do desempenho dos acoplamentos estruturais baseados em noções de direitos subjectivos.

Em contrapartida, Luhmann deu prioridade a outro desenvolvimento deste trabalho teórico: a apreciação das hipóteses de desempenho efectivo destes mecanismos. Como se, tendo já esboçado as linhas do trabalho conceptual necessário, quisesse dar prioridade a identificação dos objectivos a ter em vista na realização deste trabalho. Por um lado, retoma um argumento já avançado em *Grundrechte als Institution* (1965): os problemas que advêm do facto de a implementação de direitos subjectivos depender de acções dos seus titulares. Não é pacífico que estes tenham acesso à justiça, e que considerem as hipóteses de acções em tribunal para defender os seus direitos. Mas não se volta às ideias optimistas dos anos 1960, que atribuíam à política a função de melhor percepcionar as necessidades da sociedade funcionalmente diferenciada. Pelo contrário, a coexistência entre, por um lado, reacções individuais e, por outro lado, esforços políticos de intervenção reguladora aparece agora como mais uma dificuldade com a qual a sociedade moderna tem que lidar (Luhmann, 1993 / 2004, p. 490/418).

Um outro fenómeno – que poderia até ser considerado, em certos casos, como derivando da coexistência difícil que acaba de ser assinalada – é que se procura cada vez mais responder aos problemas recorrendo a técnicas jurídicas que não implicam a atribuição de direitos subjectivos. Luhmann cita aqui como exemplo o domínio ecológico, onde não se pode reagir a riscos atribuindo determinados direitos subjectivos de protecção, e onde se prefere a criação de novas responsabilidades. Se uma evolução neste sentido se acentuar, isto poderia ter consequências sobre o acoplamento estrutural entre sistemas psíquicos e sistemas sociais:

> Pode ser que o equilíbrio subtil [entre os direitos de pessoas protegidas e a liberdade dos que se podem defender contra o exercício destes direitos] se desfaça sob a pressão de problemas ecológicos gravíssimos. Mais provável é que [a manutenção deste equilíbrio] perca a sua relevância e que seja em crescente medida substituída, ou pelo menos completada por uma actividade reguladora estadual face à qual, aliás, as constituições são cada vez mais tolerantes. Porém, isto significaria que o direito passaria a ser menos importante para o acoplamento estrutural entre consciências individuais e comunicação societal. O direito perderia então também a certeza de poder mobilizar para si as consciências quando seria necessário, nomeadamente quando seria necessário para a política. O sistema jurídico necessitaria então de escândalos mediaticamente eficazes e de um gigantesco *Amnesty Internacional* para manter o estado de direito, no qual já nenhum indivíduo, de si próprio, estaria interessado. (Luhmann, 1993 / 2004, p. 488 s./418).

(b) Nas últimas páginas de *Das Recht der Gesellschaft*, Luhmann retoma o tema dos direitos humanos enquanto semântica que compensa o facto de o processo de diferenciação funcional ter posto em causa o lugar das pessoas no universo social. Como se viu, este tema já aparece em 1981. É agora retomado à luz da conceptualização do paradoxo[31]. O paradoxo originário é o que, a partir da diferenciação funcional, caracteriza a relação entre sociedade e comunicação, por um lado, seres humanos

---

[31] *Das Recht der Gesellschaft* (1993/2004), pp. 574/482 ss . Estas páginas merecem ser lidas conjuntamente com os artigos "Das Paradox der Menschenrechte und drei Formen seiner Entfaltung" (1993 / 1995) e "Braucht unsere Gesellschaft noch unverzichtbare Normen?" (1993 / 2008), onde é exposto o mesmo raciocínio, cada texto colocando

e consciências, por outro. A diferenciação funcional, simultaneamente, radicaliza a noção de uma comunicação que apenas comunica com a comunicação, mas não pode dispensar consciências que permitam, em particular, distinguir, na comunicação, entre informação e expressão. Aqui encontramos, nas próprias operações de comunicação, o paradoxo da unidade da diferença entre sociedades e seres humanos. Se sociedade e seres humanos podem ser pensados como realidades diferentes, é porque temos a noção de algo que lhes é comum. Talvez se possa aqui utilizar a palavra "humanidade". Mas quando procuramos definir esta terceira noção, revela-se que apenas a podemos definir, voltando ao nosso ponto de partida, pela diferença entre sociedades e seres humanos[32]. Num primeiro passo, este paradoxo é invisibilizado desviando-se a atenção para outra diferença: entre direitos subjectivos e direito objectivo. Mas encontramo-nos agora perante um outro paradoxo: como poderemos falar em direitos subjectivos, em pretensões subjectivas – de seres humanos – sem recorrer à noção de uma ordem objectiva, que lhes confere a sua validade? E como poderemos construir a noção de uma ordem válida, sem recorrer à noção da pretensão, eventualmente partilhada entre vários seres humanos, de dar validade à ordem.

Luhmann procura reconstruir como se tem gerido este paradoxo nas épocas recentes. Durante algum tempo, tem sido pela positivização dos direitos humanos, nomeadamente em declarações solenes e constituições. Esta modalidade de gestão do paradoxo já não pode ser mobilizada de maneira satisfatório, a partir do momento em que o paradoxo é experienciado à escala mundial. O que é o caso, agora que se sabe que sistemas como em particular a economia e a ciência funcionam à escala mundial, e que a questão da situação dos seres humanos ao lado destes sistemas também se coloca a esta escala. Verifica-se assim a coexistência de dois mecanismos de gestão do paradoxo. Por um lado, esforços de positivização mundial do direito, através de convenções internacionais, e o desenvolvimento de organizações e procedimentos que tenham a vocação de as implementar. Por outro lado, uma focalização da atenção, favorecida pela comunicação social, nos casos de violação flagrante dos direitos humanos fundamentais.

Este segundo mecanismo poderia favorecer uma comunicação jurídica mundial. Mas isto, na condição de serem suficientemente precisas as distinções mobilizadas nas percepções e comunicações sobre a actualidade. Ficar-se horrorizado por um acontecimento não gera, por si, uma experiência jurídica. Conviria que ganhasse relevância, nas percepções e nas discussões, o que Luhmann designa pela expressão "experiência exemplar de negação do direito"[33]. Embora o conceito de acoplamento estrutural não apareça aqui, poder-se-á dizer que o que está em causa é o acoplamento entre as consciências dos destinatários da comunicação social e uma comunicação jurídica que passaria, numa parte importante, pela comunicação social.

### III

O trabalho de Niklas Luhmann sobre os direitos subjectivos sugere aplicações das versões mais elaboradas da teoria dos sistemas, aplicações que o próprio autor,

---

o ênfase em aspectos diferentes dos problemas discutidos. Sobre este componente da obra de Luhmann em particular, ver Verschraegen (2006), pp. 122 ss.

[32] Para uma discussão deste paradoxo, inspirada pela desconstrução de Derrida, ver Menke (2008) p. 104). Segundo este autor, seria nesse preciso ponto que surgiria a "força" geradora da sociedade e dos indivíduos.

[33] Luhmann (1993 / 2004), p. 578/485; Luhmann (1993 / 2008), p. 250; neste ponto, Luhmann inspira-se em Bielefeldt (1988) e Brugger (1989).

no entanto, apenas esboça, sem desenvolver metodicamente as potencialidades dos raciocínios iniciados. O leitor atento dificilmente escapará a sensação da urgência de se retomar e prolongar este trabalho. Esta tarefa deverá consistir, além de um aprofundamento das propostas teóricas, num recolher de mais dados empíricos. A crescente importância do trabalho empírico, para o desenvolvimento futuro da teoria dos sistemas, inscreve-se no prolongamento de uma evolução que já se verifica na obra do próprio Luhmann (A). Na perspectiva do trabalho no domínio específico dos direitos subjectivos, que deverá ser retomado noutros textos, procurarei mostrar como as propostas teóricas acima apresentadas podem fundamentar a construção de ferramentas de recolha e de interpretação de dados (B).

(A) O próprio Luhmann parece admitir que o desenvolvimento da teoria dos sistemas deverá ter um significativo componente empírico. Não esqueçamos que ele considerava a linha de livros mais directamente dedicados aos problemas das relações entre consciências e comunicações – *Gesellschaftsstruktur und Semantik* – como estudos sobre materiais empíricos (Luhmann, 1989, p. 9). Mas o que permite dizer que o trabalho de Luhmann evolui no sentido de mais empiria são principalmente duas características da sua teoria. Por um lado, um afinar dos seus conceitos que os torna cada vez mais aptos a serem mobilizados como ferramentas de observação. Por outro lado, a orientação no sentido de tomar melhor em conta a consciência e os processos de percepção. Tudo se passa como se, uma vez que se tinha convencido da importância, para os sistemas sociais, das percepções individuais, e que a sua conceptualização da comunicação tinha alcançado um certo grau de acabamento, se tivesse convencido a si próprio da necessidade de revalorizar também o trabalho empírico. A necessidade de produzir dados mais adequados à alimentação e fundamentação da sua teoria também se pode relacionar com as percepções que Luhmann teve da realidade da sociedade mundo nos seus últimos anos de vida, percepções que o terão confrontado com a urgência de determinar mais precisamente – ou seja: com mais dados empíricos – a natureza e a orientação dos processos em curso. Recordemos que as teses sobre os direitos subjectivos enunciadas em *Das Recht der Gesellschaft* (1993/2004) quase todas se concluem por constatações ambivalentes, remetendo-se assim, implicitamente, para dados empíricos metodicamente recolhidos para indicar ao observador os efeitos preponderantes das evoluções em curso.

(B) Os elementos teóricos que Luhmann dedicou aos direitos subjectivos permitem construir um modelo detalhado do processo da mobilização destes direitos[34] (a). A teoria dos sistemas também fornece indicações quanto aos possíveis métodos de recolha de dados (b). Finalmente, Luhmann assinala algumas hipóteses quanto a evoluções que o trabalho empírico poderia permitir detectar nesta matéria, hipóteses que poderão ser completadas considerando fenómenos com os quais nós nos encontramos confrontados nestes últimos anos (c).

(a) O ponto de partida da construção do modelo de mobilização dos direitos subjectivos é a tese segundo a qual estes fazem parte de um conjunto de mecanismos pelos quais se estabelecem acoplamentos entre consciências individuais e comunicações, acoplamentos que, na evolução, se revelaram susceptíveis de facilitar a manutenção – a autopoiese – simultaneamente de consciências e de comunicações, cada um destes dois tipos de processos estimulando a prossecução do outro.

---

[34] Retoma-se aqui, com as devidas adaptações, um conceito realçado em particular por Erhard Blankenburg (1995).

Nas consciências, podemos, em abstracto, distinguir dois fenómenos. Por um lado, devemos ter em conta situações de leitura[35]. Existem discursos sobre os direitos subjectivos: na comunicação social, na própria legislação e noutros documentos oficiais. Estes discursos fazem parte de uma comunicação que cria uma realidade fictícia, dirigida a leitores individuais – destinatários da comunicação social ou de outros discursos públicos, cidadãos – sugerindo-lhes elementos de uma representação de si próprio como podendo ter determinadas expectativas, ou como devendo esperar, da parte de outros, determinadas expectativas. Uma representação que faz parte do complexo de representações que fazem de nós indivíduos conscientes de poder – ou dever – assumir uma certa identidade. Identidade que procuramos na permanente confrontação entre o que esperávamos e o que concretamente nos acontece (ver *supra*, II.A.e).

Por outro lado, devem considerar-se situações nas quais experienciamos o facto de as nossas expectativas terem sido decepcionadas. Determinados acontecimentos podem ser percepcionados como desviando-se de maneira particularmente nítida das nossas expectativas, desencadeando uma sequência mais específica de pensamentos. A partir de um determinado incómodo – um barulho particularmente perturbador provocado por um vizinho; um produto com defeitos remetido por algum comerciante, etc. – a percepção do incómodo provoca a representação da expectativa ofendida, um esforço de qualificação desta expectativa – "Devo mantê-la? Devo aprender a abdicar dela?" – e, na hipótese de prevalecer a opção normativa – "Mantenho a minha expectativa!" – a antecipação de possíveis passos no sentido de reestabelecer um mundo em acordo com as minhas expectativas iniciais – o barulho cessa; é-me entregue um produto em bom estado, etc.

Convirá ser prudente na concepção das relações entre estes dois tipos de processos de consciência. Poderão em qualquer momento cruzar-se – "o que me acontece é exactamente o que, segundo li há tempos, não me deveria acontecer"; ou, inversamente: "se me acontece algo que contraria as minhas expectativas, e se as minhas reacções de defesa não têm êxito, não vale a pena dar importância a tal documento que me sugeriu estas expectativas". Mas terão temporalidades diferentes. Os acontecimentos vividos como contrariando as minhas expectativas serão episódios breves no dia a dia. Em contrapartida, a formação, nomeadamente através das minhas leituras, desta personalidade imaginária que eu deveria ser é um processo de longa duração, paralelo talvez a toda a carreira da pessoa, estruturado mais especificamente por experiências de envolvimento no sistema de educação, no sistema da comunicação social, em determinadas organizações, etc.

Pode no entanto avançar-se a hipótese que determinadas situações – nomeadamente situações definidas pelo funcionamento de organizações – poderão favorecer a formação de ligações entre estes processos de consciência. Se iniciar algum processo formal, de arbitragem ou um processo judicial, o indivíduo implicado terá várias oportunidades de pensar, articuladamente, a sua identidade – de demandante, de queixoso, de cidadão requerendo uma intervenção do Estado – e a sua análise de ocorrências recentes em particular.

Favorecidos, ou não, por processos organizacionais mais específicos, tais ligações serão susceptíveis de reforçar estruturas de consciência, isto é, ligações fortes

---

[35] Uma caracterização precisa do processo de leitura, que combina comunicação e percepção, resta por fazer. Luhmann, nos seus textos sobre a arte (nomeadamente Luhmann, 1995/2008) apenas a aborda marginalmente.

entre determinadas percepções e determinados pensamentos. Estruturas reforçadas em particular pelos seguintes mecanismos: a representação da ligação (auto-observação da consciência, segundo Luhmann 1985 / 1995) – eu tomo consciência de uma determinada percepção e do facto de esta me suscitar determinada reacção –; a ligação desta representação específica a uma representação mais genérica de mim próprio, num processo que se poderá qualificar de identificação (Luhmann, 1989). Estas estruturas são o que Luhmann qualifica de expectativas, na definição que é dada a este conceito no contexto da teoria dos sistemas psíquicos[36].

Naturalmente, processos como os que se acaba de esboçar a título de hipótese se verificarão, paralelamente, nas consciências de todas as pessoas envolvidas em determinadas situações (o vizinho que pretendia fazer determinada obra; o comerciante que adquiriu determinado produto a um fornecedor que considera responsável do defeito, etc.).

Paralelamente a estes processos de consciência, momentaneamente impulsionados pelas percepções e antecipações de que se acaba de dar uma descrição hipotética, decorrem processos comunicacionais. Uma sequência imaginável é a seguinte. *Ego* dirige-se a *alter*, entrando com ele em interacção, e comunicando que as suas expectativas foram ofendidas por um facto atribuído a *alter*, e solicitando uma actuação no sentido de reaproximar o mundo real do mundo esperado por *ego* (que o barulho cesse, que o produto seja substituído por um produto em bom estado, etc.). São, em particular, três os mecanismos de acoplamento estrutural entre esta interacção e os processos mentais dos intervenientes, de acordo com as hipóteses teóricas que nos fornece Luhmann. Naturalmente a língua, podendo ter-se verificado, na consciência de *ego*, uma antecipação do diálogo que se seguiu com *alter*; uma antecipação de certas palavras que foram percepcionadas como correspondendo particularmente bem tanto à experiência havida, como à interacção antecipada ("tenho que reclamar; tenho direito à minha calma; tenho direito a um produto de qualidade", etc.), e que vão poder ser usadas na comunicação com maior ou menor hipóteses de serem compreendidas. A noção de pessoa, que facilitará a interpretação da tomada de contacto, e dos signos iniciando a comunicação como sendo expressão de uma mensagem informando da experiência vivida por alguém. E, também, uma certa noção de direito subjectivo, correspondendo tanto à expectativa percepcionada por *ego*, como à expectativa comunicada na interacção.

Admitindo que, num caso concreto, esta interacção não resulte na actuação esperada por *ego* (terminando-se por uma recusa da comunicação, ou prolongando-se pela comunicação de uma recusa por parte de *alter* de actuar no sentido pretendido por *ego*), poderá abrir-se a perspectiva de uma acção junto das autoridades – tendo *ego* presumivelmente evocado mentalmente o decorrer da interacção e antecipado as hipóteses de actuação futura, em função de experiências anteriores e de outros conhecimentos dos meios que estejam ao seu alcance[37]. Poderá assim iniciar-se uma

---

[36] Pudemos observar indícios da formação de expectativas desta natureza num inquérito a trabalhadoras domésticas recentemente realizado em Portugal (Guibentif, 2011), em particular entre pessoas que estão em contacto com associações de defesa de direitos (contexto organizacional favorável a processos de identificação), expectativas que conduziriam simultaneamente a uma maior probabilidade de a pessoa fazer uma avaliação negativa da sua situação, e a uma maior propensão em actuar em tribunal. Expectativas que, para além disto, se manifestam em pessoas que também parecem, nas respostas recolhidas no referido inquérito, menos atingidas por certos comportamentos lesivos por parte das pessoas que as empregam, como se o facto de estarem, mais do outras pessoas, dispostas em invocar os seus direitos signifique por si só uma certa protecção na interacção.

[37] Reconheço que a situação assim reconstruída padece de algum europeocentrismo. O modelo proposto permite, no entanto, também abordar situações muito diferentes – e poderá conduzir a diagnosticar a ausência de autopoiese

etapa de contactos com organizações fornecedores de informação jurídica (eventualmente uma etapa de consulta autónoma de informações jurídicas disponibilizadas ao público). Poderá seguir-se – presumivelmente apenas numa minoria dos casos (Santos *et al.*, 1996, pp. 44 ss.) – um procedimento judicial, no qual se entrelaçarão comunicações interaccionais, organizacionais e propriamente jurídicas. No caso de todas estas communicações, verificar-se-ão acoplamentos estruturais com as consciências envolvidas, pela língua, pelas pessoas e pela noção de direito subjectivo, tal como se acaba de esboçar na discussão da interacção inicial. Mais especificamente, poderá sustentar-se que nestas comunicações, que se processarão em zonas mais ou menos centrais, ou mais ou menos periféricas do sistema jurídico[38], a noção de direito subjectivo facilitará o acoplamento estrutural entre, por um lado, as consciências de pessoas não especializadas em direito, formadas nomeadamente em interacções entre não especialistas e em momentos de formação não especificamente concebidos como formação em direito, e, por outro lado, comunicações jurídicas envolvendo profissionais habituados à argumentação jurídica. Isto pelo facto de a própria palavra "direito" ter um sentido óbvio tanto na linguagem comum ("Não tens direito de … !" ; "Tenho o direito de …!"; "Não há direito!", etc.), como na linguagem jurídica técnica, que será utilizada, pela interpretação da lei ou de precedentes, e pela argumentação sobre estes discursos, para determinar o preciso alcance dos direitos (subjectivos) de uns e outros.

Os processos judiciais que assim poderão ter lugar, especialmente se se multiplicarem, ou se envolverem pessoas conhecidas do público, ou se remeterem para situações que possam ser consideradas como excepcionais, poderão ser qualificados de informativos pela comunicação social (e este valor informativo aumentará se o "direito" em causa poder ser percepcionado pelo destinatário da comunicação social como um direito também dele próprio). Com ou sem momentos de mediatização dos casos, processos judiciais, mais provavelmente talvez do que uma simples acumulação de interacções nas quais estariam em causa expectativas de certas pessoas, poderão "irritar" nomeadamente a comunicação política, eventualmente a comunicação económica. O acoplamento estrutural entre o sistema jurídico e estes sistemas passará nomeadamente, uma vez mais, pela noção de direito subjectivo. A expectativa de ter uma certa tranquilidade, ou de poder encontrar no mercado produtos de qualidade, além de poder corresponder a direitos subjectivos susceptíveis de serem mobilizados em processos nos quais se enfrentam pessoas individuais, pode também corresponder à noção de direitos dos cidadão (à qualidade de vida, à protecção dos consumidores), noções susceptíveis de orientar políticas públicas ou de serem mobilizadas nos debates opondo governo e oposição[39]. Quanto ao acoplamento estrutural com a economia,

---

do direito, e, eventualmente, fornecer algumas pistas na apreciação dos factores que a impossibilitam. Um exemplo extremo neste sentido é o que evoca Schwartz (*in*: Rocha *et al.*, 2009, p. 113) da morte brutal de João Hélio, numa actuação que passa por – não será, reconheçamo-lo, o aspecto mais chocante do sucedido – uma recusa absoluta da comunicação ("Vários motoristas tentaram alertá-los […]").

[38] Para uma crítica da maneira como Luhmann qualifica certos componentes do sistema jurídico de centrais, respectivamente periféricos, ver Ladeur (2008), p. 113. Poderá argumentar-se contra esta crítica que "periférico" não quer dizer necessariamente "menos importante" para o sistema.

[39] Neste sentido, creio que vale a pena considerar as ligações entre os direitos constitucionalmente reconhecidos e os direitos subjectivos consagrados por outros ramos do direito, assim como as suas implicações para as experiências de frustração dos cidadãos no seu dia a dia. O que não tira pertinência a outra pergunta: porquê ganhará relevância, entre juristas, um debate sobre a distinção entre direitos fundamentais e outros direitos subjectivos? Trabalhando nesta segunda linha, com definições correspondentes dos direitos fundamentais, Schwartz (2007, nomeadamente p. 50).

pode pensar-se na desvalorização de uma marca – pela alteração das expectativas dos consumidores – que poderá ter efeitos nos mercados, e suscitar estratégias empresariais de reacção.

(b) O modelo que se acaba de esboçar não pode, como é óbvio, inspirar uma investigação que teria a ambição desmedida de abranger toda a comunicação do nosso tempo sobre os direitos subjectivos. Pelo contrário, evidenciando a necessidade de investigar devidamente âmbitos de comunicação muito diversos, e nas suas relações com inúmeras experiências individuais diferentes, ensina a absoluta necessidade de focalizar a investigação em domínios bem delimitados. Em contrapartida, também fornece um quadro de referência que permite justificar a delimitação de possíveis terrenos de investigação, situar quais poderão ser os contributos de determinadas investigações sectoriais a um conhecimento mais abrangente, além do terreno investigado, e como poderão ser relacionados os resultados alcançados por várias investigações.

A teoria das relações entre sistemas psíquicos e sociais poderá também ajudar a lidar com um obstáculo importante na condução de investigações desta natureza. Com efeito, podem distinguir-se dois tipos de realidades que se deve alcançar através do trabalho empírico. As comunicações poderão ser observadas com alguma facilidade, sob reserva de óbvios problemas de acesso às situações de comunicação, e de uma tomada em conta apropriada tanto do estatuto dos vários âmbitos de comunicação observados – sistemas sociais –, como do estatuto da comunicação científica e das suas relações com os sistemas observados. Em contrapartida, as percepções e os pensamentos das pessoas envolvidas não podem ser alcançados directamente. Face a este problema, podem aproveitar-se os ensinamentos da evolução social e criar, na comunicação científica, âmbitos diferenciados de tematização das percepções individuais. Soluções desta natureza já são praticadas nas ciências sociais, em particular na forma de entrevistas aprofundadas. Os problemas que a teoria dos sistemas permite identificar, de acordo com a sua terminologia própria, já dão lugar a debates metodológicos, não apenas em abstracto, mas na confrontação concreta de diferentes instrumentos de observação. Esta constatação, aliás, também se aplica aos métodos de observação das comunicações (falar-se-á, por exemplo, em observação directa, observação participante, análise do discurso, etc.). Não se trata aqui, portanto, de dispensar este património metodológico. Mas talvez este possa ser enriquecido por uma abordagem sistemista. O que poderá consistir, nomeadamente, em aplicar o modelo que se esboçou no ponto anterior a um tipo específico de interacção: entre investigadores e pessoas que experienciaram determinadas situações. Isto implica, por um lado, repensar a própria comunicação que se tecerá nesta interacção, à luz, nomeadamente, da noção de acoplamento estrutural entre consciências e comunicação. Por outro lado, ter em conta, nesta reflexão, as relações entre esta interacção e, por um lado, as organizações científicas como por exemplo os centros de investigação ou os projectos, e, além destas, a comunicação científica, e, por outro lado, os contextos sociais que se pretende estudar através da entrevista.

(c) A teoria dos sistemas na versão elaborada por Luhmann, qualquer que sejam às críticas que possa merecer, permite construir uma ferramenta de observação empírica do fenómeno que tanto ele como os autores que procuraram ir além das suas propostas teóricas pretendem captar melhor: a emergência de uma "nova cultura jurídica" (Rocha *in* : Rocha *et al.*, 2009, p. 40). Não seria admissível avançar já, no fim deste ensaio, conclusões de fundo neste ponto. Mas podemos avançar duas hipóteses muito genéricas.

A primeira é que, na medida em que se conseguir aprofundar uma abordagem sistemista à consciência que as pessoas têm do direito, iremos reencontrar um fenómeno que Luhmann, fascinado pela diferenciação funcional, não quis aprofundar: o facto de certas estruturas cognitivas, certas expectativas, se encontrarem mais provavelmente nas respostas de pessoas ocupando determinadas posições sociais. A contribuição mais radical, neste ponto, é a de Marcelo Neves, que exige que a teoria da sociedade tome em conta a oposição entre os que podem recorrer às categorias jurídicas para pensar as suas experiências, e para orientar as suas acções, e os que estão excluídos dos âmbitos onde se processa a comunicação jurídica, e que não dispõem nem de meios materiais, nem das categorias de percepção necessárias para aceder ao direito[40].

A segunda hipótese diz respeito mais especificamente à noção de direito subjectivo. O próprio Luhmann evoca a possibilidade de esta noção perder progressivamente a sua relevância actual. De facto, verificam-se estratégias da parte de várias organizações desenhadas precisamente no sentido de reduzir a probabilidade de as pessoas experienciarem situações à luz de expectativas correspondendo a direitos subjectivos, isto é, direitos susceptíveis de conduzir a uma acção da pessoa contra outra pessoa para fazer valer as suas expectativas. Pode pensar-se em estratégias muito variadas. Dois exemplos muito diferentes são os seguintes. Por um lado, a insistência nos processos de mediação para a resolução de problemas surgindo nas relações de proximidade. Não se trata aqui de pôr em questão as virtualidades da mediação em geral, mas apenas de assinalar um efeito lateral possível: de reduzir a percepção das situações em termos de direitos. Pode ser benéfico do ponto de vista da paz social; os benefícios do ponto de vista da cidadania são menos óbvios. Um outro exemplo é a estratégia seguida por empresas que subcontratam a gestão do seu pessoal a outras empresas que, na realidade, dependem directamente delas. Este procedimento dificulta, de maneira geral, a aplicação do direito do trabalho. Mas também tem o efeito de prejudicar a percepção, pelos trabalhadores abrangidos por estas estratégias, de uma entidade claramente identificável a quem possam dirigir as suas pretensões. A ausência desta referência pode conduzir, na falta de um destinatário das pretensões, à erosão da própria noção de direito subjectivo.

O modelo sistémico da autopoiese dos sistemas psíquicos e sociais permite formular a hipótese de um relacionamento entre o processo de um eventual recuo dos direitos subjectivos e outros processos, com incidências mais profundas: alterações de alguma importância nos mecanismos de acoplamento estrutural entre sistemas não deixarão de ter incidências sobre a própria autopoiese dos sistemas acoplados. Deveremos estar atentos, no trabalho empírico que se trata de desenvolver, a processos como os que o próprio Luhmann nos deixa entrever, nas últimas linhas de *Das Recht der Gesellschaft*, de recuo do direito como sistema funcionalmente diferenciado; mas também, olhando para o outro lado do acoplamento estrutural, de mutação do que poderemos chamar a individualidade. Estes últimos merecem ser acompanhados com particular atenção, se se admitir, como o sustenta nomeadamente Catherine

---

[40] Ver nomeadamente Neves (2003), p. 266. Para uma reconstituição hipotética de desigualdades menos extremas, mas que são susceptíveis de afectar profundamente a comunicação jurídica nas sociedades europeias, ver Guibentif (2004).

Colliot-Thélène (2009), que as pessoas sujeitos de direito se poderiam tornar os principais sujeitos da política no mundo globalizado. Sem contestar a pertinência desta tese, também verificamos tendências de um esvaziamento, precisamente, desta instância individual da política. Tendências que seria urgente estudar com mais atenção. Este trabalho deverá passar também pelo esforço de relacionar melhor duas hipóteses esboçadas separadamente pelo próprio Luhmann: a perda de significado dos direitos subjectivos, por um lado; a atenção mediática dirigida às violações de maior gravidade dos direitos humanos, por outro. Ao evocar o conceito de "experiências de violações exemplares do direito", Luhmann sugere – uma linha de reflexão a aprofundar – que, para que os escândalos mediatizados possam contribuir para a autopoiese do direito, devesse haver uma ligação entre a apreciação destes casos de extrema gravidade, e a apreciação que cada um está em condição de fazer da sua própria situação jurídica. A teoria da unidade dos direitos humanos como direitos dos sujeitos humanos (Menke, 2009, § 30) poderia assim encontrar um aliado inesperado na teoria dos sistemas. Um aliado desencantado e distanciado, no entanto, que se limita a recordar que os direitos subjectivos são necessários a uma certa forma de humanidade assente na distinção entre indivíduos e sociedade, que poderá manter-se, ou não.

## REFERÊNCIAS

BIELEFELDT, Heiner. "Die Menschenrechte als Chance in der pluralistischen Weltgesellschaft". In: *Zeitschrift für Rechtspolitik*, 21, 1988.

BLANKENBURG, Erhard. *Mobilisierung des Rechts. Eine Einführung in die Rechtssoziologie*, Berlin et al., Springer, 1995.

BOURDIEU, Pierre. *Raisons pratiques*, Paris, Seuil, 1994 (traduzido em português : *Razões práticas*, Oeiras, Celta, 1997.

BRUGGER, Winfried. "Stufen der Begründung von Menschenrechten", *Der Staat*, 31, 1992.

CLAM, Jean. "Die Grundparadoxie des Rechts und ihre Ausfaltung : Ein Beitrag zu einer Analytik des Paradoxen", *Zeitschrift für Rechtssoziologie* 21, 2000.

———. "The Specific Autopoiesis of Law: Between Derivative Autonomy and Generalized Paradox", *in* : PŘIBÁŇ / NELKEN, 2001.

COLLIOT-THÉLÈNE, Catherine (2009), "Pour une politique des droits subjectifs: la lutte pour les droits comme lutte politique", *Année sociologique* 59.

GUIBENTIF, Pierre (2004), "A comunicação jurídica no quotidiano lisboeta. Proposta de abordagem empírica à diferenciação funcional", *in*: André-Jean Arnaud e Dalmir Lopes Jr. (eds.), *Niklas Luhmann: do sistema social à sociologia jurídica*, Rio de Janeiro, Editora Lumen Juris, 2004, pp. 175-217.

———. "O direito na obra de Niklas Luhmann. Etapas de uma evolução teórica", in : Santos, José Manuel (org.), *O pensamento de Niklas Luhmann*, Covilhã, Universidade da Beira Interior (Ta Pragmata), 2005 (acessível em linha: http://www.lusosofia.net/textos/o_pensamento_de_niklas.pdf ; consultado em Novembro de 2009).

———. "Teorias sociológicas comparadas e aplicadas. Bourdieu, Foucault, Habermas e Luhmann face ao direito", *Novatio Iuris*, Porto Alegre, ESADE-Laureate International Universities, II, nº 3, Julho de 2009.

———. *Foucault, Luhmann, Habermas, Bourdieu. Une génération repense le droit*, Paris, Lextenso-Librairie générale de droit et de jurisprudence (Collection Droit et société nº 53), 2010.

———. *Right perceived and practiced – Results of the survey carried out in Portugal, as part of the project "Domestic Work and Domestic Workers. Interdisciplinary and Comparative Perspectives"*, Working Paper, Lisboa, ISCTE-IUL, Dinâmia-CET, Lisbon, Março 2011.

KING, Michael; THORNHILL, Chris. *Niklas Luhmann's Theory of Politics and Law* Basingstoke / New York, Palgrave Macmillan, 2003.

KING, Michael, THORNHILL, Chris (eds). *Luhmann on Law and Politics. Critical Appraisals and Applications*, Oxford, Hart Publishing, 2006.

LADEUR, Karl-Heinz. "Das subjektive Recht und der Wunsch nach Gerechtigkeit als sein Parasit", *Zeitschrift für Rechtssoziologie*, 29(1), 2008.

LUHMANN, Niklas. *Grundrechte als Institution. Ein Beitrag zur politischen Soziologie*, Berlin, Duncker & Humblot (Schriften zum öffentlichen Recht, Band 24) (tradução espanhola: *Los derechos fundamentales como institución*, México, Universidad Ibero-Americana, Colecção Teoria social, 2009).

———. "Normen in soziologischer Perspektive", *in* : Luhmann, Niklas, *Die Moral der Gesellschaft*, Frankfurt am Main, Suhrkamp, 2008.

―――. *Legitimation durch Verfahren*, Darmstadt/Neuwied, Luchterhand, 1969 (tard. port.: *Legitimação pelo procedimento*, Brasilia, Universidade de Brasilia, 1980).

―――. "Zur Funktion der 'subjektiven Rechte'", *in* : Luhmann (1981), pp. 360-373 (publ. orig.: 1970). "De la fonction des droits subjectifs", *Triuvium – Revue franco-allemandede sciences humaines et sociales* nº 3, 2009 (publicado em linha em 15 de Abril de 2009 ; URL : http://trivium.revues.org/index3265.html ; consultado em Novembro de 2009).

―――. *Rechtssoziologie*, 2 vol., Reinbek bei Hamburg, Rowohlt, 1972 (trad. bras. *Sociologia do direito*, Rio de Janeiro, Tempo Brasileiro, 1983 / 1985).

―――. *Ausdifferenzierung des Rechts. Beiträge zur Rechtssoziologie und Rechtstheorie*, Frankfurt-am-Main, Suhrkamp, 1981a.

―――. "Subjektive Rechte : Zum Umbau des Rechtsbewusstseins für die moderne Gesellschaft", *in*: Luhmann, Niklas, *Gesellschaftsstruktur und Semantik 2*, Frankfurt am Main, Suhrkamp, 1981b.

―――. *Soziale Systeme. Grundriss einer allgemeinen Theorie*, Frankfurt-am-Main, Suhrkamp, 1984, 675 p. (trad. ingl. *Social Systems*, Stanford, Stanford University Press, 1995.

―――. (1984 / 2009), "Die Theorie der Ordnung und die natürlichen Rechte", *Rechtshistorisches Journal* nº 3, 1984, pp. 133-149; trad. fr.: "La théorie de l'ordre et les droits naturels", *Triuvium – Revue franco-allemandede sciences humaines et sociales* nº 3, 2009 (publicado em linha em 15 de Abril de 2009 ; URL : http://trivium.revues.org/index3277.html, consultado em Novembro de 2009.

―――. "Die Autopoiesis des Bewusstseins", *in* : Luhmann, Niklas, *Soziologische Aufklärung 6. Die Soziologie und der Mensch*, Opladen, Westdeutscher Verlag, pp. 55-112 (publ. orig. em *Soziale Welt* 36, 1985.

―――. "The Individuality of the Individual. Historical Meanings and Contemporary Problems", *in*: Heller, Thomas *et al.*, *Reconstructing Individualism. Autonomy, Individuality, and the Self in Western Thought*, Stanford, Stanford University Press, 1986.

―――. "Wie ist Bewußtsein an Kommunikation beteiligt ?", *in* : Luhmann, *SA 6*, 1995.

―――. (1988 / 2006), "The Third Question: The Creative Uses of Paradoxes in Law and Legal History", *Journal of Law and Society* 15, 1988; trad. port.: "A terceira questão – O uso criativo dos paradoxos no Direito e na história do Direito", *Estudos jurídicos* 39 (1).

―――. *Gesellschaftsstruktur und Semantik* (vol. 3), Frankfurt-am-Main, Suhrkamp, 1989.

―――. "Economia e diritto : Problemi di collegamento strutturale", *in L'informazione nell'economia e nel diritto*; Centro Nazionale di Prevenzione e Difesa Sociale, Milan, Cariplo, 1990, (baseado no manuscrito *Wirtschaft und Recht : Probleme struktureller Kopplung*, Bielefeld, 1989).

―――. *Die Wissenschaft der Gesellschaft*, Frankfurt-am-Main, Suhrkamp, 1990.

―――. *Einführung in die Systemtheorie* (Vorlesung Wintersemester 1991-92), Heidelberg, Carl-Auer.

―――. *Das Recht der Gesellschaft*, Frankfurt-am-Main, Suhrkamp, 1993 (trad. ingl. : *Law as a Social System*, Oxford, Oxford University Press, 2004).

―――. "Das Paradox der Menschenrechte und drei Formen seiner Entfaltung", *in* : *Festschrift Werner Krawietz*, Berlin, Duncker & Humblot, 1993, pp. 539-546 (reed. *in* : Luhmann, 1995b.

―――. *Gibt es in unserer Gesellschaft noch unverzichtbare Normen?*, Heidelberg, C.F. Müller ; reed. Luhmann, 2008b.

―――. "Literatur als fiktionale Realität" (manuscrito não publicado de 1995), *in* : Luhmann, 2008.

―――. *Gesellschaftsstruktur und Semantik*, vol. 4, Frankfurt-am-Main, Suhrkamp, 1995a,

―――. *Soziologische Aufklärung 6. Die Soziologie und der Mensch*, Opladen, Westdeutscher Verlag, 1995b,

―――. *Die Kunst der Gesellschaft*, Frankfurt-am-Main, Suhrkamp, 1995c, (trad. ingl. : *Art as a Social System*, Stanford, Stanford University Press, 2000).

―――. *Die Realität der Massenmedien*, Opladen, Westdeutscher Verlag, 1996ª.

―――. *Die neuzeitlichen Wissenschaften und die Phänomenologie*, Viena, Picus, 1996b.

―――. *Die Gesellschaft der Gesellschaft*, Frankfurt-am-Main, Suhrkamp (2 vols), 1997a.

―――. "Globalisation ou société du monde: comment concevoir la société moderne?", *in*: D. Kalogeropoulos (dir.), *Regards sur la complexité sociale et l'ordre légal à la fin du XXème siècle*, Bruxelas, Bruylant, 1997, (em inglês : "Globalization of World Society. How to Conceive of Modern Society ?", *International Review of Sociology*, 1997, 7, 1; accessível em http://www.generation-online.org/p/fpluhmann2.htm consultado em Novembro de 2009).

―――. "Selbstorganisation und Mikrodiversität: Zur Wissenssoziologie des neuzeitlichen Individualismus", *Soziale Systeme* 3, 1997c.

―――. *Organisation und Entscheidung*, Opladen, Westdeutscher Verlag, 2000.

―――.*Schriften zur Pädagogik*, Frankfurt-am-Main, Suhrkamp, 2004, (colectânea de artigos publicados entre 1985 e 1997, organizada por Dieter Lenzen).

―――. *Schriften zur Kunst und Literatur*, Frankfurt-am-Main, Suhrkamp, 2008a, (colectânea de artigos publicados entre 1976 e 1997, organizada por Niels Werber).

―――. *Die Moral der Gesellschaft*, Frankfurt-am-Main, Suhrkamp, 2008b, (colectânea de artigos publicados entre 1969 e 1997, organizada por Detlef Horster).

MENKE, Christoph. "Subjektive Rechte: Zur Paradoxie der Form", *Zeitschrift für Rechtssoziologie*, 29(1), 2008.

———. "De la dignité de l'homme à la dignité humaine : le sujet des droits de l'homme", *Trivium*, 3-2009 (mis en ligne le 15 avril 2009 ; URL : http://trivium.revues.org/index3303.html ; consultado em Novembro 2009).

NEVES, Marcelo. "Von der Autopoiesis zur Allopoiesis des Rechts", *Rechtstheorie*, 34, 2003.

PARSONS, Talcott. "An Outline of the Social System", in Talcott Parsons, E. Shils, K. Naegele, J. Pitts (eds.), *Theories of Society*, New York, Free Press, 1961.

PIRES, Edmundo Balsemão. "O pensamento de Niklas Luhmann como teoria crítica da moral", *in* : Santos, José Manuel (ed.), *O pensamento de Niklas Luhmann*, Covilhã, Universidade da Beira Interior, 2005, (Ta Pragmata), 2005, pp. 253-279 (disponível em linha: http://www.lusosofia.net/textos/o_pensamento_de_niklas.pdf ; consultado em Novembro de 2009).

PŘIBÁŇ, Jiří, Nelken, David (eds). *Law's New Boundaries. The Consequences of Legal Autopoiesis*, Aldershot, Ashgate, 2001.

ROCHA, Leonel Severo, Michael King e Germano Schwartz (2009), *A verdade sobre a autopoiese no direito*, Porto Alegra, Livraria do Advogado Editora.

SANTOS, Boaventura de Sousa, Marques, Maria Manuel Leitão. Pedroso, João, Ferreira, Pedro Lopes (1996), *Os tribunais nas sociedades contemporâneas : o caso português*, Porto / Coimbra / Lisboa, Afrontamento / CES / CEJ.

SCHWARTZ, Germano. "A autopoiese dos direitos fundamentais", *in* : Eliane Hartzheim Macedo, Leonel Ohlweiler e Wilson Steinmetz (orgs), *Direitos fundamentais*, Canoas, Editora da ULBRA, 2007,

VERSCHRAEGEN, Gert (2006), "Systems Theory and the Paradox of Human Rights" *in* : King / Thornhill, 2006.

— 10 —

# Aumento de complexidade nas condições de insuficiente diferenciação funcional: o paradoxo do desenvolvimento social da América Latina[1]

## MARCELO NEVES[2]

I

No âmbito da teoria luhmanniana dos sistemas, não se pode distinguir o conceito de complexidade das noções de elemento e relação. Nesse sentido, sublinha Luhmann:

> Nós elegemos, não sem ponto de apoio na literatura, um conceito orientado para problemas e o definimos com base nos conceitos de elemento e relação. Isso tem a vantagem de que o conceito também é aplicável a não-sistemas (ambiente, mundo) e de que ele, porque é definido sem emprego do conceito de sistema, pode enriquecer as análises sistêmico-teóricas com pontos de vista adicionais.[3]

Luhmann compreende a complexidade como uma situação em "que há mais possibilidades do que as que podem ser atualizadas".[4] Com base nessa concepção, pode-se afirmar que sucede um estado de coisas complexo, quando, "no aumento do número de elementos" é ultrapassado um limiar, "a partir do qual não é mais possível pôr todo elemento em relação com os outros".[5] Isso significa que há complexidade quando existem mais elementos do que os que podem ser atualizados mediante relações. Daí por que a complexidade implica pressão seletiva. Somente em conexão com o conceito de seleção, o conceito de complexidade torna-se relevante para a diferença entre sistema e ambiente. E, a esse respeito, a diferença entre complexidade organizada ou estruturada e complexidade desestruturada ou desorganizada encontra-se no primeiro plano:

A propósito, é oportuno citar novamente Luhmann:

---

[1] O presente artigo corresponde à palestra que proferi, originariamente em alemão, no Simpósio Internacional "Durch Luhmanns Brille: Herausforderung an Gesellschaft, Politik und Recht in Lateinamerika" ["Pelos óculos de Luhmann: Desafio à sociedade, à política e ao direito"], realizado no Instituto Ibero-Americano de Berlim, nos dias 10 e 11 de dezembro de 2007. A presente versão portuguesa foi apresentada no Programa de Pós-Graduação em Direito da Universidade do Vale do Rio Sinos – UNISINOS, por ocasião do Workshop "Luhmann e os Direitos Fundamentais", realizado nos dias 28 e 29 de outubro de 2008.

[2] Professor Titular de Direito Público da Universidade de Brasília. Livre-Docente de Filosofia do Direito, Teoria do Estado e Direito Constitucional Comparado junto à Universidade de Friburgo, Suíça. Doutor em Direito pela Universidade de Bremen, Alemanha.

[3] Niklas Luhmann, 1984, p. 45.

[4] Idem, ibidem, 1987, p. 31.

[5] Niklas Luhmann, 1984, p. 46.

> A determinação de quais relações entre elementos são realizadas não pode ser deduzida da complexidade mesma; isso decorre, em qualquer nível de formação de sistema, da diferença entre sistema e ambiente e das condições de sua comprovação em termos evolutivos.[6]

Com isso não se desconhece que "o problema da diferença sistema/ambiente pode ser esclarecido com ajuda do conceito de complexidade",[7] porque complexidade estruturada ou organizada "só pode ocorrer mediante formação de sistema; pois 'complexidade organizada' significa nada mais do que complexidade com relações seletivas entre elementos".[8] No plano da diferença entre sistema e ambiente não é, portanto, a própria complexidade que é decisiva, mas sim o desnível entre complexidade do ambiente e complexidade do sistema ou, mais precisamente, entre complexidade desestruturada ou desorganizada do ambiente e complexidade estruturada ou organizada do respectivo sistema. A forma de diferenciação de uma sociedade está associada, na teoria dos sistemas de Luhmann, ao grau desse desnível e à intensidade da pressão para a estruturação ou redução da complexidade, isto é, ao grau da pressão seletiva formadora de sistema. Com a crescente complexidade da sociedade moderna, a diferenciação funcional passa a ser uma exigência, porque essa forma de diferenciação apresenta-se como a mais adequada para que se realize, com êxito, a estruturação de complexidade que leva à formação de sistema. E, com isso, relaciona-se o conceito de racionalidade, pois, em Luhmann, o problema da racionalidade pressupõe a questão de "como é possível, aumentar complexidade mediante a redução de complexidade apreensível".[9] Pode-se, em outras palavras, afirmar que o problema funcional da racionalidade sistêmica consiste em determinar como é possível transformar a complexidade desestruturada do ambiente em complexidade sistêmica estruturada.

Na teoria dos sistemas, o incremento da complexidade é vinculado tão intimamente com a diferenciação funcional da sociedade mundial, que existe o risco de equiparar esses dois momentos e, até mesmo, de apresentar o aumento da complexidade como resultado da diferenciação funcional. Partindo-se, porém, de que "o motor da evolução é a crescente complexidade da sociedade",[10] cabe inferir, conforme Luhmann, que a diferenciação funcional é a forma de diferenciação que dá uma resposta racional a esse processo evolutivo na sociedade moderna. Mas, apesar do aumento da complexidade, pode fracassar a diferença, referente a funções, entre sistema e ambiente em diversos contextos de expectativas e comunicações. Isso implica bifurcações no desenvolvimento da sociedade (mundial) moderna, que, "em relação ao número, à diversidade e à interdependência de ações possíveis, é altamente complexa – muito mais complexa do que qualquer uma das formações sociais de tipo mais antigo, limitadas regionalmente".[11]

---

[6] Idem, ibidem, p. 47.
[7] Idem, ibidem..
[8] Idem, ibidem, p. 46.
[9] Idem, ibidem, p. 236.
[10] Idem, ibidem, p. 106.
[11] Niklas Luhmann, 1981, p. 80

## II

No início da década de noventa, sustentei a tese de que no Brasil, em especial, e na América Latina, em geral, a crescente complexidade da sociedade não levou ao primado da diferenciação funcional.[12] Tendo o modelo sistêmico-teórico como ponto de referência, defendi uma leitura no sentido de que, na América Latina, a alta complexidade da sociedade não foi seguida pela construção e pelo desenvolvimento de sistemas funcionais autônomos. Isso nos põe perante uma complexidade desestruturada e desestruturante. Disso resultam problemas sociais muito mais complicados do que os característicos dos países da "modernidade central". As relações entre conexões de comunicações assumem formas autodestrutivas e heterodestrutivas, com todos os seus efeitos fatídicos para a integração sistêmica e a inclusão social. Nesse contexto, a modernidade não se apresenta positivamente, como superação da tradição mediante a formação de sistemas funcionais autônomo, mas, antes, negativamente, como uma complexidade crescente que dissolve o moralismo hierárquico tradicional sem que, em contrapartida, desenvolva-se satisfatoriamente a diferenciação funcional.

Trata-se, então, de incapacidade dos sistemas sociais para determinar ou estruturar adequadamente a complexidade.[13] Isso não implica o caso-limite de uma complexidade absolutamente indeterminada: "Complexidade inteiramente desestruturada seria o caso-limite da poeira originária, da arbitrariedade e igualdade de todas as possibilidades".[14] Trata-se, antes, de uma incapacidade relativa dos sistemas funcionais para estruturar a complexidade determinável dos seus respectivos ambientes.[15] De fato, existe sempre um desnível de complexidade entre sistema e ambiente,[16] e certa subdeterminidade do sistema em face do seu ambiente é condição de flexibilidade.[17] Mas, no que diz respeito à sociedade na América Latina, a subdeterminidade importa "acoplamentos" insuficientemente complexos "entre sistema e ambiente" e, por conseguinte, insegurança das expectativas.[18] Embora o aumento da complexidade exija a correspondente seletividade estrutural,[19] fracassam os sistemas sociais complexos na função seletiva em face do supercomplexo ambiente, no contexto social dos países latino-americanos. No âmbito de uma sociedade hipercomplexa, essa situação envolve especialmente deficiência de racionalidade sistêmica na diferenciação.[20] Confrontamo-nos, destarte, com flexibilidade ou subdeterminidade (relativamente) desorganizada e com negativa contingência, ou seja, com a falta de segurança.

Nessa perspectiva, é possível interpretar os problemas da modernidade periférica com base na diferença entre redundância e variedade, tal como formulada por Henri

---

[12] Neves, 1992a; 1992b; 1992c; 1992d; 1993; 1994, espec. p. 113 ss. [2ª ed. 2007, p. 127 ss.].

[13] Acerca da distinção entre complexidade estruturada e desestruturada, ver Niklas Luhmann, 1984, p. 383; 1987, p. 6-7. Paralelamente, ele distingue entre complexidade indeterminada/indeterminável e determinada/determinável (cf., p. ex., 1971, p. 300-302; 1975a, p. 209 ss.).

[14] Niklas Luhmann, 1987: p. 7. Cf. também 1975a, p. 211-2, 1984, p. 383.

[15] Niklas Luhmann, 1975a, p. 211.

[16] Vgl. Niklas Luhmann, 1975a, 210-1.

[17] Idem, ibidem, 1975a, p. 209.

[18] Vgl. Niklas Luhmann, 1981, p. 96.

[19] Idem, ibidem, 1975a, p. 207.

[20] Cada nível de desenvolvimento das relações sistema/ambiente tem chances específicas de racionalidade, conforme o modo em que seja tratada a diferença de complexidade em face do ambiente. O problema da racionalidade reside, por fim, na conexão de seleções, e a necessidade disso varia com a complexidade do sistema (Luhmann, 1975a: 214).

Atlan.[21] Partindo-se da assertiva de Luhmann de que a "complexidade desestruturada seria complexidade entrópica, [uma vez que] ela desintegrar-se-ia, a todo tempo, em elementos desconectados",[22] pode-se acrescentar, de acordo com Atlan, que os contextos sociais da América Latina carecem de redundância funcional. Em consequência, a entropia, como informação que falta ("incerteza probabilista"),[23] não é suficientemente reduzida.[24] Entre redundância e variedade há, então, um grande abismo, que leva a uma elevada insegurança. Aumento de variedade exige incremento de redundância, pois o equilíbrio entre ambas é condição de autonomia.[25] Na reprodução da sociedade mundial na América Latina, o desnível entre (alta) variedade e (baixa) redundância tem efeitos heteronomizantes, que conduzem à flexibilidade desorganizada e uma negativa abertura para o futuro. Trata-se aqui, no entanto, não de ausência de "redundância estrutural inicial", mas sim de falta de "redundância funcional", que garante a "fiabilidade" como "conectividade" dos elementos sistêmicos.[26] Nos termos do dualismo "cristal/fumaça", proposto por Henri Atlan, os sistemas funcionais tendem, na América Latina, por falta de redundância funcional, a uma complexidade entrópica, ou seja, à "fumaça".[27]

### III

Esse problema relaciona-se com o fato de que ao código primário e aos critérios de um sistema sobrepõem-se os códigos e critérios de outros sistemas, ou uns bloqueiam os outros, do que resulta uma miscelânea social de códigos e critérios em detrimento da diferenciação funcional.[28] A esse respeito, o conceito de corrupção sistêmica ocupa lugar destacado.

Nesse contexto, cumpre observar que a corrupção emergente no nível das organizações apresenta-se como o contraponto do acoplamento estrutural entre sistemas funcionais autônomos no plano da sociedade. Em relação ao direito, afirma Luhmann, por exemplo: "Sem acoplamentos estruturais na relação recíproca dos sistemas parciais da sociedade, o direito permanece corrupto no sentido do uso de linguagem moderno".[29] É claro que o sistema da sociedade mediante os seus respectivos subsistemas pode reagir com êxito contra a corrupção nas organizações, de tal sorte que as práticas isoladas de corrupção, qualificada como lado negativo do correspondente código-diferença, possam ser rejeitadas e, assim, a diferenciação funcional não seja afetada. Então, cabe distinguir uma mera corrupção dentro da sociedade de uma

---

[21] Cf. Atlan, 1979.
[22] Niklas Luhmann, 1984, p. 383.
[23] Atlan, 1979, p. 33 ss. e 74-5.
[24] Segundo Atlan, "H" ("informação que nos falta") está em relação inversa para "R" (redundância); cf. 1979, p. 48, 50-1, 76-7 e 79.
[25] Cf. Atlan, 1979, espec. p. 43.
[26] "a redundância inicial seria uma redundância de módulos, simples repetição de elementos estruturais, enquanto a fiabilidade seria uma redundância de funções" (Atlan, 1979, p. 52). Em outro trecho (p. 129), Atlan fala de "conectividade"; a respeito, cf. também Luhmann, 1986, p. 35, nota 61.
[27] "A morte por rigidez, a do cristal, do mineral, e a morte por decomposição, a da fumaça", assim se refere Atlan (1979, p. 281) aos dois casos-limite da relação "redundância/variedade". Cumpre observar que Atlan propõe uma aplicação "analógica e diferenciante" (1979, p. 7) de sua construção primariamente biológica à organização psíquica e social (p. 131 ss.) como à ética (p. 233 ss.). Eu também procedo aqui a uma aplicação "analógica e diferenciante" (não ao biologismo!) do esquema "redundância/variedade", mas, de maneira nenhuma, no sentido proposto por Atlan.
[28] Neves, 1993.
[29] Niklas Luhmann, 1993, p. 445.

corrupção sistêmica, que afeta a diferenciação da sociedade. Mas é necessário distinguir tanto entre os níveis quanto entre os graus de amplitude da corrupção sistêmica.

Uma corrupção sistêmica é apenas operativa quando ela é momentânea e, portanto, só atinge uma ou algumas operações. Nesse caso, ela tem efeitos simplesmente sobre os acoplamentos operativos entre sistemas funcionais da sociedade. Em muitas situações, a redundância e a durabilidade da corrupção conduzem à formação de estruturas de expectativas, de tal maneira que tanto cognitiva quanto normativamente não se pode expectar, com segurança, no correspondente contexto, outra coisa, senão a atividade corrupta. Nesse caso, a corrupção sistêmica afeta os acoplamentos estruturais entre sistemas funcionais e, igualmente, a autonomia desses, sendo dependente das organizações.

Mas a corrupção sistêmica pode permanecer setorial, sem apresentar tendência à generalização no sistema funcional atingido. Só quando a corrupção sistêmica atua de maneira generalizada no subsistema como um todo é que a tese da diferenciação funcional ou da autonomia operativa do sistema torna-se inadequada, fora da realidade. E há fortes indícios de que, nesse caso, a corrupção sistêmica tem sua origem em uma organização que se localiza no centro do sistema; a corrupção organizada tem, então, efeitos desdiferenciantes sobre o subsistema da sociedade, e, portanto, sobre a sociedade.

Também Luhmann reconhece, referindo-se à corrupção sistêmica, que, "em caso extremo, não se pode mais falar de fechamento operativo [...]",[30] mas ele não retira daí as devidas consequências empíricas para a sua construção teórica, tendo em vista que insiste fortemente na tese do primado da diferenciação funcional da sociedade mundial do presente.[31] Há, no entanto, muitas evidências empíricas, com as quais me confrontei em trabalhos anteriores,[32] que sugerem outras inferências teóricas.

Na América Latina não se trata simplesmente de uma "corrupção sistêmica" operativa ou estrutural no âmbito das organizações, o que se pode verificar também nas experiências do Estado democrático de direito na Europa Ocidental e na América do Norte.[33] A corrupção sistêmica nos países latino-americanos tem tendências à generalização, de tal sorte que o próprio primado da diferenciação funcional é afetado.

A corrupção sistêmica referente às organizações está intimamente vinculada com o problema da exclusão de amplos setores da população na América Latina.

Nesse contexto, o seguinte trecho de Luhmann é relevante: "Os sistemas funcionais partem da inclusão e deixam exclusão, em certa medida, apenas acontecer. Nas organizações, dá-se o caso contrário".[34] Isso quer dizer: o fato de que a organização parte da qualidade de não membro vincula-se ao primado da inclusão nos sistemas funcionais. Mas, quando os sistemas funcionais são bloqueados por corrupções referentes às organizações, a diferença "membro/não membro", concernente às organizações, transforma-se em diferença "inclusão/exclusão", relativa à sociedade,

---

[30] Niklas Luhmann, 1993, p. 82.

[31] Cf., p. ex., Luhmann, 1993, p. 572; 1997, p. 743 ss.

[32] Além das referências contidas na nota 10, ver Neves, 2006; 2007.

[33] Cf. Niklas Luhmann, 2000, p. 295-297; 1993, p. 445 e *passim*.

[34] Niklas Luhmann, 2000, p. 392.

do que decorre que a exclusão ocupa o primeiro plano. E essa situação continua a exigir uma nova autodescrição da sociedade mundial hodierna

Eu parto aqui da suposição de que a corrupção sistêmica referente às organizações, associada à exclusão primária na América Latina e outras regiões do globo terrestre, contradiz o primado da diferenciação funcional na sociedade mundial.

## IV

A questão que se impõe, nessas circunstâncias, é a seguinte: qual é a forma primária de diferenciação na modernidade periférica? Inicialmente, pretendo apresentar o problema de outra maneira: quais são as condições da desdiferenciação referente às funções nos contextos sociais altamente complexos da modernidade periférica? Embora Luhmann não tenha respondido de maneira consequente essa questão, encontram-se, em sua obra, algumas insinuações. Ele confirmou, por exemplo, em prefácio ao meu livro sobre a modernidade periférica, a relevância dos fatos nele apresentados para a teoria da diferenciação funcional da sociedade mundial, nos seguintes termos:

> Isso aponta para problemas que nem a teoria de classe de proveniência marxista ou pós-marxista nem o conceito usual de diferenciação funcional da sociedade sabe dar uma resposta. Essas teorias estão, por isso, refutadas? Mas como, se não mediante uma outra teoria?
>
> Talvez os fatos descritos já permitam perceber que outras diferenças sobrepõem-se às teorias de nossa tradição, construídas de maneira demasiadamente simples.[35]

Apesar disso, insistiu no primado da diferenciação funcional da sociedade mundial contemporânea. Contudo, embora a diferenciação funcional constitua uma exigência da sociedade mundial, exigência essa irradiada a partir da modernidade central, a realização dessa forma de diferenciação tem sido, especialmente na América Latina, tão fortemente obstaculizada por um tipo de forma mista (miscelânea de diferenças), que não se pode falar de um "primado", sem restrições. E esse é um dos graves paradoxos da sociedade mundial: a forma de diferença exigível para ela não encontra as condições sociais de sua realização – ao menos de maneira abrangente.

Caso se queira ir além de uma descrição e um esclarecimento da desdiferenciação funcional da sociedade mundial na América Latina, para perguntar como essa forma mista deve ser caracterizada, a seguinte exposição de Luhmann no mesmo trecho pode ajudar. Ele continua:

> Talvez a realização da diferenciação funcional no nível da sociedade mundial, com alta dinâmica da economia, da ciência e dos meios de comunicação de massas e da política, não queira dizer, por muito tempo, que as correspondentes condições possam realizar-se também no plano regional. E talvez já haja, entrementes, indícios de diferença pré-ordenada, primordial, que regule o acesso às vantagens da diferenciação funcional, a saber, a diferença de inclusão e exclusão [...]. Isso significaria que a sociedade no Brasil é integrada de maneira dupla, a saber, positivamente através da rede de favores, de gratidões, de relações patrão/cliente, da corrupção, e negativamente mediante a exclusão prática de muitos da participação em todos os sistemas funcionais, situação em que uma exclusão (falta de documento, de trabalho, de alimentação regular, de educação, de seguro de saúde, da segurança do corpo e da vida) implica, a cada vez, forçosamente, outras exclusões.[36]

---

[35] Niklas Luhmann, 2000, p. 3.
[36] Niklas Luhmann, 1992, p. 3-4.

Nós podemos, então, falar de dois modelos de forma de diferenciação da sociedade moderna: um, que serve de referência para a reprodução da sociedade mundial especialmente nos países desenvolvidos da Europa Ocidental e na América do Norte; o outro, que é dominante nos países latino-americanos e inumeráveis países de outras regiões do globo terrestre.

No primeiro modelo, vale o primado da diferenciação funcional, do que resulta que a rede de boas relações na forma de "sistemas de contato" e a diferenciação hierárquica mediante estratificação social são postas em segundo plano. A rede de boas relações só provocará corrupção operativa ou corrupção estrutural localizada, não, porém, corrupção sistêmica com efeitos generalizados sobre o correspondente sistema funcional. A estratificação, por sua vez, só provocará exclusão secundária, não levando à exclusão primária.[37]

Na América Latina, podemos falar de formas mistas de diferenciação, nas quais a diferenciação funcional não possui o primado. Assim, a rede difusa das boas relações degenera em redes abrangentes e difusas de corrupção sistêmica, que se sobrepõem à diferenciação funcional. Da mesma maneira, a estratificação condicionada economicamente degenera em relações de sobreinclusão e subinclusão nos sistemas funcionais, do que decorre que a exclusão primária bloqueia o correspondente código sistêmico funcionalmente estruturado.[38]

Mas, sendo assim, pode-se continuar a insistir no primado da diferenciação funcional da sociedade mundial? Minha resposta é "não". A diferenciação funcional constitui – eu repito – uma exigência da sociedade mundial, irradiada da modernidade central. E isso representa um dos graves paradoxos da sociedade hodierna, a saber: a forma de diferenciação que se apresenta como exigência funcional dessa sociedade não encontra as condições sociais de sua realização na maioria das regiões do globo terrestre. A tese do primado reduz-se a uma concepção eurocêntrica – ou válida apenas para os chamados "países desenvolvidos" – da sociedade mundial.

V

Poder-se-ia levantar a questão de se a tese do primado está associada a uma pretensão normativa da sociedade mundial, funcionalmente determinada, que irradia a partir do centro dessa sociedade. A autodescrição das estruturas normativas da sociedade mundial levaria à necessidade de que se trate dessa questão. Para essa possibilidade de interpretação, há indícios na obra tardia de Luhmann. O seguinte trecho deve ser considerado:

> Em suma: a autonomia dos sistemas funcionais, assegurada por códigos binários próprios, exclui uma meta-regulação por um supercódigo moral, *e a moral mesma aceita e, inclusive, re-moraliza essa condição*. Pois, agora, sabotagens de código tornam-se o problema moral – como corrupção na política e no direito, o *doping* no esporte, a compra de amor ou a fraude de dados na pesquisa empírica.[39]

Em uma perspectiva jurídica e interdisciplinar, Teubner confrontou-se com essa questão como um problema normativo da sociedade hodierna. A sua resposta aponta

---
[37] Cf. Müller, 1997, p. 50 ss.
[38] Acerca das relações de sobreintegração ou sobreinclusão e subintegração ou subinclusão, ver Neves, 1992a, p. 94 ss. e 155 ss.; 1992c; 2006, p. 261 ss.
[39] Niklas Luhmann, 1997, p. 1043.

para as Constituições civis da sociedade mundial, que poderiam servir como mecanismos contra a expansão de determinadas esferas sociais em prejuízo de outras.[40] Essa resposta pode, sem dúvida, ser relevante para as novas questões transnacionais da sociedade mundial, mas ela tem pouco significado para os problemas do desenvolvimento da América Latina, que, na perspectiva do direito, já reside na deficiente realização do Estado de direito nos respectivos países.

Por fim, pode-se questionar se esse problema não está vinculado ao primado dos sistemas vinculados primordialmente às expectativas cognitivas, a saber, a economia, a técnica e a ciência. De fato, em suas primeiras obras, Luhmann confirmava, a meu ver, com razão, a compatibilidade da diferenciação funcional com o primado das expectativas cognitivas. Essa tese foi revivificada recentemente por Teubner e Fischer-Lescano. A sociedade é, então, caracterizada como uma sociedade que se reproduz primariamente como base nas expectativas cognitivas (economia, ciência e técnica),[41] podendo ser compreendida mesmo como uma sociedade que se distingue por "um primado social da economia" ou como "uma sociedade econômica".[42] É verdade que Luhmann se afastou dessa sua posição mais tarde, para, em favor de uma radicalização da tese da autopoiese, sustentar a relação de horizontalidade nas relações entre sistemas funcionais.[43] Mas a antiga posição de Luhmann parece-me que deve ser mantida, não no sentido de um primado "ôntico essencial"[44] ou de uma necessária falta de autopoiese nos outros sistemas sociais, mas sim no sentido de que, nos ambientes dos diversos sistemas parciais da sociedade moderna (mundial), a economia constitui o fator mais relevante, a ser observado primariamente. Em outras palavras: a economia é, apesar de todo êxito da diferenciação funcional, equipada com o código binário mais forte entre um "sim" e um "não". No entanto, não se pode excluir que, nos casos de fortes abismos de estratificação e exclusões no interior do sistema econômico, esse primado degenere em uma desdiferenciação economicamente condicionada da sociedade. E isso está no centro dos problemas sociais da América Latina.

Dessa discussão poderíamos até ousar dizer que as patologias dos sistemas funcionais por força de corrupção sistêmica[45] transformam-se, no contexto latino-americano, paradoxalmente, em "patologias da normalidade",[46] sendo tal situação especialmente marcante no âmbito do direito e da política, ou seja, da realidade constitucional.

## BIBLIOGRAFIA

ATLAN, Henri. *Entre le cristal et la fumée: Essai sur l'organisation du vivant*. Paris: Seuil, 1979.
FISCHER-LESCANO, Andreas; TEUBNER, Gunther. *Regime-Kollisionen: Zur Fragmentierung des globalen Rechts*. Frankfurt am Main: Suhrkamp, 2006.
FROMM, Erich. *The Sane Society*. London: Routledge & Kegan Paul, 1956.

---

[40] Teubner, 2003; 2002.

[41] Niklas Luhmann, 1975b, espec. p. 55 e 57-8; 1981, p. 32 e 149 ss.; 1973, p. 5; Fischer-Lescano /Teubner, 2006, p. 7; Neves, 1992, p. 75-6.

[42] Niklas Luhmann 1981, p. 150.

[43] Cf., p. ex., Luhmann, 1988, espec. p. 27; 1997, espec. p. 747-8 e 762-3.

[44] Cf. Luhmann, 1975b, p. 63-4.

[45] Luhmann relaciona as "patologias" dos sistemas funcionais com moralizações ("a moral concentra sua atenção nas patologias"), pressupondo que, atualmente, "sabotagens de código tornam-se o problema moral, como a corrupção na política e no direito" (1997, p. 1043).

[46] Nesse passo, parafraseio, com respeitosa ironia, Fromm, 1956, p. 12 ss.

LUHMANN, Niklas. "Systemtheoretische Argumentationen: Eine Entgegnung auf Jürgen Habermas". In: Jürgen Habermas e Niklas Luhmann. *Theorie der Gesellschaft oder Sozialtechnologie – Was leistet die Systemforschung?* Frankfurt am Main: Suhrkamp, 1971.

———. "Politische Verfassungen im Kontext des Gesellschaftssystems". In: *Der Staat 12.* Berlim: Duncker und Humblot, 1973.

———. "Komplexität". In: Niklas Luhmann. *Soziologische Aufklärung 2: Aufsätze zur Theorie der Gesellschaft.* Opladen: Westdeutscher Verlag, 1975a.

———. "Die Weltgesellschaft". In: Niklas Luhmann. *Soziologische Aufklärung 2: Aufsätze zur Theorie der Gesellschaft.* Opladen: Westdeutscher Verlag, 1975b.

———. *Ausdifferenzierung des Rechts.* Frankfurt am Main: Suhrkamp, 1981.

———. *Soziale Systeme: Grundriß einer allgemeinen Theorie.* Frankfurt am Main: Suhrkamp, 1984.

———. *Soziologische Beobachtung des Rechts.* Frankfurt am Main: Metzner, 1986.

———. *Rechtssoziologie.* 3ª ed. Opladen: Westdeutscher Verlag, 1987.

———. *Die Wirtschaft der Gesellschaft.* Frankfurt am Main: Suhrkamp, 1988.

———. "Zur Einführung". In: Marcelo Neves. *Verfassung und Recht in der peripheren Moderne: Eine theoretische Betrachtung und eine Interpretation des Falls Brasilien.* Berlim: Duncker und Humblot, 1992.

———. *Das Recht der Gesellschaft.* Frankfurt am Main: Suhrkamp, 1993.

———. *Die Gesellschaft der Gesellschaft.* Frankfurt am Main: Suhrkamp, tomo 2, 1997.

———. *Organisation und Entscheidung.* Opladen/Wiesbaden: Westdeutscher Verlag, 2000.

MÜLLER, Friedrich. *Wer ist das Volk? Die Grundfrage der Demokratie – Elemente einer Verfassungstheorie VI.* Berlim: Duncker und Humblot, 1997.

NEVES, Marcelo. *Verfassung und Positivität des Rechts in der peripheren Moderne: Eine theoretische Betrachtung und eine Interpretation des Falls Brasilien.* Berlim: Duncker und Humblot, 1992a.

———. "Da autopoiese à alopoiese do direito". In: *Anuário do Mestrado em Direito* (da Faculdade de Direito do Recife), nº 5. Recife: Universidade Federal de Pernambuco, 1992b.

———. "Entre subintegração e sobreintegração: a cidadania inexistente". In: *Revista Acadêmica* (da Faculdade de Direito de Recife), nº LXXV. Recife: Universidade Federal de Pernambuco, 1992c.

———. "A crise do Estado: da modernidade central à modernidade periférica – anotações a partir do pensamento filosófico e sociológico alemão". In: *Anais do XVI Encontro Nacional dos Tribunais de Contas do Brasil*, vol. 1. Recife: Tribunal de Contas de Pernambuco, 1992d.

———. "Do pluralismo jurídico à miscelânea social: o problema da falta de identidade da(s) esfera(s) de juridicidade na modernidade periférica e suas implicações na América Latina". In: *Anuário do Mestrado em Direito* (da Faculdade de Direito do Recife), n.º 6. Recife: Universidade Federal de Pernambuco, 1993.

———. *A constitucionalização simbólica.* São Paulo/Guarulhos: Acadêmica, 1994. [2ª ed. São Paulo: WMF Martins Fontes, 2007].

———. "Einige Probleme mit Niklas Luhmanns Auffassung von den Staaten der Weltgesellchaft". In: *Soziale Systeme: Zeitschrift für Soziologische Theorie*, ano 12, nº 2. Stuttgart: Lucius & Lucius, 2006.

———. "Grenzen der Autonomie des Rechts in einer asymmetrischen Weltgesellschaft: Von Luhmann zu Kelsen". In: *Archiv für Rechts und Sozialphilosophie*, vol. 93, nº 3. Stuttgart: Franz Steiner Verlag, 2007.

TEUBNER, Gunther. "Privatregimes: Neo-Spontanes Recht und duale Sozialverfassungen in der Weltgesellschaft". In: Dieter Simon e Manfred Weiss (orgs.). *Zur Autonomie des Individuums. Liber Amicorum Spiro Simitis.* Baden-Baden: Nomos, 2000.

———. "Globale Zivilverfassungen: Alternativen zur staatszentrierten Verfassungstheorie". In: *Zeitschrift für ausländisches öffentliches Recht und Völkerrecht 63/1.* Heidelberg: Max Planck Institut für ausländisches öffentliches Recht und Völkerrecht, 2003.

— 11 —

# O humano e os humanos nos direitos humanos. Animais, Pacha Mama e altas tecnologias

### GERMANO SCHWARTZ[1]

*Sumário:* Introdução (O humano e os humanos. Direitos humanos?); 2. O movimento dos direitos dos animais e os tribunais; 3. A flora como sujeito de direito: o caso da Pacha Mama; 4. As altas tecnologias: pesquisas sobre inteligência artificial e genética; Considerações finais (O humano e o(s) direito(s) humano(s)); Referências bibliográficas.

## INTRODUÇÃO
## (O HUMANO E OS HUMANOS. DIREITOS HUMANOS?)

Um dos grandes problemas, senão o maior, contra a aceitação da teoria sociológica proposta por Niklas Luhmann, é a nova posição ocupada pelo ser humano perante o sistema social. Convém esclarecer, em linhas iniciais, que o escândalo[2] da proposição de Luhmann é, antes, uma forma de abordagem da posição do ser humano na sociedade. Os tópicos selecionados pelo presente artigo, todos eles a partir da perspectiva dos direitos humanos, pretendem demonstrar a validade de, no mínimo, ser (re)discutida a centralidade do *human being* em tais formulações jurídicas. Em função disso, existindo uma nova forma de observação de sua semântica, ocorre uma mudança na percepção dos direitos humanos no sistema social global.

Como exemplos dessa nova realidade, trazem-se os casos dos Direitos dos Animais, da Pacha Mama e das Altas Tecnologias. Todos eles redefinem a noção do que é humano, e, logo, de sua posição no sistema social. Com isso, também, em função da constante comunicação entre os sistemas, os direitos humanos passam a ter uma nova perturbação. Há elementos não humanos que merecem proteção dos direitos humanos como se humanos fossem.

Nessa esteira, de acordo com sua concepção de constante autorreprodução, e recordando um dos pontos centrais da construção teórica luhmanniana, corpos e mentes

---

[1] Pós-Doutor em Direito (University of Reading). Doutor em Direito (Unisinos) com estágio doutoral-sanduíche na Université Paris X-Nanterre. Docente do Mestrado em Memória Social e Bens Culturais do Unilasalle. Coordenador do Curso de Direito da ESADE-Laureate International Universities. Professor do Curso de Graduação em Direito da Faculdade da Serra Gaúcha. Secretário do Research Committee on Sociology of Law (RCSL) da International Sociological Association (ISA). Presidente da Associação Brasileira de Pesquisadores em Sociologia do Direito (ABRASD).

[2] "Systemically speaking a theory that conceives of society as the system of communication has to locate minds and bodies – and, of course, "human beings" – outside the operational realm of society. This is the "scandal" of social system theory when looked at from the perspective of traditional "Old European" humanism".MOELLER, Hans-Georg. *Luhmann Explained. From Souls to Systems.* Chicago and La Salle: Open Court, 2006, p. 9.

são retirados da sociedade. A teoria dos sistemas sociais estabelece três tipos principais de sistemas:[3]

(a) Sistemas de Comunicação – compostos pelos sistemas sociais, subdivididos em sistemas funcionais, organizações e interações;

(b) Sistemas Vivos – entre os quais são encontrados as células, os cérebros, os organismos, entre outros;

(c) Sistemas Psíquicos – locais em que se posicionam o ser humano.

Tendo-se em mente essa tripartição, a dificuldade para se enfrentar a questão dos direitos humanos é a sua própria estruturação semântica, ou seja, quais as consequências de produção de sentido quando se fala em um direito "humano", ou, até mesmo em humano e/ou Direito. Dito de outra forma: é preciso responder à indagação sobre a essencialidade do humano para se observar o sistema jurídico, e, portanto, se os direitos humanos são "humanos".

Antes mesmo de se apontarem as perspectivas que a teoria dos sistemas sociais oferta para o questionamento, registre-se que o próprio conceito de humanidade consiste numa questão dúbia na sociedade contemporânea. Nesse sentido, conforme defende Fernandez-Armesto,[4] o problema está ao largo da devastação ecológica ou da destruição em massa. A ameaça conceitual é que se encontra em discussão.

A incoerência do significado da humanidade, repetidamente assediado por sistemas tais como a ciência, a moral, a religião, entre outros, produz, em termos sistêmicos, uma sobreposição de códigos e uma insuficiente diferenciação funcional de cada sistema. As causas da falta de coerência daquilo que é humanidade como expressão do que é ser humano – mas não do *human being* – pode ser reputada,[5] de forma exemplificativa, pelos fatores a seguir analisados.

## 2. O MOVIMENTO DOS DIREITOS DOS ANIMAIS E OS TRIBUNAIS

Ao defenderem a extinção do privilégio dos homens em relação aos recursos da flora e da fauna, os defensores dos direitos dos animais colocam em discussão uma humanidade além dos humanos.[6] Nessa linha de raciocínio, o Direito não é uma categoria exclusivamente humana. Dito de maneira diversa: *há direitos humanos para os não humanos.*

Note-se que os direitos para além dos humanos são construídos "à imagem e à semelhança" dos direitos humanos. Possuem pretensão universal. O interesse de sua proteção é, pois, extraestatal. Além disso, reforçam-se em uma pretensa moralidade. Seres humanos devem ser bons, inclusive com os não humanos. Configuram-se como uma espécie de direito natural para a natureza.

A Declaração Universal dos Direitos dos Animais assevera que todos os animais possuem direito à vida e à existência (art. 1º). Semelhante norma é encontrada

---

[3] LUHMANN, Niklas. *Sistemas Sociales. Lineamientos para una Teoría General.* Barcelona: Anthropos; México: Universidad Iberoamericana; Santafé de Bogotá: CEJA, Pontíffcia Universidad Javeriana, 1998, p. 27-29.

[4] FERNANDEZ-ARMESTO, Felipe. *Então você pensa que é Humano?* São Paulo: Companhia das Letras, 2007, p.9.

[5] Idem, ibidem.

[6] Para uma maior especificidade sobre o tema, consulte-se SARLET, I; FERSTENSEIFER, T.;MOLINARO, C.A (Orgs.). *A Dignidade da Vida e os Direitos Fundamentais para além dos Humanos: uma discussão necessária.* Belo Horizonte: Fórum, 2008.

na Declaração Universal dos Direitos do Homem (art. 3º). No artigo 2º da Declaração dos Animais está a proibição de exterminar os animais, uma vez que ele possui direito à vida. É farta a legislação que proíbe o ser humano de matar um ao outro, como é o caso do artigo 121 do Código Penal brasileiro, para citar apenas um.

Esse cotejo demonstra a acentuada semelhança que o Direito da sociedade contemporânea estabelece entre o humano e o não humano. Há, assim, uma problemática. Os textos jurídicos (positividade) são o local interno ao sistema jurídico em que se acoplam validade e argumentação.[7] Se as leis não fazem essa distinção, é preciso uma dupla estrutura (textos vigentes e função argumentativa) para aclarar a diferença entre humanos e não humanos.

Nessa senda, a vigência dos textos jurídicos é validada pela argumentação utilizada para verificar sua implicação subsuntiva e temporal. À evidência que os argumentos não possuem a função de modificar os textos. Essa tarefa é delegada ao sistema político, que, no caso, dos direitos humanos, é global.

A constante movimentação que um sistema autopoiético intrinsicamente possui, atrela tudo isto ao código do sistema jurídico. Somente assim é possível produzir decisões consistentes, orientadas tanto à comunicação interna (sistema) quanto à externa (ambiente). Dessa forma, o Direito "aprende" com o ambiente, mantendo as expectativas normativas existentes[8] com relação aos direitos humanos, em uma relação de coevolução.

Nessa linha de raciocínio, no ordenamento jurídico interno, o Superior Tribunal de Justiça, no acórdão do Recurso Especial 1115916, publicado em 18/09/2009, e de lavra do Ministro Humberto Martins, enfrentou o tema. Mesmo reconhecendo que, em situações limítrofes, deve-se optar pela sobrevivência do ser humano em detrimento do animal, não deixou de reconhecer a necessidade de se eliminarem meios cruéis no tratamento a animais.

A linha argumentativa do Recorrente (Município de Belo Horizonte) procurou impingir aos cães e gatos abandonados a categoria de coisas. Daí ser o uso do gás asfixiante justificável e um meio não cruel. Acatada, diferenciaria os humanos dos animais. No entanto, o Tribunal citado entendeu de forma diversa. Especialmente interessante é o entendimento do Relator, em fls. 8-9 do julgado retrorreferido.[9]

> Não há como se entender que seres, como cães e gatos, que possuem um sistema nervoso desenvolvido e que por isso sentem dor, que demonstram ter afeto, ou seja, que possuem vida biológica e psicológica, possam ser considerados como coisas, como objetos materiais desprovidos de sinais vitais.
>
> Essa característica dos animais mais desenvolvidos é a principal causa da crescente conscientização da humanidade contra a prática de atividades que possam ensejar maus tratos e crueldade contra tais seres.

Percebe-se do julgado aquilo que Teubner denominou de *personificação do não humano*.[10] Atentando-se para o fato de que o Direito é compreendido por intermédio de uma lógica em que os Tribunais, em função das suas decisões e da lógica não

---

[7] LUHMANN, Niklas, *Das Recht der Gesellschaft*. Frankfurt: Suhrkampf, 1997, p. 308

[8] LUHMANN, Niklas. Legal Argumentation: an Analysis of its Forms. *The Modern Law Review*, v. 58, May 1995, nº3, p. 285.

[9] https://ww2.stj.jus.br/revistaeletronica/Abre_Documento.asp?sLink=ATC&sSeq=5764421&sReg=200900053852&sData=20090918&sTipo=91&formato=PDF. Acessado em 18/12/2009, às 10:40min.

[10] TEUBNER, Gunther. Rights of Non-Humans? Electronic Agents and Animals as New Actors in Politics and Law. *Journal of Law and Society*. London: Wiley, 2006, p. 497.

hierárquica da autopoiese,[11] posicionam-se no centro do sistema jurídico, pode-se afirmar que, além de válida, a jurisprudência passa a reconhecer o alargamento do humano. Os mecanismos seletivos (re)definem, portanto, a partir da diferenciação sistema/ambiente, o conceito de humano para o próprio Direito.

Essa constatação se torna ainda mais evidente quando ativistas levam ao conhecimento do Tribunal Europeu dos Direitos do Homem a pretensão de reconhecimento do macaco Hials Pan como pessoa.[12] Isso porque ele se porta como tal e também socializa com seres humanos de modo perfeito. O caso ainda não foi julgado, mas é paradigmático. Leva uma Corte de Direitos do Homem a pronunciar-se a respeito da natureza humana de um símio. Correndo o risco de repetição, mas por relevância, importante frisar que se acentua a ausência de diferenciação entre os humanos e os demais. Não há mais exclusividade da condição humana no sistema jurídico.[13]

No Brasil, o chimpanzé Suíça teve *habeas corpus* impetrado em seu favor. O processo correu na 9ª Vara Criminal de Salvador. O *writ*[14] foi subscrito por um professor universitário, por um membro do Ministério Público e por vários universitários. Seus fundamentos se encontram no fato de que a privação da liberdade de ir e vir do macaco, auxiliada pela parca estrutura do local onde se encontrava enjaulado, marcadamente suas infiltrações, impediam seu acesso à área de cambiamento.

Ao contrário da jurisprudência existente no Supremo Tribunal Federal,[15] o Habeas Corpus 833085-3/2005 (BA)[16] foi recebido. Sua liminar, entretanto, foi indeferida. Significa, pois, que a possibilidade jurídica do pedido foi aceita. Todavia, durante o curso do processo, o chimpanzé Suíça veio a falecer. O processo foi extinto sem o julgamento do mérito.

De outro lado, conforme narra Wise,[17] a Corte de Winsconsin, no ano de 2001, negou a uma família indenização em função de seus cães terem sido mortos por policiais em uma operação confusa. Mesmo alegando que dependiam sentimentalmente dos animais, o juiz categorizou-os como coisa. Contudo, não enfrentou a qualidade humana dos cachorros. Houve a utilização de um artefato jurídico para o não enfrentamento do ponto central da demanda. Ela permanece, ainda, como uma questão a ser resolvida.

---

[11] LUHMANN, Niklas; GIORGI, Rafaelle di. *Teoria della Società*. Milano: FrancoAngeli, 2008, p. 310.

[12] http://www.estadao.com.br/noticias/vidae,ativistas-queremreconhecimento-de-chimpanze-como gente,176589,0.htm Acessado em 16/12,2009, às 21:20min.

[13] Como ilustra HARTMANN, Ivar Alberto Martins. *Ecodemocracia. A proteção do Meio Ambiente no Cieberespaço*. Porto Alegre: Livraria do Advogado, 2010, p. 36: "(...) se observarmos que a ciência do direito encontrou uma forma de operacionalizar a outorga de direitos a pessoas jurídicas – denominadas também de 'pessoas morais' justamente por serem entes frutos de nossa imaginação e que sequer existem de fato – não há como sustentar, com alguma seriedade, que é impossível fazer o mesmo quando se trata de seres vivos".

[14] SANTANA, Heron José de (et. al). Habeas Corpus Impetrado em Favor da Chimpanzé Suíça na 9ª Vara Criminal de Salvador. *Revista Brasileira de Direito Animal*. Ano 1, Número 1, jun/dez 2006, p. 261-280.

[15] "Animal não pode integrar uma relação jurídica, na qualidade de sujeito de direito, podendo apenas ser objeto de direito, atuando como coisa ou bem" (STF RHC – 63/399).

[16] CRUZ, Edmundo. Sentença do Habeas Corpus Impetrado em Favor da Chimpanzé Suíça. *Revista Brasileira de Direito Animal*. Ano 1, Número 1, jun/dez 2006, p. 281-286.

[17] WISE, Steven M. *Drawing the Line: science and the case for Animal Rights*. Cambridge: Perseus, 2002, p. 27.

A legislação[18] estende-se a outros seres, positivando direitos como resultado de uma aquisição evolutiva da sociedade. Chega-se, inclusive, a admitir, em alguns casos, no tempo presente, que os animais possuem legitimidade para ingressar com demandas perante o Poder Judiciário. Os lobos-marinhos do Mar do Norte promoveram ação contra a República Federal da Alemanha, por intermédio do Ministério do Trânsito e do Instituto Hidrográfico da Alemanha. Segundo Paul[19]

> (...)a pretensão da ação dos lobos-marinhos era obrigar o Estado Alemão a proibir a chamada "Marinha dos Resíduos Venenosos" (*Giftmúll-Marine*). A proibição deveria compreender, dito em terminologia burocrática, "o transporte de dejetos para alto-mar" ou, expresso em categorias ecológicas, a contaminação ou poluição do Mar do Norte, realizada por navios especiais – de empresas prestadoras de serviços comerciais – para o transporte de dejetos.

A ação acabou sendo rejeitada porque os lobos habitavam fora do território da Alemanha. Nesse sentido, o Poder Judiciário germânico não possuía jurisdição em relação à causa. A questão principal, a de que um animal não possui direito subjetivo à prestação jurisdicional, foi secundária. Utilizou-se de um artefato jurídico. Note-se, entretanto, que a ação foi recebida.

Não é novidade, todavia, tal possibilidade. Já em 1522, em Autun, os ratos foram processados por terem comido e destroçado as plantações de cevada. A habilidade de seus advogados conduziu-os à absolvição. Mais de duzentos casos envolvendo animais percorreram os Tribunais da Idade Média, inclusive um, no qual porcos condenados à morte restavam presos junto com os humanos – e com os mesmos direitos – até o cumprimento da pena.[20]

À primeira vista, essa realidade levaria à constatação de que se estaria regressando à Idade Média, afinal, após todas as revoluções científicas da modernidade, o único ator possível dentro do Direito é o humano. Esse é um artefato semântico típico da sociedade contemporânea. Foi erigido sobre bases em que a complexidade demandou ao desenvolvimento de um sistema científico que possui uma função específica, a de filtrar a falsidade da verdade[21] nas proposições comunicativas que o ambiente – Direito incluído – remete a ele.

Há diferentes processos autônomos no ambiente. As comunicações da ciência comunicam realidade sua a partir de suas autodescrições. Vencida essa etapa, as estruturas da ciência restam afetadas, e, por sua vez, são reportadas novamente ao sistema. A partir daí, o processamento comunicativo dos sistemas sociais vira ruído para os subsistemas.

O sistema jurídico, por meio de seus mecanismos seletivos, nomeadamente seu código *Recht/Unrecht*, é influenciado pela percepção científica do que é humano e

---

[18] No âmbito da jurisdição internacional, além da já citada Declaração Internacional dos Direitos dos Animais, publicada em 27/01/1978 pela UNESCO, há a Convenção Europeia Para a Proteção dos Animais Vertebrados Utilizados para Finalidades Científicas Experimentais ou outras, de 1986. No Brasil, algumas normativas tratam do tema. A saber: (a) Artigo 225, 1°, VII, da Constituição Federal de 1988; (b) Decreto Federal 24645, que, em seus artigos 1° e 3.°, trata da proibição do uso de meios cruéis contra animais; (c) Lei 9605/98 – criminaliza, em seu art. 32, o ato de abuso, maus-tratos, ferir ou mutilação de animais silvestres; (d) Lei 6638/79, cujo objeto é regular prática didático-pedagógica da vivissecção (a) Lei 13.193/RS – proíbe a prática de extermínio de cães e de gatos com o objetivo de coibir sua reprodução.

[19] PAUL, Wolf. A Irresponsabilidade Organizada? Comentários sobre a Função Simbólica do Direito Ambiental. In: JUNIOR, José Alcebíades de Oliveira (Org.). *O Novo em Direito e Política*. Porto Alegre: Livraria do Advogado, 1997, p. 179.

[20] TEUBNER, Righs of Non-Humans?(...), 2006, p. 498.

[21] LUHMANN, Niklas. *La Ciencia de La Sociedad*. México: Universidad Iberoamericana, 1996, p. 129.

daquilo que não é. Todavia, sua comunicação se dará por meio de suas estruturas, produzindo suas autodescrições[22] em processo particular mas operativamente idêntico ao do sistema da ciência.

A definição de ser humano é, assim, como afirma Teubner,[23] criado pelo sistema social. É uma atribuição da sociedade. Nessa linha de raciocínio, *o que são direitos humanos constite numa construção do sistema jurídico*. É uma estratégia de como lidar com a incerteza da identidade do Outro em um esquema de dupla contingência (o humano não compreende o animal e vice-versa) que pressupõe autorreferência.

Com isso, pode-se afirmar que é defeso tratar os não humanos de forma desumana. Daí o recrudescimento do problema conceitual. Sem a ausência do antagonismo, do oposto, resta bastante difícil estabelecer consenso a respeito do humano no sistema social global. A produção da diferença constitui a possibilidade que se apresenta para o reconhecimento dos diferentes atores – natureza incluída – em um sistema social global no qual o Direito se insere.

## 3. A FLORA COMO SUJEITO DE DIREITO: O CASO DA PACHA MAMA

Não se trata de novidade falar da necessidade da proteção da fauna para a preservação tanto da sociedade atual quanto das gerações vindouras.[24] De fato, a partir dos já citados movimentos ambientalistas, o sistema social global incorporou um novo tipo de comunicação, a ecológica.[25]

A comunicação ecológica foi desenvolvida a partir dos danos ecológicos ou dos acidentes ambientais.[26] As medidas de precaução e prevenção hoje conhecidas são deles decorrentes. O binômio sustentabilidade/degradação, por exemplo, passou a se configurar como uma semântica da sociedade contemporânea. Há, pois, condutas ecologicamente responsáveis e as ecologicamente irresponsáveis, tudo filtrado pela diferenciação funcional de cada sistema.

A intensa produção legislativa, em âmbito internacional tendente a proteger a flora, demonstra a preocupação com sua preservação, ou, dito com outras palavras, a intensificação da comunicação ecológica. Esse é o caso da Convenção sobre o Comércio Internacional das Espécies da Fauna e da Flora Silvestres Ameaçados de Extinção, conhecida como Convenção de Washington, assinada no ano de 1973.

---

[22] A autodescrição que o Direito dá ao problema, afeta outros sistemas, como, por exemplo, o educativo. Tomando o ensino jurídico como exemplo, há uma vasta lista de Faculdades que possuem a cadeira de Direito dos Animais em seus currículos, em especial nos Estados Unidos. É o caso de Harvard, Yale. Columbia, Stanford, UCLA, entre outras. Para uma lista extensa dos autores expoentes dessa linha de raciocínio e das universidades que adotam o direito dos animais como matéria componente da formação de seus alunos, veja-se RODRIGUES, Danielle Tetu. *O Direito e os Animais. Uma Abordagem Ética, Filosófica e Normativa.* Curitiba: Juruá, 2008, p.197-204.

[23] TEUBNER, Righs of Non-Humans?(...), 2006, p. 500.

[24] A própria Constituição do Brasil, em seu artigo 225, parágrafo 1, VII, aborda o tema quando incumbe ao Poder Público o dever de: "proteger a fauna e a flora, vedadas, na forma da lei, as práticas que coloquem em risco sua função ecológica, provoquem a extinção das espécies ou submetam os animais a crueldade". Na mesma linha, o Código Florestal Brasileiro (Lei 4771/65), em seu artigo 1º, declara que as florestas e as demais vegetações são de interesse comum a todos os habitantes do país.

[25] Sobre a comunicação ecológica, veja-se LUHMANN, Niklas. *Ecological Communication*. Chicago: University of Chicago, 1989.

[26] SIMIONI, Rafael Lazzarotto. *Direito Ambiental e Sustentabilidade*. Curitiba: Juruá, 2006,p. 54.

Nota-se, com isso, a coligação existente entre Direito e sociedade. Gerou-se uma comunicação que foi selecionada pelo sistema jurídico. Nessa senda, a proteção da flora revela um exemplo claro de como a diferenciação funcional do próprio sistema jurídico é capaz de gerar novas comunicações (direito da flora) a partir da interação com o meio circundante[27] (ecologia).

Contudo, o estágio da comunicação descrita ainda resta direcionado a uma relação de sobreposição do homem em relação à natureza. Esta depende daquele. Ele pode resgatá-la. Mas, como bem assinala Luhmann,[28] o moderno da sociedade moderna não é uma definição que temporalmente tenha uma grande repercussão, pois o que é moderno hoje, amanhã pode pertencer ao ontem.

Diz-se isso porque nos policontextos da sociedade contemporânea, mais especificamente no Equador, essa relação foi abordada de maneira diversa. O homem, além de preservar a natureza, dela faz parte em uma simbiose que impede definir a centralidade da comunicação ecológica. A massa amorfa[29] de que fala Teubner começa a ser esculpida. Ao mesmo tempo em que se complexifica a questão, a legislação é um mecanismo de sua redução, pois *confere à natureza (a Pacha Mama) a titularidade de um direito fundamental.*[30]

Ao demonstrar a relação de interdependência simbiótica existente entre homem e natureza, a Constituição do Equador, em seu preâmbulo, anuncia que o ser humano e a Mãe Natureza fazem parte do mesmo todo sem que se possa afirmar a prevalência do todo sobre cada parte da complexa rede que fornece a possibilidade da condição da sobrevivência na Terra. Seu teor é o seguinte: "(...)*CELEBRANDO a la naturaleza, la Pacha Mama, de la que somos parte y que es vital para nuestra existencia*".

O texto constitucional equatoriano, seguindo o celebrado por seu preâmbulo, vai além. Em seu artigo 10º, eleva a natureza a um lugar que antes pertencia única e exclusivamente ao ser humano. Ela possui a titularidade de direitos. O teor do artigo retrorreferido é o seguinte: *La naturaleza será sujeto de aquellos derechos que le reconozca la Constitución.*

O capítulo 7º da Lei Magna equatoriana explicita seu preâmbulo. É intitulado "Direitos da Natureza", algo que, como já dito, trata-se de uma nova comunicação ecológica. O humano (Direito) e seus direitos vão além da condição humana. Encontra-se em relação direta com a natureza e dela não pode se diferenciar.

---

[27] LUHMANN, Niklas. *Ausdifferenzierung des Rechts. Beitrage zur Rechtssoziologie und Rechtstheorie.* Frankfurt: Surhkampf, 1999, p. 53-54.

[28] LUHMANN, Niklas. *Complejidad y Modernidad. De la Unidad a la Diferencia.* Madrid: Editorial Trotta, 1998, p. 135.

[29] Para o autor, expressões tais como "danos ambientais" e "gerações futuras" são uma forma de comunicação que coloca em risco as categorias centrais de análise da responsabilidade ambiental. Pergunta: "Será que o direito ambiental está em condições de incorporar elementos sistêmicos e coletivos(...)?" TEUBNER, Gunther. *Direito, Sistema e Policontexturalidade.* Piracicaba: Unimep, 2005, p. 198. A noção da Pacha Mama é, em si, sistêmica e coletiva no sentido de que todos os homens estão interligados na formação da Mãe Terra. Sua fertilidade proporciona aos homens a chuva, a alimentação, enfim, tudo o que é necessário para sua sobrevivência. A relação de interdependência reside na simplicidade lógica de que todo o dano à *Pacha Mama* é um dano, no fim da relação intersistêmica, ao próprio homem.

[30] O foco da investigação são os direitos humanos. Abordar a Pacha Mama como direito fundamental serve para demonstrar que outros elementos além do homem estão positivados e são sujeitos de direito. Não se trata, pois, de compará-los e sim de exemplificar a complexidade da questão humana dentro do Direito de um sistema social global, uma vez que conferir à natureza a titularidade de direitos constitucionalmente previstos é uma inovação da sociedade contemporânea resultante da comunicação ecológica nela estabelecida.

Coloca-se, dessa forma, em xeque, um dos grandes fundamentos dos direitos humanos: a natureza singular da humanidade.

Nesse sentido, o artigo 71 da Carta Maior do Equador assinala que a Pacha Mama tem direito, ou seja, é titular de direitos, à sua existência e sobrevivência, uma vez que a vida dela decorre. Seus ciclos vitais, sua estrutura e seus processos evolutivos fazem parte do conteúdo material da Constituição equatoriana. Todo e qualquer cidadão daquele país pode acessar o Poder Judiciário para a preservação de sua Pacha Mama, e portanto, de si mesmo:

> Art. 71.- La naturaleza o Pacha Mama, donde se reproduce y realiza la vida, tiene derecho a que se respete integralmente su existencia y el mantenimiento y regeneración de sus ciclos vitales, estructura, funciones y procesos evolutivos. Toda persona, comunidad, pueblo o nacionalidad podrá exigir a la autoridad pública el cumplimiento de los derechos de la naturaleza. Para aplicar e interpretar estos derechos se observaran los principios establecidos en la Constitución, en lo que proceda. El Estado incentivará a las personas naturales y jurídicas, y a los colectivos, para que protejan la naturaleza, y promoverá el respeto a todos los elementos que forman un ecosistema.

Tudo isso é insíto à busca pela diferenciação nos direitos humanos. Quando passam a ser entendidos como direitos ao dissenso, eles, os direitos humanos, restam conectados diretamente com a cultura de cada povo. De fato, uma das características marcantes da Lei Fundamental do Equador trata-se da *interculturalidade,* que, na linguagem de Von Schoettler,[31] é o fundamento ideológico do princípio da unidade na diversidade.

Ocorre que o quadro normativo internacional se configura como a negativa da possibilidade da aceitação de outros valores em detrimento das vastas possibilidades que as comunicações oriundas das diversas realidades a respeito dos direitos do homem podem acrescentar ao próprio ser humano. Assim, por exemplo, nas palavras de Boaventura de Sousa Santos,[32]

> Então, por que não utilizar a palavra "reviver", que tem uma conotação muito mais profunda e que significa uma relação diferente com Pacha Mama? O conceito de natureza é muito pobre comparado com o de Pacha Mama, mais profundo e rico, pois implica harmonia e cosmovisão. Os indígenas colombianos costumam dizer "o petróleo é sangue da terra, é nosso sangue, nossa vitalidade, se nos tiram o sangue, nos matam". Esta concepção, que para os povos indígenas é muito natural, começa a ter outra aceitação.

A proteção da Pacha Mama no ordenamento jurídico enquanto titular de direitos (humanos e fundamentais) revela-se uma das características dos processos constituintes latino-americanos[33] desse novo século. Delimitando geograficamente, trata-se, além da inovação equatoriana, de uma comunicação pertencente ao sistema jurídico boliviano. O precedente do Equador foi importante na formação de sentido pretendido pela pátria dos altiplanos andinos.

---

[31] VON SCHOETTLER, Werner Vásquez. El movimiento Indígena Ecuatoriano y la Asamblea Nacional Constituyente. In: JIMÉNEZ, William Ortiz; ARÉVALO, Ricardo Oviedo (Eds). *Refundación del Estado Nacional. Procesos Constituyentes y Populares em America Latina.* Medellín: Universidad Nacional de Colombia. Sede Medellín, 2009, p. 313.

[32] SANTOS, Boaventura de Sousa. *"Descolonização" da América Latina Exige Reconhecimento dos Direitos Indígenas.* http://alainet.org Acessado em 04 de Janeiro de 2010, às 21:20.

[33] Para um panorama dos novos processos constituintes da América Latina, consulte-se OREVALO, Ricardo Oviedo; JIMÉNEZ, William Ortiz. *Refundación del Estado Nacional, Procesos Constituyentes y Populares en América Latina.* Medellín:Universidad Nacional de Colombia Sede Medellín, 2009. Na mesma senda, veja-se AMARILES, David Restrepo. *Legality and Legitimacy:The Legal and Political Philosophy of Popular Sovereignty in the New American Latin Constitutions.* Lambert: Saarbrücken, 2010.

Em termos luhmannianos,[34] a positividade da Pacha Mama na Constituição do Equador ensejou uma série de eventos comunicativos selecionados por cada subsistema a partir de suas próprias características. Países periféricos como os citados promoveram uma adaptação do sentido dos direitos humanos. Isso é a chamada desdiferenciação. E, mesmo entre eles, muito embora próximos geograficamente, há diferenças no tratamento jurídico da mesma tradição a respeito da Mãe Terra (Pacha Mama). Comunicações dão sequência a outras comunicações. A última não é necessariamente igual à primeira, visto que não existe uma relação de anterioridade na formação do ato comunicativo (ecológico)

A comunicação possui um sentido limitado pelo sistema (Direito, Moral, Religião, entre outros). A formação de sentido se dá por meio da seleção das comunicações exteriores por meio de processos internos, gerados a partir da auto-organização de cada subsistema por meio de critérios de preferência (Leis, Tribunais, normas, só para citar). Sua reflexividade[35] criará uma identidade própria, definindo internamente seu sentido, que, após, será a base seletiva para a complexidade do meio e de sua contingência interna.

É nessa esteira que a comunicação ecológica,[36] estabelecida nos processos constituintes bolivianos e equatorianos, antes de fazerem parte do sistema jurídico de cada país, local em que serão observados a partir de seu sentido[37] e de seu simbolismo, encontram-se dentro de um processo comunicativo pertencente ao sistema social global: a necessidade da preservação da natureza.[38] À evidência que a Pacha Mama, enquanto titular de direitos, é uma nova comunicação, dando sentido à necessidade de sua proteção desde as particularidades da Bolívia e do Equador.

O preâmbulo da Constituição da República da Bolívia, promulgada em 2009, possui sentido diferenciado em relação ao da Lei Magna equatoriana. Há uma narrativa a respeito de como as montanhas e os rios se formaram em tempos imemoriais e de como o altiplano e o chaco cobriram-se de verde e de flores. Logo após, o povo boliviano habitou a "Sagrada Mãe Terra". O preâmbulo segue, porém dando maior atenção ao racismo sofrido pelos habitantes originais da Bolívia desde a colonização

---

[34] "(...) a comunicação é uma sucessão de efeitos multiplicadores: primeiramente, um a tem, e depois, dois, e logo pode ser estendida a milhões, dependendo da rede comunicacional na qual se pense(...)". LUHMANN, Niklas. *Introdução à Teoria dos Sistemas*. Petrópolis: Vozes, 2009, p. 294.

[35] Para TEUBNER, Gunther. *Droit et Réflexivité. L'auto-référence en droit et dans l'organisation*. Bruxelles: Bruylant; Paris: L.G.J.D, 1996, p. 7, a reflexividade resoluta (1) de uma evolução jurídica autônoma (Equador e Bolívia) que (2) é dependente dos princípios exteriores – comunicação – da própria organização da sociedade e (3) gera uma covariação de estruturas jurídicas e sociais. Interligadas, as realidades de Equador e da Bolívia levaram a uma positividade diferenciada em relação à Pacha Mama, sendo inegável, todavia, sua conexão.

[36] A comunicação ecológica é típica de uma sociedade globalizada. Não se restringe aos limites fronteiriços de um Estado-Nação. Ela acentua complexidade e provoca transformações. Geram diferenças, e o Direito procura, então, selecioná-las, e, se, for o caso, adaptar-se. A comunicação ecológica força a negativa do passado e procura uma nova forma de observação e da produção de modelos diferenciados. Essa é a linha de pensamento de ROCHA, Leonel Severo. *Epistemologia Jurídica e Democracia*. 2ªed. São Leopoldo: Unisinos, 2008, p. 189-198. A Pacha Mama como sujeito de Direito é uma consequência das comunicações ecológicas do sistema social global reflexivamente inserida nos ordenamentos legais da Bolívia e do Equador, e, mesmo entre eles, de forma diferenciada.

[37] Sobre o papel do sentido na teoria de Luhmann, veja-se LUHMANN, Niklas; HABERMAS, Jürgen. *Theorie der Gesellschaft oder Sozialtechnologie. – Was leistet die Systemforschung ?* Frankfurt: Surhkampf, 1971, p. 25-100.

[38] As próprias nações componentes da ONU referem, explicitamente, que as mudanças climáticas são um dos grandes desafios dos tempos atuais. Essa expressão é retirada do Acordo de Copenhagen, resultado da 15ª Conferência Marco das Nações Unidas sobre Mudanças Climáticas (COP15). O acesso à integra do documento está disponível em http://unfccc.int/files/meetings/cop_15/application/pdf/cop15_cph_auv.pdf

europeia, para então, referir que: *"Cumpliendo el mandato de nuestros pueblos, con la fortaleza de nuestra Pachamama y gracias a Dios, refundamos Bolívia"*.

Percebe-se que a Pacha Mama, para a Bolívia, é sua fortaleza, ou seja, algo semelhante ao que ocorre com a expressão "sob o nome de Deus", encontrada no preâmbulo da Constituição do Brasil de 1988. Longe da discussão a respeito da força normativa de um preâmbulo,[39] em ambos os casos não há uma prevalência da Pacha Mama[40] ou de Deus em tais Estados. Os dois são pluriculturais, o foco mais preciso da Lei Fundamental boliviana.[41] No próprio território da Bolívia, há outras crenças em que a Mãe Terra não ocupa papel de destaque ou, até mesmo, não faz parte de sua mitologia. Esse é o direito da autoidentificação cultural previsto no art. 21, 1º, da Carta Maior da Bolívia.

Dessa maneira, o exemplo da Pacha Mama no Equador e na Bolívia demonstra que o ser humano não é mais o único titular de sujeito de direitos. A inevitabilidade dessa constatação leva a uma forçosa comunicação no sistema social global. Num contexto de desdiferenciação, não significa dizer que países periféricos possuam a predominância comunicativa, naquilo que Boaventura defende como a necessidade da globalização do sul.[42] Trata-se, apenas, de referir que uma nova comunicação faz parte do sistema jurídico. Suas estruturas absorverão a influência, podendo rechaçá-la, ou, até mesmo, confirmá-la, gerando um novo sentido e novas comunicações, inclusive para uma necessária pluridimensionalidade dos direitos humanos, estendida, também, para as altas tecnologias.

## 4. AS ALTAS TECNOLOGIAS: PESQUISAS SOBRE INTELIGÊNCIA ARTIFICIAL E GENÉTICA

As altas tecnologias sanitárias configuram-se como um dos grandes problemas a respeito do problema conceitual da humanidade. Os reportes acerca das variáveis que a inteligência artificial é capaz de produzir com base em outra inteligência (a humana) bem como a semelhança do genoma humano com o de outras espécies provoca o questionamento da moralidade e do caráter atípico ou singular do ser humano.

---

[39] Para um entendimento maior a respeito da discussão, reporte-se à MARÇAL, Patrícia Fontes. *Estudo Comparado ao Preâmbulo da Constituição Federal do Brasil*. Rio de Janeiro: Forense, 2001, p. 157-179.

[40] Nos artigos 342 a 347 da Constituição Boliviana há a positividade do Meio Ambiente, adotando a ideia do desenvolvimento sustentável, explicitado em seus artigos 405 e seguintes. Todavia, note-se que ao contrário da Lei Fundamental do Equador, a Pacha Mama não é titular de Direito. O único local em que ela é mencionada é no preâmbulo, mesmo assim dentro dos limites já referidos.

[41] A Bolívia é um Estado de várias nações, e, portanto, culturas. Logo, não comporta uma análise unidimensional, necessitando do reconhecimento e da proteção das características culturais das várias nações (indígenas) que habitam seu solo. Essa é a conclusão de FERNÁNDEZ, Albert Noguera. Diálogos sobre la Plurinacionalidad y la Organización Territorial del Estado en Bolivia. *Revista Española de Derecho Constitucional*, n. 87. Septiembre/Deciembre. Madrid: Centro de Estudios Constitucionales, 2009, p. 241-270. Na mesma linha: DALMAU, Rubén Martínez. Heterodoxia y Dificultades en el Proceso Constiuyente Boliviano (2006-2009). In: JIMÉNEZ, William Ortiz; ARÉVALO, Ricardo Oviedo (Eds). *Refundación del Estado Nacional. Procesos Constituyentes y Populares em America Latina*. Medellín: Universidad Nacional de Colombia. Sede Medellín, 2009, p. 85-106.

[42] O termo é a metáfora usada por Boaventura de Sousa Santos para repartir os países centrais (Norte) dos países periféricos (Sul). Para o autor, o esgotamento das fórmulas do Norte para a resolução de problemas sociais e culturais transnacionais passa por uma aprendizagem com o Sul. Defende, ainda, que os processos de inovação (Pacha Mama) são advindos dos países contra-hegemônicos que influenciarão, sobremaneira, a nova ordem mundial. Para uma síntese dessas ideias, consulte-se SANTOS, Boaventura de Sousa. Os Processos de Globalização: In:___(Org.) *Globalização. Fatalidade ou Utopia?* Porto: Afrontamento, 2001, p. 31-106.

O grande domínio das técnicas levou a humanidade a um avanço temporal sem precedente na área da saúde. Elas, as técnicas, são um objeto diferente daquele que a natureza produziria em seu estado normal.[43] Por isso mesmo, possuem origem diferenciada da já questionada moralidade dos direitos humanos. Contudo, ao final, são direcionadas aos homens. Daí o problema de sua constante tensão, especialmente em função das perturbações (ambiente) provenientes dos demais subsistemas sociais.

Dessa forma, o sistema da saúde está em condições de se autorreproduzir em uma velocidade muito maior do que os sistemas político, jurídico, moral ou religioso.[44] Não é insensato afirmar que à natureza resta impossível atingir o estado de perfeição, algo que é plausível para as técnicas sanitárias, mormente as relativas à inteligência artificial e à genética.

Nessa linha de raciocínio, as altas tecnologias sanitárias são fruto de uma autopoiese advinda de um sistema autonomizado e diferenciado que se autorreproduz, se autocomunica e se auto-organiza a partir de seus mecanismos de seletividade próprios, advindo de seu código (Saúde/Enfermidade[45]). É o sistema da saúde.

O código citado é orientado pelo polo negativo. Médicos e demais pessoas que atuam no sistema da saúde agem sempre no sentido de que a enfermidade é uma realidade que deve ser refreada a partir dos elementos existentes e nas técnicas desenvolvidas pelo sistema da saúde. Logo, nenhum auxílio exterior é capaz de ajudar o doente.[46] Direito, Religião ou Moral possuem outras funções e são percebidos, assim, como ruídos que necessitam de uma filtragem.

O estabelecimento da saúde como sistema consiste na grande razão pela qual, no tempo presente, seus avanços são tão evidentes. Os médicos utilizam as técnicas orientados pela necessidade de se impedir o avanço das enfermidades, e, com isso, salvam vidas. A questão reside no limite da técnica para a consecução desse objetivo e, em que medida, essa hipercomplexidade sanitária[47] interfere na conceituação do humano, e, portanto, dos direitos humanos.

De fato, há que se perceber que o sistema da saúde e o sistema da ciência estão acoplados especialmente na questão do desenvolvimento de altas tecnologias. Para a saúde interessa, especialmente, a comunicação advinda da ciência definidora de um

---

[43] LUHMANN, Niklas. *Sociologia del Riesgo*. México: Triana, 1997, p. 128.

[44] A autopoiese do sistema da saúde é uma das raras que possui o polo negativo do código como o elemento propulsor de sua reflexividade. O binômio Saúde/Enfermidade tem, em sua primeira parte, um guia, uma orientação que não é palpável ou mesmo possível de ser definida objetivamente, enquanto sua segunda parte é aquilo que se comunica e se descreve. Nesse sentido, veja-se SCHWARTZ, Germano. A Autopoiese do Sistema Sanitário. *Revista de Direito Sanitário*, v.4, São Paulo: LTr, 2003, p. 50-59.

[45] LUHMANN, Niklas. *Sociologische Auflkärung 5: konstruktivistische perpektiven.*Opladen: Westdeutscher Verlag, 1993, p. 188.

[46] Com maiores detalhes ver LUHMANN, Niklas. Therapeutische Systeme – Fragen an Niklas Luhmann. In: SIMON, F.B. (Hg.). *Lebende Systeme. Wirklichkeitskonstruktionen in der Systemichen Therapie*. Berlin: Heidelberg – New York u.a., 1988, p. 124-138.

[47] Para MOREAU, Jacques; TRUCHET, Didier. *Droit de la Santé Publique*. Paris: Dalloz, 2000, p. 11-19, as causas da hipercomplexidade sanitária são: (1) A Revolução Tecnológica modificou a atitude do homem perante a morte. Ela pode ser prevista, ou seja, controlada; (2) A Revolução Científica transformou a mentalidade e o comportamento do corpo humano. A profissionalização da atividade retirou o atendimento médico do seio familiar para estabelecimentos especializados, e as pessoas que atuam na área desenvolveram regulações próprias e procedimentos para a resolução dos casos; (3) Nos países ricos, a melhoria da saúde necessita ser mantida. É preciso, pois, avançar sem perder as conquistas do passado; (4) Aumento no consumo de remédios, fazendo com que a humanidade deles dependam e que as multinacionais farmacêuticas sejam um dos grandes atores no sistema social global.

sentido cognitivamente estabilizado.[48] O conhecimento das tecnologias em saúde é a amálgama de uma gama de comunicações que usam o falso/verdadeiro e que se atualizam mediante a publicação de resultados em mídias especializadas. Elas atuam segundo procedimentos de avaliação que as legitimam, fundamentando-se em pareceres (metarregras) que testam, novamente, a verdade das informações.

Tudo isso faz com que seja extremamente difícil para o Direito (direitos humanos) perceber a comunicação da mesma forma que os sistemas da saúde ou da ciência. Isso porque os direitos humanos, inscritos que estão no sistema jurídico, estabelecem-se como expectativas normativas[49] de um sistema social global. Fica pendente, pois, o fato de como o Direito "aprende" com tais comunicações.

A área do sistema da saúde que têm-se desenvolvido com bastante celeridade é a que se convencionou chamar de terapias genéticas. Nelas, a manipulação objetiva eliminar as imperfeições existentes no genoma com o objetivo de amenizar possibilidades de doenças hereditárias. A ligação entre o sistema da saúde e o sistema da ciência possibilitou o avanço na busca das curas para várias doenças. Contudo, ao mesmo tempo, criou uma complexidade nova para o sistema jurídico, que, por seu turno, deve responder às novas necessidades e riscos advindos da nova realidade.

Com isso, fica claro que a posição do ser humano na relação da existência é modificada. Ele é capaz de intervir no que antes era considerado papel único de uma divindade. Os perigos conhecidos da busca pelo aperfeiçoamento genético e as possíveis falhas intrínsecas aos processos científico-sanitários aumentam acentuam possibilidades diversas das esperadas (risco[50]). O *Admirável Mundo Novo*[51] comporta civilizados e selvagens.

Visto sob outro ângulo, existem manipulações genéticas destinadas para usos não terapêuticos. O caso típico é o da clonagem. A surpresa causada pela ovelha Dolly, em 1997, fruto de um processo de hibridação, também pode ser positivo para

---

[48] LUHMANN, *La Ciencia de La Sociedad*, 1996, p. 104.

[49] Luhmann diferencia as expectativas cognitivas das normativas. As primeiras dizem respeito a uma tendência (in)consciente de assimilar o aprendizado, enquanto as segundas são caracterizadas por não assimilarem os desapontamentos. Por isso é que estas institucionalizam "cognitivamente expectativas comportamentais" de modo contrafático. LUHMANN, Niklas. *Sociologia do Direito I*. Rio de Janeiro: Tempo Brasileiro, 193, p. 58.

[50] O avanço do sistema da saúde traz realidades anteriormente desconhecidas. É o risco sanitário. Paradoxalmente, o incremento de maiores possibilidades de tratamentos das enfermidades trazem consigo a possibilidade de várias decisões. Nenhuma delas pode ser dada como correta. É necessário, pois, minimizar as variáveis de erro. A forma mais conhecida para tanto é a confiança no sistema da ciência como mecanismo de falseabilidade do sistema da saúde. É a forma moderna de se lidar com problemas que em um passado não muito distante estavam ligados, essencialmente, ao sistema religioso. Nessa linha de raciocínio, a expressão "O rei te toca, Deus te cura" era utilizada por Luís VI. Acreditava-se, à época, na capacidade do monarca, por descendência divina, de cessar as enfermidades que acometiam seus súditos. A esse respeito, confira-se SCHWARTZ, Germano. *O Tratamento Jurídico do Risco no Direito À Saúde*. Porto Alegre: Livraria do Advogado, 2004, p. 49-51.

[51] O *Brave New World*, de Aldous Huxley, trata-se de uma obra ficcional em que há uma sociedade cujo nível de avanço na área da saúde devido ao desenvolvimento de altas tecnologias sanitárias. Nela, as pessoas são classificadas em classes sociais de acordo com sua perfeição genética (alfas, betas, gamas, deltas, ípsilons. O ovo bokanovzkizado gera seres humanos em uma linha de "montagem" fordista. Fora dessa sociedade, há "selvagens". Eles possuem doenças que são potencialmente perigosas para os habitantes da Reserva. O problema se dá quando ambas as realidades se entrecruzam. A "segurança" da Reserva está a perigo em face dos riscos que os selvagens proporcionam com sua simples existência e, mais, por sua comunicação com as pessoas da Reserva. A obra, escrita em 1932, descreve uma sociedade que, atualmente, não é ficção e sim possibilidade. Para uma leitura pormenorizada dessa análise, examine-se SCHWARTZ, Germano. Um Pouco de Direito e um Tanto de Literatura: Autopoiese, Risco e Altas Tecnologias Sanitárias. *Revista da Faculdade de Direito da Universidade do Porto*. Ano IV. Coimbra: Coimbra Editora, 2007, p. 57-78.

os seres humanos. Porcos poderão produzir fígados, pulmões, corações e rins para transplantação em homens.[52]

Uma produção legislativa, reação do sistema político a essa realidade e com inevitáveis repercussões no sistema jurídico, já é vasta. No âmbito internacional, a Declaração de Helsinque, orienta médicos nas pesquisas biomédicas envolvendo seres humanos. No Brasil, as Resoluções 240/97, 292/98 e 304/2000 também impõem limites às investigações desse tipo.

Nesse aspecto, comunicações da Ciência e da Saúde podem constituir-se tanto como uma violação quanto uma correspondência com relação ao Direito.[53] As consequências serão distintas em cada um deles (subsistemas). Evidente que, no sistema jurídico, situações que estejam em desacordo com o *Recht* produzirão reações, mesmo que, por tautologia e redundância, o *Unrecht* seja (re)conhecido como parte do processamento operativo do sistema jurídico. O mesmo raciocínio é aplicável para o sistema da ciência e para o sistema da saúde quando se está a tratar de comunicações que, para um, são tratadas a partir do prisma Falso/Verdadeiro, e, para outro, a partir do código Saúde/Enfermidade.

No entanto, é necessário perceber, e isto é essencial, que somente por casualidade,[54] os experimentos feitos pelo sistema da Ciência e que provocam reações no sistema da saúde estarão de acordo com o Direito. A preocupação central científica é o de falsear[55] o conhecimento gerado ou o desenvolvimento de investigações que possam superar proibições jurídicas.

O mesmo raciocínio pode ser aplicado ao desenvolvimento da inteligência artificial para o Direito e a ele aplicado. De idêntica maneira, retira do ser humano uma característica que, anteriormente, era exclusivamente sua. A inteligência, que, em si mesma, possui um sentido extremamente diferenciado dependendo do ponto de vista do observador.

Fruto do desenvolvimento das altas tecnologias na área da informática, a inteligência artificial procura, basicamente, fazer com que máquinas desempenhem funções. No caso de tais funções serem exercidas por seres humanos, restariam cunhadas de inteligentes porque apoiadas em processos de raciocínio cuja origem somente poderia ter vindo de um ser humano. Seus dois grandes objetivos são:[56]

(a) criar modelos e teorias para as capacidades cognitivas; e
(b) implementar sistemas computacionais baseados nesses modelos.

De um lado, trazer ambos os objetivos para o sistema jurídico pode reduzir a hipercomplexidade (contingência) na qual ele se encontra em razão, por exemplo, no Brasil,[57]

---

[52] COSTA, Irina Vanessa F. da; FERREIRA, Erinalva Medeiros. Da Natureza ao Artifício: Novos Desafios para o Direito. In: SARMENTO, George (Org.) *Direitos Humanos e Bioética*. Maceió: Edufal, 2002, p. 191.

[53] LUHMANN, *La Ciencia de La Sociedad*, 1996, p. 419.

[54] LUHMANN, *La Ciencia de La Sociedad*, 1996, p. 419.

[55] A formulação aproxima-se, em muito, das ideias de Karl Popper sobre a necessidade da demonstração do caráter falso de uma teoria por outra a fim de que se possa descartar a primeira. A respeito da estruturação da falseabilidade nesse autor, leia-se POPPER, Karl R *Conjecturas e Refutações*. Brasília: UnP, 2008.

[56] PENROSE, Roger. *The Emperor's New Mind: Concerning Computers, Minds, and the Laws of Physics*. New York: Penguin, 1991, p. 14-17.

[57] Como explicita CAMPILONGO, Celso. *Política, Sistema Jurídico e Decisão Judicial*. São Paulo: Max Limonad, 2002, p. 24: "No Estado de Direito, o sistema jurídico fornece respostas legais aos problemas da política. Isso não

de sua hipertrofia em função da perda da racionalidade funcional do sistema político. O que se convencionou chamar de juridicização do político é o resultado da evolução do papel do Direito no sistema social. A inteligência artificial pode criar modelos de decisão[58] de direitos humanos a partir de dados,[59] conferindo segurança a seu resultado por intermédio de um procedimento socialmente aceito.[59]

De outra banda, o uso da inteligência artificial no sistema jurídico agrega várias implicações cujas respostas ainda não são conhecidas (dupla contingência). Algumas delas são levantadas por Narayannan e Bennun:[60]

(a) Quais são as ferramentas de informática mais apropriadas para descrever a dupla contingência inerente ao Direito?
(b) Como é possível, de forma apropriada, interpor um caso perante um computador?
(c) Quais as garantias das proteções dos dados em um computador ou até mesmo na *world wide web*?
(d) Qual a responsabilidade do computador no caso de um julgamento "errado"?
(e) A questão da responsabilidade depende de o computador ser "inteligente"?
(f) Como a tecnologia computacional pode ser mais bem usada nos julgamentos de Direito?

As respostas não são conclusivas. No entanto, as questões a favor e contra a aplicação da inteligência artificial no Direito conduzem a conclusão de que há uma máquina capaz de desempenhar um papel outrora reservado apenas ao homem. E, assim sendo, questiona, sensivelmente, até mesmo no caráter antropológico, o sentido do ser humano no sistema jurídico, e, portanto, a semântica dos direitos humanos no sistema social. O processo da hominização ainda não foi finalizado.[61] A inteligência artificial, no mínimo, provoca ruídos na apropriação específica dada por cada subsistema social ao ser humano (e a seus direitos).

Uma outra questão, derivada das anteriores, é esposada, diante da aceleração dos acontecimentos sociais, por Yeatman:[62] pode uma unidade de consciência, tal qual uma unidade autorreflexiva de inteligência artificial, possuir direitos humanos? A autora defende que haverá, no futuro, uma forma de metarreflexão da inteligência artificial com sua programação. Contudo, sustenta que essa relação não pode ser cha-

---

significa ignorância ou insensibilidade para a política. Ocorre que os problemas da política são traduzidos, deslocados e selecionados pelo sistema jurídico com critérios particulares a internos a esse sistema".

[58] Uma das alternativas é o uso de um modelo dialético que caracterize o operador do Direito e detecte as variáveis de deformação da argumentação jurídica, fornecendo a base legal para a justificativa e a identificação dos aspectos jurídicos do caso. Tudo isso seria feito mediante o uso de um programa de computador previamente testado com o auxílio de seres humanos experientes em julgamentos (juízes). A fórmula matemática incluiria um padrão de argumentação e de decisão levando em consideração os apontamentos de ambas as partes. Com maior percuciência, veja-se HAGE, Jaap. Dialectical Models in Artificial Intelligence and Law. *Artificial Intelligence and Law*, vol. 8. Dordrecht: Kluwer, 2000, p. 137-172.

[59] A inteligência artificial é capaz de criar um modelo de análise de dados por intermédio da denominada teoria da plausibilidade relativa, isto é, determinar, dentro de certos padrões, a forma previsível da aplicação dos comandos legais. Nesse sentido, verifique-se ALLEN, Ronald J. Artificial Intelligence and the Evidentiary Process: the challenges of formalism and computation. *Artificial Intelligence and Law*, vol. 9. Dordrecht: Kluwer, 2001, p. 99-114.

[60] NARAYANAN, Ajit; BENNUN, Mervyn. *Law, Computer Science and Artificial Intelligence*. Wilthsire: Cromwell Press, 1998, p. 85.

[61] "O processo de hominização não terminou. Com o fogo, a arte e a escrita, nossa espécie ainda não acabou de estabelecer a lista dos grandes objetos antropológicos que definem o humano irreversivelmente. Ainda temos o que crescer. Uma nova etapa a alcançar se apresenta diante de nós. Acabamos de produzir um objeto antropológico que é, ao mesmo tempo, uma técnica, uma linguagem e uma religião. A partir do momento em que estamos interconectados, todos os computadores não formam senão um único, que logo interligará todos os humanos". LÉVY, Pierre. *A Conexão Planetária. O Mercado, o ciberespaço, a consciência*. São Paulo: Editora34, 2001, p. 146.

[62] YEATMAN, Anna. Who is the Subject of Human Rights. *American Behavioral Scientist*, Vol. 43, n. 9, London: SAGE, 2000, p. 1510.

mada de pensamento, e sim, de ação. Logo, a pergunta não está respondida, mas resta lançada em função do fato de que as tradicionais concepções dos direitos humanos terem como objeto unicamente o ser humano ficam em xeque em função da evolução social e das interações que a inteligência artificial proporciona, e, cada vez mais, em maior escala, proporcionará.

Dessa maneira, os direitos humanos, antes de se apoiarem na semântica (ultra) passada da moralidade, devem lidar com o que Luhmann chama de *danos da verdade*.[63] Uma sociedade com alto grau de complexidade, em que saúde, inteligência artificial e também o Direito adquirem caráter científico, não pode invalidar comunicações que estabeleçam pretensão de verdade, exceto quando houver sua falseabilidade. Dito de outra forma: é preciso verificar o humano (e seus direitos) no presente,[64] e não em uma semântica anterior.

A aquisição evolutiva social coloca, assim, uma questão deveras interessante. O estabelecimento de sentido dos direitos humanos na sociedade global foi apoiado na exclusividade e na condição singular do homem perante a natureza. A partir dessa ótica, há um limite kantiano[65] formador de um consenso: a dignidade da pessoa humana. O homem não é um fim em si mesmo. Na medida em que forem testados pelo sistema da ciência, e validados seus resultados, os experimentos com as altas tecnologias sanitárias e com os experimentos da inteligência artificial, produzirão novas comunicações. *O dano da verdade importará na (re)discussão sobre os limites do humano pelo humano – e para o humano – na questão dos direitos humanos.*

## CONSIDERAÇÕES FINAIS
### (O HUMANO E O (S) DIREITO(S) HUMANO(S))

A posição e a definição do ser humano na questão dos direitos humanos é, à evidência, central. Quando se procuram definir as formas pelas quais eles, os direitos do homem, devem ser observados na sociedade brasileira a partir de uma concepção de pertencimento a um sistema social global, assume-se que a relação de interpenetração existente entre Direito (subsistema social funcionalmente diferenciado), sistema social, e, nesse ponto, sistemas psíquicos, entreleçam-se de tal forma que a evolução de um significa influência em outro a partir das distinções sistema/entorno.[66]

---

[63] LUHMANN, *La Ciencia de La Sociedad*, 1996, p. 466.

[64] HAYLES, N. Khaterine. Computing the Human. *Theory, Culture & Society*, Vol. 22 (1), London: SAGE, 2005, p. 132.

[65] Para o autor, a dignidade não possui um valor. Não há um equivalente. Ela seria exclusiva dos seres humanos enquanto serem morais, na medida em que conseguem que a sua razão prática seja exercida de forma autônoma. Com isso, há personalidades distintas e absolutamente insubstituíveis. Dignidade e autonomia são indispensáveis para a razão prática e é por isso que somente os seres humanos seriam capazes de ter dignidade. Essas formulações teóricas são encontradas em KANT, Immanuel. *Fundamentação da Metafísica dos Costumes e Outros Escritos*. São Paulo: Martin Claret, 2004.

[66] "(...) la diferenciación social se fundamenta en una perspectiva global de las relaciones entre sistema y entorno, aplicadas a la sociedad. Los procesos de diferenciación social se conciben como una reduplicación de nuevas relaciones sistema/entorno al interior de la misma sociedad, lo cual a lo largo de la evolución sociocultural va generando, por mutua activación, la aparición de nuevos sistema al interior de la sociedad cuya especialización – que corresponde a intensificaciones de la selectividad anteriormente difusas – los va llevando a transformarse en autorreferenciales, y según sea el caso, autopoiéticos". RODRÍGUEZ, Darío; ARNOLD, Marcelo. *Sociedad y Teoría de Sistemas*. 4ªed. Santiago del Chile: Universitaria, 2007, p. 135-136.

O tema já foi debatido à exaustão pelos mais renomados sociólogos e filósofos. Todavia, é preciso separar a dimensão social[67] da dimensão objetiva, que, não é dicotômica, muito embora a distinção entre natureza e homem. De acordo com Luhmann,[68] esse é o erro central do humanismo, que sempre definiu o ser humano a partir de sua diferença com o animal, com sua sociabilidade (o animal social) e com sua possibilidade de retenção e reprodução da memória. Assim, ele era declarado sujeito. Ocorre, entretanto, que:

(1) há outros sujeitos de Direito (animais e flora) reconhecidos pelo próprio Direito, perdendo-se a distinção com o animal;

(2) a sociabilidade é entendida a partir de um contexto de diferenciação funcional entre sistemas psíquicos e ambiente, sendo, basicamente autossocialização. Portanto, conceitos tais como *alter* e *ego* são horizontes que agregam sentido aos direitos humanos. Assim, *o sentido dos direitos humanos não se prende ao papel do homem no sistema social e sim porque trazem outras possibilidades de entendimento*;

(3) a possibilidade de produção e reprodução de memória pode ser, precisamente, assumida por uma inteligência (artificial) não humana.

Nessa senda, conforme o recorte proposto nessa abordagem, cumpre comprovar a razão pela qual uma nova observação do ser humano importa para os direitos humanos. Nesse aspecto, duas premissas são necessárias:[69]

(1) o ser humano é um entorno dos sistemas sociais;

(2) a relação entre o ser humano e o sistema social (Direito) é observada sob a ótica da interpenetração.

Dessa forma, o ser humano não resta excluído e sim (re)colocado em um outro patamar, ao que se pode denominar de um novo *iluminismo sociológico.*[70] Muito embora contundente ou chocante, a expressão denota a real pretensão. O ser humano não é negado. Ele se apresenta de uma forma diversa perante uma sociedade que se complexifica em um tempo cada vez mais célere.

Como relembra Luhmann,[71] todos os tipos de indivíduos, e não somente os humanos, devem ser compreendidos a partir de sua autorreferência. A retirada da concepção do homem a partir de sua estratificação, isto é, o lugar que ele ocupa na sociedade como meio de sua observação, para o plano da diferenciação funcional, recolocam o tema a partir de um ponto de partida diverso. A sociedade contemporânea despersonalizou o indivíduo. É preciso esclarecer a relação escondida, mediante comunicações do sistema psíquico com o sistema jurídico. Com isso, o tema dos direitos humanos em uma sociedade desdiferenciada recusa uma visão única e antropocêntrica. Os vários graus de observação e a diferença funcional entre o ser humano (sistemas psíquicos) e o Direito (Sistema social) assumem relevância.

---

[67] "La *dimensión social* concierne aquello que se supone lo respectivamente igual, com *alter ego*, y articula la relevancia de esta suposición para cada experiencia del mundo y fijación del sentido. Tambén la dimensión social tiene relevancia universal del mundo, ya que si existe un *alter ego*, este es, igual que el *ego*, relevante para todos los objetos y los temas". LUHMANN, *Sistemas Sociales(...)*, 1998, p. 94.

[68] LUHMANN, *Sistemas Sociales(...)*, 1998, p. 94.

[69] LUHMANN, *Sistemas Sociales(...)*, 1998, p. 223.

[70] "Podemos descobrir na sociologia o que não conseguimos ver e julgamos omitido – a clarificação das Luzes. A sociologia não é ilustração aplicada, mas clarificada; é a tentativa de obter os limites da ilustração". LUHMANN, Niklas. Iluminismo Sociológico. In: SANTOS, José Manuel (Org.). *O Pensamento de Niklas Luhmann*. Minho: Universidade da Beira Interior, 2005, p.22

[71] LUHMANN, Niklas. *Essays on Self-Reference*. New York: Columbia University Press, 1990, p. 107-108.

Os sistemas sociais constituem-se de pura comunicação.[72] As distinções são essenciais para que se consiga produzi-la. Cada sistema é entorno do outro. As comunicações, portanto, dependem do meio em que circundam os sistemas psíquicos. E o reverso é verdade. O Direito (e os direitos humanos) necessita(m) do ambiente dos sistemas psíquicos naquilo que se pode denominar de "mútuo ambiente".

A comunicação, portanto, ocorre quando o *Ego* (receptor da informação) compreende a informação emitida pelo *Alter,* isto é, quando se compreende a informação contida na mensagem. *Ego* faz duas seleções distintas: uma da emissão e outra da informação. Quando informação, mensagem e compreensão são sintetizadas,[73] ocorre comunicação. Tudo isso pode ser reportado ao contexto dos direitos humanos, uma vez que em um sistema social global o seu sentido depende da comunicação e dos atos citados para sua integralidade. Na medida em que uma das etapas não é cumprida, inexiste um sentido de direitos humanos que respeite uma unidade distintiva e não se pretenda detentor da última observação.

Daí por que cada sistema necessita ser considerado individualmente. Evidentemente que uma mente é, sempre, individual, uma vez que representa um singular sistema psíquico. O mesmo raciocínio vale para os corpos dos seres humanos. Cada comunicação, também, é única. No sistema jurídico, por exemplo, uma decisão pronunciada em um procedimento a respeito de direitos humanos possui características próprias, exclusivas. Não se renega, portanto, a individualidade em detrimento da prevalência de um sistema. Ao contrário. A produção da diferença – singularidade – é acentuada a partir de uma visão de sistemas funcionalmente diferenciados.

As concepções tradicionais sobre o que é "ser" humano estão colocadas sob discussão pelo movimento dos direitos dos animais, pela flora como sujeito de direito e pelas altas tecnologias. Tudo isso é fruto da aquisição evolutiva de uma única sociedade (o sistema social global). A "culpa" não pode ser reputada à autopoiese.

De qualquer sorte, na teoria dos sistemas sociais, a individualidade é abordada sob outro prisma. Um ser humano possui três "individualidades":[74] (a) um corpo individual, (b) uma mente única que (c) provocará comunicações que ficarão localizadas em vários – e individuais – sistemas sociais (Direito). Dessa forma, não há a negativa de uma individualidade, apenas ela não é essencial, uma vez que a separação entre corpo e mente não existe para a teoria dos sistemas e a correlação entre os três elementos retrorreferidos não é hierárquica.

As relações entre seres humanos independem de um evento comunicativo. Acontecem dentro de padrões orientados para comunicar. O processo de socialização, portanto, dá-se por intermédio do processo que, mediante interpenetrações, forma o sistema psíquico e o comportamento corporal controlado do ser humano.[75] Socialização é autossocialização e depende de um esquema de diferenças que o sistema psíquico possui para compreender a relação entre si e o ambiente.

---

[72] "La société se compose de communications, seulement de communications et de tout les communications". AMADO, Juan Antonio García. La Société et Le Droit Chez Luhmann. In: ARNAUD, André-Jean; GUIBENTIF, Pierre (Orgs). *Niklas Luhmann Observateur Du Droit.* Collection Droit et Société – N.5. Paris: L.G.D.J., 1993, p. 136.

[73] LUHMANN, Niklas. O Conceito de Sociedade. In: NEVES, Clarissa Baeta; SAMIOS, Eva Machado Barbosa (Orgs.). *Niklas Luhmann. A Nova Teoria dos Sistemas.* Porto Alegre: Editora UFRGS, 1997, p. 80.

[74] MOELLER, *Luhmann Explained...*, 2006, p. 10.

[75] LUHMANN, *Sistemas Sociales(...),* 1998, p. 224.

Esses dados são particularmente importantes quando se abordam os direitos humanos. Não se pode pretender que os direitos humanos possuam uma fundamentação moral aplicável, de forma uníssona, em todo o sistema global se a socialização, ou seja, a relação entre os mais diferentes psíquicos com os demais é baseada em um sistema de produção de sentido específico numa realidade diferenciada.

Não há uma unidade autopoiética de todos os sistemas autopoiéticos constitutivos do ser humano. Entretanto, isso não significa rejeitar existirem seres humanos. Como já dito, é a rejeição do antropocentrismo, ou seja, do lugar central que o ser humano ocupa nas concepções tradicionais da sociologia (do Direito). O sistema social global não é unicamente o ser humano. Como sistemas psíquicos, os indivíduos fornecem a coerência e dão o sentido dos direitos humanos. Todavia, cada indivíduo é um sistema psíquico. Reconstrói como comunicações, internamente (pensamentos e/ou representações), esse mesmo sentido a partir da realidade com a qual resta inserido no mundo.

É por isso que os direitos humanos operam distante dos sistemas psíquicos individuais. Enquanto normas jurídicas, podem ser considerados como eventos psíquicos; quando, interiorizados, configuram-se como expectativas normativas. Contudo, o ser humano não produz – nem é capaz de – direitos humanos. Por isso, conforme defende King,[76] a realidade do Direito

> (...) não é a realidade de cada um dos advogados, mas é por meio das perturbações no ambiente social que eles e outros criam (como sistemas psíquicos) que muitos acoplamentos estruturais se desenvolvem entre o sistema jurídico e outros sistemas sociais.

Nesse aspecto, a questão crucial não está na definição do ser humano para os direitos humanos, e sim, em saber qual o sentido do ser humano na comunicação específica estabelecida pelo sistema jurídico. Nenhum dos três (corpo, mente e comunicação) é o lar definitivo do ser humano. Ele pode estar em qualquer um deles ou nos três ao mesmo tempo, dependendo da observação feita.

Um exemplo basta para comprovar a afirmação. Quando se ama uma pessoa, não se amam suas células, seus pensamentos ou suas palavras.[77] É o todo a comunicação estabelecida que forma a dupla contingência autorreferencial capaz de formar a unidade distintiva do amor. A mesma dinâmica deve ser estabelecida para os direitos humanos a fim de que se possa observá-los em um sistema social global desdiferenciado.

## REFERÊNCIAS BIBLIOGRÁFICAS

ALLEN, Ronald J. Artificial Intelligence and the Evidentiary Process: the challenges of formalism and computation. In: *Artificial Intelligence and Law,* vol. 9. Dordrecht: Kluwer, 2001.

AMADO, Juan Antonio García. La Société et Le Droit Chez Luhmann. In: ARNAUD, André-Jean; GUIBENTIF, Pierre (Orgs). *Niklas Luhmann Observateur Du Droit.* Collection Droit et Société – N.5. Paris: L.G.D.J., 1993.

AMARILES, David Restrepo. *Legality and Legitimacy:The Legal and Political Philosophy of Popular Sovereignty in the New American Latin Constitutions.* Lambert: Saarbrücken, 2010.

CAMPILONGO, Celso. *Política, Sistema Jurídico e Decisão Judicial.* São Paulo: Max Limonad, 2002.

CLAM, Jean. *Questões Fundamentais de uma Teoria da Sociedade. Contingência, Paradoxo, Só-Efetuação.* São Leopoldo: Unisinos, 2006.

---

[76] KING, Michael. A Verdade sobre a Autopoiese no Direito. In: ROCHA, Leonel Severo; ___; SCHWARTZ, Germano. *A Verdade sobre a Autopoiese no Direito.* Porto Alegre: Livraria do Advogado, 2009, p. 91.

[77] LUHMANN, Niklas. *O Amor como Paixão. Para a Codificação da Intimidade.* Rio de Janeiro: Bertrand, 1991, p. 34.

COSTA, Irina Vanessa F. da; FERREIRA, Erinalva Medeiros. Da Natureza ao Artifício: Novos Desafios para o Direito. In: SARMENTO, George (Org.) *Direitos Humanos e Bioética*. Maceió: Edufal, 2002.

CRUZ, Edmundo. Sentença do Habeas Corpus Impetrado em Favor da Chimpanzé Suíça. In: *Revista Brasileira de Direito Animal*. Ano 1, Número 1, jun/dez 2006.

DALMAU, Rubén Martínez. Heterodoxia y Dificultades en el Proceso Constiuyente Boliviano (2006-2009). In: JIMÉNEZ, William Ortiz; ARÉVALO, Ricardo Oviedo (Eds). *Refundación del Estado Nacional. Procesos Constituyentes y Populares em America Latina*. Medellín: Universidad Nacional de Colombia. Sede Medellín, 2009.

FERNÁNDEZ, Albert Noguera. Diálogos sobre la Plurinacionalidad y la Organización Territorial del Estado en Bolivia. In: *Revista Española de Derecho Constitucional*, n. 87. Septiembre/Deciembre. Madrid: Centro de Estudios Constitucionales, 2009.

FERNANDEZ-ARMESTO, Felipe. *Então você pensa que é Humano ?* São Paulo: Companhia das Letras, 2007.

HAGE, Jaap. Dialectical Models in Artificial Intelligence and Law. In: *Artificial Intelligence and Law,* vol. 8. Dordrecht: Kluwer, 2000.

HARTMANN, Ivar Alberto Martins. *Ecodemocracia. A proteção do Meio Ambiente no Cieberespaço*. Porto Alegre: Livraria do Advogado, 2010

HAYLES, N. Khaterine. Computing the Human. In: *Theory, Culture & Society*, Vol. 22 (1), London: SAGE, 2005.

http://unfccc.int/files/meetings/cop_15/application/pdf/cop15_cph_auv.pdf. Acessado em 06 de Janeiro de 2010, às 17:36.

http://www.estadao.com.br/noticias/vidae,ativistas-queremreconhecimento-de chimpanze-como gente,176589,0. htm Acessado em 16/12,2009, às 21:20min

https://ww2.stj.jus.br/revistaeletronica/Abre_Documento.asp?sLink=ATC&sSeq=5764421&sReg=200900053852&sData=20090918&sTipo=91&formato=PDF. Acessado em 18/12/2009, às 10:40min.

KANT, Immanuel. *Fundamentação da Metafísica dos Costumes e Outros Escritos*. São Paulo: Martin Claret, 2004.

KING, Michael. A Verdade sobre a Autopoiese no Direito. In: ROCHA, Leonel Severo; ___; SCHWARTZ, Germano. *A Verdade sobre a Autopoiese no Direito*. Porto Alegre: Livraria do Advogado, 2009.

LÉVY, Pierre. *A Conexão Planetária. O Mercado, o ciberespaço, a consciência*. São Paulo: Editora34, 2001.

LUHMANN, Niklas. *Das Recht der Gesellschaft*. Frankfurt: Suhrkampf, 1997.

———. *Ausdifferenzierung des Rechts. Beitrage zur Rechtssoziologie und Rechtstheorie*. Franfkurt: Surhkampf, 1999.

———. *Complejidad y Modernidad. De la Unidad a la Diferencia*. Madrid: Editorial Trotta, 1998.

———. *Confianza*. Barcelona: Anthropos; México: Universidad Iberoamericana; Santiago de Chile: Instituto de Sociología. Pontifícia Universidad Católica de Chile, 1996.

———. *Ecological Communication*. Chicago: University of Chicago, 1989.

———. *Essays on Self-Reference*. New York: Columbia University Press, 1990.

———. Iluminismo Sociológico. In: SANTOS, José Manuel (Org.). *O Pensamento de Niklas Luhmann*. Minho: Universidade da Beira Interior, 2005.

———. *Introdução à Teoria dos Sistemas*. Petrópolis: Vozes, 2009.

———. *La Ciencia de La Sociedad*. México: Universidad Iberoamericana, 1996.

———. Legal Argumentation: an Analysis of its Forms. In: *The Modern Law Review,* v. 58, May 1995, n°3.

———. *Legitimação pelo Procedimento*. Brasília: UnB, 1980.

———. *O Amor como Paixão. Para a Codificação da Intimidade*. Rio de Janeiro: Bertrand, 1991.

———. O Conceito de Sociedade. In: NEVES, Clarissa Baeta; SAMIOS, Eva Machado Barbosa (Orgs.). *Niklas Luhmann. A Nova Teoria dos Sistemas*. Porto Alegre: Editora UFRGS, 1997.

———. *Sistemas Sociales*. Lineamientos para una Teoría General. Barcelona: Anthropos; México: Universidad Iberoamericana; Santafé de Bogotá: CEJA, Pontifícia Universidad Javeriana, 1998.

———. *Sociologia del Riesgo*. México: Triana, 1997.

———. *Sociologia do Direito I*. Rio de Janeiro: Tempo Brasileiro, 1983.

———. *Sociologia do Direito II*. Rio de Janeiro: Tempo Brasileiro, 1983.

———. *Sociologische Auflkärung 5: konstruktivistische perpektiven*. Opladen: Westdeutscher Verlag, 1993.

———. Therapeutische Systeme – Fragen an Niklas Luhmann. In: SIMON, F.B. (Hg.). *Lebende Systeme. Wirklichkeitskonstruktionen in der Systemichen Therapie*. Berlin: Heidelberg – New York u.a., 1988.

———; GIORGI, Rafaelle di. *Teoria della Società*. Milano: FrancoAngeli, 2008.

———; HABERMAS, Jürgen. *Theorie der Gesellschaft oder Sozialtechnologie. – Was leistet die Systemforschung?* Frankfurt: Surhkampf, 1971.

MARÇAL, Patrícia Fontes. *Estudo Comparado ao Preâmbulo da Constituição Federal do Brasil*. Rio de Janeiro: Forense, 2001.

MOELLER, Hans-Georg. *Luhmann Explained. From Souls to Systems.* Chicago and La Salle: Open Court, 2006.

MOREAU, Jacques; TRUCHET, Didier. *Droit de la Santé Publique.* Paris: Dalloz, 2000.

NARAYANAN, Ajit; BENNUN, Mervyn. *Law, Computer Science and Artificial Intelligence.* Wilthsire: Cromwell Press, 1998.

OREVALO, Ricardo Oviedo; JIMÉNEZ, William Ortiz. *Refundación del Estado Nacional, Procesos Constituyentes y Populares en América Latina.* Meddellín:Universidad Nacional de Colombia Sede Medellín, 2009.

PAUL, Wolf. A Irresponsabilidade Organizada? Comentários sobre a Função Simbólica do Direito Ambiental. In: JUNIOR, José Alcebíades de Oliveira (Org.). *O Novo em Direito e Política.* Porto Alegre: Livraria do Advogado, 1997.

PENROSE, Roger. *The Emperor's New Mind: Concerning Computers, Minds, and the Laws of Physics.* New York: Penguin, 1991.

POPPER, Karl R. *Conjecturas e Refutações.* Brasília: UnP, 2008.

ROCHA, Leonel Severo. *Epistemologia Jurídica e Democracia* .2ªed. São Leopoldo: Unisinos, 2008.

RODRIGUES, Danielle Tetu. *O Direito e os Animais. Uma Abordagem Ética, Filosófica e Normativa.* Curitiba: Juruá, 2008.

RODRÍGUEZ, Darío; ARNOLD, Marcelo. *Sociedad y Teoría de Sistemas.*4ªed. Santiago del Chile: Universitaria, 2007.

SANTANA, Heron José de (*et. al*). Habeas Corpus Impetrado em Favor da Chimpanzé Suíça na 9ª Vara Criminal de Salvador. In: *Revista Brasileira de Direito Animal.* Ano 1, Número 1, jun/dez 2006.

SANTOS, Boaventura de Sousa. *"Descolonização" da América Latina Exige Reconhecimento dos Direitos Indígenas.* http://alainet.org Acessado em 04 de Janeiro de 2010, às 21:20.

———. Os Processos de Globalização: In:___(Org.) *Globalização. Fatalidade ou Utopia?* Porto: Afrontamento, 2001.

SARLET, I; FERSTENSEIFER, T.;MOLINARO, C.A (Orgs.). *A Dignidade da Vida e os Direitos Fundamentais para além dos Humanos: uma discussão necessária.* Belo Horizonte: Fórum, 2008.

SCHWARTZ, Germano. A Autopoiese do Sistema Sanitário. In: *Revista de Direito Sanitário*, v.4, São Paulo: LTr, 2003, p. 50-59.

———. *O Tratamento Jurídico do Risco no Direito à Saúde.* Porto Alegre: Livraria do Advogado, 2004.

———. Um Pouco de Direito e um Tanto de Literatura: Autopoiese, Risco e Altas Tecnologias Sanitárias. In: *Revista da Faculdade de Direito da Universidade do Porto.* Ano IV. Coimbra: Coimbra Editora, 2007.

SIMIONI, Rafael Lazzarotto. *Direito Ambiental e Sustentabilidade.* Curitiba: Juruá, 2006.

TEUBNER, Gunther. *Direito, Sistema e Policontexturalidade.* Piracicaba: Unimep, 2005.

———. *Droit et Réflexivité. L'auto-référence en droit et dans l'organisation.* Bruxelles: Bruylant; Paris: L.G.J.D, 1996.

TEUBNER, Gunther. Rights of Non-Humans? Electronic Agents and Animals as New Actors in Politics and Law. *Journal of Law and Society,* 33 London: Wiley, 2006, p. 497-521.

VON SCHOETTLER, Werner Vásquez. El movimiento Indígena Ecuatoriano y la Asamblea Nacional Constituyente. In: JIMÉNEZ, William Ortiz; ARÉVALO, Ricardo Oviedo (Eds). In: *Refundación del Estado Nacional. Procesos Constituyentes y Populares em America Latina.* Medellín: Universidad Nacional de Colombia. Sede Medellín, 2009.

WISE, Steven M. *Drawing the Line: science and the case for Animal Rights.* Cambridge: Perseus, 2002.

YEATMAN, Anna. Who is the Subject of Human Rights. In: *American Behavioral Scientist,* Vol. 43, n. 9, London: SAGE, 2000.

— 12 —

# Assessoria jurídica popular: falsa promessa?[1]

### CELSO FERNANDES CAMPILONGO[2]

I

Após a redemocratização do país e a promulgação da Constituição de 1988, confiou-se que, finalmente, adentraríamos período de prosperidade e afirmação da cidadania. Ser cidadão é ter direitos respeitados. Um Ministério Público revigorado, juízes empenhados em dar vida à nova Carta (basta pensar no "Direito Alternativo", nos anos 90), movimentos sociais que vislumbravam no Judiciário nova arena das lutas políticas e formas inovadoras de advocacia popular foram os depositários e agentes da meta: inclusão generalizada de todos no mundo dos direitos. A prosperidade econômica não veio (os anos 90 são chamados de "década perdida"), e a cidadania (ter direitos) não se afirmou.

O tipo de ativismo jurídico desenvolvido naqueles tempos arquitetou estratégias para uma forma de Estado, um estilo de demanda, uma relação entre o público e o privado, um modelo de regulação, uma rede de atores sociais e um cenário internacional que, no curto espaço de quinze anos, transformou-se velozmente. Isso exige repensar as estratégias dos grupos de assessoria jurídica popular e a escassa reflexão teórica a respeito desse tema, especialmente entre nós.

Tipologias sobre as formas de assessoria jurídica popular são úteis como referências comparativas ou esquemas didáticos de discussão do assunto. Porém, podem gerar grandes decepções ou dificuldades se forem tomadas como receituários para a prática. Desse modo, as especulações aqui esboçadas devem ser recebidas com cautelas. Faltam-lhes, além do embasamento e da comprovação empíricas, adensamento teórico e exposição ao debate. Tivemos a oportunidade, há alguns anos, de enfrentar o tema.[3] Retomá-lo não significa negar ou reafirmar aquelas considerações. Mais do que isso, trata-se de identificar até que ponto as mudanças ocorridas no Brasil, ao longo desse período, não exigem análises diversas.

---

[1] Este artigo foi originalmente publicado na Revista do Saju – Serviço de Assessoria Jurídica Universitária da UFRGS –, edição especial, n°5, 2006. Será republicado, juntamente com outros artigos sobre o tema, em *Direito e diferenciação social*. São Paulo: Saraiva, 2011, e em *Diritto e differenziazione sociale nei paesi emergenti: il caso Brasile*. Lecce: Pensa, 2011. Em relação à versão original, foram feitas pequenas correções ou inserções com o objetivo de aclarar o texto. A estrutura do trabalho permanece inalterada.

[2] Professor das Faculdades de Direito da USP e da PUC-SP

[3] Ver, de nossa autoria, *Assistência jurídica e realidade social: apontamentos para uma tipologia dos serviços legais*. Rio de Janeiro: Apoio Jurídico Popular/ Fase, 1991, Coleção Seminários, n°15, Discutindo a assessoria popular, Miguel Pressburger organizador, p. 8-28, republicada, em versão ampliada, na Revista Forense, v.315, 1991, p.3-17. Agradeço pelos comentários e sugestões ao texto de Eliana Ramalho Campilongo e Carolina de Freitas Cadavid.

A título de introdução, vale indicar algumas importantes mudanças e, de outra parte, verificar como novas abordagens teóricas podem oferecer pistas relevantes para a exploração e o avanço na análise das assessorias jurídicas populares (AJPs):[4]

(i) o Estado brasileiro passou por forte processo de *privatizações*, criou um conjunto de *agências reguladoras* e manteve baixa capacidade de investimento;

(ii) os *serviços públicos* de segurança, saúde, ensino e justiça, por exemplo, *sofreram rebaixamento* no pobre patamar de qualidade que possuíam;

(iii) a *globalização econômica* expandiu os laços internacionais de interdependência e deixou clara a tentativa – de resto frustrada – de transposição de instituições e normas dos países centrais para os países periféricos e o enfraquecimento dos Estados Nacionais;

(iv) *os papéis centrais e verticalizados* da autoridade estatal, bem como dos esquemas do tipo "comando e controle", "de cima para baixo", "soberano e súdito" *perderam parte de sua força*, até mesmo como decorrência das transformações anteriores;

(v) *as relações entre o Estado e o mercado*, as instituições e o cidadão, o público e o privado *também ganharam novos contornos* e sobreposições.

A lista não é exaustiva, mas ilustra um conjunto de transformações que exercem grande peso sobre os tipos de demanda, arenas e destinatários da ação das AJPs. Basta mencionar que as Agências Reguladoras, sem discutir o mérito do processo de privatização ou sua legitimação democrática, tornaram-se relevantes espaços de afirmação de direitos e ainda são pouco exploradas pelas AJPs. Os antigos controles do mercado pela via estatal direta foram, com as privatizações, deslocados para outras instituições e se valem de novas metodologias de intervenção na economia, também inexploradas pelas AJPs. A baixa qualidade dos serviços públicos – tanto daqueles oferecidos pelo Estado quanto daqueles delegados a terceiros – igualmente tem devastadores reflexos sobre os direitos do cidadão. A complexidade dos problemas relativos à prestação desses serviços, bem como as dificuldades de tratamento judicial dos direitos a eles relativos são outros temas abertos para as AJPs. As "reformas estruturais" do Estado brasileiro também ocorreram, com maior ou menor intensidade, em todos os países da América Latina e até mesmo, com outras implicações, nos países centrais. Os serviços de AJP de todo o mundo convivem com desafios análogos. A formação de redes de intercâmbio de experiências internacionais é um desafio inadiável das AJPs.[5]

São diversas as abordagens teóricas desse intrincado campo de ação das AJP. Não é o caso, neste espaço, de uma análise detalhada de todas elas e tampouco de ressaltar as diferenças conceituais e metodológicas que as demarcam. Contudo, pretendo destacar três vertentes que, apesar de suas recíprocas e evidentes incompatibilidades, podem ser úteis para futuras investigações a respeito das AJPs. Vou designá-las da seguinte forma:

(a) análise sócio-econômica do direito;

(b) direitos de desestabilização;

(c) teoria dos sistemas.

---

[4] As assessorias jurídicas populares (AJPs) abarcam tanto serviços legais profissionais quanto os prestados por universidades. Estes últimos são comumente denominados AJUPs (assessorias jurídicas universitárias populares). Sobre esse tema específico, conferir Vladimir Luz, *Servicios legales universitarios em Brasil: breve cotejo de dos paradigmas*. El Otro Derecho, n. 35, dezembro de 2006. Bogotá, ILSA, bem como Vladimir Luz, *Assessoria Jurídica Popular no Brasil*. Rio de Janeiro: Lumen Júris, 2008.

[5] Ver, sobre esses temas, Louise Trubek, *Crossing Boundaries: Legal Education and the Challenge of the "New Public Interest Law"*. University of Wisconsin Law School, Legal Studies Research Paper Series, Paper n° 1016, 2006.

## II

Há, na literatura dos Estados Unidos, uma tradição de estudos sobre as AJPs que remonta aos anos 60. Foram principalmente os sociólogos do direito – ou o movimento "Law and Society" – os que mais se interessaram pelo tema. Fundamentalmente, um inconformismo com o desequilíbrio de poderes na sociedade, com a exclusão e sub-representação dos grupos economicamente mais pobres e com as injustiças daí decorrentes que levaram, no bojo de lutas mais amplas pela expansão da democracia participativa e dos direitos civis, à criação de grupos de AJP ("Public Interest Law"). No mesmo período, mas com outro tipo de enfoque, desenvolveu-se nos EUA o movimento conhecido por Análise Econômica do Direito ("Law and Economics"). A preocupação, aqui, era a de compreender a racionalidade da ação individual e como o direito ajuda e influencia na maximização da utilidade pelos indivíduos. Enquanto "Law and Society" preocupou-se com o tema justiça, "Law and Economics" identificou-se com a questão da eficiência.

Referir-se genericamente a um ou outro desses movimentos ("Law and Society" e "Law and Economics") pode induzir o leitor desavisado a equívocos. Na verdade, no interior de cada uma dessas linhagens existem grupos, correntes e antagonismos fortes. Para efeitos didáticos, aquilo que chamo de análise socioeconômica do direito é o resultado do acréscimo, para "Law and Economics", de abordagem que complementa ou supera alguns de seus limites e promove combinação de seus postulados com os do movimento "Law and Society".

Para a análise econômica do direito, o indivíduo é visto como a unidade social básica. É o ator individual, que maximiza preferências e escolhas em relação a preços e quantidades, quem recebe a influência e a ajuda do direito para orientar sua ação. O direito – e, mais precisamente, a *common law* – seria um facilitador da eficiência vista como maximização do bem estar e da riqueza individuais. O mercado é o espaço da troca entre iguais e suas imperfeições são situações anormais. Não há lugar, nessa análise, para a preocupação mais ampla das AJPs. Ainda assim, há, na análise econômica do direito, um tipo de *expertise* importante para formulação e avaliação das políticas públicas, assim como para identificação e correção de desequilíbrios econômicos e ineficiências na alocação de recursos escassos.

De outro lado, "Law and Society" enfatiza a sobreposição entre atores individuais, coletivos e diferentes arenas institucionais. No lugar da ação individual, a chave de leitura é a interação social e o ambiente em que ela se dá, com os influxos históricos, as relações de poder, o peso das normas e das instituições. Desse prisma, mais do que influir ou auxiliar nas escolhas dos indivíduos, o direito é mecanismo que configura e integra a racionalidade individual e a lógica da ação coletiva. O poder – público ou privado, político ou econômico, individual ou organizacional – assume papel central para o entendimento do direito.

A sociologia jurídica sempre esteve atenta ao peso do *status* econômico como facilitador do acesso à Justiça, da barganha com o direito, da exploração das "brechas" da lei, da vitória nos litígios, da obtenção de ganhos efetivos com base no sistema jurídico. Porém, essa posição defensiva e de denúncia em relação à economia renegou os temas do mercado, de sua regulação e, especialmente, de sua eficiência às outras abordagens, principalmente a "Law and Economics". Lançar as pontes entre esses dois campos e perceber as áreas em comum é desafio intrigante para as duas tradições teóricas. Exige renúncia a preconceitos consolidados e o reconhecimento da importância de contribuições antagônicas. Os reflexos para o estudo das AJPs tendem a ser grandes. "Law and Economics" acumulou experiência não só no trabalho interdisciplinar, mas também na racionalidade de metas, no entendimento das técnicas empresariais, na utilização de dados empíricos, no controle de despesas, na economia de custos de transação. Essa bagagem não é desprezível. Estados ineficientes, falidos ou "terceirizados", incapazes de construir alternativas para a eficácia do direito, podem ser estimulados por grupos de AJP que, aliando a análise econômica à preocupação com a justiça na distribuição de direitos, construam formas inovadoras e consistentes de afirmação da cidadania.

É certo, igualmente, que o conhecimento do ambiente de negócios e da dinâmica empresarial, ao lado do entendimento da máquina judicial, auxilia a desmascarar as tentativas de transferência da tecnologia da atividade econômica privada – as "melhores práticas" empresariais – para o mundo do direito. A maneira mais racional de implementar e garantir direitos, por exemplo, no ambiente de trabalho, parece não depender dos laços profissionais com a empresa, da lealdade à organização ou do plano de carreira. Dito de outro modo: critérios válidos para a gestão empresarial não são necessariamente válidos para a gestão de direitos do empregado. Aproximar análises econômicas e sociológicas do direito não significa submeter o sistema jurídico à assimilação pelo sistema econômico. Antes o contrário: é uma forma de identificação das diferenças de estruturas, funções e processos dos dois campos.[6]

As delegações de competências regulatórias da Administração Pública para Agências, setores privados, relações contratuais e mesmo para o Judiciário, fizeram com que o trabalho jurídico – e não há por que ser diferente com a atuação das AJP – carecesse, cada vez mais, da análise de dados e da racionalidade econômica. Assim, ao lado da visão individual e retrospectiva típica da razão jurídica liberal (a decisão caso-a-caso *ex post factum*), expande-se a racionalidade coletiva e prospectiva mais próxima da regulação *ex ante* e, por isso, cognitivamente aberta, sensível e adaptável à contribuição econômica.

III

Com base em trabalho de Roberto Mangabeira Unger, Charles Sabel e Willian Simon exploram o conceito de *destabilization rights*.[7] Basicamente, a AJP poderia, dessa perspectiva, tocar no ponto central de instituições jurídicas ineficientes e acomodadas: fustigar, provocar ou desestabilizar (daí "direitos de desestabilização") instituições que, sistematicamente, falham no desempenho de suas obrigações e permanecem imunes em relação às forças políticas que tentam corrigí-las. A "desestabilização" é o remédio que dispara o processo de reforma da instituição por ela própria. Trata-se de um "experimentalismo" que, se de um lado estimula o ativismo das AJPs e do próprio Judiciário, de outro lado implica menos discricionariedade do juiz e mais responsabilidade da parte acusada de descumprir direitos. O juiz passa a administrar,

---

[6] Ver, para um balanço dessa aproximação entre "Law and Society" e "Law and Economics", Lauren B. Edelman. Rivers of Law and Contested Terrain: A Law and Society Approach to Economic Rationality, in *Law and Society Review*, v. 38, n. 2, 2004, p. 181-197.

[7] Cf. Charles F. Sabel e Willian H. Simon, *Destabilization Rights: How Public Law Litigation Succedes*. Harvard Law Review: 2004.

reestruturar e regular o processo e a situação ativados pela "desestabilização" e se preocupa menos com a "decisão".

O direito de "desestabilizar" situações de desrespeito aos direitos não está atrelado nem depende de um modelo do tipo "comando-controle" ou de um conjunto de "regras fixas ou rígidas". Também não é mera inovação no processo de decisão. Mais do que isso, a novidade reside no tipo de regra que a desestabilização cria. Pode-se dizer, para que se complemente o quadro de referências desse "direito de desestabilização" e sua associação com o trabalho de AJP, que uma advocacia tradicional – ao lado de uma teoria jurídica que lhe dê suporte – orienta-se pelas seguintes referências:

(a) resolver conflitos e defender a ordem;

(b) limitar o arbítrio das autoridades;

(c) garantir justiça e eficiência, o que confere legitimidade e previsibilidade à ordem (ainda que nos "casos difíceis" essas conquistas sejam limitadas);

(d) a decisão judicial é diferente de outras formas de decisão social;

(e) a decisão judicial é individual e retrospectiva.[8]

Ao contrário do modelo convencional, a "teoria jurídica toyotista" (comparação com o modo toyotista de produção transferida para o campo do direito) vale-se de estratégias aptas a ativar "direitos de desestabilização", dado que questiona, ponto a ponto, os postulados do modelo convencional. As AJPs, do mesmo modo, podem ser examinadas à luz desses critérios:

(i) ao invés de resolver conflitos e sustentar regras e preferências, a "Jurisprudência Toyotista" enfatiza o aprendizado e a inovação. Essa capacidade adaptativa é facilitada ou acionada pelo processo de "desestabilização" de acomodações diante da negação de direitos. Onde o direito não funciona, aprender com a situação e buscar o resgate do direito por meio da criatividade – assim como no modo Toyotista de produção – torna-se o diferencial;

(ii) a observância de rotinas, regras e padrões integra uma lógica formalista de limitação da autoridade, inclusive do juiz; já para o estilo Toyotista, a questão fundamental é combinar a observância de procedimentos formais com elevada adaptação à informalidade;

(iii) o "heroísmo" exigido de juízes e advogados – ou de grupos de AJP – nos casos difíceis é substituído por uma prática colaborativa e interdisciplinar. "Termos de ajustamento de conduta", "compromissos de cessação de práticas", "compromissos de desempenho", "delações premiadas", intervenções de "amicus curiae" e "técnicas de governança" são exemplos dessas fórmulas. Nas ações coletivas, em casos de direito ambiental, do consumidor e antitruste, por exemplo, essas estratégias são freqüentes. As AJPs poderiam, com os devidos ajustes, extrair bons frutos dessas práticas;

(iv) ao invés de limitar o alcance e o objeto da decisão judicial, da harmonização e da estabilização das expectativas, o modelo Toyotista de jurisprudência incorpora o processo decisório "desestabilizador": comparações com outras instituições, técnicas de "benchmarking", análise das causas e raízes dos problemas, postura prescritiva e incremental, abertura à mudança;

(v) finalmente, o padrão Toyotista não é nem individualista nem retrospectivo, mas o oposto.

Willian Simon destaca que, para algumas das principais tradições de teoria do direito dos Estados Unidos – o modelo das regras e princípios (Dworkin) e o modelo da análise econômica do direito (Posner) – a defesa da ordem, a resolução dos conflitos, a maximização da eficiência ou o cálculo de custos, benefícios e prejuízos não enfrentam as questões da descoberta, da deliberação ou da resolução da raiz dos

---

[8] Ver, sobre essa caracterização do direito e a "teoria jurídica Toyotista" que complementa o "direito de desestabilização" e questiona a advocacia tradicional, Willian Simon. *Toyota Jurisprudence: Legal Theory and Rolling Rule Regimes*. Columbia Law School Public Law and Legal Theory Working Paper. Paper n° 04-79, 2004.

problemas pelo conjunto desses elementos(descoberta e deliberação). O modelo dos princípios enfatiza um discurso moral ligado à interpretação e à deliberação. O estilo da análise econômica destaca as técnicas empíricas e analíticas dos economistas, a "otimização" dos recursos e a descoberta. O arquétipo jurídico Toyotista, em sua visão, sobrepõe as duas linhagens.

Quer no estilo da "análise sócio-econômica do direito" quer no modelo "Toyotista" (desestabilização) o que se ensaia são indicações para a prática dos juristas com grande abertura para a economia e a flexibilidade do raciocínio jurídico. As AJP, nesse sentido, abririam mão não do direito, mas da especificidade com que profissões e técnicas jurídicas usualmente são examinadas e operacionalizadas.

## IV

O terceiro modelo a ser observado, o da teoria dos sistemas, pode ser visto como uma crítica às duas referências anteriores.[9] É comum ouvir, no Brasil, que o Direito garante privilégios da minoria abastada e mantém a exclusão social da maioria despossuída. Isso é verdade? Se for assim, o que significa, entre nós, cidadania? Mera decoração da árvore dos Direitos, com outros "enfeites mitológicos", como a Constituição, os Direitos Fundamentais, os Princípios e o Acesso à Justiça? Nesse quadro, sobra espaço para uma advocacia que faça mais do que a defesa dos beneficiários da esbórnia ou a tentativa de esmolar migalhas para os não integrados? O panorama não inspira otimismo, mas permite visualizar pequenas e importantes mudanças na organização social do Brasil e do seu Direito.

Acreditou-se, com ardor, no Direito como instrumento de transformação social, especialmente após a promulgação da Constituição de 1988. Mas sempre houve, também, quem fosse descrente dessa capacidade e, com boas razões empíricas, visse no Direito um obstáculo às mudanças. Os dois extremos são equivocados: superdimensionam a função do Direito. O Direito não determina nem controla o ambiente que o circunda: é incapaz de tomar o lugar, funcional e operacionalmente, da saúde, da educação, da economia ou da política. A recíproca é verdadeira: os sistemas sanitário, educativo, econômico e político também não suprem o que é típico e exclusivo da comunicação jurídica.

Quando se discute o caráter transformador ou conservador do Direito, o que se tem em mente é um sistema habilitado a: (i) identificar e isolar a "causa" do problema; (ii) incidir sobre o ambiente para alterá-lo ou (iii) deter suas alterações. Em conjunto, isso pressupõe um sistema constantemente disponível e adaptável às pretensões mudancistas ou conservacionistas ditadas pelo ambiente. Os riscos de confusão e indistinção entre o que é próprio do sistema jurídico e o que é típico dos demais sistemas é maximizado. Exige-se do Direito algo impossível de ser oferecido. O resultado é o bloqueio mútuo das operações do sistema jurídico e dos demais sistemas.

Países como o Brasil estão expostos a essas tentações. Carências e assimetrias escandalosas e inaceitáveis em todos os campos – basta que se pense, a título exemplificativo e por suas respectivas relevâncias, em saúde, educação e segurança públicas – exigem esforços hercúleos do direito, da economia e da política. No legítimo afã de superar essas deficiências, um campo parece se sobrepor e suprir os limites dos

---

[9] Ver, nesse sentido, Niklas Luhmann. *Law as a Social System*. Oxford: Oxford University Press, 2004.

outros. Se a economia não equaciona o problema da escassez, o direito e a política que tratem de fazê-lo! Se a política não resolve a questão da representação dos interesses coletivos, o direito e a economia que se incumbam dela! Se o sistema jurídico não garante expectativas de direitos fundamentais, os sistemas político e econômico que o façam. Tudo generoso e principiológico. A estratégia é expandir um espaço e uma lógica (jurídica, econômica ou política) em detrimento das demais. Simplório e ingênuo. Frequentemente não funciona, apesar (ou justamente em razão) das boas intenções.

Os serviços de assessoria jurídica popular (AJP) não estão imunizados contra esses riscos. A pretexto de suplantar as deficiências do ambiente político e econômico, muitas vezes fazem do Direito segunda instância de processo decisório que lhe é estranho. A materialização alocativa e distributivista própria da "judicialização da economia" e o decisionismo legitimatório e coletivista típico da "judicialização da política" são exemplos disso. Traduzem falta de confiança nos mecanismos da economia e da política e excesso de confiança nos mecanismos do direito. A euforia dos primeiros momentos – que, geralmente, se traduz numa "liminar", sinônimo da justiça célere – tende a se dissipar em médio prazo. O efeito cumulativo da utilização econômica ou política do Direito é o esvaziamento da capacidade do sistema jurídico garantir direitos. Em síntese: bloqueio e paralisia do sistema jurídico. Extrair o máximo do Direito – objetivo legítimo ao alcance da AJP – exige consciência dos limites operativos do Direito. Esse é o ponto central da diferença entre o modelo da teoria dos sistemas e as duas referências anteriores

A construção da cidadania é o resultado da eliminação de privilégios e da inclusão generalizada. Pequenos contingentes de sobre-integrados e enormes parcelas de subintegrados são a negação da cidadania, como mostram os trabalhos de Marcelo Neves, Orlando Villas-Boas Filho, Guilherme Leite Gonçalves e outros sociólogos do direito brasileiro. O papel das AJPs é o de alargamento da cidadania, vale dizer, o da afirmação dos direitos. Seu campo de atuação, atento ao ambiente que caracteriza a realidade nacional, é o de traduzir em direitos, com mecanismos jurídicos, expectativas de direitos. Pode parecer pouco e demasiado autorreferencial, mas o déficit de eficácia jurídica existente entre nós demanda urgência nesse tipo de ação.

A sociedade brasileira é mais organizada do que geralmente se imagina. Entre Garanhuns, São Bernardo do Campo e Brasília estabilizou-se um país que as categorias da sociologia e das teorias política e jurídica não descrevem adequadamente. Sem romper velhos dogmas conceituais, concebidos para um Brasil muito distante do atual, e sem alargar a capacidade de abstração e de criatividade de nossa intelectualidade, dificilmente compreenderemos apropriadamente a complexidade do Brasil. Infelizmente, poucos ousam nessas áreas. O recurso às grandes descrições do país (Sérgio Buarque, Gilberto Freyre, Raimundo Faoro, Caio Prado, Florestan Fernandes e poucos mais) tem claros limites históricos e metodológicos. Esses clássicos não puderam auferir lições dos avanços teóricos das ciências sociais nas últimas décadas e nem conhecer os desdobramentos dos avanços tecnológicos, das catástrofes ambientais, dos desmandos imperialistas e das perversidades da globalização econômica. O socorro ao Brasil dual (arcaico/moderno; incluído/excluído; central/periférico; desenvolvido/subdesenvolvido) deixa escapar ao analista as peculiaridades da construção de uma diferenciação funcional nos interstícios desses binômios.[10] O Brasil não está em nenhum desses lados. Está nos dois e, principalmente, entre os dois. Os serviços de AJP – a respeito dos quais, sintomaticamente, pouco se escreve – são sinal disso.

Do prisma normativo, os horizontes delineados pelos princípios constitucionais, a expansão dos direitos sociais, a ampliação dos poderes do Ministério Público e o alargamento da legitimidade para a ação processual – resumidamente: multiplicação dos temas, dos atores e das vias de acesso à Justiça – tornam altamente improváveis as hipóteses do país dos privilegiados e dos excluídos. Não é por acaso que entre, de um lado, "matadores profissionais" e latifundiários (Brasil dos privilégios) e, de outro lado, posseiros organizados (Brasil da exclusão), magistrados e advogados populares figurem entre as "cabeças" mais valiosas nas tabelas de preço dos assassinos. Se o Direito não exercesse, por si só, papel algum, nada disso existiria no Brasil dos grotões. A aberração do assassinato de juízes e advogados é uma das muitas e doloridas provas de que, como dizia o historiador inglês Thompson, o "direito importa". E importa muito. Assim como as AJPs.

Para o modelo da teoria dos sistemas, é fundamental responder, de forma precisa, a um elenco de questões desprezadas pelas demais abordagens. Afinal, qual a especificidade da normatividade jurídica? A referência à racionalidade econômica ou à criatividade do padrão Toyotista substituem o papel da Lei? Como identificar a unidade e os limites do sistema jurídico quando o direito lança "pontes" para o mercado, para as "melhores práticas" ou para a "governança" da sociedade? Qual, finalmente, a função do direito? Maximizar ou construir a razão econômica? Transformar-se num motor da criatividade social? Ou, simplesmente, garantir expectativas de direitos? Seguramente, o menos ambicioso dos três projetos, se aplicado à análise das AJPs, é o da teoria dos sistemas. Porém, de todos eles, é o que mais se preocupa em tentar responder a essas perguntas.

V

As três espécies de análise jurídica aqui esboçadas podem servir de suporte para a reconstrução teórica das assessorias jurídicas populares. Uma possui viés mais economicista (análise sócio-econômica do direito), outra perfil mais político-gerencial

---

[10] A insuficiência do modelo dual de explicação da realidade brasileira foi percebida e questionada por autores como, por exemplo, Fernando Henrique Cardoso, Francisco de Oliveira, Antonio Candido e Roberto Schwarz. De forma geral, todos procuraram desconstruir a justaposição estanque proposta pelo modelo dual por uma explicação baseada na determinação recíproca dos "dois lados" do Brasil. Para FHC, por exemplo, setores modernos e tradicionais da sociedade não se justapunham, mas formavam uma rede recíproca de interesses e objetivos: o capitalismo dependente--associado não constituía obstáculo à expansão da modernidade brasileira, mas era parte integrante do seu processo de reprodução. Para Francisco de Oliveira, o moderno cresce e se alimenta da existência da herança do atraso o que, na explicação de Roberto Schwarz, seria a refuncionalização das raízes em prol do moderno – o tradicional torna-se pura e simplesmente uma das figuras do moderno. Ao rejeitar o dualismo como explicação da realidade brasileira, Francisco de Oliveira ressalta que "O específico da revolução produtiva sem revolução burguesa era o caráter 'produtivo' do atraso como condômino da expansão capitalista". Não existiria, portanto, dicotomia, mas permanente exceção de atraso, arcaísmo e pobreza que as classes capitalistas utilizam para reproduzir, continuamente, sua dominação e alimentar o processo de exclusão das demais classes: "O subdesenvolvimento viria a ser, portanto, a forma da exceção permanente do sistema capitalista na sua periferia". (p. 131). O conceito de exceção permanente pretende explicar a realidade brasileira não como dualismo de opostos, mas como eternas e contínuas situações de exceção. Essas exceções não são opostas à modernidade. Pelo contrário, a modernidade depende da reprodução contínua das exceções. É por isso que o autor utiliza a expressão aparentemente contraditória de uma exceção que permanece. Para Antonio Candido, a "Dialética da malandragem" seria, como resenha Schwarz, "o balanceio caprichoso entre ordem e desordem", o lícito e o ilícito. Devo esta nota a uma sugestão de Carolina Cadavid.

("direitos de desestabilização") e, finalmente, a teoria dos sistemas adota posição de maior abstração sociológica. Pela importância e grandiosidade da tarefa de construção da cidadania entre nós e pelo papel que as AJPs desempenharão nessa missão, qualquer que seja a espécie de análise desenvolvida, certamente contribuirá para introduzir uma discussão que, no ensino jurídico e na prática dos nossos juristas, ainda não ocorre.

— 13 —

# A formação sistêmica do sentido jurídico de meio ambiente

### DÉLTON WINTER DE CARVALHO[1]

*Sumário*: Introdução; 1. A noção de meio ambiente na dogmática jurídica; 2. Meio Ambiente como *re-entry*: a formação do sentido jurídico de meio ambiente; 3. Meio Ambiente como Macro e Microbem; Considerações finais; Bibliografia.

## INTRODUÇÃO

O alargamento da estrutura antropocentrista, num processo de transição do antropocentrismo clássico em direção a uma pré-compreensão ecocêntrica, é capaz de posicionar o meio ambiente como um bem jurídico autônomo, cuja tutela encontra-se equiparada a outros valores constitucionais fundamentais como a vida, a saúde, a propriedade, entre outros.

Segundo José Joaquim Gomes Canotilho, quer se parta de uma pré-compreensão antropocêntrica ou ecocêntrica do Direito Ambiental a conclusão será a mesma:

> (...) no primeiro caso, se se comprometerem aqueles elementos naturais, a existência do homem, pelo menos em condições de vida minimamente satisfatórias, estará comprometida; no segundo, ao querer-se proteger o ambiente como um valor em si mesmo, está em causa a "comunidade biótica" como novo valor emergente, comunidade esta que tem sobretudo (senão unicamente) a ver com os elementos naturais.[2]

A convergência entre a conclusão obtida quer partindo de uma estrutura antropocentrista clássica ou ecocentrista é capaz de demonstrar tanto a relevância da tutela ambiental como revelar as condições para a formação de um sentido jurídico para a noção de meio ambiente. Esta noção de meio ambiente, forjada pelo Direito Ambiental, é consubstanciada neste movimento das estruturas sociais antropocentristas que, se deslocando em direção a uma versão ecocêntrica, alargam a estrutura clássica do antropocentrismo.

A dogmática jurídica tem a função de reduzir a complexidade, essencial na práxis jurisdicional, ocultando os paradoxos decorrentes da recursividade do Direito. Com a instituição dogmática dos institutos jurídicos (interdições de negações), o Direito garante sua operacionalidade, deslocando a argumentação e as controvérsias

---

[1] Advogado, consultor e parecerista na área de Direito Ambiental. Mestre em Direito Público. Doutor em Direito UNISINOS. Coordenador e Professor na Especialização em Direito Ambiental – FEEVALE. Professor de Direito Ambiental na graduação e Pós-Graduação na Universidade do Vale do Rio dos Sinos – UNISINOS e no Centro Universitário FEEVALE. Professor do Programa de Mestrado em Qualidade Ambiental – FEEVALE.

[2] CANOTILHO, José Joaquim Gomes. (coord.). *Introdução ao Direito do Ambiente*. Lisboa: Universidade Aberta, 1998. p. 23.

preponderantemente para a dimensão da aplicação do Direito,[3] ou conforme Hart,[4] no reconhecimento da norma pelos tribunais.

Assim sendo, o viés dogmático do Sistema Jurídico procede na ocultação dos paradoxos surgidos da inaptidão do Direito para a apreensão e regramento destas questões de procedência ambiental (extrassistêmica/extracomunicacional). Eis o surgimento da comunicação global sobre o não comunicável, ou seja, a *comunicação ecológica*.[5] A comunicação acerca do meio ambiente atua como um *medium* entre a tradição dogmática e as necessidades estruturais exigidas a partir das *irritações* provocadas pelas novas formas de problemas globais contemporâneos (ecológicos).

A complexidade que envolve as questões ambientais é potencializada em razão do sistema social operar em uma unidade de reprodução (comunicação) diversa daquela que constitui a unidade do ambiente ecológico-ambiental (vida). Portanto, os sistemas sociais (Direito, Economia e Política) podem apenas produzir uma observação de seu meio envolvente (seja ele social ou extrassocial).

A (auto)observação do choque proveniente do antagonismo do paradigma vigente no Direito e a complexidade dinâmica que envolve a questão ecológica possibilita a descrição e a demonstração da contraposição entre a lógica normativa do Direito e a lógica dos juízos de realidade característica ao meio envolvente (extra--sistêmico), isto é, uma "lógica ecológico-natural".[6]

Desta maneira, o presente estudo pretende formar uma descrição, a partir da Teoria dos Sistemas, acerca da formação reflexiva da noção de meio ambiente pelo Direito Ambiental, no qual inserem-se tanto os elementos naturais e humanos, quanto às suas gerações presentes e futuras. A relevância da descrição (não dogmática) acerca dos aspectos e da formação do sentido de meio ambiente pela dogmática jurídica sustenta-se na constatação de que o nível mais ou menos elevado de proteção ambiental dependerá sempre da (auto)descrição produzida e utilizada pelo Direito no que diz respeito ao bem jurídico tutelado (meio ambiente).

## 1. A NOÇÃO DE MEIO AMBIENTE NA DOGMÁTICA JURÍDICA

A construção semântica de "Direito Ambiental",[7] em detrimento da noção de Direito Ecológico,[8] apresenta um aspecto teleológico bastante relevante no sentido

---

[3] LUHMANN, Niklas. *Sistema Jurídico e Dogmatica Jiurídica*. Madrid: Centro de Estudios Constitucionales, 1983. p. 31.

[4] HART, Herbert L. A. *O Conceito de Direito*. 3. ed. Lisboa: Fundação Calouste Gulbenkian, 1994. p. 88-109 (Cap. V).

[5] LUHMANN, Niklas. *Ecological Communication*. Cambridge: Chicago University Press, 1989.

[6] MATEO, Ramón Martín. *Tratado de Derecho Ambiental*: Madrid: Trivium, 1991. v. I. p. 24.

[7] Em favor desta denominação conceitual manifesta-se a maior parte da doutrina especializada nacional e internacional. Como exemplos, podem ser citados: MACHADO, Paulo Affonso Leme. *Estudos de Direito Ambiental*; MATEO, Ramón Martín. *Derecho Ambiental*; PIGRETTI, Eduardo A. *Derecho Ambiental*; MACHADO, Paulo Affonso Leme. *Direito Ambiental Brasileiro*; ANTUNES, Paulo de Bessa. *Direito Ambiental*. 5. ed.; SILVA, José Afonso da. *Direito Ambiental Constitucional*. 2. ed.; FREITAS, Vladimir Passos de (org.). *Direito Ambiental em Evolução*; PRIEUR, Michel. *Droit de L'environnement*. 2. ed. Paris: Dalloz, 1984; MUKAI, Toshio. *Direito Ambiental Sistematizado*. Rio de Janeiro: Forenses Universitária, 1992; entre inúmeras outras obras sobre o tema. Esta denominação também se faz preponderante nas Legislações nacionais e em tratados internacionais sobre a proteção do meio ambiente, como por exemplo, art. 225, da CF; Lei nº 6.938/81, Declaração da ONU no Rio de Janeiro sobre Desenvolvimento e Biodiversidade, ocorrida em 1992, entre inúmeros outros estatutos que demonstram uma certa preferência pelo uso de ambiente e ambiental em detrimento da noção ecológica (meio ambiente natural).

[8] Os primeiros jusambientalistas, no entanto, inclinaram-se pela denominação de Direito Ecológico. Assim ocorreu com FERRAZ, Sérgio. "Direito Ecológico, perspectivas e sugestões". In: *Revista da Consultoria-Geral do Estado*,

de ampliar a abrangência da tutela jurídica ambiental. Aqui pode ser observado um deslocamento da tutela jurídica exclusiva dos aspectos naturais do meio ambiente (Direito Ecológico) para uma proteção mais ampla que, abrangendo os elementos naturais, sociais e humanos que compõem o meio ambiente, lança sua incidência sobre as repercussões ambientais oriundas das relações homem-natureza, em seus aspectos socioambientais. Por isto, o termo "Direito Ambiental" representa mais adequadamente a proteção jurídica do meio ambiente, quer em sua dimensão natural, artificial, como um bem unitário e global, ou ainda, como os elementos naturais isolados.

Em uma concepção unitária, o meio ambiente é a interação do conjunto de elementos naturais, artificiais e culturais que propiciem o desenvolvimento equilibrado da vida em todas as suas formas. Esta integração busca assumir uma concepção unitária, imaterial e global do ambiente, compreendendo tanto os recursos naturais como os culturais.[9] A importância da adoção, pelo Direito brasileiro, de uma noção ampla de meio ambiente (englobando natureza e cultura) demonstra-se pelo desmembramento analítico deste conceito em três aspectos, funcionalmente necessário para o adequado aprofundamento e tratamento diferenciado das tomadas de decisão envolvendo cada um destes aspectos.

A legislação brasileira estabeleceu o conceito normativo de meio ambiente, por meio da Lei de Política Nacional de Meio Ambiente (Lei n. 6.938/81), encontrando-se este profundamente vinculado aos aspectos naturais da tutela ambiental que, historicamente, marcaram a tutela ambiental. Apesar de agregar elementos humanos e sociais, a tutela ambiental nunca deixou de ter em sua centralidade a tutela do meio ambiente natural.

Os elementos naturais encontram-se no centro do conceito de meio ambiente previsto no artigo 3º, I, da Lei nº 6.938/81, sendo: *"o conjunto de condições, leis, influências e interações de ordem física, química e biológica, que permite, abriga e rege a vida em todas as suas formas"*. Esta previsão normativa destaca o aspecto natural do conceito de meio ambiente, em razão da existência de uma maior preocupação social em relação aos "efeitos colaterais" da *Sociedade Pós-Industrial*, que tem colocado em risco a manutenção de todas as formas de vida no planeta.[10]

Entretanto, a Constituição Federal de 1988, num processo de *recepção*[11] das legislações preexistentes e compatíveis, reorientou a abrangência deste conceito, alargando-o para além de seu caráter meramente natural, incluindo aspectos sociais e culturais altamente relevantes para o regramento da ação humana frente à natureza.

Este alargamento semântico é demonstrado por Paulo de Bessa Antunes:

> A Constituição Federal modificou inteiramente a compreensão que se deve ter do assunto, pois inseriu, de forma bastante incisiva, o conteúdo humano e social no interior do conceito. Diante da norma Constitucional, é possível interpretar-se que o constituinte pretendeu assegurar a todos o direito de que as condições que permitem, abrigam e regem a vida não sejam alteradas desfavoravelmente, pois estas são essenciais. A preocupação com este conjunto de relações foi tão grande que se estabeleceu uma obrigação comunitária e administrativa de defender o meio ambiente.[12]

---

Porto Alegre, v. 2, n. 4, 1972 e MOREIRA NETO, Diogo de Figueiredo. *Introdução ao Direito Ecológico e ao Direito Urbanístico*. Rio de Janeiro: Forense, 1977.

[9] SILVA, José Afonso da. *Direito Ambiental Constitucional*. 2. ed. rev. São Paulo: Malheiros, 1995. p. 20.

[10] BECK, Ulrich. *Risk Society: towards a new modernity*. London: Sage, 1992.

[11] KELSEN, Hans. *Teoria Pura do Direito*. São Paulo: Martins Fontes, 2000.

[12] ANTUNES, Paulo de Bessa. *Direito Ambiental*. 5. ed., Rio de Janeiro: Lúmen Juris, 2000. p. 46.

Em face desta ampliação do sentido de meio ambiente, não compreendendo apenas elementos naturais mas também elementos humanos e sociais que compõem o ambiente como condição para a sadia qualidade de vida, a dogmática jurídica passou a compreender o meio ambiente como um sentido amplo dotado de *dimensões funcionalmente diferenciadas*.

Neste sentido, José Afonso da Silva descreve a ampliação do sentido jurídico de meio ambiente, o qual compreenderia os seguintes aspectos:

> I – *meio ambiente artificial,* constituído por um espaço urbano construído, consubstanciado no conjunto de edificações (*espaço urbano fechado*) e dos equipamentos públicos (ruas, praças, áreas verdes, espaços livres em geral: *espaço urbano aberto*);
>
> II – *meio ambiente cultural,* integrado pelo patrimônio histórico, artístico, arqueológico, paisagístico, turístico, que, embora artificial, em regra, como obra do homem, difere do anterior (que também é cultural) pelo sentido de valor especial que adquiriu ou de que se impregnou;
>
> III – *meio ambiente natural,* ou físico, constituído pelo solo, a água, o ar atmosférico, a flora, enfim, pela interação dos seres vivos e seu meio, onde se dá a correlação recíproca entre as espécies e as relações destas com o meio ambiente físico que ocupam.[13]

Nos últimos anos tem, ainda, ocorrido o surgimento da noção de meio ambiente do trabalho que, por sua vez, visa ao regramento das condições ambientais que digam respeito às atividades laborais insalubres e dotadas de periculosidade.[14]

Sob uma perspectiva reflexiva (ou autopoiética), poderia ser dito que o Sistema do Direito efetua a *internalização* semântica[15] de ambiente (extra-sistêmico), passando este a adquirir um sentido jurídico (Direito/Não Direito) *"como"* meio ambiente. A formação deste sentido de meio ambiente, atribuído pelo Direito às ressonâncias produzidas pelo ambiente extra-social, tem como condição de possibilidade, exclusivamente, os elementos e racionalidade específicos ao sistema observador (no caso,

---

[13] ANTUNES, Paulo de Bessa. *Direito Ambiental*. 5. ed., Rio de Janeiro: Lúmen Juris, 2000. 2. ed., p. 21.

[14] Pode-se dizer que o meio ambiente natural ou físico encontra-se normativamente tutelado no art. 225, caput, e § 1º, I e VII, da Carta Magna: *"Art. 225. Todos têm direito ao meio ambiente ecologicamente equilibrado, bem de uso comum do povo e essencial à sadia qualidade de vida, impondo-se ao Poder Público e à coletividade o dever de defende-lo e preserva-lo para as presentes e futuras gerações..§ 1º – Para assegurar a efetividade deste direito incumbe ao Poder Público: I – preservar e restaurar os processos ecológicos essenciais e prover o manejo ecológico das espécies e ecossistemas; (omissis); VII – proteger a fauna e a flora, vedadas, na forma da lei, as práticas que coloquem em risco sua função ecológica, provoquem a extinção de espécies ou submetam animais a crueldade"*.

O meio ambiente cultural, por seu turno, encontra-se garantido especificamente (além, é claro, da proteção assegurada genericamente no art. 225, da CF, numa noção ampliada de meio ambiente) no art. constitucional 216, nos seguintes termos: *"Art. 216. Constituem patrimônio cultural brasileiro os bens de natureza material e imaterial, tomados individualmente ou em conjunto, portadores de referência à identidade, à ação, à memória dos diferentes grupos formadores da sociedade brasileira nos quais se incluem: I – as formas de expressão; II – os modos de criar, fazer e viver; III – as criações científicas, artísticas e tecnológicas; IV – as obras, objetos, documentos, edificações e demais espaços destinados às manifestações artístico-culturais; V – os conjuntos urbanos e sítios de valor histórico, paisagístico, artístico, arqueológico, paleontológico, ecológico e científico"*.

Já o meio ambiente artificial, encontra-se previsto no texto normativo dos artigos 182 e seguintes, 225, 21, XX, 5º, entre outras menções constitucionais, enquanto que o meio ambiente do trabalho é tutelado no art. 200, CF: *"Art. 200. Ao sistema único de saúde compete além de outras atribuições, nos termos da lei:(omissis);VIII – colaborar com a proteção do meio ambiente, nele compreendido o do trabalho"*.

[15] Esta internalização semântica é, na verdade, uma construção interna do sistema a partir de suas observações do meio envolvente, no que Francisco Varela e Humberto Maturana denominam de "acoplamento estrutural" (ver: ROMESÍN, Humberto Maturana; GARCÍA, Francisco J. Varela. *De Máquinas e Seres Vivos*: Autopoiese – a Organização do Vivo. 3. ed. Porto Alegre: Artes Médicas, 1997).

o Direito). Trata-se de uma autoconstrução dos ruídos (*order from noise*) produzidos pelo ambiente.[16]

A partir da formação do sentido jurídico de meio ambiente (e de seu aprofundamento em aspectos diferenciados funcionalmente), o Direito passa a apresentar maiores condições operacionais para produzir decisões cada vez mais complexas e especializadas às características peculiares a cada aspecto de meio ambiente.

O sentido jurídico de meio ambiente decorre das construções internas ao Direito em observação ao seu meio envolvente (extrassistêmico) e às relações homem-natureza. O sistema constrói, semanticamente, uma visão de seu "meio ambiente"[17] (natural ou ecológico, artificial e cultural), possibilitando as tomadas de decisões e a operacionalidade do sistema em relações pertinentes aos problemas ambientais.

Apesar da inarredável importância de um conceito amplo de meio ambiente, pode-se observar, um maior destaque (vislumbrado na constante utilização de termos como ecossistema, ecologia, etc.) ao "meio ambiente natural", tendo em vista ser este condição direta para a sadia qualidade de vida. O destaque axiológico a favor do meio ambiente natural no Direito Ambiental contemporâneo é acompanhado por José Joaquim Gomes Canotilho:

> Quando se lançaram as bases da protecção jurídica do ambiente e à medida que essas bases se foram desenvolvendo e alargando, o que estava fundamentalmente em causa era a garantia da preservação e manutenção dos elementos ambientais naturais, principalmente do ar, da água, do solo, do sub-solo, da fauna e da flora. (...) Não se podem hoje esquecer, é certo, os "componentes ambientais humanos", designadamente o património artístico, cultural, histórico e económico-social. Mas importa reconhecer que eles surgem em "segunda linha", já que têm que ser equacionados por forma a não pôr em causa os componentes ambientais naturais.[18]

Dessa maneira, as descrições jurídicas sobre o meio ambiente e seus aspectos tratam-se de um complexo processo de produção de sentido ao ambiente (não sentido), observados pelo Direito apenas como *ruídos*. Partindo de uma *cibernética de segunda ordem*[19] dos estudos acerca das *formas*,[20] podemos descrever, de forma não dogmática, a construção do sentido jurídico dogmático de meio ambiente pelo Direito.

## 2. MEIO AMBIENTE COMO "RE-ENTRY": A FORMAÇÃO DO SENTIDO JURÍDICO DE MEIO AMBIENTE

A produção do sentido de meio ambiente no Direito brasileiro deve ser compreendida como um processo de *comunicação reflexiva*, ou seja, uma dinâmica de *fechamento operacional* e *abertura cognitiva* que permite ao sistema jurídico construir, interna e sistemicamente, uma *imagem* de meio ambiente (ambiente extrassocial), segundo sua racionalidade específica. A formação desta "imagem" se dá através de um processo de diferenciação próprio Direito,[21] que possibilita a formação de sua

---

[16] FOESTER, Heinz von. *Sistemi Che Osservano*. Roma: Astrolabio, 1987.

[17] Aqui a palavra *meio ambiente* refere-se tanto em oposição a *sistema* como, paradoxalmente, à noção interna, unitária e dogmática dos bens ambientais sujeitos à tutela do Direito Ambiental.

[18] CANOTILHO, José Joaquim Gomes. (coord.). *Introdução ao Direito do Ambiente*, p. 23.

[19] DUPUY, Jean-Pierre. *Nas Origens das Ciências Cognitivas*. São Paulo: UNESP, 1996.

[20] SPENCER BROWN, George. *Laws of Form*. New York: Bantam Books, 1973

[21] LUHMANN, Niklas. *La Differenziazione del Diritto*. Bologna: Il Mulino, 1990.

identidade em distinção aos demais sistemas sociais e ao meio extrassocial, possibilitando, consequentemente, os processos de tomada de decisão que digam respeito aos riscos e danos ambientais.

Apesar de se poder afirmar a existência de uma comunicação ecológica na Sociedade, a diferenciação funcional desta em sistemas parciais (Direito, Política e Economia) estabelece uma fragmentação do sentido atribuído ao meio ambiente. A assimilação social dos riscos, perigos e degradações ambientais dar-se-á sempre por meio da formação de estruturas sociais seletivas, cuja operacionalidade dependerá da lógica e racionalidade específica a cada sistema parcial.

A formação de uma comunicação acerca da ecologia, decorrente da distinção sociedade/ambiente (extracomunicacional) é a condição de possibilidade para a formação de observações sociais acerca das questões que envolvem os perigos, riscos e as degradações ambientais. Contudo, cada sistema parcial desencadeia (auto)descrições de meio ambiente que lhe são próprias, através da aplicação recursiva da distinção diretriz (sistema/ambiente).

Neste sentido, pode-se observar uma comunicação ecológica em nível social, profundamente genérica e abstrata, bem como comunicação específica ao Direito, a Economia e a Política pertinentes às relações havidas entre a Sociedade e Ambiente.

No caso do Direito, a instrumentalização dos processos de tomada de decisão jurídica pertinentes aos novos direitos decorre exatamente da formação de uma comunicação ecológica produzida e reproduzida sob a lógica jurídica (Direito Ambiental). Com a evolução do Sistema Social, sobretudo a partir da viragem linguística (*linguistic turn*), a comunicação é o elemento último que possibilita a autorreprodução da Sociedade composta por sistemas parciais. Assim, a comunicação e a consequente produção da diferença, através da *forma*, consistem em elementos fundamentais para o entendimento do processo de construção desta "imagem" de meio ambiente e seu sentido para o Sistema do Direito.

A tensão decorrente da aplicação reiterada da *distinção diretriz* sistema/ambiente fornece a possibilidade estrutural de aumentar a complexidade operacional do Sistema Social geral e de seus sistemas sociais. No caso do Direito, a aplicação recursiva desta distinção diretriz (sistema/ambiente) possibilita a construção dos sentidos jurídicos através das suas estruturas seletivas que, consequentemente, fomentam a formação de expectativas comportamentais normativas, servindo aos processos de decisibilidade.[22]

Desta forma, a Sociedade tem sua identidade constituída na comunicação geral, distinguindo-se de tudo que não é comunicação (por exemplo, do ambiente extrassocial). Internamente ao Sistema Social formam-se sistemas parciais que, através da aplicação de uma distinção específica (porém, decorrente da distinção diretriz), estruturam sistemas autológicos, com comunicação e racionalidade específicas (Direito, Economia e Política). Diante desta perspectiva, pode-se afirmar que o sentido de meio ambiente existente no Direito consiste numa construção interna (comunicação jurídica) decorrente de distinção entre a sua identidade e o meio extrassocial (não sentido).

---
[22] LUHMANN, Niklas. *Sociologia do Direito*. Rio de Janeiro: Tempo Brasileiro, 1983.

Para descrevermos este processo de produção do sentido jurídico de meio ambiente, utilizaremo o conceito de *forma* proposto por George Spencer Brown, para quem forma é uma distinção, decorrente de uma separação, de uma diferença, a separação de dois valores, lados ou faces, por um limite.[23] A formação da identidade e da operacionalidade do Direito, assim, depende de um processo de filtragem em que o sistema decodifica as informações provenientes do ambiente (comunicação em geral) a partir da distinção direito/não direito.

A aplicação recursiva da *distinção diretriz* sistema/ambiente acarreta no aumento da complexidade e no aprofundamento da comunicação social. A esta internalização da forma à forma é dado, por George Spencer Brown, a denominação de *"re-entry"* (reenvio, reentrada).[24]

Diante de todos estes elementos, pode ser observada a formação do sentido de Sociedade a partir da aplicação da distinção sistema comunicativo/ambiente extrassocial ou comunicacional, isto é, sistema/ambiente. A *"re-entry"* da distinção sistema/ambiente num nível posterior (sistema jurídico/ambiente social) permite a formação da identidade do Direito frente aos demais sistemas sociais (Economia e Política) e ao Sistema Social Geral (Sociedade). Assim, a expressão proposta por Spencer Brown para representar a aplicação da distinção ao distinguido, isto é, a internalização do sentido construído pelo sistema a partir da aplicação da distinção entre autorreferência e referência aliena (heterorreferência), consiste num heurístico instrumento teórico para a observação das construções semânticas do Direito.

Consequentemente, o sentido jurídico de meio ambiente pode ser observado como uma aquisição ou "imagem" decorrente da aplicação recursiva da forma sistema/ambiente, quer dizer, sistema jurídico/ambiente ecológico (extrassocial ou não comunicacional). A partir de sua diferenciação do ambiente não comunicacional, o Direito internaliza (como construção interna, ou seja, através de seus elementos e estruturas próprias) um conceito de meio ambiente resultante do *re-entry* (reenvio) da distinção sistema/ambiente no próprio sistema. Em decorrência desta distinção, o sistema jurídico diferencia-se da *comunicação ecológica* existente no Sistema Social Geral, especificando a comunicação ecológica para uma dimensão jurídica. Esta distinção entre o Direito e o sentido social de Ecologia atua como condição para a formação de um sentido próprio de *meio ambiente* pelo primeiro, atribuindo um sentido para o que até então consistia num não sentido ou uma interferência para a comunicação sistêmica (*unmarked space*).[25]

O sentido de meio ambiente pode ser vislumbrado como a observação ou a construção interna do Direito de uma imagem do ambiente ecológico (extrassistêmico ou extracomunicacional), decorrente da filtragem deste pela aplicação do código binário específico ao Direito (direito/não direito). A partir da identidade do sistema jurídico (obtida a partir da aplicação de um código binário), este se diferencia do ambiente ecológico e, num *"re-entry"*, constrói um sentido para este ambiente extra--comunicacional como *meio ambiente*.

Então, a noção semântica de meio ambiente, como sentido jurídico, decorre de uma (auto)observação, cuja condição de possibilidade consiste na *"re-entry"* (reintrodução) da aplicação da diferenciação sistema/ambiente ecológico em nível do sis-

---

[23] SPENCER BROWN, George. *Laws of Form*. p. 1.
[24] SPENCER BROWN, George. *Laws of Form*, p. 69-76.
[25] LUHMANN, Niklas. *Observaciones de la Modernidad*. Barcelona: Paidós, 1997.

tema parcial (sistema do direito/ambiente ecológico). A construção do sentido de meio ambiente pelo Direito – efetuada por meio da interação dos elementos jurídicos, ou seja, de leis, decisões jurisprudenciais e doutrina –, consiste exatamente na re--entrada da distinção (sistema jurídico/ambiente ecológico), *cujo resultado consiste na condensação do distinguido, isto é, o sentido jurídico de meio ambiente* (em suas quatro dimensões dogmáticas: natural, cultural, artificial e do trabalho).

Finalmente, pode-se concluir que o meio ambiente consiste em uma imagem (auto)construída pelo Sistema do Direito (1); a construção sistêmica deste sentido tem como condição de possibilidade a distinção sistema social/ambiente extrassocial, capaz de fornecer um sentido de Sociedade em diferenciação ao ambiente ecológico ou extracomunicacional (2); a reintrodução da distinção diretriz (sistema/ambiente) gera uma nova distinção entre o sistema do direito/ambiente (não direito), que capacita a formação da (auto)identidade pelo Direito (3); da diferenciação entre a autoimagem do Direito em relação ao ambiente extracomunicacional (sistema do direito/ambiente ecológico) faz-se possível o surgimento de um sentido jurídico para representar o ambiente ecológico (até então um não sentido ou *unmarked space*), *através da reintrodução (re-entry) do diferenciado* (ambiente extracomunicacional) *no sistema jurídico*, chegando ao sentido sistêmico de *meio ambiente* (4).

A partir do sentido de meio ambiente, o sistema jurídico constrói uma imagem para o seu ambiente (não sentido), possibilitando a operacionalização das decisões referentes ao que este entende por seu meio extracomunicacional. O sentido resultante desta distinção (direito/ambiente ecológico) oferece uma dinâmica reflexiva à construção do sentido jurídico de meio ambiente, permitindo alterações e sua mobilidade evolutiva, através das observações emanadas pelos Tribunais, doutrina e legislação.

## 3. MEIO AMBIENTE COMO MACRO E MICROBEM

Uma vez consolidado o sentido dogmático de meio ambiente no Direito Ambiental (por meio da internalização do ambiente ecológico na comunicação jurídica), este passa a fomentar um aprofundamento de suas possíveis aplicações. Isto se dá a partir da formação de novas distinções, como é o caso do meio ambiente descrito como *macro* e *microbem*.

O bem jurídico ambiental ganha, a partir da Constituição Federal de 1988, a qualidade de *res communes omnium*, como bem público unitário, autônomo e de interesse difuso. Como bem de uso comum do povo, o meio ambiente não se restringe à proteção de bens ambientais isolados (microbens), que detêm conceitos e regimes legislativos próprios (Código Florestal, legislação do patrimônio cultural, Lei de Política Nacional dos Recursos Hídricos, legislação da pesca, Lei de Política Nuclear, Lei de Política Agrícola etc). Portanto, o bem ambiental apresenta um sentido dúplice: macro e microbem.

No primeiro caso, é compreendido como *"universitas corporalis"*, isto é, como bem imaterial e abstrato (qualidade do meio ambiente) pertinente ao conjunto de condições, relações e interações que condicionam, abrigam e regem a vida. Em tal conotação apresenta uma natureza de bem de interesse difuso, desvinculando-se de suas manifestações corpóreas e materiais (microbens). A natureza difusa do bem ambiental se dá em virtude deste estar à disposição de todos (bem de uso comum), detendo uma finalidade transindividual essencial à sobrevivência do homem. Nesta condição de bem público de uso comum do povo, o meio ambiente pertence a todos, sendo indisponível e imprescritível a sua tutela, motivo que ensejou o constituinte a atribuir como direito e dever do Estado e da coletividade em protegê-lo para as presentes e futuras gerações (art. 225, da CF).

Além da proteção dos elementos materiais que compõem o meio ambiente (rio, floresta, mar, espécie protegida, reserva natural, patrimônio histórico etc.) o meio ambiente adquire um sentido imaterial, incorpóreo e dotado de valor e disciplina jurídica autônoma. O meio ambiente imaterial, unitário e global adquire um valor em si, integrando-se aos bens ambientais que o compõem. Esta "macrorealidade abstrata"[26] consiste numa caracterização do bem ambiental como bem jurídico de interesse público indisponível, direito humano fundamental e necessário à sadia qualidade de vida.

O meio ambiente considerado em si mesmo (macrobem) consiste num bem de todos, sendo indisponível independentemente do regime jurídico de propriedade (público ou privado). Essa visão, apresentada em inúmeros tratados internacionais (Tratado de Estocolmo 1972 e Declaração do Rio de Janeiro de 1992, por exemplo) e legislações brasileiras (art. 225 da Constituição Federativa do Brasil e Lei de Política Nacional do Meio Ambiente e Lei nº 6.938/81), ressalta a importância do meio ambiente como um valor em si, de caráter global e integrado, além dos elementos corpóreos que o compõem (microbens). Como consequência desta concepção imaterial e global do meio ambiente como bem de qualidade pública e uso comum, constata-se a indisponibilidade, a imprescritibilidade e a impenhorabilidade do bem ambiental.

A eventual apropriação dos bens ambientais somente poderá recair sobre determinados bens corpóreos que compõem o meio ambiente e os bens ambientais (como os imóveis constituídos por florestas, os solos, as águas, bens integrantes do patrimônio cultural etc), e, mesmo assim, em conformidade com condicionamentos e limites impostos por lei e sob a condição de que esta apropriação ou utilização dos bens ambientais isolados não leve à apropriação individual (exclusivista) das suas funções ecológicas (meio ambiente como bem imaterial).[27]

Assim, o meio ambiente apresenta uma dimensão abstrata, unitária, global e imaterial em que o bem jurídico consiste na interação de todos os elementos que o compõem e possibilitam a vida em todas as formas. Concomitantemente, há a consideração jurídica dos bens ambientais particulares, corpóreos e individuais que compõem a noção proeminente e global de meio ambiente (interações que possibilitam e regem todas as formas de vida).

Os regramentos específicos incidentes aos bens ambientais isolados não afastam a necessidade de proteção da qualidade ambiental, como conceito unitário e imaterial. Esse entendimento tem sido adotado por importante parte da doutrina brasileira,[28]

---

[26] BENJAMIN, Antônio Herman V. "Função Ambiental". In: BENJAMIN, Antônio Herman V. (coord.). *Dano Ambiental* – prevenção, reparação e repressão. São Paulo: Revista dos Tribunais, 1993, p. 79.

[27] MIRRA, Álvaro Luiz Valery. *Ação Civil Pública e a Reparação do Dano ao Meio Ambiente*, p. 38.

[28] BENJAMIN, Antônio Herman V. "Função Ambiental". In: BENJAMIN, Antônio Herman V. (coord.). *Dano Ambiental* – prevenção, reparação e repressão, p. 75; MIRRA, Álvaro Luiz Valery. *Ação Civil Pública e a Reparação do Dano ao Meio Ambiente*, p. 8 e ss.; ANTUNES, Paulo de Bessa. *Curso de Direito Ambiental*. Rio de Janeiro:

conferindo maior amplitude à proteção e tutela do meio ambiente, evitando-se a limitação e a concentração da proteção ambiental a determinados bens ambientais que possam ter "maior" valor ou utilidade direta e imediata ao homem, em detrimento da necessária proteção global da qualidade ambiental garantida constitucionalmente. Na concepção *macro* do bem ambiental, tem-se, inclusive, a inserção dos interesses das futuras gerações, devendo haver a inclusão do *horizonte futuro* como condição para a tomada de decisões e interpretações que digam respeito ao meio ambiente e sua qualidade.

A aplicação da distinção entre o sentido de meio ambiente como macrobem/microbem fornece uma aquisição evolutiva e um aprofundamento da Teoria Jurídica e das tomadas de decisão jurídica em matéria ambiental, assegurando uma dupla dimensionalidade à proteção ambiental, como condição imaterial e integrada da vida e como bens corpóreos dotados de características e regramentos específicos.

## CONSIDERAÇÕES FINAIS

O desenvolvimento da Sociedade Contemporânea desencadeou os chamados *efeitos colaterais* de sua face industrializada, tendo como um de seus principais representantes a crise ambiental. Como um fenômeno social, o Direito produz a descrição dos bens jurídicos a serem tutelados em razão das ressonâncias sociais exteriores.

Neste desencadeamento, o Direito Ambiental teve como condição para suas tomadas de decisão a formação de um sentido de meio ambiente, cuja lesão legitima o desencadeamento sanções civis, administrativas e criminais. No entanto, são os movimentos reflexivos de diferenciação funcional do conceito de meio ambiente que permitem uma compreensão simultaneamente ampla e altamente especializada em seus aspectos.

A produção dogmática do sentido amplo de meio ambiente, capaz de compreender aspectos altamente diferenciados (meio ambiente natural, artificial, cultural e do trabalho), demonstra a formação de uma *abertura cognitiva* do Direito às *irritações* produzidas pelo não sentido ecológico (ambiente). As ressonâncias oriundas destes ruídos provenientes do ambiente são decodificadas internamente num sentido de meio ambiente que, numa *clausura operacional* (entre normas, doutrina e jurisprudência) proporcionam um sentido de bem ambiental passível de operacionalidade dentro do sistema.

Destarte, a produção de distinções internas ao sentido jurídico de meio ambiente são capazes de aprofundar a abrangência e a operacionalidade da tutela ambiental pelo Direito, a partir de uma concomitante maior especificidade e amplitude do conceito. Este potencial descritivo da Teoria Jurídica é fortalecido pela formação do sentido atribuído para o bem ambiental como *macro e microrrealidade*, estabelecendo tanto uma observação do meio ambiente como um todo como os elementos isolados que compõem, numa interação ecossistêmica, a sua função ecológica para a sadia qualidade de vida. Portanto, o conceito de meio ambiente consiste em uma dinâmica incessante de produção de sentido jurídico, obtida a partir da distinção entre identidade e diferença do Direito.

---

Lumen Juris, 1990, p. 68; SILVA, José Afonso da. *Direito Ambiental Constitucional*. 4. ed. São Paulo: Malheiros, 2002, p. 20; MORATO LEITE, José Rubens. *Dano Ambiental*: do individual ao coletivo extrapatrimonial, p. 72 e ss.

Como prognóstico que este trabalho demanda, tem-se a possibilidade de afirmação no sentido de que há um fortalecimento da inserção do horizonte futuro nas considerações secundárias decorrentes da aplicação do sentido de meio ambiente. Isto quer dizer, em outras tintas, que a noção de *meio ambiente* oculta o paradoxo da inserção do futuro nas decisões presentes,[29] por meio da ponderação acerca dos interesses e das necessidades ambientais das *futuras gerações*.

## BIBLIOGRAFIA

BECK, Ulrich. *Risk Society: towards a new modernity*. London: Sage, 1992.

BENJAMIN, Antônio Herman V. "Função Ambiental". In: BENJAMIN, Antônio Herman V. (coord.). *Dano Ambiental – prevenção, reparação e repressão*. São Paulo: Revista dos Tribunais, 1993, p. 79.

CANOTILHO, José Joaquim Gomes. (coord.). *Introdução ao Direito do Ambiente*. Lisboa: Universidade Aberta, 1998.

DUPUY, Jean-Pierre. *Nas Origens das Ciências Cognitivas*. São Paulo: UNESP, 1996.

FOESTER, Heinz von. *Sistemi Che Osservano*. Roma: Astrolabio, 1987.

HART, Herbert L. A. *O Conceito de Direito*. 3. ed. Lisboa: Fundação Calouste Gulbenkian, 1994.

KELSEN, Hans. *Teoria Pura do Direito*. São Paulo: Martins Fontes, 2000.

LUHMANN, Niklas. *Ecological Communication*. Cambridge: Chicago University Press, 1989.

———. *La Differenziazione del Diritto*. Bologna: Il Mulino, 1990.

———. *Observaciones de la Modernidad*. Barcelona: Paidós, 1997.

———. *Sistema Juridico e Dogmatica Jiuridica*. Madrid: Centro de Estúdios Constitucionales, 1983.

———. *Sociologia do Direito*. Rio de Janeiro: Tempo Brasileiro, 1983.

———. "The Third Question: The Creative Use of Paradoxes in Law and Legal History". In: *Journal of Law and Society*, v. 15. n. 2, 1988.

MATEO, Ramón Martín. *Tratado de Derecho Ambiental*. Madrid: Trivium, 1991. v. I.

ROMESÍN, Humberto Maturana; GARCÍA, Francisco J. Varela. *De Máquinas e Seres Vivos: Autopoiese – a Organização do Vivo*. 3. ed. Porto Alegre: Artes Médicas, 1997).

SILVA, José Afonso da. *Direito Ambiental Constitucional*. 2. ed. rev. São Paulo: Malheiros, 1995.

SPENCER BROWN, George. *Laws of Form*. New York: Bantam Books, 1973.

---

[29] LUHMANN, Niklas. "The Third Question: The Creative Use of Paradoxes in Law and Legal History". In: *Journal of Law and Society*, v. 15. n. 2, 1988.

— 14 —

# Funcionalismo jurídico-penal e teoria dos sistemas sociais: um diálogo frustrado

## RICARDO JACOBSEN GLOECKNER[1]

*Sumário*: 1. Funcionalismo jurídico-penal: um resgate dos fundamentos sociológicos da proposta de Gunther Jakobs e Heiko H. Lesch; 2. O funcionalismo jurídico-penal; 3. Dogmática penal sistêmica? Paradoxos e incongruências; 3.1. O conceito de sujeito; 3.2. O conceito de culpabilidade; 3.3. O conceito de pessoa; 3.4. Função, prestação e reflexão; 3.5. O conceito de identidade social; 4. Conclusões.

## 1. FUNCIONALISMO JURÍDICO-PENAL: UM RESGATE DOS FUNDAMENTOS SOCIOLÓGICOS DA PROPOSTA DE GUNTHER JAKOBS E HEIKO H. LESCH

O objeto desta inicial análise estará focalizado na obra de Gunther Jakobs e Heiko Lesch, dois juristas alemães que se propõem a erigir uma concepção de direito penal fulcrada, em síntese apertada, na matriz luhmanniana das teoria dos sistemas (Jakobs) e também em teorias que se valem do plano simbólico, mais especificamente, da comunicação (Lesch) como componentes do social, erigindo o que se chama funcionalismo. Cabe advertir, por oportuno, que aqui será analisada a (falta de) consonância do funcionalismo jurídico-penal com a matriz sistêmica, sem que isso implique a assunção, por parte do autor, de preferência por qualquer uma das duas matrizes de pensamento. O objetivo é mergulhar na teoria dos sistemas a fim de demonstrar a ausência de fundamento das matrizes funcionalistas. Mais especificamente, a melhor forma de se pensar uma crítica ao funcionalismo – tantas vezes já realizada mediante argumentos político-criminais – é arquitetá-la desde sua base, desde suas entranhas. Eis a razão conceitual de se escrever este ensaio.

Importa salientar, nesse ponto de partida, que as propostas funcionalistas não possuem um caráter uníssono com a teoria dos sistemas sociais, muito embora o alinhamento teórico parta de conceitos dentro de uma perspectiva sociológica, fato que é admitido pelo próprio Jakobs.[2] Embora não exista uma preocupação em harmonizar

---

[1] Doutor em Direito pela Universidade Federal do Paraná (UFPR). Mestre em Ciências Criminais pela Pontifícia Universidade Católica do Rio Grande do Sul (PUCRS). Especialista em Ciências Penais pela Pontifícia Universidade Católica do Rio Grande do Sul (PUCRS). Professor de direito penal, processo penal e criminologia da Pontifícia Universidade Católica do Rio Grande do Sul (PUCRS) e do Centro Universitário Metodista (IPA/IMEC). Advogado criminal.

[2] "La exposición más clara de la diferenciación entre sistemas sociales y sistemas psíquicos, que tiene consecuencias para el sistema jurídico, si bien con una enorme distancia con respecto al Derecho penal, se encuentra en la actualidad en la teoría de los sistemas de Luhmann. Sin embargo, un conocimiento superficial de esta teoría permite advertir

suas concepções teóricas, ambas vertentes do funcionalismo jurídico-penal trazem, em seu bojo, conceitos e aproximações com a teoria luhmanniana, o que torna mister averiguar a procedência da utilização dos aludidos instrumentos teóricos a serviço de uma adequada construção normativa. Assim sendo, importa destacar pontos importantes das teorias em apreço, para, ao cabo, sinalizar se é possível a sustentação de caracteres sistêmicos dentro da dogmática jurídico-penal e, para além, onde essa conciliação se torna insustentável.[3]

Para que se possa iniciar o exame dos marcos referenciais ao início propostos, à evidência é necessário fazer menção ao que se encontra subjacente no rótulo "funcionalismo". Assim esse termo enceta várias acepções, dentre as quais se cita o organicismo de Spencer, o neo-organicismo de Maturana e Varela, a teoria cibernética dos sistemas de Norbert Wiener, o estrutural-funcionalismo de Talcott Parsons. Esta última é que receberá maiores atenções nesse momento.

A teoria sistêmica parsoniana recebeu influências de Durkheim, Spencer, Weber, Freud, Malinowski, Pareto entre outros.[4] Aqui o enfoque que se privilegia é a compreensão do sistema social como implicado em uma rede de estruturas, na quais as regras devem adaptar-se. Privilegia-se nitidamente o caráter estrutural em relação ao procedimental, o que de fato mudará com Luhmann.[5] Para Parsons o sistema social se encontra vinculado a estruturas predeterminadas, procurando construir um instrumento teórico ausente de contradições e de validade universal, remontando o pensamento neokantiano.

A teoria parsoniana, como a grande maioria da sociologia contemporânea focaliza a ação social como centro. Luhmann rompe com essa tradição ao embasar sua teoria na comunicação.[6] Parsons concebe quatro sistemas de ação que compõem o

---

rápidamente que las presentes consideraciones no son en absoluto consecuentes con dicha teoría, y ello ni tan siquiera en lo que se refiere a todas cuestiones fundamentales". JAKOBS, Gunther. *Sociedad, Norma, Persona*: en una teoría de un derecho penal funcional. Bogotá: Universidad Externado de Colombia, 1998. p. 10.

[3] Bom frisar que há autores que negam a tentativa de aportação sistêmica executada por Jakobs. A respeito da aceitação social de expectativas, a proposta de Jakobs "no tiene nada que ver, una vez más, con abstractas construcciones sistémicas desarrolladas últimamente en la sociología, ni con el descubrimiento de sistemas autopoiéticos, sino que hunde sus raíces en una egregia y ya conocida desde hace tiempo tradición sociológica". GÓMEZ-TRELLEZ, Javier Sánchez-Vera. Algunas Referencias de Historia de las Ideas, como Base de la Protección de Expectativas por el Derecho Penal. *In Revista Iberoamericana de Ciências Penais*. a.2 n. 4.Porto Alegre:set/dez 2001. p.214. Sustenta o autor, à guisa de conclusão, que "dados los malentendidos a que han dado lugar en el sistema de Jakobs las referencias a Luhmann, y dado que este último, al menos en los conceptos que Jakobs asume, no hace sino recoger y hacer hueco en su propia construcción sistémica, a conceptos y reflexiones ya conocidos en la sociología y en la jusfilosofía, no puede extrañar el distanciamiento de Jakobs respecto de Luhmann. GÓMEZ-TRELLEZ, Javier Sánchez-Vera. Algunas Referencias de Historia de las Ideas, como Base de la Protección de Expectativas por el Derecho Penal. *In Revista Iberoamericana de Ciências Penais*. a.2 n. 4.Porto Alegre:set/dez 2001. p 220. Evidentemente, não se pode aceitar tais considerações. Seja em Jakobs, Lesch, Müssig ou até mesmo Kindhauser, o elemento comunicação é por demais visível. E esse elemento apenas adquire status, na teoria sociológica contemporânea, a partir de Parsons e não de Hegel. Outrossim, o próprio Jakobs admite utilizar, se bem que não em absoluto, conceitos de matriz luhmanniana. O fato de chegar a conclusões que remontam a Hegel, como será demonstrado, em nada pode contradizer o substrato teórico fundante de seu discurso, pena de acabar dando uma conotação bem diferente à sua teoria.

[4] Importante ressaltar a obra de Pareto, com os conceitos de ação lógica e ação não lógica. Ademais, importante o seu combate ao conceito de progresso e racionalidade como corolários do pensamento moderno. "Segundo Pareto, é absurda a idéia de que os progressos da ciência darão como resultado a racionalidade das próprias sociedades, e de que os homens, transformados pelo progresso do conhecimento, serão capazes de organizar a sociedade com base na razão. Pareto denuncia impiedosamente esta esperança falaciosa". ARON, Raymond. *As Etapas do Pensamento Sociológico*. 5 ed. São Paulo: Martins Fontes, 2000. p. 423.

[5] LUHMANN, Niklas. *Legitimação Pelo Procedimento*. Brasília: UNB, 1980.

[6] LUHMANN, Niklas. *Organización y Decisión. Autopoiesis, Acción y Entendimiento Comunicativo*. Barcelona: Anthropos; México D. F.: Universidad Iberoamericana; Santiago de Chile: Universidad Católica, 1997.

chamado *sistema geral de ação*. Os seus quatro contextos são: o biológico – o organismo e suas necessidades -; o psíquico – envolvendo a personalidade-; o social, composto de interações entre pessoas e grupos de pessoas e o cultural – composto de valores, símbolos e ideologias.[7]

Este sistema de ação organiza-se em torno da interação entre o ator social e seus contextos que formam os subsistemas de ação já mencionados. Importante salientar que os quatro subsistemas entabulam relações entre si, gerando uma interdependência recíproca. Desta maneira, para cada exame detido sobre um destes subsistemas, torna-se tarefa fundamental ater-se para a existência de outros sistemas e sua relevância para aquele que se está examinando. Assim, cada sistema possui os outros três subsistemas restantes como seu meio circundante. Como já ressaltado, o conjunto dos quatro subsistemas forma o sistema geral da ação. E, demais disso, cada subsistema se coloca em relação aos demais segundo uma posição de hierarquia cibernética.

A hierarquia cibernética afirma que um subsistema se situa no topo quanto maior o nível de informação, ao passo que na base estará o sistema de menor informação. No entanto, quanto menor o nível informacional, maior será o nível de energia.[8] O sistema de maior informação, no caso o sistema cultural, controla os demais, mediante o grau de informação que lhes passa. Em seguida aparece, nessa hierarquia, o sistema social, psíquico e biológico. É importante destacar o conceito de institucionalização, pois é onde adquire maior importância para o estudo da obra de Parsons e sua utilização pelo funcionalismo jurídico-penal.

A institucionalização[9] é um processo pelo qual o sistema cultural exerce controle sobre os demais subsistemas, mediante o controle do fluxo informacional que transfere aos demais subsistemas. Esse processo se vale da tradução de elementos culturais, que possuem caráter universal, transmutando-os em estruturas de controle direto sobre a ação social. O sistema cultural fornece ao sistema social essa informação (ideias, ideologias e símbolos) e este cria coletividades, valores, papéis e normas. Nascem as chamadas estruturas sociais.

Estruturas são modelos de cultura normativa institucionalizada.[10] São elementos de um sistema que são estáveis. São estruturas do sistema social os papéis, as normas, as coletividades e os valores.[11] Tais estruturas também obedecem a uma hierarquia cibernética. Uma estrutura do sistema mais elevada na hierarquia do sistema é aquela que controla as demais através do fluxo de informação que lhe transfere. No caso, os valores situam-se no topo da hierarquia, seguido das normas, coletividades e papéis, que respectivamente adquirem maior energia quanto menor a informação.

[7] LUHMANN, Niklas. *Organización y Decisión. Autopoiesis, Acción y Entendimiento Comunicativo*. Barcelona: Anthropos; México D. F.: Universidad Iberoamericana; Santiago de Chile: Universidad Católica, 1997.

[8] DOMINGUES, José Maurício. *A Sociologia de Talcott Parsons*. Niterói: EDUFF, 2001.

[9] O oposto da institucionalização, é possível se argumentar, é o conceito de anomia, o rompimento da ordem normativa. DOMINGUES, José Maurício. *A Sociologia de Talcott Parsons*. Niterói: EDUFF, 2001.

[10] PARSONS, Talcott. *O Sistema das Sociedades Modernas*. São Paulo: Pioneira, 1974.

[11] Papéis são desígnios que definem a pertença de determinados sujeitos no âmbito das coletividades do sistema (advogado, professor, músico, etc.). As coletividades erigem-se em meio a determinados valores que institucionalizam, especificando o modo de sua atuação (família, grupo religioso, etc.). As normas caracterizam-se por descrever certo curso de ação, com a projeção do desenrolar dessa ação de acordo com um desejo, direcionado à persecução de um fim (lei). Valores são ideologias ou ideias que estabelecem as orientações desejáveis para o sistema como um todo (justiça, liberdade, igualdade). PARSONS, Talcott. *O Sistema das Sociedades Modernas*. São Paulo: Pioneira, 1974.

O processo de institucionalização também se dá pela formação de conjuntos estruturais concretos, que são compostos de coletividades, papéis, normas e valores, ou seja, os quatro elementos estruturais de base. São instituições. São exemplos o direito, a economia, etc. O processo de institucionalização do direito se dá da seguinte forma: o sistema cultural fornece ao sistema social o que se pode denominar de ideia do justo. Por sua vez este se encarrega de estabelecer as quatro estruturas: a figura do juiz na estrutura papel, o Judiciário na estrutura coletividade, as leis na estrutura norma e a justiça na estrutura valor.[12]

Não é suficiente, para se entender o direito na perspectiva parsoniana, descrever o processo de institucionalização. É preciso que se atente para o conceito de função. A função explica o funcionamento do ajuste das estruturas do sistema e as alterações do ambiente. A cada função é atribuído um imperativo funcional, que é um problema de adaptação que cada subsistema enfrenta. São quatro as funções.[13] Estas funções também obedecem a uma hierarquia cibernética, a exemplo do que acontece com as estruturas e subsistemas. Situa-se no topo da hierarquia a estabilidade normativa, seguida da integração, perseguição de fins e adaptação.

No sistema da ação, a função do subsistema biológico é adaptação, enquanto a função do sistema psíquico é a perseguição de fins, a do subsistema social é a integração e do subsistema cultural é a estabilidade normativa. No subsistema social, a tarefa de adaptação é atribuída aos papéis, a função de perseguição de fins à coletividade, a integração às normas e a estabilidade normativa aos valores. Quando se vislumbram os conjuntos estruturais concretos, mais uma vez é possível se examinar cada função, desta vez cabendo à economia a função de adaptação, à política a perseguição de fins, ao direito a integração e à família/ensino a estabilidade normativa.[14] No sistema social, os valores universais da sociedade se dão por meio da institucionalização de expectativas. Essa estabilidade somente será alcançada mediante o recurso à socialização ou ao controle social.

A socialização corresponde ao processo de aprendizagem de determinadas regras de comportamento por meio dos indivíduos. Trata-se da aceitação de modelos sociais de conduta. O controle social tem por escopo a repressão das condutas desviadas que acabam por perturbar o sistema. O controle social busca a adaptação das motivações dos atores à demanda de manutenção das expectativas sociais gerais de comportamento. O desvio se dá, portanto, como uma falha no processo de aprendizado (aceitação) de valores e normas ou ainda, no âmbito da violação de um dever institucional, gerando uma frustração de expectativas.[15] Parsons faz menção ao conceito de anomia desenvolvido por Durkheim e Merton.[16]

---

[12] PARSONS, Talcott. *O Sistema das Sociedades Modernas*. São Paulo: Pioneira, 1974.

[13] Adaptação é o conjunto dos meios recorridos pelo sistema e seus membros na perseguição de determinados fins. A perseguição de fins é a definição e obtenção de objetivos para a totalidade do sistema e/ou para suas unidades constituintes. A integração assegura a coordenação necessária entre as unidades ou partes do sistema para sua organização e funcionamento conjunto. A estabilidade normativa garante que os valores da sociedade sejam reconhecidos por seus membros e que estes estejam motivados para aceitar estes valores. DOMINGUES, José Maurício. *A Sociologia de Talcott Parsons*. Niterói: EDUFF, 2001.

[14] PARSONS, Talcott. *O Sistema das Sociedades Modernas*. São Paulo: Pioneira, 1974.

[15] JAKOBS, Gunther. *Sociedad, Norma, Persona*: en una teoría de un derecho penal funcional. Bogotá: Universidad Externado de Colombia, 1998.

[16] ARNAUD, André-Jean; FARIÑAS DULCE, María José. *Introdução à Análise Sociológica dos Sistemas Jurídicos*. Rio de Janeiro: Renovar, 2000. p. 146 *et seq*.

O controle social aparece como uma reação *ex post* à violação da norma. Reafirmam-se os valores protegidos pelo sistema, que são justamente aqueles que mantêm a ordem e a coesão social.[17] No primeiro caso, Jakobs, aproximando-se de Parsons, atribui o injusto penal à ausência de motivação da norma penal no autor do crime (nos crimes comissivos) e no segundo, à frustração de expectativas decorrente de uma violação de deveres originários de uma instituição social (denominados usualmente de crimes omissivos). O fundamento para a existência do injusto penal, no segundo caso, é a necessidade de as pessoas possuírem determinadas expectativas no correto funcionamento das instituições elementares da sociedade. Essas instituições a que Jakobs faz referência, em terminologia parsoniana, podem ser entendidas como conjuntos estruturais concretos.

Dessa maneira, para o estrutural-funcionalismo parsoniano, o injusto é uma disfuncionalidade do sistema social, mais especificamente uma oposição ao controle social, tendo em vista que a estrutura ou o conjunto estrutural concreto deixou de exercer sua função específica no sistema social.

A proposta de Luhmann, muito embora possua boa dose de conceitos operativos próprios do funcionalismo parsoniano, muda radicalmente de postura. A ação social, que era a unidade básica e objeto da sociologia desde Weber, que considera o indivíduo o centro da sociedade é deixada de lado. No lugar do indivíduo como mônada entra o conceito de comunicação. Tal como Parsons, para Luhmann a sociedade é um sistema social, composto de vários sistemas parciais e subsistemas. O direito possui como ambiente a sociedade e, simultaneamente, a sociedade se realiza mediante operações dos sistemas sociais, incluindo o próprio direito.

A maneira de o direito se distinguir da sociedade que se executa através de operações (algumas delas também jurídicas) se encontra justamente nesse procedimento de diferenciação. A operacionalidade dos sistemas sociais substitui o aspecto centrado nas estruturas em Parsons. A operação cerrada de cada sistema, própria de uma sociedade dividida funcionalmente, determina o sistema e ao mesmo passo é determinada pela autorreverência do sistema que a compreende. O sistema somente pode ser distinto de toda a complexidade imanente ao ambiente ao delimitar (delimitação de sentido) a produção e reprodução das mesmas operações que o autoconstituem. Através dessas operações o sistema adquire unidade. E unidade implica operacionalidade cerrada.[18]

Se a sociedade não é composta de homens, mas de comunicação e o direito é um subsistema, logo se utiliza dessa comunicação também. Longe da valorização do indivíduo, que é entendido como ambiente, a sociedade é composta de comunicação apenas. Se ela (comunicação) tão somente pode se reproduzir através de si mesma (autopoiese) não pode ser tratada como transferência de informação, o que pressupõe um sujeito. As normas, no caso do direito, são comunicações dotadas de sentido. E essa reprodução apenas se dá enquanto comunicação, ou seja, enquanto direito. "Em

---

[17] "Para Parsons, então, o 'desvio social' é algo de conjuntural e de ocasional, pois esse desvio supõe, sempre, a existência de um consenso generalizado no conjunto dos indivíduos em relação aos valores culturais e às exigências de comportamento que eles devem interiorizar no processo de 'socialização'. O 'desvio' só se produz se houver uma falha nesse processo, mas ele é corrigido ou atenuado pelos mecanismos jurídico-formais de controle social". ARNAUD, André-Jean; FARIÑAS DULCE, María José. *Introdução à Análise Sociológica dos Sistemas Jurídicos*. Rio de Janeiro: Renovar, 2000. p. 146

[18] LUHMANN, Niklas. *Social Systems*. Stanford: Stanford University, 1995.

todos os sistemas diferenciados cada subsistema tem só três referências de sistema: a sua relação com o sistema circundante global, a sua relação com os outros subsistemas, e a sua relação consigo próprio".[19] A primeira das referências é denominada função, a segunda prestação e a terceira reflexão.[20] Nenhum dessas três funções pode ser reduzida à outra. E, da mesma maneira, nenhum dos referidos processos pode regular, por si mesmo, os processos de seleção de um determinado sistema parcial.

Essas relações só podem ser contextualizadas quando o sistema é levado em conta como sistema de observação. A diferença entre observador e observado é vislumbrada como unidade que possibilita a observação, executando-se também como comunicação.[21] Assim, a fixação de normas jurídicas se relaciona com a produção de sentido que lhe empresta o desígnio linguístico (signo) e a possibilidade de reutilização do mesmo em um novo contexto social. O direito enlaça o tempo produzindo uma estabilização de expectativas que se fixa em dado momento e que pode ser orientada rumo ao futuro. Sob o código do sistema legal/ilegal o sistema opera uma redução de complexidade ao traduzir as irritações que chegam ao sistema provenientes do ambiente. Mas ao mesmo tempo também produz complexidade sob o prisma da decisão, já que ela (decisão) é sempre premissa de outra.

Estabelecidos alguns aspectos do que se entende por funcionalismo, principalmente alguns pontos correlatos à obra de Parsons resta analisar com maior profundidade a construção teórica de Jakobs e Lesch. Isto pelo fato de que em muitos momentos de suas teorias, os autores se valem frequentemente de conceitos ora parsonianos ora luhmannianos, sem traçar uma distinção clara no emprego do conceito. Uma vez estabelecidas suas propostas, procurar-se-á confrontar os seus conceitos com os da teoria de Luhmann.

## 2. O FUNCIONALISMO JURÍDICO-PENAL[22]

A premissa de que parte o funcionalismo é de que o direito, em específico o penal, se encontra a serviço da sociedade. Os conceitos de justiça ou de valor são deixados de lado. Assim, o enfoque liberal que pugna pela liberdade do indivíduo, ou

---

[19] LUHMANN, Niklas. *A Improbabilidade da Comunicação*. 3 ed. Lisboa: Passagens, 2001. p. 113.

[20] Aqui é um dos pontos nos quais Jakobs não faz distinções, utilizando conceitos em aspectos bastante disformes relativamente à teoria luhmanniana. Ademais, gize-se que esse é um dos pontos nos quais as variadas críticas tecidas à teoria sistêmica de Luhmann são superficiais ao não explorarem tais referências em seu aspecto trinômico. Assim, as corriqueiras alusões ao organicismo e ao conceito de função em inúmeros "comentários" à obra de Luhmann podem ser descritos como improcedentes.

[21] "Como só existe operação jurídica onde exista uma comunicação, ficam de fora do âmbito dessas operações condutas individuais, situações de perigo, acidentes ou intervenções policiais em qualquer de suas formas. Igualmente, ficam de fora de consideração meras expressões jurídicas usadas na vida diária, como 'ajuizar uma ação', 'firmar um contrato'. Ao sistema jurídico só pertence uma forma de comunicação: a definição codificada do justo e do injusto. No dizer de Luhmann, 'apenas estas comunicação busca e afirma um recorrente entrelaçamento no sistema jurídico; apenas esta comunicação toma a codificação como forma de publicidade autopoiética e assume a pretensão acerca da necessidade de outras comunicações no sistema jurídico". TAVARES, Juarez. *Teoria do Injusto Penal*. 2 ed. Belo Horizonte: Del Rey, 2002. p. 62-63.

[22] Alerta-se para a proposta da teoria que é, nos moldes de Luhmann, uma teoria da observação. São inúmeras as críticas que recebe o funcionalismo jurídico-penal de Jakobs de que uma concepção de direito orientada pelo social poderia legitimar qualquer espécie de norma. Entretanto, sua índole é meramente descritiva, não postulando como deve ser, mas considerando o que é. "El concepto funcional de culpabilidad es por necesidad descriptivo precisamente en la medida en que la sociedad se encuentre determinada. Probablemente esta descripción neutra, esta exclusión de la utopía, es lo más chocante en la práctica de la teoría funcional". JAKOBS, Gunther. *Sociedad, Norma, Persona*: en una teoría de un derecho penal funcional. Bogotá: Universidad Externado de Colombia, 1998. p.49.

seja, o indivíduo como constituinte do social choca-se frontalmente com o enfoque funcionalista.

O direito liberal, no qual o Estado desempenhava uma função meramente absenteísta, de mero resguardo dos valores tidos como últimos - aqueles mais fundamentais a todo indivíduo - constituíram o sustentáculo que concedia legitimidade à intervenção penal. O ideal iluminista, no qual a metáfora do contrato social servia como explicação para o resguardo dos direitos inalienáveis (devendo até mesmo o Estado respeitá-los) configurou uma concepção de sociedade que era composta de indivíduos, O homem compunha a sociedade.

A racionalidade liberal-individualista para o funcionalismo jurídico-penal não serve para explicar nem mesmo para postular um direito penal mais que obscurecido. Para Jakobs, a individualidade do homem somente pode ser constituída em socialidade. Desta maneira é que o social antecede o homem. Com base em Rousseau, o indivíduo somente pode ser entendido como tal em meio à sociedade. Do contrário não passaria de um ser irracional. A subjetividade do indivíduo é constituída de modo reflexivo, ou seja, somente pela negatividade do reconhecimento do "não eu" na figura do outro.[23] A sociedade surge como consubstanciadora do homem. Para o funcionalismo jurídico-penal, portanto, o orientado a garantir a identidade normativa de uma sociedade.[24]

A função do direito penal, desta arte, consiste em manter a identidade normativa da sociedade. O delito passa a ser visto não mais como um conflito entre indivíduos. O delito é visto como um conflito entre o indivíduo e a sociedade.[25] O delito, em última instância, torna impossível a convivência social, já que a sociedade é composta de normas,[26] e o delito é a negação dessas normas. Se for a sociedade que caracteriza o indivíduo (e não mais os conceitos liberais de livre arbítrio e razão), sendo composta de normas, o delito é a negação da vigência de alguma dessas normas, negando, em último passo, a própria constituição da identidade do indivíduo que, a prevalecer o delito, torna inviável qualquer expectativa acerca de comportamentos permitidos ou proibidos, remontando um estado de natureza.

Assim sendo, o direito penal preserva a identidade da sociedade, constituindo um exercício de autopreservação social a aplicação do direito penal. A função da pena acaba sendo a de negar a primeira negação das normas determinantes da identidade da sociedade, garantindo, via lógica, a identidade dos indivíduos.[27] Alude o

---

[23] JAKOBS, Gunther. *Sociedad, Norma, Persona*: en una teoría de un derecho penal funcional. Bogotá: Universidad Externado de Colombia, 1998. p. 52-53.

[24] Idem, ibidem, p. 09.

[25] "Mediante la teoría de la imputación objetiva, por tanto, en opinión de Jakobs se determina si concurre una expresión de sentido típica que ha de entenderse en sentido general, en cuanto expresión de sentido del portador de un rol, como contradicción de la vigencia de la norma en cuestión". CANCIO MELIÁ, Manuel. La Teoría de la Imputación Objetiva y la Normatización del Tipo Objetivo. *In Revista Iberoamericana de Ciências Penais*. a.1. n.0. Porto Alegre:mai/ago, 2000. p. 206.

[26] JAKOBS, Gunther. *Sociedad, Norma, Persona*: en una teoría de un derecho penal funcional. Bogotá: Universidad Externado de Colombia, 1998. p. 12.

[27] "La pena ha de entenderse más bien como marginalización del hecho en su significado lesivo para la norma y, con ello, como constatación de que la estabilidad normativa de la sociedad permanece inalterada; la pena es confirmación de la identidad de la sociedad, esto es, de la estabilidad normativa, y con la pena se alcanza este – si se quiere – fin de la pena siempre". JAKOBS, Gunther. *La Ciencia Penal Ante las Exigencias del Presente*. Bogotá: Universidad Externado de Colombia, 2000. p. 27-28.

funcionalismo jurídico-penal à ideia de conflito no plano simbólico.[28] Refutando conceitos psicológicos como dolo, imanentes à teoria finalista da ação (como elemento da tipicidade), Jakobs sustenta que o direito penal encontra seu desenvolvimento na comunicação,[29] e não do contrário, na consciência individual.

Com base na comunicação se torna possível criar-se expectativas. Se a sociedade contemporânea é complexa e contingente, a manutenção de expectativas de comportamento somente pode se dar se cada gesto, ato, estiver dotado de sentido social. E é nesse diapasão que a reflexividade do comportamento, altamente inflacionada pela contingência do social pode fazer do imprevisível, previsível: mediante a institucionalização de expectativas normativas, expectativas imunes à frustração.[30]

Com base no conceito de redução de complexidade, um conceito luhmanniano que não é vislumbrável no funcionalismo jurídico-penal, se torna possível a previsão de um comportamento. À medida que o indivíduo esteja inserto em uma sociedade e ao passo que esta é composta de comunicações, a execução de comunicação é execução através de indivíduos socializados, isto é, sujeitos para os quais não vige a contingência absoluta do estado de natureza. A participação na comunicação é constituição do indivíduo em social.

Esta complexidade é reduzida e aumentada pela comunicação. Isto pelo fato de que a comunicação é premissa da comunicação e assim se constitui a autopoiese da sociedade, reproduzindo-se a si mesma quando reduz e quando aumenta complexidade. "A solução de um problema isolado equivale a dificultar na mesma medida a dos outros. Quando uma comunicação foi corretamente entendida dispõe-se de maior número de motivos para a rejeitar".[31] Desta maneira resta rechaçada aquela concep-

---

[28] "El elemento último que se produce y reproduce en los sistemas sociales no son las personas, ni roles o acciones, sino comunicaciones. Constituyen el modo particular en el que se reproduce la autopoiesis de los sistemas sociales y es, por tanto, creada por ellos a través de un complejo sistema de selecciones. En último término, esta 'sociedad sin hombres' sería, pues, una sociedad de comunicaciones en la que cada sistema diseña sus propios medios de comunicación y observación y, en último término, su propia creación de sentido". VALLESPIN, Fernando. Introducción. *In* LUHMANN, Niklas. *Teoría Política en el Estado de Bienestar*. Madrid: Alianza, 1997. p. 18. Bem visível a aproximação à teoria de Luhmann quando Jakobs se refere ao plano simbólico (comunicação) e ao componente descritivo de sua teoria (observação).

[29] "Para la teoría sistémica la sociedad existe en cuanto los individuos pueden coordinar sus acciones, y tal coordinación es posible únicamente sobre la base de que los actos, gestos, etc., son algo más que eventos empíricos, poseen un significado, tienen una relevancia comunicativa, expresan un sentido. A cada gesto o palabra no puede asociarse cualquier cosa, sino sólo aquello de lo que es expresión con arreglo al correspondiente código comunicativo. Cuando dos personas se encuentran y se tienden la mano, ambas entienden (en nuestra civilización) ese movimiento corporal como manifestación de consideración y saludo pacífico y no como amago de agresión, intento de robo o, simplemente, reflejo instintivo sin significación social alguna. A través de esas comunicaciones es posible la sociedad y es la sociedad la que así está funcionando por intermedio de los individuos, con lo que éstos son partícipes y ejecutores de una comunicación que transciende, sus actos son expresión de un sentido social más que plasmación de una psicología o una conciencia individual independiente. Esa conciencia psicológica individual opera como un sistema autónomo, ciertamente, una con más arreglo a sus claves, pero el sistema social se constituye al margen y no puede ver ninguna conciencia como conciencia puramente individual, sino que sus manifestaciones sólo las puede percibir e interpretar como manifestación de sentido social, como comunicación social. Así pues, el sistema social o sociedad se compone, en términos de Luhmann, sólo de comunicaciones y de todas las comunicaciones". GARCÍA AMADO, Juan Antonio. (Luhmann y el Derecho Penal) Misión Imposible. O de Cómo ser al Mismo Tiempo Sistémico y Dogmático. Disponível em www.geocities.com/jagamado/pdfs/jakobsart.pdf. Acesso em 21/03/2002. p. 05.

[30] Nesse sentido: "las normas son esquemas simbólicos de orientación que, en la medida en que se trata de normas jurídicas, determinan los caracteres fundamentales de la concreta configuración de la sociedad". MUSSIG, Bernd. Desmaterialización del Bien Jurídico y de la Política Criminal. Sobre las Perspectivas y los Fundamentos de una Teoría del Bien Jurídico Hacia el Sistema. *In Revista Iberoamericana de Ciências Penais*. a.2. n.4. Porto Alegre:set/dez, 2001. p. 160.

[31] LUHMANN, Niklas. *A Improbabilidade da Comunicação*. 3 ed. Lisboa: Passagens, 2001. p. 44.

ção linear e evolutiva de que o progresso se dá em um sentido apenas (rechaço ao materialismo histórico). Quanto maior a capacidade de aprendizado também se torna maior a capacidade de vazio cognitivo. A comunicação não se esgota em si mesma, mas ultrapassa seus próprios limites, sejam eles temporais (como no caso da escrita, que se prolonga no tempo – diacronia) sejam eles especiais (caso da informação televisionada, por exemplo).

O problema da dupla contingência, ou seja, o problema de expectativas de expectativas é solucionado pelo direito enquanto sistema parcial, tendo em vista o código operativo lícito/ilícito. Como institucionalização, tais expectativas de comportamento, que são expectativas normativas, imunes à frustração, prolongam-se no tempo e são, necessariamente, comunicação. São, portanto, tais expectativas estruturas sociais.[32] Em inexistindo tais expectativas tampouco existiria a possibilidade de orientação individual acerca de determinado comportamento, o que em síntese seria o fim da sociedade, vez que sua identidade estaria comprometida. Em última instância, se torna impossível conceber uma sociedade em cujo âmago possui vigência expectativas tão somente cognitivas, substituíveis e adaptáveis conforme as circunstâncias. Por isso são as expectativas estabilizadas em termos contrafáticos,[33] isto é, expectativas não cognitivas e não mutáveis pelos indivíduos nas mais variadas ocasiões.

O direito penal nesse caso não poderia ser um solucionador de conflitos intersubjetivos. O direito penal antevê e se prepara em relação àqueles. Assim o conflito não se torna um meio de contestação do direito. Antes de tudo, se configura em um mecanismo de reforço de expectativa normatizada, isto é, alicerçando a expectativa lesada ao aplicar-lhe uma sanção que caracterize o comportamento como equivocadamente orientado (transgressor), e não a expectativa. A sanção afirma que é a expectativa que vige: "el derecho penal garantiza la vigencia de la norma, no la protección de bienes jurídicos".[34]

A crítica que Jakobs tece ao conceito de bem jurídico é a de que ele não é representado por um objeto físico, senão como norma, como expectativa garantida. "Cuando un juez comete prevaricación, no ha lesionado un bien existente en perfección e independiente de él con la denominación 'correcta administración de la justicia', sino que, no ha generado aquella administración de justicia que debe existir".[35] Posto que as normas compõem a sociedade e a sua correspectiva estabilização social, não se trata de um indivíduo em uma situação individual. O delito não equivale, para Jakobs, a ataques externos a bens, mas se desenrola tal qual a norma, no plano simbólico. O autor do delito, com seu comportamento, simbolicamente, afirma que o seu comportamento é válido, colocando em xeque a vigência da norma.[36]

---

[32] LUHMANN, Niklas. *Sociologia do Direito I*. Rio de Janeiro: Tempo Brasileiro, 1983.
[33] Idem, ibidem.
[34] JAKOBS, Gunther. *¿Qué Protege el Derecho Penal*: bienes jurídicos o la vigencia de la norma? Buenos Aires: Ediciones Jurídicas Cuyo, 2002. p. 19.
[35] Idem, ibidem. p.18.
[36] "De acuerdo con la teoría de los sistemas, al que sigo en este punto, la sociedad es comunicación. Desde esta perspectiva, por ejemplo, lo social en un homicidio no es la lesión de la carne de la víctima, o la destrucción de su conciencia, sino la afirmación contenida de modo concluyente y objetivada en el hecho punible de no deber respetar al cuerpo y la conciencia de la víctima como elementos de una persona, sino de poder tratarlos como un entorno indiferente. Mediante esta afirmación se cuestiona la norma, es decir, la regulación entre personas: por lo tanto, el delito es la desautorización de la norma, o, vuelto a referir a la persona delincuente, falta de fidelidad al ordenamiento

Assim, todo dano jurídico se transforma em um dano simbólico à vigência da norma. O comportamento delitivo e apena não são aquilatados em seu teor ontológico. São observados em relação ao seu significado para o sistema. Jakobs assim constrói o delito como comunicação, refutando argumentos psicológicos, causais ou relativos a sistemas de valores morais.[37]

A pena nada mais é do que uma reação simbólica a outra desenvolvida no mesmo plano. As normas são estruturas sociais que configuram a sociedade, dando-lhe determinada identidade.[38] As normas asseguram que determinada expectativa está sustentada. A pena tem por papel dar uma resposta que confirma a vigência da norma no caso de sua violação.[39] A sanção reafirma a vigência da norma que foi perturbada pelo comportamento delitivo. Assim, uma das funções da sanção é alimentar confiança dos indivíduos no direito, fazendo com que seja possível uma garantia mínima de expectabilidade acerca dos comportamentos humanos em sociedade.

Uma infração da norma é uma desautorização à mesma. O comportamento delitivo, ao questionar a norma como modelo de orientação cria um conflito social. O autor que desempenha um papel de pessoa livre e que viola uma norma acaba construindo uma sociedade de estrutura diversa. Mediante a pena se infirma a afirmação do autor de que é possível furtar, por exemplo.[40]

O delito caracteriza a construção de um mundo particular por parte do autor. Trata-se de uma manifestação no plano simbólico de que a norma não coordena o seu agir. Como as normas são estruturas simbólicas generalizadas congruentemente, isto significa que não podem ser afetadas por fatos, mas apenas por comunicação.[41] Para Lesch[42] o fundamento da pena não se encontra na retribuição de um mal por outro: encontra-se na razão. Apoiando-se em Hegel, o delito é algo irracional e a pena restabelece o racional. E, como tal, deve ser definida positiva e não negativamente.

Um exemplo que o autor faz alusão é o do homicida que, ao praticar a conduta afirma, universalmente, que é válido matar. A pena é, então, decorrente da própria

---

jurídico actuada". JAKOBS, Gunther. *¿Qué Protege el Derecho Penal*: bienes jurídicos o la vigencia de la norma? Buenos Aires: Ediciones Jurídicas Cuyo, 2002. p. 20.

[37] "La definición de la acción no puede estar simplemente referida a la sociedad (externamente). En otras palabras: acción es un tipo sociológico y no psicológico; ella se muestra no sólo como ejecución de su intención, sino también determinada como percepción, esto es, como documentación de su propia intención". LESCH, Heiko H. *Intervención Delictiva e Imputación Objetiva*. Bogotá: Universidad Externado de Colombia, 1995. p. 23.

[38] "Que sociedad origine identidad; que, por tanto, los individuos sean determinados internamente a través de las relaciones sociales en las que ellos viven; que, en definitiva, ellos mismos no puedan entenderse con independencia de su pertenencia al grupo, es, en este sentido, algo totalmente inimaginable". LESCH, Heiko H. *Intervención Delictiva e Imputación Objetiva*. Bogotá: Universidad Externado de Colombia, 1995. p.14.

[39] Jakobs "vislumbra o delito como falta de fidelidade ao direito, que provoca lesão da confiança institucional e, portanto, a pena seria o mecanismo necessário para restabelecer a confiança no direito". PRADO, Luis Regis; CARVALHO, Érika Mendes de. *Teorias da Imputação Objetiva do Resultado*: uma aproximação crítica a seus fundamentos. São Paulo: Revista dos Tribunais, 2002. p. 129.

[40] JAKOBS, Gunther. *¿Qué Protege el Derecho Penal*: bienes jurídicos o la vigencia de la norma? Buenos Aires: Ediciones Jurídicas Cuyo, 2002. p. 60-61.

[41] "Con esto se quiere decir lo siguiente: el delito no produce sólo un mal aprehensible empíricamente (la lesión en cuanto se refiere sólo a la existencia exterior o a la posesión) sino – y tan sólo esto es plenamente relevante – un esbozo del mundo individual (voluntad particular) por parte del autor, a saber, su contradicción del derecho, universal y objetivo, como la coordinación de bienes racional. La pena es lo rechazo de esa contradicción (negación de la negación), es la restauración del derecho". LESCH, Heiko H. *Intervención Delictiva e Imputación Objetiva*. Bogotá: Universidad Externado de Colombia, 1995. p. 28.

[42] LESCH, Heiko H. *Intervención Delictiva e Imputación Objetiva*. Bogotá: Universidad Externado de Colombia, 1995. p. 28.

conduta do autor, sua consequência. A pena honra o delinquente como ser racional,[43] considerado como igual e como pessoa livre e responsável, reconhecendo-se o seu direito de conformar o mundo segundo sua vontade.[44] Não é à toa que com a pena se repreende o autor por seu modo de ser (direito penal de autor), tencionando mudar sua constituição individual. A pena é uma comunicação à coletividade de que é possível se orientar pelas normas vigentes, mesmo que em alguns comportamentos sejam a elas contrapostos. A comunicação se dá tanto por aqueles que atuam segundo as normas ou contrariamente a elas. Apenas o sentido emprestado à norma é diferente. No primeiro, confirmando a expectabilidade de seu lineamento normativo e, no segundo, afirmando a sua invalidade.

Mas qual seria a qualidade específica do direito penal? A confirmação de expectativas que dão sentido social a condutas é comum a todos os ramos do direito. Segundo Jakobs, o particular do direito penal é garantir a conformação de identidade de uma determinada sociedade, isto é, garantir aquelas expectativas mais fundamentais da sociedade,[45] sem as quais a vida social não poderia ser levada adiante. O direito penal é uma estrutura (última) a serviço do próprio direito, encarregado de manter expectativas sociais mínimas.[46]

A sociedade é uma construção de um contexto de comunicação que poderia estar configurada de modo diverso. E a identidade da sociedade é determinada por meio de proteção de normas (também comunicação) e não por bens jurídicos, mesmo que em decorrência da proteção normativa acabem sendo protegidos determinados bens. No plano da compreensão comunicativa, como visto, o delito é a afirmação que contradiz a norma. Trata-se de uma comunicação defeituosa. A prestação que exerce o direito penal é contradizer a contradição das normas determinantes da identidade social.

Com isto é razoável dizer que o direito penal reafirma a negação da identidade da sociedade. Em outras palavras sustenta que a sociedade está constituída de de-

---

[43] "A pena que afeta o criminoso não é apenas justa em si; justa que é, também o ser em si da vontade do criminoso, uma maneira de a sua liberdade existir, o seu direito. Necessário ainda acrescentar que, com relação ao próprio criminoso, constitui ela um direito: está já implicada na sua vontade existente, no seu ato. Este ato, porque vem de um ser da razão, implica na universalidade que por si mesmo o criminoso reconheceu e à qual se deve sujeitar como ao seu próprio direito". HEGEL, Georg Wilhelm Friedrich. *Princípios da Filosofia do Direito*. São Paulo: Ícone, 1997. p. 105.

[44] "La pena no debe ser vista, como reacción ante el conflicto – así como ante el quebrantamiento de la norma –, como un suceso tan sólo exterior causal, pues en ese caso se llegaría a la, ya censurada por Hegel, secuencia de dos males. Por el contrario, la pena tiene un significado muy concreto, y es aclarar que el comportamiento contrario a la norma por parte del autor no marca la pauta, y que la norma, en cambio, mantiene su vigencia. Se muestra que el autor no ha organizado el mundo de forma correcta: por ello se le retiran medios para poder seguir organizando. Delito (quebrantamiento de la norma) y pena se localizan en el plano del significado y no de aquél, tan sólo exterior, empíricamente tangible, de los resultados materiales del delito. Pena y delito son actos simbólicos, tienen un contenido simbólico-comunicador, deben ser entendidos como discurso y respuesta". LESCH, Heiko H. *Intervención Delictiva e Imputación Objetiva*. Bogotá: Universidad Externado de Colombia, 1995. p. 35.

[45] La ciencia debe tomar conocimiento de la identidad de la sociedad esforzándose por comprenderla". JAKOBS, Gunther. *La Ciencia Penal Ante las Exigencias del Presente*. Bogotá: Universidad Externado de Colombia, 2000. p. 9-10.

[46] "El derecho penal restablece en el plano de la comunicación la vigencia perturbada de la norma cada vez que se lleva a cabo seriamente un procedimiento como consecuencia de una infracción de la norma. Y esto significa, al mismo tiempo, que con ello se representa la identidad no modificada de la sociedad. En este proceso en el plano empírico únicamente se pueden aprehender el delito, el proceso y su relación, pero, desde luego, no puede aprehenderse empíricamente el fenómeno de la identidad; pues ésta no es una consecuencia del proceso, sino su significado". JAKOBS, Gunther. *Sociedad, Norma, Persona*: en una teoría de un derecho penal funcional. Bogotá: Universidad Externado de Colombia, 1998. p. 12.

terminado modo e que os indivíduos podem esperar comportamento consoante esta mesma identidade, muito embora comportamentos a questionem. Assim, num plano temporal, o direito penal assegura que se pode confiar no direito, que as expectativas dos indivíduos podem ser guiadas pelos padrões sociais e que não é qualquer comportamento alternativo que infringe as regras é que dita o modelo de ação.

A sociedade mantém regras e configura sua identidade que poderia ser diversa da estabelecida. Expectativas cognitivas são guindadas à categoria de expectativas normativas porque a sociedade mesma se nega a se descrever de maneira diversa. À evidência, então, a pena não pode ser entendida como um meio para que se mantenha a identidade social (plano simbólico negativo) senão que já perfectibiliza a própria manutenção (plano simbólico positivo). E é esse contexto de comunicação que deve manter a configuração de identidade da sociedade.

Para Jakobs a comunicação não depende de uma estabilização especial. É, portanto, cognitiva. Quem não aceita determinada comunicação pode ser compreendido tão somente em algumas sociedades parciais. "Desde final del derecho natural, la pena ya no se impone a sujetos irracionales, sino a sujetos refractarios. La sanción contradice el proyecto de mundo del infractor de la norma: este afirma la no-vigencia de la norma para el caso en cuestión, pero la sanción confirma que esa afirmación es irrelevante".[47]

A subjetividade do indivíduo apenas pode ser arquitetada em sociedade. Jakobs aduz que ausente sociedade, nada mais existe além de um aglomerado de indivíduos que, ante a inexistência de uma identidade ou algo semelhante que os vincule, torne possível o conhecimento de um mundo objetivo,[48] um mundo que trespasse a mera construção individualista de suas percepções mais subjetivas. Assim, o sujeito livre aparece somente no processo de comunicação.

Em algum âmbito o sujeito participa da sociedade e só nessa medida é que pode ser qualificado como sujeito. Somente com a distinção é que se torna possível a indicação. Somente com a distinção entre subjetividade e objetividade é que se faz inteligível o sentido comunicativo empregado pela subjetividade. Apenas diante de iguais o diferente pode ser observado. E a subjetividade, nesse caso, é delimitada frente à objetividade, pois do contrário se torna impossível distinguir subjetivo se tudo o mais se identifica da mesma maneira. "Sin un mundo objetivo vinculante no hay subjetividad y viceversa".[49]

A estabilização da sociedade não faz referência ao "sujeito livre". Apenas se ele aparece na comunicação é que adquirirá relevância. Em outras palavras, a subjetividade é gerada em um mundo mediado pelo social, ou seja, sem um mundo objetivo, os indivíduos não conseguem sair de sua concepção solipsista. Logo, só conhecem subjetividade. Sem processo de comunicação não existe "sujeito livre". Tão só no

---

[47] JAKOBS, Gunther. *Sociedad, Norma, Persona*: en una teoría de un derecho penal funcional. Bogotá: Universidad Externado de Colombia, 1998. p. 19.

[48] "El significado social del comportamiento no se lee en la persona del que actúa, sino que debe ser deducido de la parte externa (objetiva), pero donde objetividad aquí no debe ser entendida, por ejemplo, como un fenómeno separado del sujeto de la acción, sino siempre como subjetividad objetivada, esto es, como expresión de sentido de una persona". LESCH, Heiko H. *Intervención Delictiva e Imputación Objetiva*. Bogotá: Universidad Externado de Colombia, 1995. p. 95.

[49] JAKOBS, Gunther. *Sociedad, Norma, Persona*: en una teoría de un derecho penal funcional. Bogotá: Universidad Externado de Colombia, 1998. p. 24.

sentido comunicativo aparece o sentido objetivo. Subjetividade é pressuposto e consequência da socialidade.[50]

Para o funcionalismo jurídico-penal a imputação pessoal se desenvolve a cargo dos conceitos de pessoa, competência e norma. Primeiramente, Jakobs sustenta que os seres humanos se encontram em um mundo complexo, permeado por múltiplas possibilidades. O funcionamento da sociedade é estabelecido por contatos anônimos. Assim, encontram-se desempenhando algum papel. São pessoas responsáveis por determinado segmento do social. Guiam-se, nesse prisma, por respectivos modelos de atuar.[51]

Pessoa é quem representa um papel. E papel é a representação de uma competência socialmente compreensível. Torna-se, nas sociedades complexas, diferenciadas funcionalmente, um mecanismo inexorável para a regulação de contatos anônimos.[52] Por intermédio do conceito de pessoa é que se faz possível a construção de um mundo objetivo. No conceito de pessoa se encontra delineado, de maneira negativa, o fato de que pouco importam as preferências pessoais, gostos, intenções, toda a carga psíquica que compõe os indivíduos. Apenas a relevância objetiva que permite o funcionamento em uma sociedade complexa, aquilo que é delimitável como seara de competência de certa pessoa resta afeita ao funcionalismo jurídico-penal.

No caso do delito, as expectativas garantidas juridicamente apenas são defraudadas por uma conduta objetivamente defeituosa. Deixam-se de lado os aspectos psicológico-subjetivos. Pode ser que em determinado caso esteja ausente a culpabilidade. E, nesse caso, o sentido comunicativamente relevante da manifestação defeituosa (o delito, que é a negação da vigência do direito) pertence ao mundo natural[53] (exterior à comunicação).

Isso por que o funcionalismo não trabalha com psiquismo, pois o direito opera com expectativas normativas como maneira de reduzir a complexidade do sistema social. O operar com elementos psíquicos acarreta a assunção de expectativas cognitivas, isto é, reflexivas, contingentes e complexas. Ademais, se inviabiliza a distinção ambiente/sistema pelo fato de que, ao utilizar expectativas psíquicas próprias dos sistemas psíquicos, dentro da operatividade cerrada do sistema, torna-se impossibilitada a sua autorreferencialidade, na medida em que não se pode mais trabalhar com o código binário legal/ilegal.

---

[50] JAKOBS, Gunther. *Sociedad, Norma, Persona*: en una teoría de un derecho penal funcional. Bogotá: Universidad Externado de Colombia, 1998. p. 24.

[51] "Entre autor, vítima e terceiros, segundo os papéis que desempenham, deve determinar-se a quem compete, por si só ou, junto com outros, o acontecer relevante, é dizer, quem por ter violado seu papel, administrando-o de modo deficiente, responde jurídico-penalmente – ou, se foi a vítima quem violou seu papel, deve assumir o dano por si mesma. Se todos se comportam conforme o papel só fica a possibilidade de explicar o ocorrido como fatalidade ou acidente". JAKOBS, Gunther. *A Imputação Objetiva no Direito Penal*. São Paulo: Revista dos Tribunais, 2000. p. 22.

[52] "Ambas condiciones enunciadas para una interpretación del comportamiento y conocimiento con máxima referencia al sujeto (conocimiento de un gran contexto de comportamiento y conocimiento del sistema de normas determinantes) necesariamente han de faltar en todos aquellos ámbitos de la sociedad que no son totales; por lo tanto, faltarán en una sociedad pluralista que posibilita que se produzcan de modo masivo contactos anónimos o casi anónimos, haciendo posible precisamente por ello una configuración individual de la vida de cada uno". JAKOBS, Gunther. *Sociedad, Norma, Persona*: en una teoría de un derecho penal funcional. Bogotá: Universidad Externado de Colombia, 1998. p. 37.

[53] "Sin embargo, si no existe culpabilidad, se trata sólo aparentemente de comunicación, o sea, de una conducta con sentido. En realidad, se trataría de simple naturaleza, es decir, de las consecuencias de una enfermedad, de un error inevitable, de una necesidad absoluta o de perturbación, miedo, pánico, etc.". JAKOBS, Gunther. *Sociedad, Norma, Persona*: en una teoría de un derecho penal funcional. Bogotá: Universidad Externado de Colombia, 1998. p. 44.

O direito não se desenvolve na consciência individual, senão na comunicação. Para Luhmann a consciência é entorno do sistema social. O direito penal garante a expectativa de que aquele que está submetido ao direito não se comportará culpavelmente, o que significa que será suficientemente fiel ao direito. E, no caso de que não mostre uma fidelidade suficiente, ocasiona sua culpabilidade e não um erro daquele que possui uma expectativa. O culpável, assim, possui um deficit de fidelidade ao direito.[54]

Desta maneira somente pode existir, sob o ponto de vista das expectativas, de que não exista culpabilidade. Em outros termos, existe uma expectativa de fidelidade ao direito. A individualidade somente é levada em conta em benefício da pessoa e desde que não afete o efeito generalizante do direito. A culpabilidade é medida em relação à pessoa mais geral que é possível imaginar, a pessoa fiel ao direito.[55]

Em breve síntese essa é a proposta do funcionalismo jurídico-penal de Jakobs e Lesch A seguir será examinada a possibilidade de um embasamento teórico-funcionalista fulcrado na teoria dos sistemas sociais de Luhmann, nos moldes da dogmática elaborada pelos respectivos autores.

### 3. DOGMÁTICA PENAL SISTÊMICA? PARADOXOS E INCONGRUÊNCIAS

No item anterior tratou-se de traçar um panorama geral dos postulados teóricos da teoria dos sistemas sociais e do funcionalismo jurídico-penal. Agora é a vez de se analisar se o encabeçamento teórico e a direção normativa dessa concepção, donde exsurge uma dogmática penal funcionalista, pode se nutrir de uma teoria sociológica, cujo transplante à seara dogmática estabelece algumas proposições "inovadoras".

Primeiramente, as questões que poderão ser levantadas e tratadas como subitens são as relativas ao conceito de "sujeito", "culpabilidade", "prestação x função" e "pessoa". Trata-se de temas que são salientes na teoria funcionalista jurídico-penal e que possuem inúmeros aportes na teoria dos sistemas de Luhmann. Portanto, a opção pelo tratamento a ser desenvolvido não consiste em uma taxativa enumeração de confrontamentos, mas tão somente consiste numa opção metodológica aqui utilizada.

A primeira constatação a ser realizada diz respeito a que muitos conceitos operativos da teoria dos sistemas luhmanniana são acolhidos de modo disperso e por vezes obscuro (e sem a menção ao sentido empregado: se luhmanniano ou parsoniano).

---

[54] "En el marco de una perspectiva funcional-social, el derecho penal solo garantiza una cosa: que se va a contradecir toda expresión de sentido (probada en un procedimiento propio de un Estado de Derecho) que manifieste que la norma carece de validez. Como consecuencia de esta afirmación, una expresión de sentido de contenido defectuoso es una expresión que implica responsabilidad. Una vez afirmada la existencia del injusto, toda ausencia de culpabilidad, bien por falta de capacidad de culpabilidad, por ausencia inevitable de comprensión del injusto o por falta de exigibilidad transforma el sentido comunicativamente relevante en algo sólo-individual, casual, y, en este sentido, en algo perteneciente al mundo de lo natural (en un mundo exterior a la comunicación)". JAKOBS, Gunther. *Sociedad, Norma, Persona*: en una teoría de un derecho penal funcional. Bogotá: Universidad Externado de Colombia, 1998. p. 45-46.

[55] Com relação à expectativa deve-se frisar que "esto no debe ser entendido como si la finalidad Del derecho penal fuese un 'ejercicio en la confianza normativa' en un sentido real-psicológico, demostrable empíricamente, algo así como un querer y poder que la pena se desarrolle contrafácticamente, que se confíe en la vigencia de la norma. Por el contrario, se trata tan sólo mostrar que en el futuro también uno puede continuar orientándose según la norma; que uno se encuentra en consonancia con el derecho cuando confía en la vigencia de la norma". LESCH, Heiko H. *Intervención Delictiva e Imputación Objetiva*. Bogotá: Universidad Externado de Colombia, 1995. p. 36.

A isso adende-se que os autores trabalham apenas com a obra de Luhmann ainda não aperfeiçoada pelo conceito de autopoiese.[56]

Para García Amado, uma aplicação racional da teoria luhmanniana deveria levar Jakobs e seus séquitos a falar a linguagem dogmática, tomando consciência de que tal linguagem não descreve e nem tampouco serve de embasamento para um mundo "real" de fatos e dados, senão que contribui para confirmar uma ficção que tem de realidade apenas a operatividade efetiva do sistema – aquela jurídico-penal – que constrói seus conceitos e categorias não como reflexo do mundo dos sujeitos e dos acontecimentos tais como se dão, mas como deve supor-se para que o sistema funcione e cumpra a sua tarefa de redução de complexidade. Vale dizer que o jurista adepto da teoria dos sistemas e que cultive ao mesmo tempo a dogmática teria que fazê-lo sabendo e deixando claro que ao passar de um a outro registro teórico modifica seu mundo por tratar de sistemas distintos, de modo que aquilo que uma destas dimensões assevera possui um sentido completamente diverso na outra e vice-versa.[57]

Efetivamente, teoria dos sistemas e dogmática penal cuidam de discursos distintos. Assim, enquanto para Luhmann o homem é um entorno do sistema, pouco importando sua constituição física, sensorial, etc., no âmbito da dogmática conceitos como os de ação, reprovação social, exigibilidade de conduta diversa, dever de garante, antijuridicidade, etc., devem ser tidos como inerentes ao funcionamento do sistema, ou seja, ao ser. Na análise empregada pelo funcionalismo jurídico-penal, não é realizada a distinção entre essas duas esferas, ou seja, entre aquilo que pertence ao sistema penal e o que é um discurso sociológico mais amplo, mesclando pontos de vista distintos e criando um discurso híbrido. Seguindo-se García Amado, isso é o resultado de serem radicais na premissa mas não desejar sê-lo nas consequências.[58] Exemplo disso ocorre no tratamento do conceito de sujeito.

### 3.1. O conceito de sujeito

Em Luhmann o sujeito está fora do sistema, é meio ambiente (*Umwelt*) em relação ao sistema. O próprio sistema é sujeito de si operando autorreferencialmente. O indivíduo também é sujeito de si mesmo. É um acoplamento estrutural entre o sistema psíquico e o biológico. Mas o que não existe é um sistema de sujeitos (indivíduos). Nem mesmo existe um sujeito como consciência dos sistemas sociais. Para Luhmann, como reiteradamente se constata ao longo da digressão efetuada, a sociedade é composta de todas as comunicações.

Todo evento apenas ganha conotação social enquanto comunicação. Certamente a sociedade não existiria sem indivíduos em sua dupla acepção: psicológica e biológica. No entanto, não se encontram presentes na autorreferencialidade do sistema. Nenhum indivíduo pertence completamente a um sistema social. Cada sistema envol-

---

[56] Possível distinguir-se ainda, a obra de Luhmann em três fases, sendo a segunda fase aquela "autopoiética" e a terceira, como nominou Jean Clam, a "autopoietológica".

[57] GARCÍA AMADO, Juan Antonio. (Luhmann y el Derecho Penal) Misión Imposible. O de Cómo ser al Mismo Tiempo Sistémico y Dogmático. Disponível em www.geocities.com/jagamado/pdfs/jakobsart.pdf. Acesso em 21/03/2002. p. 13.

[58] GARCÍA AMADO, Juan Antonio. (Luhmann y el Derecho Penal) Misión Imposible. O de Cómo ser al Mismo Tiempo Sistémico y Dogmático. Disponível em www.geocities.com/jagamado/pdfs/jakobsart.pdf. Acesso em 21/03/2002. p. 14.

ve o indivíduo segundo sua identidade funcional. Mas, sobretudo, o indivíduo, para a teoria dos sistemas luhmanniana não é deixado de lado. O entorno é tão importante para o sistema quanto ele mesmo.[59] O sistema não existe sem meio ambiente. Assim, nenhum sistema existe sem indivíduos, devendo sublinhar-se que apenas se distinguem da funcionalidade sistêmica. Todavia, a ideia de homem racional, que parte de Descartes e funda toda a modernidade, para Luhmann, não é levado em conta pelos sistemas sociais.

Lesch[60] chega até mesmo a repudiar o conceito de prevenção geral positiva da pena, sugerindo a denominação de uma teoria funcional retributiva e compensadora da culpabilidade. Tal teoria, segundo o autor, supera a oposição entre a fundamentação absoluta e a relativa da pena. Assim, a função da pena adquiriria um espectro dialético-hegeliano e também prático-utilitarista. Essa função seria garantir a manutenção das condições fundamentais de funcionamento de coexistência social, da tão "aclamada" identidade normativa da sociedade.

Todavia, essa identidade social, que se vincula à historicidade de determinada sociedade nada mais é do que uma reformulação do pensamento de Hegel, mediante o qual o ordenamento jurídico possui uma dimensão histórico-dialética. E, assim sendo, acaba sustentando uma necessidade funcional-social da pena, calcada num compromisso de necessidade interna e externa da pena. A primeira, cujo reflexo se dá no âmbito organizativo do agente, quando da manifestação subjetiva de um plano de mundo traçado pelo autor; no segundo, no campo simbólico do universal, ou seja, quando o agente leva a cabo o ilícito, anunciando que é lícito, por exemplo, roubar.[61] Sem dúvida, o elo entre as concepções interna e externa é a racionalidade do autor. O conceito de racionalidade, desenvolvido no plano objetivo e subjetivo por Hegel, apesar da crítica tecida por Lesch, acaba resultando em um círculo vicioso, soterrando a pretensa função da pena como manutenção de expectativas normativas.[62]

A menção à obra de Luhmann *Legitimação Pelo Procedimento* não pode atuar em beneplácito da salvaguarda fundante do critério de racionalidade empregado pelo autor. A legitimidade da pena nada tem a ver com a sua aceitação social. A legitimidade do direito – conceito trabalhado na primeira fase do pensamento luhmanniano – só é possível mediante o conceito de racionalidade arvorado em uma categoria institucional. Isso significa uma direção diversa, na qual para Luhmann o que interessa é a racionalidade do sistema, ao contrário de uma "racionalidade teleológica" fundada no modelo paleopositivista de função da pena. A orientação do sistema relativamente ao seu entorno é o que não se propõe a teoria da pena de Lesch e Jakobs.

Voltando à questão acerca da racionalidade do sistema, isto é bastante claro na passagem das sociedades estratificadas, sociedades hierárquicas, às sociedades orientadas funcionalmente pela divisão do trabalho. Assim, enquanto nas primeiras não era possível a movimentação social (no sentido de ascensão à determinada classe – vez que fundamentada pela origem divina), nas sociedades nas quais prevalecem as relações entre sistemas em detrimento das relações entre indivíduos, falece a igualdade semântica entre igualdade social e individual. Em termos mais específicos,

---

[59] LUHMANN, Niklas. *Social Systems*. Stanford: Stanford University, 1995.
[60] LESCH, Heiko H. *La Función de la Pena*. Madrid: Dykinson, 1999. p. 50.
[61] Idem, ibidem.
[62] Idem, ibidem. 51.

atualmente, cada pessoa pode atuar como eleitor, estudante, motorista, consumidor, simultaneamente escapando a apenas um sistema social.

À identidade individual corresponde o sistema psíquico, um sistema autopoiético (ao lado dos sistemas sociais e organismos). Organiza-se sob a forma de consciência e não sob o manto da comunicação (sistemas sociais).[63] Os sistemas sociais são por seu turno, meio ambiente do sistema psíquico. Ambos são interdependentes, isto é, um não existe sem o outro.[64] De acordo com a teoria dos sistemas sociais, apesar de constituírem sistemas autopoiéticos distintos, os sistemas psíquicos e sociais mantêm íntimas relações. A linguagem, segundo Luhmann é o acoplamento estrutural entre esses dois sistemas: entre a consciência (sistema psíquico) e social (comunicação).[65] Mediante o conceito de acoplamento estrutural ocorre a relação entre ambiente e sistema, provocando reações mútuas. Contudo, essas irritações se dão através do reconhecimento do próprio sistema como informação, desencadeando reação do próprio sistema, e não do meio ambiente ingerindo-se no processo operativo do sistema. É o sistema que seleciona o influxo que o modifica. A outra atitude possível é a indiferença.

No caso de sistemas sociais que se reconhecem como complexidade irredutível e são, nessa medida, ambiente e sistema reciprocamente considerados, Luhmann desenvolve o conceito de interpenetração. Não se trata aqui de uma relação geral entre sistema e ambiente, mas de uma relação entre sistemas (intersistêmica) que são ambientes uns para os outros. Apesar de se considerarem respectivamente sistema e entorno ambos os sistemas não se estruturam internamente com relação ao ambiente, construindo sua própria complexidade e mantendo essa relação de dependência como condição de sua própria autonomia.[66] É o caso específico da relação entre sistemas psíquicos e sociais.[67]

A identidade do indivíduo se realiza mediante a interação com o meio ambiente. Como o meio ambiente é por demais complexo e cambiante, "las constantes identificadoras se buscarán en la consistência de la acción individual, en la localización de criterios autoidentificadores del propio comportamiento".[68] O sujeito, diante das possibilidades de comportamento que surgem elege aquelas ações que se amoldem a suas condutas anteriores, de maneira a preservar sua própria identidade, auto-observando e se autodescrevendo como identidade, e não como complexidade e contingência.[69]

---

[63] LUHMANN, Niklas. *Social Systems*. Stanford: Stanford University, 1995. p 2.

[64] "Do ponto de vista de sua situação ambiental, não pode haver dúvida de que sistemas psíquicos são sistemas autopoiéticos – mas sistemas baseados na consciência, não na vida. Eles usam a consciência somente no contexto de suas próprias operações, enquanto todos os contatos com o ambiente (incluindo contatos com seu próprio corpo) são mediados pelo sistema nervoso, e então precisam usar diferentes níveis de realidade". LUHMANN, Niklas. *Social Systems*. Stanford: Stanford University, 1995.

[65] LUHMANN, Niklas; DE GIORGI, Rafaelle. *Teoría de la Sociedad*. Guadalajara: Universidad de Guadalajara, 1993.

[66] LUHMANN, Niklas. *Social Systems*. Stanford: Stanford University, 1995. p. 214.

[67] "Los sistemas se estructuran sobre la base de expectativas que tienen como referencia al individuo. Pero éste existe para el sistema no como tal, como sistema orgánico y psicológico, sino únicamente como centro de identificación de un haz de expectativas. Por eso dice Luhmann que 'personas' para el sistema significa *collages* de expectativas en el sistema funcional, como punto de referencia para ulteriores selecciones". GARCÍA AMADO, Juan Antonio. (Luhmann y el Derecho Penal) Misión Imposible. O de Cómo ser al Mismo Tiempo Sistémico y Dogmático. Disponível em www.geocities.com/jagamado/pdfs/jakobsart.pdf. Acesso em 21/03/2002. p. 16.

[68] GARCÍA AMADO, Juan Antonio. (Luhmann y el Derecho Penal) Misión Imposible. O de Cómo ser al Mismo Tiempo Sistémico y Dogmático. Disponível em www.geocities.com/jagamado/pdfs/jakobsart.pdf. Acesso em 21/03/2002. p.16.

[69] LUHMANN, Niklas. *Sociologia do Direito I*. Rio de Janeiro: Tempo Brasileiro, 1983.

Estes são alguns pontos que erigem a teoria luhmanniana. Para o funcionalismo jurídico-penal, isto se dá de maneira um pouco diferente. Jakobs e Lesch (remontando o pensamento parsoniano) justificam a imputação penal com base na ausência de motivação. Assim, se o sujeito houvesse sido motivado pelo conteúdo previsto nas regras sociais de comportamento, teria se comportado de modo diverso. Efetiva-se uma carência de motivação, ou seja, que no momento do cometimento do delito o sujeito fazia pouco caso da proibição constante na regra proibitiva.

Assim, aquele que conduz tendo a consciência de que seu veículo possui defeito que pode tornar o mesmo descontrolado e, mesmo assim, empreende longa viagem, expondo os demais viajantes a risco, afirma que não é a norma social de conduta que manda verificar o com funcionamento do automóvel antes de viajar que orienta seu comportamento. A contradição à norma por meio de um comportamento é a sua infração.[70]

A identidade individual, como anteriormente frisado, é voltada à ação social como busca por critério (auto)identificador de sua conduta como referência própria e não alheia (complexidade e contingência). Assim, o indivíduo age de acordo com seus comportamentos anteriores, de modo a poder se autodescrever. A opção pelo comportamento delitivo, na manifestação da identidade individual, se dá como seleção de sentido a ser emprestada à conduta. Em outras palavras, se dá um embate entre duas hipóteses de atuação do sujeito: a sua pessoal e aquela que a norma prescreve. No pensamento de Jakobs, a expressão delitiva é um sentido proveniente da consciência individual, vinculado a uma (ausência) de motivação subjetiva. Como é cediço, o sentido da norma é social. Aqui, como social, se trata de comunicação. No plano subjetivo ou individual, o que interessa como sistema psíquico é a consciência.

Ocorre um verdadeiro descompasso: há uma quebra na lógica da teoria dos sistemas sociais. Os sistemas sociais, no plano da interpenetração, apenas se reconhecem como complexidade irredutível. Apesar de haver a necessária interdependência entre os sistemas psíquicos e sociais, não podem ser subsumidos a um denominador único. Em outras palavras: um sistema não conhece (não pode ver) o funcionamento do outro.[71] De forma mais incisiva, ao se adotar a postura de Jakobs admite-se que o sistema torna cognoscível aquilo que não pode ver: a consciência do indivíduo, ou seja, aquilo que é entorno.[72]

Jakobs sustenta que o autor será responsável pelo delito quando ausente a motivação calcada na norma, de forma que esse déficit de fidelidade ao direito não possa ser inteligível sem que afeta a confiança na norma. A imputação penal tem lugar sempre que o comportamento de um indivíduo esteja amparado na ausência de motivação jurídica que governe seu agir, isto é, provocando uma contradição à norma que estipula um comportamento diverso. García Amado questiona tal posicionamen-

---

[70] JAKOBS, Gunther. *Derecho Penal*: parte general: fundamentos y teoría de la imputación. 2 ed, Madrid:Civitas, 1997. p. 13.

[71] O máximo a que se poderia chegar seria o conceito proposto por Teubner de interferência sistêmica, o que nem de longe é seu propósito.

[72] "La culpabilidad es falta de fidelidad al ordenamiento jurídico de acuerdo con su juicio objetivo, social: dicho de otro modo, la culpabilidad es la constatación social de que la contribución del autor a la sociedad, es decir, a la comunicación es errónea, destructora de las estructuras, y por ello no es susceptible de ser seguida. Dicho en una imagen, en la red de la comunicación hay un nudo en un lugar equivocado, de modo que conectarse a esa ubicación conducirá a ulteriores nudos mal ubicados". JAKOBS, Gunther. *¿Qué Protege el Derecho Penal*: bienes jurídicos o la vigencia de la norma? Buenos Aires: Ediciones Jurídicas Cuyo, 2002. p. 59.

to, perguntando se essa responsabilidade seria a contrapartida de postular e assumir uma consciência autônoma, real e livre ou, se, por outro lado é resultado da imputação dessa liberdade, de responsabilidade e por consequência de culpabilidade como construtos sistêmicos. Nessa última hipótese, o sujeito seria um verdadeiro objeto do sistema, uma mera peça de sua mecânica. Se Jakobs defende a primeira posição, os pressupostos da teoria dos sistemas dos quais parte estariam sendo contraditos. Se adota a segunda hipótese, o conceito de culpabilidade perde sua referência às ideias valorativas da pessoa e de sua liberdade e se torna um conceito meramente instrumental, constituindo-se o conceito de culpabilidade como uma instrumentalização de certos sujeitos como componentes sistêmicos ao contrário de respeitá-los como sujeitos portadores de atributos próprios.[73]

A questão a ser desenvolvida é a seguinte: Jakobs mescla a concepção de sujeito própria da modernidade (o mesmo conceito que Luhmann não reconhece como integrante do sistema pelas razões já invocadas) com instrumentos operativos imanentes à teoria dos sistemas. De um lado, a culpabilidade como livre arbítrio, a racionalidade que se desenvolve no pressuposto da liberdade. De outro, a funcionalização[74] do indivíduo como instrumento do sistema. O sistema jurídico não pode ser reduzido a princípios básicos, nem mesmo ao ideal de racionalidade (a não ser que se trate de uma racionalidade sistêmica baseada no padrão de diferença entre sistema/entorno). As operações do sistema jurídico são regidas por distinções. O sistema distingue-se de seu ambiente. Através de cada operação é que mantida sua clausura.

### 3.2. O conceito de culpabilidade

A questão da culpabilidade, recursiva e reciprocamente sustentada pelo juízo de imputação baseado na responsabilidade, torna inviável a operação que reduz complexidade e que torna operativamente cerrado um sistema ao se distinguir do meio ambiente. Um juízo de culpabilidade lastreado na ausência de motivação utiliza aspectos subjetivos, próprios da consciência. Um postulado básico da teoria sistêmica luhmanniana é desobedecido. Mas de outro lado, uma normatização hipertrofiada dos conceitos jurídico-penais, em específico a culpabilidade, torna os indivíduos meras peças na engrenagem do sistema. No último caso, não somente direitos humanos acabam soçobrando como também princípios secularizados de direito penal acabam

---

[73] GARCÍA AMADO, Juan Antonio. (Luhmann y el Derecho Penal) Misión Imposible. O de Cómo ser al Mismo Tiempo Sistémico y Dogmático. Disponível em www.geocities.com/jagamado/pdfs/jakobsart.pdf. Acesso em 21/03/2002. p. 17.

[74] Acerca do caráter decisionista da normativização de Jakobs adverte Schunemann que 'en ocasiones anteriores he intentado demostrar repetidamente esta afirmación con el concepto de culpabilidad, concepto que Jakobs desliga expresamente de toda idea de poder actuar de otro modo y que es presentado exclusivamente como resultado de la imputación jurídico-penal, de modo que la imputación se explica por la culpabilidad y la culpabilidad por la imputación, estableciéndose un círculo vicioso. Entretanto, él ha continuado con su completa normativización de los conceptos básicos del sistema del derecho penal, acuñando, tanto para el actuar positivo como para la omisión, el concepto de acción de 'adquirir culpablemente competencia por una lesión de la vigencia de la norma', concepto que carece por completo de núcleo descriptivo, por lo cual propone dos fundamentos de la imputación que en su concepción han de regir tanto para la comisión como para la omisión, que son la competencia por organización y la competencia institucional. En realidad, sin embargo, su nuevo concepto de acción no es otra cosa que un concepto de delito puramente normativo, y tampoco el concepto de competencia se refiere a un objeto que pudiese reconocerse siquiera de modo esquemático, con base en el significado natural del término, sino que es resultado de una imputación realizada exclusivamente por el derecho". SCHUNEMANN, Bernd. *Consideraciones Críticas Sobre la Situación Espiritual de la Ciencia Jurídico-penal Alemana*. Bogotá: Universidad Externado de Colombia, 1996.p. 46.

sendo esquecidos. Por exemplo, em que sentido é possível se estabelecer o princípio da individualização da pena a partir de critérios meramente instrumentais? Déficit de fidelidade ao direito? Parece inevitável que uma resposta nesse sentido permite a construção de um aparato penal motivado por penas desproporcionais.[75]

A imputação de culpabilidade é um defeito volitivo de fidelidade ao direito. Ausência de motivação na norma. A questão a ser desvelada é de saber se se trata de uma ausência que se desenrola no plano psíquico do agente ou se pouco importa o seu desejo, mas apenas o que deveria desejar (atuação fiel às normas sociais). Jakobs sustenta que em um delito, mesmo que cometido dolosamente, manifestada a potencial consciência da ilicitude da conduta, o que interessará ao direito penal é a falta de motivação dominante orientada à evitação.[76] O direito penal garante que se possa esperar disposição para o cumprimento das normas. Se esta falta, não se trata de um equívoco de quem se pautou pela norma, senão que o autor agiu culpavelmente. Segundo Jakobs, não se trata de nada subjetivo, mas a exigência de uma suficiente fidelidade ao direito.[77] Essa suficiência, segundo o autor, é objetiva. Assim sendo, o delito imprudente e o dolo são formas pelas quais se manifesta esta insuficiência; o delito imprudente fundamenta o injusto não como fato psíquico individual, mas como expressão nos indivíduos de um defeito determinável objetivamente. Não é relevante uma decisão individual mas o indicador de uma insuficiência objetiva.[78]

Há que se destacar que em outras ocasiões Jakobs e Lesch dão a entender que não se castiga o indivíduo pela sua culpabilidade, sendo o sistema que constrói o "delinquente". O criminoso não é castigado por ser como é, mas é castigado por aquilo que o sistema dele percebe, como o enxerga. Isto pelo fato de que o sistema não pode visualizar o seu ambiente. Os autores passam de um discurso a outro sem maiores esclarecimentos. Por exemplo, para Lesch, o conceito funcional de delito pode ser construído a partir de três momentos. O primeiro, a imputabilidade, a especial vontade do autor e o questionamento jurídico-penal dessa manifestação. A imputabilidade

---

[75] A mesma crítica de desmesura ao conceito de prevenção geral positiva faz Lesch: "esto podría dar lugar, por ejemplo, a que, por un lado en delitos de bagatela o de poca importancia, pero muy frecuentes, y por otro en delitos de gran importancia pero con un 'peligro de contagio' reducido, se originen en ciertas ocasiones grandes desproporciones entre el daño y el *quantum* de la pena". LESCH, Heiko H. *La Función de la Pena*. Madrid: Dykinson, 1999. p.

[76] "Los que delinquen no son individuos, sino miembros de la sociedad constituidos comunicativa y – en este sentido – objetivamente, esto es, son personas (o bien, en cuanto que éstas además se conciban a sí mismas como personas, sujetos). El hecho de que la imputación se rija según el contenido objetivo de la norma es algo que ciertamente no se circunscribe a sociedades que posibilitan contactos humanos anónimos en el sentido anteriormente mencionado – la sociedad se agota precisamente en el establecimiento de normas objetivas -, pero en caso de sociedades anónimas la objetividad del armazón de soporte se hace especialmente patente". JAKOBS, Gunther. *La Ciencia Penal Ante las Exigencias del Presente*. Bogotá: Universidad Externado de Colombia, 2000. p. 20.

[77] "Todo ordenamiento regulador de la existencia de personas, esto es, todo el orden social, contiene como mínimo el deber que se impone a toda persona de no dañar a otra persona". JAKOBS, Gunther. La Omisión: estado de la cuestión. *In Sobre el Estado de la Teoría General del Delito*. Madrid: Civitas, 1999. p. 131.

[78] "Como a 'escola da política criminal', Jakobs tem tentado explicar o direito positivo de uma perspectiva funcional e teleológica. A diferença reside que se sistema orienta-se de acordo com uma concreta função da pena: a prevenção geral positiva. Evidentemente que esse princípio geral não pode resolver os problemas do tipo, mas toda sua teoria da imputação e cada uma de suas partes têm esse princípio orientador como coluna vertebral. A posição de Jakobs nos demonstra como questões gerais, referidas à construção de um sistema ou à explicação do direito positivo, configuram definitivamente cada uma das partes da teoria jurídica do delito. A teoria da prevenção geral positiva pode convencer ou não como base de um sistema, mas já não podem ser feitas a Jakobs as críticas que se expuseram anteriormente contra Roxin, relacionadas com a indefinição e inexistência de concreção de sua proposta. As críticas a Jakobs, portanto, devem partir de uma objeção geral a seu sistema". FEIJÓO SÁNCHEZ, Bernardo. *Teoria da Imputação Objetiva*: estudo crítico e valorativo sobre os fundamentos dogmáticos e sobre a evolução da teoria da imputação objetiva. Barueri: Manole, 2003. p. 120-121.

versa sobre a verificação de se o agente possui competência para expressar um sentido relevante jurídico-penalmente que é a especial vontade do autor, que não se trata do dolo mas tão somente da criação de um mundo estruturado de maneira diversa ao objetivamente constatável, isto é, a criação de um mundo composto de leis individuais. É a negação da lei individual e o restabelecimento da norma violada.

Lesch se utiliza de conceitos hegelianos para fundamentar a especial vontade do agente. Jakobs expressamente admite a objetivação do conteúdo da vontade do autor. Mas o próprio aporte em Hegel supõe uma vinculação psicologizante da pena e delito. Demais disso cumpre lembrar que a pena para Lesch vige no plano simbólico. A pena é uma reação simbólica a uma afirmação simbólica que é o delito. O autor chega a utilizar as palavras "discurso e resposta" para ilustrar o desenvolvimento simbólico do crime e da pena.

Mas se torna impossível justificar-se uma culpabilidade por ausência de motivação, especialmente no momento da "construção de um mundo regido por leis individuais" quando a pena se dá como reação simbólica. Qual o conteúdo implícito na afirmação simbólica da negação do direito consistente no delito? Mais uma vez, é constatável o hibridismo do discurso no qual incorrem os autores. Se a norma é dirigida aos indivíduos, ela só pode ser endereçada a uma vontade. Para além: é impossível qualquer direcionamento da pena no plano simbólico restaurador senão uma vontade especial que não deixa de ser vontade e, como tal, desenvolve, mesmo que minimamente, elementos psicológicos. Não é crível possa existir uma afirmação simbólica (no caso o delito) desprovida de conteúdo cognoscível subjetivamente.

Seguindo a trilha de pensamento alhures desenvolvida, em não se admitindo o exposto acerca do caráter simbólico da pena, a outra hipótese a ser adotada seria a de que é o próprio sistema penal que constrói suas normas (símbolos) assim como os símbolos norteadores das condutas violadoras das normas. Isto é, seria o sistema que criaria os símbolos mediante os quais o indivíduo manifestaria sua simbolização de sentido oposto às regras sociais. Como necessária estrutura do sistema, a vontade do agente seria tarefa funcional sistêmica, soçobrando o indivíduo na necessária operação fechada do sistema.

Como expõe García Amado, uma vez que tanto a pena como o delito são comunicações, o sistema penal se comunica com os indivíduos enquanto sujeitos livres, reais, autônomos e donos de seus atos ou, pelo contrário, mediante a pena e o delito se comunica o sistema consigo mesmo, como parte de sua autopoiese, de sua permanente autoconstituição, utilizando o sujeito unicamente como veículo de uma parte desta comunicação e, portanto, construindo-o segundo convenha ao sistema? Esta última versão está mais próxima do pensamento luhmanniano, embora Jakobs e seus discípulos são incapazes desta afirmação e ficam no meio do caminho. Assentir com o pensamento luhmanniano seria praticamente dissolver a dogmática e afirmar que o direito penal não leva em conta o ser humano de carne e osso (e consciência), senão que o que importa é o exercício de sua função de mecanismo redutor de complexidade.[79]

A seguir resta o exame de mais uma incoerência relativa ao funcionalismo jurídico-penal e os conceitos da teoria dos sistemas.

---

[79] GARCÍA AMADO, Juan Antonio. (Luhmann y el Derecho Penal) Misión Imposible. O de Cómo ser al Mismo Tiempo Sistémico y Dogmático. Disponível em www.geocities.com/jagamado/pdfs/jakobsart.pdf. Acesso em 21/03/2002. p. 20.

### 3.3. O conceito de pessoa

Outra questão apontada por García Amado[80] é a confusão que os autores fazem constantemente ao conceito de pessoa, que se verifica bastante diferente em Luhmann e em Hegel, os quais muitas vezes servem de sustentáculo a fundamentações teoréticas. Para Luhmann o conceito de pessoa é construído pelos sistemas socialmente diferenciados e não por determinada sociedade como um todo, orientada por certos valores (ideologia, oligarquia, despotismo, etc.). Já em Hegel isso se mostra diferente. A pessoa é um sujeito individual possuidor de uma identidade cujo conteúdo material vincula-se à sociedade na qual está inserida. Para Hegel a consciência individual é cognoscível para o sistema social. A consciência é, nesse diapasão, um dado material objetivamente verificável, completada por ideais comunitários e valores sociais.

Com base na distinção do conceito de pessoa em Hegel e Luhmann, o papel a ser desempenhado pelo direito penal é diverso, consoante esteja pautado por uma ou outra locução. Para Hegel o direito penal protege a identidade comunitária, os valores sociais de uma determinada sociedade. Por sua vez em Luhmann o papel do direito penal é garantir a operacionalização dos sistemas funcionais.

Entretanto, quando o direito penal se propõe a garantir valores e identidade social, o que ocorre é a impossibilidade de garantir, simultaneamente, o livre desenvolvimento da personalidade do indivíduo, o que em última instância implica dizer que se proíbem determinados modos de ser de um indivíduo (direito penal do autor). Proteger a operacionalização dos sistemas sociais significa estabelecer alicerces que permitam o respaldo da imputação diversa e simultânea de identidades diversas. Via de consequência a adoção da referência luhmanniana conduz a uma indiferença observatória, enquanto Hegel enfatizará o valor material comunitário.

Com efeito, através da concepção luhmanniana de pessoa não só garante a inserção e acesso a todos os sistemas sociais àquela (como entorno necessário a todo e qualquer sistema) como também resguarda o seu modo de ser, já que sua consciência individual é inacessível a qualquer um dos sistemas. Assim, a identidade individual da pessoa é inatacável pelo social. Também torna possíveis várias identidades sociais parciais, desde o ponto de vista de qualquer um dos subsistemas que a reconheça como entorno. Por exemplo, a pessoa é vista, desde o sistema jurídico-penal como imputável, desde o sistema econômico como consumidor e assim por diante.

Jakobs utiliza o conceito de pessoa através de uma maneira geral-normativa. Pessoa é todo aquele que adote um papel, um sinal de competência socialmente compreensível, como já exposto. Assim, "la subjetividad de un ser humano, *per definitionem*, nunca le es accesible de modo directo, sino siempre a través de manifestaciones, es decir, de objetivaciones que deben ser interpretadas en el contexto de las demás manifestaciones concurrentes".[81] A caracterização da pessoa não é tomada, como enfatiza Jakobs, no sentido de individualidade, mas do ponto de vista do direito.

---

[80] GARCÍA AMADO, Juan Antonio. (Luhmann y el Derecho Penal) Misión Imposible. O de Cómo ser al Mismo Tiempo Sistémico y Dogmático. Disponível em www.geocities.com/jagamado/pdfs/jakobsart.pdf. Acesso em 21/03/2002. p. 20.

[81] JAKOBS, Gunther. *Sociedad, Norma, Persona*: en una teoría de un derecho penal funcional. Bogotá: Universidad Externado de Colombia, 1998. p. 35.

Pelo prisma jurídico-penal, o que interessa é o sujeito geral, não aquilo que lhe caracteriza em sua individualidade, sua consciência. "La parte de conciencia individual con que el sistema trabaja es conciencia 'social', entendimiento 'social' de la conciencia o, con más precisión, entendimiento de la conciencia desde el particular sistema social que es el derecho, con los perfiles que, además, especifican al sistema (social) jurídico-penal".[82]

Esta é a justificação da pena em Jakobs[83] que lhe permite afirmar que a comunicação se dá entre pessoas e ela (a pena) permite tratar todos como iguais. Trata-se de, através de uma procedimentalização própria do sistema, igualar os desiguais atribuindo também efeitos sistêmicos. A fim de manter determinadas expectativas normativas, o direito não pode considerar aspectos físicos, biológicos e toda a carga sensorial do indivíduo enquanto tal. Para que o direito sirva de manutenção de expectativas que forjam a identidade da sociedade, há naturalmente uma igualização dos indivíduos, operando com duas categorias: aqueles que são pessoas e aqueles que não o são.[84]

Com esta proposta deve-se entender que ocorre a assunção de que o sistema não opera com o conhecimento da consciência do indivíduo. Através do conceito de pessoa equipara-se o delinquente àquele que segue a norma. Para Lesch,[85] a norma tem a função de reforço de expectativas, que não fazem menção à psicologia de cada indivíduo, senão que o atuar em conformidade com ela manifesta o sentido de que a norma é modelo de orientação. Assim, a utilização por parte de Lesch[86] de preceitos hegelianos, principalmente no que tangencia a afirmação de que com a pena se honra o delinquente como ser racional é descabida.

Sustentar a tese do reconhecimento da racionalidade do delinquente através da aplicação da pena é negar justamente o que visa a quebrar a teoria luhmanniana.[87] Um sistema se exclui operativamente do entorno e também se inclui nele ao pautar suas observações próprias na diferenciação relativamente ao entorno. Isso acontece como diferenciação entre autorreferencialidade e referencialidade alheia.[88]

A racionalidade como inata ao ser humano não pode ser pressuposto de funcionamento do sistema. Isso por que a própria racionalidade deve se basear em uma distinção de si mesma. E, psicologicamente, a autorreferência da consciência como

---

[82] GARCÍA AMADO, Juan Antonio. (Luhmann y el Derecho Penal) Misión Imposible. O de Cómo ser al Mismo Tiempo Sistémico y Dogmático. Disponível em www.geocities.com/jagamado/pdfs/jakobsart.pdf. Acesso em 21/03/2002. p. 21.

[83] JAKOBS, Gunther. *Sociedad, Norma, Persona*: en una teoría de un derecho penal funcional. Bogotá: Universidad Externado de Colombia, 1998. p. 57 *et seq.*

[84] E é aqui que entrará em cena o famoso direito penal do inimigo de Jakobs que, por motivos de espaço, não interessará no momento.

[85] LESCH, Heiko H. *Intervención Delictiva e Imputación Objetiva*. Bogotá: Universidad Externado de Colombia, 1995. p. 37.

[86] Idem, ibidem. p. 29.

[87] "Quizás es solo el individualismo antropológico, acentuado desde el siglo XVIII, el que hace parecer enigmático cómo puede actuar alguien de forma racional si tiene que presuponer que otros seguirán las mismas reglas para las que precisamente la infracción de las reglas tendría que ser racional". LUHMANN, Niklas. *Observaciones de la Modernidad*: racionalidad y contingencia en la sociedad moderna. Barcelona: Paidós, 1997. p. 68.

[88] "Esto significaría que el sistema se vuelve casi completamente indiferente por diferenciación en relación con lo que sucede en el entorno; pero utiliza esa indiferencia como un escudo protector para construir complejidad propia, que puede ser extremamente sensible frente a las irritaciones procedentes del entorno, en tanto puedan ser observadas internamente y en forma de información. En ese caso, racionalidad podría significar: reflejar en el sistema la unidad de la diferencia entre sistema y entorno". LUHMANN, Niklas. *Observaciones de la Modernidad*: racionalidad y contingencia en la sociedad moderna. Barcelona: Paidós, 1997. p. 73.

identidade individual, racional ou não, somente poderia se ocupar de uma operação sistêmica ao se diferenciar do entorno. O conceito psicológico de pessoa enquanto ser racional é próprio do pensamento moderno eurocêntrico, inaplicável ao operar sistêmico que atribui à pessoa fidelidade ou infidelidade ao direito. "Em outras palavras, a racionalidade do sistema é a capacidade que o sistema tem de controlar o ambiente através de controle de si mesmo ou de dispor do ambiente, dispondo de si mesmo".[89]

Jakobs faz menção, quando aborda a culpabilidade, de que alguém atua culpavelmente quanto atua em um âmbito livre. Não relativamente ao livre arbítrio mas como autodeterminação, ou seja, a ausência de obstáculos juridicamente relevantes para seus atos de organização.[90] "El sujeto libre, por tanto, siempre es también el sujeto que ostenta responsabilidad".[91] García Amado[92] crê estarem certos os autores (quanto à coerência de seus postulados concernentes à teoria dos sistemas sociais de Luhmann) quando estes referem que a imputação é sempre objetiva, que fato e autor são duas faces da mesma moeda, e que uma teoria funcional tem de tratar o injusto penal, a culpabilidade e o delito como sinônimos.

Para Lesch,[93] a vontade do sujeito acerca do conteúdo expressado na norma lhe é atribuída e a imputabilidade dessa vontade converte o autor em sujeito competente para contradizer a norma em tela. Com essa suposição é possível interpretar seu comportamento como comunicação de um comportamento jurídico-penalmente relevante. Tal vontade é materialmente particular mas formalmente está enlaçada a uma pretensão universal (a construção de um mundo pautado por leis individuais). Assim o delito questiona a validade da norma geral através de uma norma particular (criada pelo autor da conduta jurídico-penalmente relevante). É possível se interpretar que esta é a forma pela qual o sistema vislumbra certas condutas e reage frente a elas.

A insuficiência de motivação e, mais especificamente, a capacidade para o reconhecimento da norma não é tratada como realidade psicológica nem por um prisma ontológico. Trata-se de um elemento inteiramente normativo, cuja dependência varia de acordo com a sociedade (aqui se depreende mais um elemento hegeliano na concepção de pessoa). O conceito de culpabilidade é funcionalizado e a reprovação do indivíduo não advém por ser como é, mas por atuar como atua, cuja fundamentação repousa na ausência de motivação da norma. Lesch sustenta que se trata da negação do fato e não da desvaloração do autor. A própria negação da validade da norma comporta a pena que é o restabelecimento do direito.

Retomando conceitos, é possível dizer, na esteira do pensamento de Jakobs e Lesch, que a motivação subjetiva é atribuição do sistema, desenvolvida mediante estruturação e operação próprias. Assim, restando à margem dos dados psicológicos

---

[89] GIORGI, Raffaele de. *Democracia e Risco*: vínculos com o futuro. Porto Alegre: SAFE, 1998. p. 97.

[90] JAKOBS, Gunther. *Sociedad, Norma, Persona*: en una teoría de un derecho penal funcional. Bogotá: Universidad Externado de Colombia, 1998.

[91] JAKOBS, Gunther. *¿Ciencia del derecho: técnica o humanística?* Bogotá: Universidad Externado de Colombia, 1998. p. 13.

[92] GARCÍA AMADO, Juan Antonio. (Luhmann y el Derecho Penal) Misión Imposible. O de Cómo ser al Mismo Tiempo Sistémico y Dogmático. Disponível em www.geocities.com/jagamado/pdfs/jakobsart.pdf. Acesso em 21/03/2002. p. 22.

[93] LESCH, Heiko H. *Intervención Delictiva e Imputación Objetiva*. Bogotá: Universidad Externado de Colombia, 1995.

e ontológicos acerca da subjetividade do indivíduo. Para García Amado,[94] constituem sinônimos a reprovabilidade que a doutrina psicológica da culpabilidade prescreve, pois ela também é um artifício do sistema (via teoria que nada mais é do que uma autodescrição do sistema).

Jakobs nega o caráter de pessoa a todos aqueles indivíduos que por sua vez neguem sua própria racionalidade. Buscando apoio em Luhmann afirma que é a comunicação pessoal que transforma os indivíduos em pessoas.[95] Assim, para o sistema, todas as pessoas em princípio são imputáveis. Apenas uma minoria, de acordo com a observação do sistema de acordo com seus critérios próprios de seleção. Da mesma maneira se poderia traçar uma crítica ao conceito de negação de validade da norma, um elemento hegeliano adereçado com uma pitada de sistemismo.

O sistema jurídico opera com o código legal/ilegal. Como sistema autopoiético que é sua abertura cognitiva o faz funcionar com irritações provenientes do meio ambiente. Reagindo a estas irritações aplica o código binário com o qual opera. A ideia de validade/vigência pertence à teoria do direito e, como tal, se trata de uma autodescrição do sistema que traça os seus limites de sentido. A pena é aplicada por que é vista pelo sistema jurídico-penal pelo espectro de seu programa (norma)m executando-a sob o modelo binário. Trata-se de uma forma de conceder ao sujeito um maior papel, que não é objeto da teoria dos sistemas enquanto operação. A menção a Hegel, além de incompatível com a teoria dos sistemas, sob o ponto de vista sistêmico também é despicienda.

Os conceitos próprios da dogmática não necessitam ser deixados de lado, nos moldes propostos por Jakobs e Lesch. A subjetividade própria de cada instituto jurídico-penal, pertencente à teoria geral do delito é uma ficção do sistema que permite as suas operações fechadas. A teoria geral do delito, enquanto doutrina, é criação do sistema jurídico que se autodescreve, estabelecendo fronteiras de sentido entre sua operatividade cerrada e o ambiente que o irrita.

As conclusões que Jakobs e Lesch chegam podem ser resumidas nas seguintes afirmações: o sistema penal seleciona com critérios funcionais os elementos da consciência e personalidade individual que informarão o sistema, não podendo conhecer a subjetividade plena do indivíduo. A segunda conclusão diz respeito à teoria da pena que apesar dos constantes retornos a Hegel, estabelece puramente um juízo de prevenção geral positiva, combatendo as teorias absolutas (retribuição de um mal por outro) e as relativas (prevencionismo), com pretensão de reforçar a confiança na norma e a fidelidade ao direito.

A primeira conclusão é povoada por uma híbrida formulação teorética que postula que o sistema não pode "enxergar" a consciência individual da pessoa e que o sistema é quem seleciona quais elementos são importantes para a imputação de responsabilidade, no que anda em compasso com a teoria sistêmica. Porém nega que o sistema construa os dados psicológicos que utiliza, fugindo à perspectiva luhmanniana. Um sistema é autopoiético na medida em que é ele mesmo que edifica suas

---

[94] GARCÍA AMADO, Juan Antonio. (Luhmann y el Derecho Penal) Misión Imposible. O de Cómo ser al Mismo Tiempo Sistémico y Dogmático. Disponível em www.geocities.com/jagamado/pdfs/jakobsart.pdf. Acesso em 21/03/2002. p. 23.
[95] JAKOBS, Gunther. *Sociedad, Norma, Persona*: en una teoría de un derecho penal funcional. Bogotá: Universidad Externado de Colombia, 1998. p. 20.

estruturas e constrói seu modo de operar. Por isso é que a sociedade complexa é uma sociedade diferenciada funcionalmente. Ambiente e sistema não podem operar com elementos estranhos, apenas aqueles atinentes à sua própria racionalidade.

Levada a sério, a construção teórica sistêmica conduziria à conclusão de que é o sistema jurídico-penal que imputa ao indivíduo todos os elementos que basearão o juízo de culpabilidade, e não de que existam categorias apreensíveis como aparece da primeira conclusão. Outrossim a segunda conclusão seria desnecessária. Isso encontra explicação no fato de que a violação à validade da norma, quando do cometimento do delito não é imprescindível para a operacionalidade do sistema que trabalha com o código legal/ilegal. Assim, parece que os autores aproximam-se mais de Parsons e Hegel do que de Luhmann.

É de bom alvitre frisar que a teoria luhmanniana supera o funcionalismo, embora não o negue. Os autores consignados não conseguem ir mais além da perspectiva meramente funcional, inserindo elementos oriundos da teoria dos sistemas sociais em teorias funcionais, ocasionando uma miscelânea teórica que mina o potencial descritivo da teoria sistêmica.

Adende-se que em nenhum momento os autores utilizam os conceitos de dogmática e de teoria bem como o de função na forma como aparece na teoria de Luhmann. Todos os conceitos servem para delimitar o sistema, marcando seus limites de sentido. Assim também é no sistema moral, no qual a ética delimita o sistema, a epistemologia para a ciência, a teologia para a religião, etc. Um sistema para controlar sua própria seletividade e suas fronteiras em relação ao meio ambiente faz uso de sua própria identidade. Isto é, ele se percebe como sistema, traçando uma autodescrição. Esta referência própria que o sistema edifica, manejando suas próprias operações possui duas dimensões: autodescrição e auto-observação.

O sistema realiza suas operações através da observação de si mesmo. O sistema jurídico aplica o código binário legal/ilegal através do que o próprio sistema entende por tal. Todavia o sistema precisa de um controle direto de seus próprios limites, de molde que o domínio de si mesmo é domínio do ambiente também. Mas isso não se dá apenas no momento da operação. Desta forma o sistema se autodescreve descrevendo seus próprios limites de sentido. Em outras palavras, controlando seus limites controla a si mesmo e ao ambiente, podendo se diferenciar. A descrição se converte em parte do descrito. Executa tal operação reflexivamente, isto é, o sistema que descreve é parte do sistema descrito.

Para poder executar essa autodescrição o sistema necessita de ficções e teorias reflexivas. Esses elementos não apenas descrevem externamente seu objeto, mas também lhe informam ao mesmo tempo. Trata-se de um dos momentos da autopoiese do sistema. Assim sucede com a teoria do direito, com a teoria geral do processo, etc. "Por tanto, cuando se hace teoría o dogmática del derecho penal no cabe alejarse de los otros datos o elementos del sistema (sus normas, su código, su modo de operar, etc.)".[96]

Quando se trabalha com a teoria dos sistemas se utilizam conceitos diferenciados e não aqueles pertencentes ao âmbito da autodescrição de um subsistema social,

---

[96] GARCÍA AMADO, Juan Antonio. (Luhmann y el Derecho Penal) Misión Imposible. O de Cómo ser al Mismo Tiempo Sistémico y Dogmático. Disponível em www.geocities.com/jagamado/pdfs/jakobsart.pdf. Acesso em 21/03/2002. p. 23.

nesse caso, a dogmática. Não é objetivo considerações críticas ou mesmos a assunção de "verdades". O nível de discurso em um ou outro campo é bastante diverso. Assim, tanto vale para a teoria dos sistemas afirmar que o sujeito é criado desde cada sistema social como para o sistema sustentar que o sujeito possui liberdade e livre arbítrio. Como aponta García Amado, enquanto para a teoria dos sistemas se parte desde seus conceitos fundamentais o jurista ligado à dogmática penal deve crer nos postulados de articulação de seu sistema teórico – uma consciência capaz de culpabilidade, por exemplo. Assim também sucede com o jurista da teoria do direito que deve crer, por exemplo, na validade jurídica como fenômeno que permite diferenciar o ordenamento jurídico da realidade; com o teólogo que deve acreditar em Deus; o físico que deve acredita na existência de matéria. A alternativa a isso é a esquizofrenia teórica: negar e afirmar o contrário ao mesmo tempo e na mesma disciplina.[97]

Para que se possa sustentar uma coerente investigação acerca da relação entre dogmática e teoria dos sistemas é preciso distinguir os níveis de discurso. Em outras palavras, não se pode utilizar conceitos pertencentes ao âmbito da doutrina e da dogmática em sede de descrição e observação sistêmicas.[98] Seque que também a função da pena, como prevenção geral positiva (ou a teoria funcional retributiva e compensadora da culpabilidade de Lesch) só é possível dentro da própria autodescrição do sistema, isto é, enquanto ficção operacional.[99] O próprio conceito de validade da norma de que se vale a teoria da prevenção geral positiva da pena remete a uma autodescrição do sistema.

A seguir passaremos à investigação de mais uma importante incongruência entre teoria dos sistemas e o funcionalismo jurídico-penal.

### 3.4. Função, prestação e reflexão

Jakobs ainda se utiliza do conceito de função para explicar o que entende por restauração da vigência da norma. Como já explicitado, Luhmann opera com diferentes conceitos: prestação, reflexão e função. A função seria a relação entre o sistema parcial e a sociedade, composta de todas as comunicações entre os sistemas sociais. Evidentemente, tal conceito não pode ter respaldo no nível sociológico da teoria dos sistemas. Como autodescrição, o conceito de função positiva da pena como restauradora vigência da norma somente opera como construção do sistema, a fim de que possa se autolimitar correlativamente ao meio ambiente.

A relação entre delito e pena é uma relação causal, a qual Luhmann denomina ponto por ponto. Trata-se de relações não complexas em que se torna possível descrever uma provável reação para a ação que provocou determinado resultado. Com a

---

[97] GARCÍA AMADO, Juan Antonio. (Luhmann y el Derecho Penal) Misión Imposible. O de Cómo ser al Mismo Tiempo Sistémico y Dogmático. Disponível em www.geocities.com/jagamado/pdfs/jakobsart.pdf. Acesso em 21/03/2002. p. 24.

[98] "Una dogmática jurídica resulta importante ante todo en su función para el mantenimiento de la diferenciación del sistema jurídico. Esto sucede bajo el predominio de la idea de que el derecho ha de tratarse según criterios propiamente jurídicos – intención en absoluto obvia, socialmente más bien muy poco probable". LUHMANN, Niklas. *Sistema Jurídico y Dogmática Jurídica*. Madrid: Centro de Estudios Constitucionales, 1983. p. 40.

[99] "Cuestionando la función de la pena no solamente se consigue una teoría de legitimación moderna para el sistema penal existente, sino que, a la vez, se fija un punto de vista que hace aparecer problemática, para la dogmática, la dualidad prevista en el derecho positivo de penas y medidas de seguridad". LUHMANN, Niklas. *Sistema Jurídico y Dogmática Jurídica*. Madrid: Centro de Estudios Constitucionales, 1983. p. 104.

diferenciação funcional da sociedade, as relações ponto por ponto passam a ser substituídas por relações de interdependência. Assim é no caso de complexos de decisão ínsitos no sistema político. A função, como anteriormente salientado é a relação entre sistema jurídico e sociedade.[100] A sociedade atua como entorno do sistema. Todavia, os sistemas são assim designados justamente porque operam com relações de interdependência, e não ponto por ponto.[101]

Delito e pena é uma dessas relações ponto por ponto. Os complexos de decisão não se embasam nem possuem uma maneira sofisticada de discernimento que permita atuar ponto por ponto. Dessa forma, "a través de la organización se diferencian complejos de decisión a los que les falta una correlación punto por punto en acciones".[102] O sistema e o entorno, nas sociedades em que a sociedade não era tão exacerbada poderiam atuar com reduções de complexidade que se limitam relativamente a processos causais (além da pena e delito pode-se citar a relação enfermidade/cura, produção/consumo).

Delito e pena devem ser vislumbrados em todos os três níveis propostos por Luhmann: reflexão, prestação e função. O modelo causa/consequência ou de entrada e saída (input/output) pertence à seara da relação entre sistemas sociais parciais, denominada prestação. E aí parece grave a falta de menção de Jakobs acerca dos conceitos descritos. Com a diferenciação entre funções latentes e manifestas da pena, o autor trabalha com instrumentos teóricos próprios do funcionalismo (principalmente em Parsons), com o que resta afetada a sua possível interpretação sistêmica do conceito de pena como negação simbólica do delito (ou a metáfora do discurso e resposta em Lesch).

Além do mais, o âmbito da relação de função não pode ser analisado do ponto de vista da dogmática. Se assim fosse, a relação entre culpabilidade e os elementos individuais psicológicos que fundamentam a imputação penal deveriam ser construídos pelo sistema, o que não é o caso. "La confusión entre función y prestación constituye el típico error de las teorías sociales 'tecnocráticas', que conceptúan a la sociedad como una especie de receptor de prestaciones, a pesar de que los mismos portadores de prestaciones sean también parte de la sociedad".[103]

A função da pena deve ser constituída pelo próprio sistema segundo a operação do sistema. Assim, é inegável que o sistema, para executar sua função requer uma operação que possibilite a distinção de si mesmo relativamente ao meio ambiente.

---

[100] Adverte Mussig que "las funciones no han de ser entendidas primariamente en el sentido de prestaciones producidas por un sistema, sino que son más bien atribuciones desde la perspectiva del observador, con inclusión de la autoobservación en el sistema". MUSSIG, Bernd. Desmaterialización del Bien Jurídico y de la Política Criminal. Sobre las Perspectivas y los Fundamentos de una Teoría del Bien Jurídico Hacia el Sistema. *In Revista Iberoamericana de Ciências Penais*. a.2. n.4. Porto Alegre:set/dez, 2001. p.

[101] "Los sistemas son sistemas precisamente porque y en el sentido de que sus relaciones con el entorno no están limitadas a relaciones con el entorno no están limitadas a correlaciones punto-por-punto. Una dogmática jurídica que internalice de este modo el problema le las consecuencias renuncia con ello a reflejar el carácter sistemático que tiene la actividad jurídica en relación con el entorno social en la frontera del output. No emplea la referencia a las consecuencias para fundamentar la identidad de sistema del sistema jurídico y para la reflexión de su función, sino solamente como correctivo para aquellas abstracciones con las que dirige primordialmente las decisiones". LUHMANN, Niklas. *Sistema Jurídico y Dogmática Jurídica*. Madrid: Centro de Estudios Constitucionales, 1983. p. 79-80.

[102] LUHMANN, Niklas. *Organización y Decisión. Autopoiesis, Acción y Entendimiento Comunicativo*. Barcelona: Anthropos; México D. F.: Universidad Iberoamericana; Santiago de Chile: Universidad Católica, 1997. p 09.

[103] LUHMANN, Niklas. *Teoría Política en el Estado de Bienestar*. Madrid: Alianza, 1997. p.94.

Aí entra a questão da pena. Mas no plano descritivo da teoria dos sistemas ela consiste em ficção do sistema para construir sua própria operatividade e limitação, que é irrelevante na observação do funcionamento da sociedade ou do sistema. Quanto à questão da prestação, que se desenrola como causa e consequência, o objeto são relações entre sistemas sociais parciais e, como tal, deve ser especificado em que consiste tal objeto, o que não figura na teoria funcionalista. Por exemplo, *welfare state* a política, através dos meios simbolicamente generalizados de comunicação, executa relações que se tornam hipertrofiadas, respeito a dois sistemas parciais: o direito[104] e a economia.

A reflexão que é a relação do sistema consigo próprio, permite a constituição de uma identidade que serve de configuração de autonomia. A sua independência relativamente ao meio ambiente possibilita a descrição do próprio sistema descrito. Através do controle de si próprio o sistema controla o entorno. A delimitação de fronteiras de sentido permite a autorreprodução do sistema, justamente por essas operações serem distintas das realizadas pelo meio ambiente. No caso, a teoria do delito serve como demarcação dessas fronteiras de distinção do sistema, não apenas de sua operação, realizada mediante a aplicação do código legal/ilegal.

A seguir passaremos à análise de mais uma questão referente às impropriedades do funcionalismo relativamente aos conceitos da teoria dos sistemas.

### 3.5. O conceito de identidade social

Outro aspecto polêmico do funcionalismo jurídico-penal é a questão relativa ao conteúdo concreto do direito penal ou seja, como se torna ou por que se torna tarefa do direito penal garantir a identidade social da sociedade. Como exposto por Jakobs, a identidade social é uma rede de estruturas básicas que torna possível a convivência em sociedade. Em uma sociedade diferenciada funcionalmente é bastante aceitável reconhecer que não se trata de tarefa do direito penal estabelecer quais são essas estruturas (e aqui mais uma vez o apego a estruturas em detrimento do procedimento, próprio do funcionalismo). Tal missão é desígnio de outros sistemas sociais que não o jurídico. Mais especificamente, cabe ao sistema político determinar quais normas comporão o sistema jurídico-penal.

O sistema jurídico-penal tão somente executa a aplicação do código binário a normas que chegam de outro sistema, cujo conteúdo é delimitado por esse mesmo sistema. Descabe a verificação da utilidade de tais normas para a estabilização da ordem social, já que isso é tarefa de discussão política. O caso prototípico é a orientação do direito penal próprio das sociedades complexas, de antecipar a tutela penal. Em outras palavras, com o fracasso da teoria da prevenção geral surge o questionamento sobre a necessidade de um resultado para se ativar a punição. Assim, os delitos de

---

[104] O uso político pode ser tornar um mecanismo de comunicação, nas mais das vezes retornando ao sistema político como demandas que pugnam pela desformalização do direito e processo penal e através de um controle social altamente preventivo. Assim é que surgem mitos como os da "explosão da criminalidade violenta", da criminalidade estrangeira nos países europeus e nos EUA, bem como a correlata política de tolerância zero. "También aquellos movimientos políticamente alternativos o anti-estatales que en sus inicios mostraban poca confianza en el Estado y en la Ley figuran hoy entre los propagandistas del derecho penal y entre los productores activos de leyes. Así, por doquier se sugieren nuevas normas penales e, independientemente de la propia situación en el juego de las mayorías parlamentarias, éstas se ponen en camino legislativo o publicitario". ALBRECHT, Peter-Alexis. El Derecho Penal en la Intervención Populista. In *La Insostenible Situación del Derecho Penal*. Granada: Comares, 2000. p. 479.

perigo abstrato engendram a punição pelo mero comportamento, pouco importando se o agente atingiu ou não determinado resultado.

Suscita inegável problematização justificar tal guinada punitiva com base na afirmação de que o direito penal mantém a identidade social mediante a proteção de suas estruturas elementares. Nada mais cristalino de que se trata de opção de política criminal, descabendo, a princípio, ao direito penal a tarefa de articulação dessas estruturas básicas ao convívio social.[105]

A política criminal, ao estabelecer que determinados delitos devam ser punidos através da mera descrição de condutas, sem que seja necessário um resultado, fornece a proteção do âmbito da identidade social de determinada sociedade? Parece que a resposta deve ser negativa. Dizer que os delitos de perigo abstrato servem para proteger a identidade social de determinada sociedade seria afirmar que a tarefa do direito penal é evitar resultados. E sabe-se, não se trata disso.

Numa análise pouco mais aprofundada, a identidade social, compartilhando-se essa tese, serviria de justificadora de qualquer postura político-criminal.[106] A ênfase já não mais recairia no "que" punir, mas no "como" e no "quando". Ou seja, o recrudescimento penal poderia ser justificado pela urgência que aquela norma almeja satisfazer, pela capacidade daquela norma proteger a identidade social da sociedade ou ainda, pela necessidade de "aquela" sociedade "naquele" período recorrer ao simbólico da norma penal para evitar certos efeitos.

É imperioso mencionar que esta identidade social é uma das ficções que Jakobs desenvolve em falta de sintonia com a teoria dos sistemas sociais. Em nenhum momento Luhmann aponta para o fato de existir inúmeras sociedades. Até mesmo se trata de um dos aspectos polêmicos de sua teoria a existência de uma sociedade mundial. Não existem, para Luhmann, balizas territoriais, de linguagem, políticas ou simplesmente materiais para a sociedade mundial. A questão de "como" uma sociedade protege suas estruturas mais básicas, denominada identidade social gera uma aporia insolúvel para a teoria luhmanniana. Luhmann tenta justamente se desfazer de determinismos históricos, de uma historicidade que evolua constantemente, em um progresso desenfreado, que levaria o homem cada vez mais próximo da felicidade (Luhmann herda de Weber o ceticismo para com o materialismo histórico).

Luhmann trata da coevolução de sistemas, uma espécie de "evolução cega" na qual os sistemas sociais estariam em constante mutação, muito embora não se saiba as consequências que as mudanças podem acarretar. A assertiva efetuada por Jakobs de que as sociedades tecnologicamente mais desenvolvidas possuem uma tolerância

---

[105] "Saúde pública, regularidade do mercado de capitais ou credibilidade de nossa política externa. A eles correspondem os tipos de delito em que o moderno direito penal se realiza: nos crimes de perigo abstrato, não se indaga de uma ameaça concreta, muito menos de um dano ao bem jurídico protegido: para fazer nascer a pretensão punitiva, basta a prática de uma conduta considerada tipicamente perigosa, segundo a avaliação do legislador. Este tipo de direito penal não tem núcleo determinado, a idéia de punição à ofensa de bens jurídicos individuais há muito se desfez". HASSEMER, Winfried. *Três Temas de Direito Penal*. Porto Alegre: Escola Superior do Ministério Público, 1993. p.48.

[106] Através da lesão ao princípio da legalidade em sentido estrito, o propósito de se garantir a manutenção da identidade social também alcança partidários em especial para causar impressão na clientela política de *lobbies* e eleitores. "Al respecto, se especula con que, a través de la anticipación de la punibilidad, no sólo aumenta el efecto disuasorio, sino que también se amplían las facultades de intervención del proceso penal, al ser aplicables a un momento temporal anterior. Con ello se apuesta por un efecto que también puede alcanzarse con ayuda de leyes imprecisas". SUβ, Franck. El Trato Actual del Mandato de Determinación. In *La Insostenible Situación del Derecho Penal*. Granada: Comares, 2000. p.238-239.

maior para com os riscos impostos pelo seu desenvolvimento nada tem de semelhante com a teoria dos sistemas sociais.

Luhmann tenta combater os conceitos promulgados pela falácia racional liberal, própria da modernidade, amparados no eurocentrismo estagnado temporalmente. Essa paralógica construção de Jakobs, arrimada numa pseudofundamentação luhmanniana da identidade social da sociedade nada mais é do que um modelo organicista, que muito pouco foge das propostas de Spencer, por exemplo. A diferença reside apenas na conotação dada por Jakobs ao direito penal. A atribuição do conceito de função, sem empregá-lo no sentido correto é mais um exemplo da postura umbrática e obscurecida de seu pensamento, filiada ao organicismo.

Pode-se objetar que o direito penal realize a proteção de determinadas expectativas, socorrendo-se da fórmula de Geiger, que estabelece que o direito não estabelece a realização de um ato mas assegura a orientação de expectativas. O direito garante a expectabilidade, a orientação que se pode possuir de determinados comportamentos.[107]

A configuração de um direito penal direcionado à manutenção da identidade social de determinada sociedade acaba tomando como premissa a proibição de realização do resultado, à custa de grandes parcelas de liberdade. Nem mesmo se frise que é o caráter peculiar e o desenvolvimento da sociedade em particular que é responsável pelo grau de hipertrofia do direito penal. A manutenção da identidade social, pelo direito penal, corresponde a erigir essa identidade como um superbem jurídico ou ainda, um metaconceito jurídico, responsável pelo enquadramento de regulação de qualquer direção político-criminal que se tome, sem preocupação deôntica alguma, ou seja, apenas destinada a um caráter moralizante do direito, que tanto pode se direcionar para o direito penal do autor como da segurança como bem jurídico-penal, passível de tutela.[108] A politização do direito através de uma intervenção direta da política no direito penal pode acabar inflacionando o código binário jurídico e conduzindo o sistema jurídico-penal a uma disfunção social.

Surge assim, a questão que Jakobs e Lesch não conseguem responder: se o direito é responsável por uma espécie de enlace temporal, em que direção caminha? Primeiramente, a resposta mais fácil seria a de que, tendo em vista o princípio da anterioridade da lei e da reserva legal, o direito penal opera para o passado. Todavia, se são ficções criadas pelo sistema penal se revela intrincada sua legitimação e explicação em sede sociológica. Explica-se: em que momento se torna possível delimitar a seara de institucionalização de expectativas se a questão temporal, intimamente ligada ao direito é esquecida?

---

[107] "Como mínimo podemos saber qué expectativas gozan de respaldo y cuáles no y sólo desde el plano de la expectativa es posible orientarse hacia un futuro aún incierto. Esta es la única función propia y exclusiva del derecho: aportar capacidad de resistencia, en caso de conflicto, a un sistema de expectativas. La plasmación de las expectativas en normas tiene, por tanto, el sentido de declarar que, pese a la defraudación, la expectativa se mantiene intacta. La norma neutraliza simbólicamente los peligros que para la expectativa surgen de las 'actuaciones incorrectas' pues, evidentemente, a aquélla no le es indiferente verse o no satisfecha. Sin embargo, se malinterpretaría la función de las simbolizaciones jurídicas si se partiera de la extendida opinión de que el derecho consiste en la realización de expectativas, en la dirección de conductas, en la situación justa o en la evitación del daño". KARLG, Walter. Protección de Bienes Jurídicos Mediante Protección del Derecho: sobre la conexión delimitadora entre bienes jurídicos, daño y pena. *In La Insostenible Situación del Derecho Penal*. Granada: Comares, 2000. p. 58.

[108] E nesse sentido, sobre o chamado direito penal do inimigo. Cf STAECHELIN, Gregor. ¿Es Compatible la "Prohibición de Infraprotección" Con Una Concepción Liberal del Derecho Penal? *In La Insostenible Situación del 2quDerecho Penal*. Granada: Comares, 2000. p. 297.

A institucionalização de expectativas não pode se socorrer da frágil e não menos obscura noção de identidade social. Por pertencerem a um sistema social parcial (direito) não podem ser as normas penais tão diferentes a ponto de fugir à regra, pena de acabarem se diferenciando do próprio sistema, erigindo em seu lugar outro qualquer. Assim, num primeiro passo, a institucionalização de expectativas, em direito penal, deve estar em condições de prever e diagnosticar quais comportamentos são proibidos e quais as suas consequências. Demais disso é forçoso concluir que essa conduta proibida deve estar sujeita a uma imputação pessoal, tomando-se por base uma ação ou omissão e, finalmente, as resoluções pretéritas não poderão ser revisadas como obra da "evolução" da sociedade.

Ao se observar tais enunciados é provável que seja possível se chegar à conclusão, em sede sistêmica, sobre qual o direcionamento que o código binário legal/ilegal em que opera o direito se desenvolverá: se a dimensão temporal abrir-se-á rumo ao futuro ou se manterá o passado.[109] A tentativa de orientar o direito penal para uma expansão de suas possibilidades – fato que atinge as sociedades complexas – traz como consequência de sua diferenciação funcional uma amplitude cada vez mais significativa. O direito penal do risco está inserido justamente nessa perspectiva.[110]

A seguir, passaremos para o desfecho do presente ensaio.

## 4. CONCLUSÕES

É necessário acentuar que ao partir de qualquer teoria espessa como é a teoria dos sistemas sociais, elaborada em um nível macrossociológico, a questão muitas vezes elencada acerca da comunicação e reação simbólica somente pode se dar como sistêmica. E, para os pressupostos da teoria dos sistemas sociais luhmanniana, as reações sistêmicas somente podem ser vislumbradas pelo próprio sistema ou pelo sistema total (sociedade), sob a forma de comunicação. A tentativa (frustrada) de relacionar dogmática em âmbito sociológico carece de respaldo científico, à medida que acaba desgastando inúmeros conceitos difundidos pela teoria que em tese os fundamentaria. O nó górdio da questão é justamente a superposição de aspectos não conciliáveis de setores diferentes do discurso jurídico.

Obviamente, não se está com isso querendo afirmar que não careça de relevância para o direito a dogmática ou a práxis judicial, por exemplo. Mas é bastante diverso destacar que esses elementos possuem eficácia sistêmica ou podem conformar, em conjunção com uma teoria qualquer, uma referência teórica hábil a sustentar toda a complexa rede que envolve o direito pena, criminalidade e teoria geral do delito.

Dentro dos alinhamentos conceituais da teoria dos sistemas sociais, como se torna possível defender o conceito de identidade social numa sociedade composta de sistemas parciais, ausentes de centro e periferia? É somente a totalidade das comu-

---

[109] "Si la frontera entre lo lícito y lo ilícito fuera trazada por hechos futuros, ignorados en la actualidad, se estaría poniendo en peligro el compromiso actual con determinadas expectativas, algo que precisamente debe excluirse por medio de la codificación jurídica. A través de las decisiones normativas se pretende enlazar el tiempo, es decir, controlar el futuro desde el pasado, y, de este modo, superar simbólicamente las discontinuidades del presente". KARLG, Walter. Protección de Bienes Jurídicos Mediante Protección del Derecho: sobre la conexión delimitadora entre bienes jurídicos, daño y pena. In La Insostenible Situación del Derecho Penal. Granada: Comares, 2000. p. 61.

[110] KARLG, Walter. Protección de Bienes Jurídicos Mediante Protección del Derecho: sobre la conexión delimitadora entre bienes jurídicos, daño y pena. In La Insostenible Situación del Derecho Penal. Granada: Comares, 2000. p. 62.

nicações que pode fornecer indícios para que seja erigida uma teoria desse quilate. Mesmo que sob a ótica aqui defendida isso não seja viável, seria o caminho mais idôneo a percorrer. E, via de consequência, uma das carências mais visíveis nas obras dos funcionalistas.

Como atesta Zaffaroni, "permanece, portanto, a dúvida sobre a correção da transposição de Luhmann para o plano dogmático-penal, isto é, do discurso jurídico penal".[111] Pode-se chegar facilmente à conclusão de que a teoria dos sistemas sociais não é uma matriz teórica hábil a engendrar uma construção sociológica da teoria geral do delito. Os conceitos de tipicidade, ilicitude e culpabilidade são componentes do conceito analítico-formal de delito e não podem, portanto, ser decompostos numa síntese sociológica como sustenta Jakobs.

Assim, a fim de normatizar qualquer dessas estruturas, torna-se imprescindível uma normatização primeira, correspondente à normatização da própria sociedade, que opera através do conceito de identidade social. Demais disso, o conceito empregado por Jakobs de comunicação defeituosa, a fim de explicar o delito, não se sustenta. A comunicação, apesar de improvável é premissa de uma nova comunicação. Não se desenvolve no campo sistêmico do direito, a não ser como autorreferência e operação interna. Mas aí se já está ingressando no conceito de reflexão que é um dos momentos da autopoiese do sistema.

O funcionalismo jurídico-penal nem mesmo averigua as matrizes fundantes da teoria luhmanniana para tirar conclusões acerca da viabilidade de se sustentar conceitos como os de papel, por exemplo. Parsons desenvolve o conceito de papel como estrutura social. Até aí, dada a ótica parsoniana que estabelece que uma estrutura social é um elemento de um sistema estabilizado, a visão de Jakobs não se preocupa em depurar as consequências desta visão. O conceito de papel (sob o qual Jakobs projeta a sua concepção de imputação objetiva), para Parsons é apenas uma fração de um conjunto estrutural concreto (em realidade é um elemento estrutural de base). Através do processo de institucionalização é que nasce o direito. E no caso do sistema jurídico, em Parsons privilegia-se a figura do juiz como papel próprio desse sistema. No subsistema social, como mencionado anteriormente, atribui-se-lhe a tarefa de adaptação, vinculada à persecução de fins (para a totalidade do sistema ou para suas unidades constituintes).

O que se verifica é que Jakobs, ao desenvolver a noção de papel, acaba atribuindo-lhe uma relevância bem maior do que na realidade possui, tanto em uma abordagem estruturalista como estrutural-funcionalista. A imputação e o juízo de injusto penal não podem ser reduzidos à função do papel como codeterminante da limitação do registro do permitido/proibido. O teor do conceito de papel não pode, em uma teoria da sociedade, como é o caso das teorias de Parsons e Luhmann se reduzir ao controle social e ao âmbito de delimitação do injusto penal.

O conceito de papel somente pode ser vislumbrado diante de uma concepção macrossociológica, já que este tipo de orientação conduz a uma sociedade diferenciada funcionalmente. Mais do que isso, para que se possa levar a cabo uma imputação objetiva que também se baseie no conceito de papel é inexorável que tenha em consideração que seus limites e definições são construtos sistêmicos. Em qualquer proces-

---

[111] ZAFFARONI, Eugenio Raúl. *Em Busca das Penas Perdidas*: a perda de legitimidade do sistema penal. 5 ed. Rio de Janeiro: Revan, 2001. p. 88.

so de imputação ao tipo objetivo que recaia, *v.g.* sobre um médico, não basta definir quais são os padrões comportamentais desse profissional em relação às expectativas da sociedade. É preciso definir quais tipos de expectativas são arquitetadas e suportadas pelo subsistema social e quais dessas expectativas lhe são exigíveis, a ponto de instruir um grau de reprovação da conduta.

Assim, somente a partir da observação do sistema em relação à sociedade e em relação aos seus limites seria crível poder amparar em Luhmann aportes funcionais próprios da dogmática penal. Somente como referência própria do sistema e não alheia é viável caracterizar a reprovabilidade do médico. Todavia, esta culpabilidade não pode ser oriunda do conceito de papel, se este não for uma observação. Uma observação de segundo grau.

A definição da sociedade como sendo "uma socialidade de contatos anônimos" não faz daí decorrer a necessidade de aportar um conceito como o de identidade social. Contatos anônimos não requerem, causalmente, uma imputação objetiva. Não há liame lógico que una todas essas categorias sob um manto protetor em comum. A dupla contingência tratada por Luhmann não pode ser combatida senão através de redução de complexidade. Institucionalização e expectativas se dão em outras dimensões: temporal e material. A sustentação de uma identidade social, como requer Jakobs, executada pelo direito penal, tendo por base uma teoria da prevenção positiva, calcada no conceito de comunicação defeituosa, se possível defendê-la, se daria no campo da dimensão social.

A manutenção de expectativas segundo normas jurídicas é responsável pela redução da contingência da vida social. É desta forma, criando comportamentos hipotéticos que guiem o atuar das pessoas que o direito servirá de enlace temporal. Por intermédio da previsibilidade de comportamentos futuros é que se faz possível a orientação sensorial do indivíduo, fazendo com que a cada comportamento em desconformidade com a previsão normativa não se instaure um processo da mais pura incerteza, culminando em um mundo em que expectativas devem ser assumidas de forma tão rápida como são deixadas de lado.

A institucionalização de expectativas normativas, isto é, contrafáticas, se dá na dimensão temporal. No entanto, cabe salientar, não como elementos estruturais de base como se verifica em Parsons. Jakobs se apoia na ideia de identidade social para chegar à conclusão de que o direito penal é o responsável por sua garantia. Mas a institucionalização de expectativas pelo direito tem um nítido cariz funcional. É a operatividade cerrada do sistema, sua autorreferência e sua capacidade de produção de seus próprios elementos que concede ao direito uma função a ser desempenhada na sociedade, entendida como totalidade das comunicações.

Para Jakobs o direito penal necessita de um conceito como o de papel como elemento estrutural de base, e, somente assim é que tece seu conceito de imputação objetiva: alicerçando-se na estrutura, ao contrário de centrar-se no procedimento e na função, como em Luhmann. Ocorre que no primeiro caso a teoria sociológica que melhor poderia lhe servir de arrimo é a de Parsons e não a de Luhmann. Da mesma maneira, trabalhando através de Parsons e de Weber Luhmann chega ao conceito de comunicação, conceito este que se opõe veementemente ao de ação.

Se o conceito de papel em Parsons remete, no subsistema social, à tarefa de adaptação, ligada à busca de objetivos e fins, fica claro que, ao se basear na negação hegeliana, Jakobs se aproxime de uma teoria sociológica tendo ainda como centro a categoria de ação. A dimensão temporal é responsável pela produção de segurança (repetição) e diferença. Mas como produto intrasistêmico, origina uma comunicação igualmente intrasistêmica entre seus subsistemas. Basta atentar-se para o fato de que no direito, os vários segmentos jurídicos necessitam uns dos outros, não como uma coleção de partes dissociadas do todo, mas como elementos que condicionam a possibilidade de uma comunicação basear-se na outra e assim sucessivamente, garantindo simultaneamente repetição e diferenciação (produzir tempo).

Quando uma teoria enfatiza justamente esse processo, ela origina uma teoria funcional-estruturalista, ou seja, a estrutura é componente do sistema, muito embora não seja seu centro (por inexistir tal lócus). Do contrário, quando as luzes estão direcionadas à figura da estrutura, não é a mecânica operacional do sistema que está em jogo, mas sim aquilo que o caracteriza. Desta forma, Jakobs não pode elaborar com sucesso uma teoria dogmática que radique na comunicação defeituosa o seu vértice, tendo como principal efeito o de gerar uma consequência normativa (pena) com o fito exclusivo de restaurar a confiança na validade do ordenamento jurídico. Sem sintetizar o código operativo (legal/ilegal) Jakobs não pode estimar o que seja uma comunicação defeituosa.

O próprio Weber chega a uma conclusão – ainda pensada a partir do conceito de ação – que permite o dimensionamento da pena de forma absolutamente distante de Hegel. Para Weber – e aqui se percebe a familiaridade com o código legal/ilegal luhmanniano – a violação à norma não significa que o agente esteja formulando um mundo particular ou rompendo a validade da norma. Todo o contrário. O sujeito que pratica uma infração penal tanto reconhece a validade da norma penal que tende a ocultar a sua conduta. Como salienta Weber, que o ordenamento seja válido para um agrupamento de homens se verifica no ato de o malfeitor ocultar sua transgressão.[112] O próprio Schunemann acusa Jakobs de partir de Luhmann e aportar em Hegel.[113]

Por último, frise-se que não é possível trasladar-se de um nível de discurso como o sociológico para outro (dogmático) sem incorrer em incongruências. Desta arte, seja como for, parece curial demais a impossibilidade de, a partir de uma matriz weberiana reformulada, se chegar a Hegel. Este giro – inconsciente ou não, pouco importa – exatamente diagnostica a imprecisão de teóricos que, a despeito de um pretenso rigor científico, acabam por tirar conclusões apressadas ou mesmo deformadas. Seja como for, sistemismos a parte, eis aí um dos problemas em se querer adornar o discurso dogmático com adornos ou petrechos próprios de outros campos de saber. Eis aí também como a despeito da baixa estima da intelectualidade brasileira – que repete indistintamente teorias de matrizes europeias – também encontramos, lá no além-mar, catecúmenos e catedráulicos, como falava Lyra Filho. Alguns, embriagados pelo narcisismo, inclusive professam e vaticinam sobre teorias que parcamente ouviram falar. O funcionalismo jurídico-penal é mais um caso de (im)postura acadêmica. Melhor dizendo: (im)postura sistêmica.

---

[112] WEBER, Max. *Economía y Sociedad*. Bogotá: Fondo de Cultura Económica, 1977. p. 26.
[113] SCHUNEMANN, Bernd. *Consideraciones Críticas Sobre la Situación Espiritual de la Ciencia Jurídico-penal Alemana*. Bogotá: Universidad Externado de Colombia, 1996.p.116.

***Impressão:***
Evangraf
Rua Waldomiro Schapke, 77 - POA/RS
Fone: (51) 3336.2466 - (51) 3336.0422
E-mail: evangraf.adm@terra.com.br